高等院校通识教育核心课程教材系列

中国传统文化十五讲

张开焱 主编 ／ 李建明 王世海 副主编

清华大学出版社
北京

内 容 简 介

本书首先介绍了文化的概念、特征和基本功能,以及中国文化的发展概况等;其次,分专题介绍了中国古代物质文化、制度文化、礼俗文化和精神文化各门类的发展历史、主要构成和成就;最后,以中国传统文化在近现代的处境和全球化时代的价值作结。本书结构上的特点是有总有分、以分为主,重点在于分专题介绍中国文化在不同领域和层面的构成,以使学生和阅读者对中国传统文化能获得清晰的印象和较完整的知识结构;内容上的特点是理论表述和知识介绍相结合,而以知识介绍为主,知识介绍中渗透了对中国传统文化基本特征和精神的把握与阐释;表达上的特点是专业与大众化相结合,以专业为主,但追求深入浅出、通晓易懂。

本书适合作高校各专业"中国传统文化概论"课程教材。

版权所有,侵权必究。举报: 010-62782989, beiqinquan@tup.tsinghua.edu.cn。

图书在版编目(CIP)数据

中国传统文化十五讲/张开焱主编. —北京: 清华大学出版社,2019(2024.1重印)
(高等院校通识教育核心课程教材系列)
ISBN 978-7-302-53394-8

Ⅰ. ①中… Ⅱ. ①张… Ⅲ. ①中华文化-高等学校-教材 Ⅳ. ①K203

中国版本图书馆 CIP 数据核字(2019)第 158112 号

责任编辑: 王巧珍
封面设计: 常雪影
责任校对: 王荣静
责任印制: 丛怀宇

出版发行: 清华大学出版社
网　　址: https://www.tup.com.cn, https://www.wqxuetang.com
地　　址: 北京清华大学学研大厦 A 座　　邮　编: 100084
社 总 机: 010-83470000　　邮　购: 010-62786544
投稿与读者服务: 010-62776969, c-service@tup.tsinghua.edu.cn
质量反馈: 010-62772015, zhiliang@tup.tsinghua.edu.cn

印 装 者: 三河市科茂嘉荣印务有限公司
经　　销: 全国新华书店
开　　本: 170mm×240mm　　印张: 25.25　　插页: 2　　字数: 422 千字
版　　次: 2019 年 9 月第 1 版　　印次: 2024 年 1 月第 7 次印刷
定　　价: 56.00 元

产品编号: 081066-03

本书编写组成员

（按作者负责撰写的内容前后排列）

王乃考　张开焱　舒大清　石　麟
李建明　马培红　张鹏飞　钟永兴
王世海　亢巧霞　陆庆祥　任　辉

序　言

　　改革开放以来,随着中国社会经济快速发展,文化建设的工作越来越受到国家和社会各界的重视。尤其是党的十八大以来,建设中国特色社会主义的目标中,文化建设被摆上了更加重要的地位,文化建设的资源也成为关注的重心之一。而在所有的文化资源中,中国传统文化最为重要和关键,其价值越来越受到重视。从党的十八大到党的二十大,以习近平同志为核心的党中央多次在重要决议、报告和讲话中,强调弘扬中国优秀传统文化对于建立和强化全国人民文化自信的重要性。党中央和教育部也做出了让传统文化进大学课堂的决议。大学作为现代社会文化传播和创造的主要场所,让传统文化走进所有专业的课堂和课程体系,成为所有专业学生的通识课程,已经成为中国高校领导和教育者的共识。为适应这一需要,许多年来,中国高校教师编写和出版了多本有关中国传统文化的教材,它们各有特色。我们在自己的教学中,先后选择过多本中华文化概论一类的教材,总感到某些不足和遗憾。这引发了我们自己动手编一部教材的冲动并将其付诸实践,于是就有了这部由多所高校长期执教"中国传统文化"课程的教师合撰的《中国传统文化十五讲》。尽管已经有多部此类教材,我们还是有理由相信它在众多同类教材中有自己的特色。

　　下面,将本教材编写的基本指导思想简述如下。

　　一、本教材的基本指导思想是对中国传统文化的主要方面进行介绍,在坚持客观性、知识性原则的基础上,努力呈现中华五千年(尤其是最近三千年)文化的源远流长、博大精深,呈现中国古代文化的基本性质、特征和兴衰更替的历史过程。本教材特别注意努力凸显传统文化构成中与中国特色社会主义文化建设相关的内容,呈现那些要么可以直接吸纳为中国特色社会主义文化构成的优秀成分,要么可以转化为中国特色社会主义文化建设的资源,要么可以对中国特色社会主义文化建设提供启示和借鉴的内容与规律。

　　二、本教材贯穿了党的十八大到党的二十大有关中国特色社会主义文化建设的理念和宗旨,将它们以"盐溶于水"的方式渗透在全书知识结构和内容中。

本教材所呈现的丰富博大的中华文化足以激发阅读者的文化自信、自豪和文化反思,激发对中华文化了解、继承和创新的信心与责任感。

三、本教材基本结构框架以马克思主义社会结构理论为基础,从物质文化、制度文化和精神文化三层面介绍中国古代传统文化构成和发展概况,并以历史唯物主义立场解释和评价中国传统文化。

四、为教学方便,与一个学期教学时间大体对应,本教材将最主要内容分为各自相对独立的十五讲,每一讲介绍某一方面的内容。最后的结语部分,特别讨论中国传统文化在近现代的基本处境,它对于今天建设中国特色社会主义的启示,以及在全球化时代对人类多元文化互渗互鉴互融的价值。

五、本书追求以知识的客观性与扎实性为基础,将中国文化的性质、精神特征和价值的阐释融于其中,同时,注意适应大学生的阅读水平和接受能力,将平易性和专业性有机结合。

中华文化绵延数千年,辉煌灿烂,是目前人类各民族唯一没有中断过的文化,这一事实证明它内含着强大的生命力和价值。尽管在最近一百多年间,它在和西方文化的对话中,曾经短时段地处于弱势地位,但随着中国现代化的进程,中华民族重新崛起,再度成为影响世界、影响人类现实和未来的关键性力量,中华文化强大的生命力和价值在当代世界再度显现。因此,了解它,学习它,从其历史发展变化中领悟文化兴衰更替的规律和启示,去其糟粕、取其精华地继承它,弘扬它优秀的成分,创造性地发展它,将其转化为中国现代化建设的有效资源,是每一个中华儿女的责任、使命和荣幸。我们希望莘莘学子们通过本书学习能激发这种责任感、使命感和荣誉感,成为中华文化伟大复兴的承担者。

是为序言。

目　　录

第一讲　文化的定义、特征和功能 ……………………………………… 1
　　第一节　文化的定义 ………………………………………………… 2
　　第二节　文化的特征与功能 ………………………………………… 5
　　第三节　中国传统文化的范围 ……………………………………… 10
　　本讲小结 ……………………………………………………………… 15
　　【复习与练习】 ……………………………………………………… 16

第二讲　先秦分权时代文化发展概观 …………………………………… 17
　　第一节　中国文化产生的基础 ……………………………………… 19
　　第二节　前三代的文化萌芽期 ……………………………………… 24
　　第三节　夏商周三代的文化奠基期 ………………………………… 26
　　第四节　春秋战国时期的文化繁荣与转型 ………………………… 36
　　本讲小结 ……………………………………………………………… 43
　　【复习与练习】 ……………………………………………………… 43

第三讲　秦以后集权时代文化发展概观 ………………………………… 45
　　第一节　中央集权时代的制度文化概况 …………………………… 46
　　第二节　中央集权时代的物质文化概况 …………………………… 52
　　第三节　集权制下的思想文化成果 ………………………………… 57
　　第四节　中国文化的基本性质与特征 ……………………………… 70
　　本讲小结 ……………………………………………………………… 75
　　【复习与练习】 ……………………………………………………… 75

第四讲　中国古代物质文化 ……………………………………………… 77
　　第一节　饮食文化 …………………………………………………… 78

第二节　服饰文化 ··· 83
第三节　建筑文化 ··· 86
第四节　交通文化 ··· 90
第五节　中国古代物质文化的基本特征 ······················· 94
本讲小结 ·· 98
【复习与练习】 ··· 98

第五讲　中国古代制度文化 ······································· 101
第一节　中国古代行政制度 ····································· 102
第二节　中国古代司法制度 ····································· 108
第三节　中国古代选官制度 ····································· 113
第四节　中国古代经济制度 ····································· 117
本讲小结 ·· 125
【复习与练习】 ··· 125

第六讲　中国古代节庆与礼俗文化 ······························ 127
第一节　中国古代主要节庆礼俗 ································ 128
第二节　中国古代主要丰收礼俗 ································ 134
第三节　中国古代主要生命礼俗 ································ 138
第四节　中国古代主要祭祀礼俗 ································ 146
第五节　中国古代礼俗文化的特征与精神内涵 ··············· 149
本讲小结 ·· 152
【复习与练习】 ··· 153

第七讲　中国古代文字 ·· 155
第一节　人类信息传播的方式与文字的重要性 ··············· 156
第二节　中国古代文字发展历史概览与基本造字方法 ······ 162
第三节　中国古代文字体现的思维特征与文化精神 ········· 172
本讲小结 ·· 177
【复习与练习】 ··· 178

第八讲　中国古代重要典籍 ········· 181
第一节　中国古代典籍的积累与分类 ········· 182
第二节　中国古代儒家学派重要典籍 ········· 185
第三节　中国古代重要历史典籍 ········· 194
第四节　中国古代其他重要典籍 ········· 198
本讲小结 ········· 205
【复习与练习】 ········· 205

第九讲　中国古代儒家文化 ········· 207
第一节　儒家思想发展简况 ········· 208
第二节　儒家重要思想家及其主要思想 ········· 214
第三节　儒家思想对中国古代社会的影响 ········· 230
本讲小结 ········· 235
【复习与练习】 ········· 236

第十讲　中国古代道家文化 ········· 237
第一节　道家思想的产生与发展 ········· 238
第二节　道家的主要思想和著作 ········· 241
第三节　道家思想对社会文化的影响 ········· 249
本讲小结 ········· 252
【复习与练习】 ········· 252

第十一讲　中国古代佛教文化 ········· 255
第一节　佛教的产生和在中国的传播 ········· 256
第二节　佛教的基本知识 ········· 263
第三节　佛教对中国社会文化的影响 ········· 269
本讲小结 ········· 273
【复习与练习】 ········· 273

第十二讲　其他诸家思想 ······ 275
- 第一节　法家 ······ 276
- 第二节　墨家 ······ 283
- 第三节　兵家 ······ 290
- 第四节　阴阳家 ······ 292
- 本讲小结 ······ 295
- 【复习与练习】······ 296

第十三讲　中国古代文学 ······ 297
- 第一节　中国古代文学发展简况 ······ 298
- 第二节　中国古代抒情文学的主要体裁与特征 ······ 307
- 第三节　中国古代叙事文学的主要体裁与特征 ······ 310
- 第四节　中国古代戏剧文学的主要体裁与特征 ······ 315
- 本讲小结 ······ 319
- 【复习与练习】······ 319

第十四讲　中国古代艺术 ······ 321
- 第一节　史前与先秦艺术 ······ 322
- 第二节　秦汉艺术 ······ 324
- 第三节　魏晋南北朝艺术 ······ 326
- 第四节　隋唐艺术 ······ 328
- 第五节　宋元艺术 ······ 332
- 第六节　明清艺术 ······ 334
- 本讲小结 ······ 338
- 【复习与练习】······ 338

第十五讲　中国古代养治与科技文化 ······ 341
- 第一节　中国古代养生文化与生命认知 ······ 342
- 第二节　中国古代医治文化 ······ 350
- 第三节　中国古代生产技术 ······ 353

第四节　中国古代养治与科技文化中的自然认知和思维特征 …………… 365
本讲小结 ……………………………………………………………… 375
【复习与练习】 ……………………………………………………… 376

结语：中国传统文化近现代的处境与价值 …………………………… 379
【复习与练习】 ……………………………………………………… 391

后记 …………………………………………………………………… 392

修订说明 ……………………………………………………………… 393

第一讲 文化的定义、特征和功能

人创造了文化，文化塑造了人。每代人的民族文化心理，都是由特定时代的文化背景塑造出来的。中国传统文化是几千年来特定的生产生活条件和民族文化背景创造和发展出来的。它体现与陶冶着中华民族一代又一代人共通的人生态度、情感方式、思维模式、价值取向等内容。

文化犹如空气，我们身在其中，深受其熏染，也参与着文化的传承与创造。此时此刻的我们正在接受中国传统文化的形塑，但我们并未对此有清晰的感知。文化是神秘的，中国传统文化更是博大精深，如何才能把握中国传统文化及其影响机制呢？这就需要我们首先理解文化的概念与功能。

第一节 文化的定义

我们现在所表述的"文化"这个概念，在西方源于拉丁文"cultura"，后来演化在德文中写成"kulture"，在英文与法文中写为"culture"。其拉丁文的原意是耕种（动词），后来逐渐引申为对树木禾苗的栽培，再后来又引申为对人类心灵、知识与情操的化育。可见，西方早期的文化观是从物质生产逐渐引申到精神生产的。直到今天，"culture"也和物质生产保持着密切的联系，比如英文"agriculture"意思是农业，"culture pearls"表示人工培育的珍珠。可见，西方文化观中"culture"自诞生起，就既有物质生产又有精神生产的含义。

伴随着地理大发现，欧洲人开始拓展他们的生产生活空间。他们所到之处，都遇到了不同于欧洲的"土著人"（当时，欧洲侵略者还给他们冠以更难听的词语"野蛮人"）。此时，欧洲人发现了"土著人"共同存在但不同于欧洲人的某些特征，而且欧洲人常常把他们感受到的这些差异性特征与该民族联系起来。总之，这些非欧洲民族部落突出的行为、情感和思想等内容，后来渐渐被称为"文化"一词。

文化人类学之父泰勒（E. B. Tylor）是第一个使用现代意义上"文化"一词的人。他在人类文化研究开山之作《原始文化》（1817年）一书中，将文化定义为："文化或文明是一个复杂的整体，它包括知识、信仰、艺术、道德、法律、风俗以及作为社会成员的人所具有的其它一切能力和习惯。"① 这一概念一直影响着后世关于"文化"的研究。

理解泰勒的这个文化定义,需要从两方面出发:一个是"作为社会成员的人",另一个是"复杂的整体"。在寻求对复杂整体的经验理解时,有人提出了文化是人类全部的生活方式,在寻求对"社会成员的人"的整体经验理解时,提出了文化是一种超有机体。② 此时的文化观,主要是分析"异族"的有关特征,具有较强的西方种族主义观念。

随着西方社会的进步,人们逐渐认识到种族主义的学术缺陷,认识到文化是每个民族及其成员的"或多或少的一点财产"时,才出现了新的文化观:文化即"意义"③,文化是"一个社会中所有象征符号的总体"④;每个象征符号都是一个客体,均表示着某种社会意义。文化地理学家迈克·克朗也认为:"事实上,文化就是赋予生命以意义的事物。"⑤ 卡西尔(Ernst Cassirer)认为人是"符号的动物",文化是符号的形式。在其文化哲学观点看来,人类文化活动是一种"符号"或"象征"性活动,在活动中建立起人的文化主体性,并整体构成一个文化系统。语言、神话、宗教、艺术、科学和历史等文化活动都是符号活动,并以此塑造了"文化人"。

在中国,"文化"一词,古已有之。"文"的本义指各色交错的纹理,后引申为文饰、文章之义。《说文解字》称:"文,错画也,象交文。""文"通"纹",花纹、描绘之意。后来逐渐引申为包括语言文字在内的各种象征符号,以及文物典章、礼仪制度,等等。到了先秦时代,"文"已经被广泛用于各种典籍了。《尚书·序》中有言:"由是文籍生焉。"⑥ 此处"文"指的是文字。《尚书·大禹谟》:"文命敷于四海。"⑦ 此处称颂大禹以文德化育四海,这里的"文"是文德教化之意。《论语·学而》说:"行有余力,则以学文。"⑧ 此处的

---

① [英]泰勒:《原始文化》,蔡江浓编译,1页,杭州,浙江人民出版社,1988。
② 张祥平:《人的文化指令》,2页,上海,上海人民出版社,1987。
③ [美]马尔塞拉(Marsella, A. J.)等主编:《跨文化心理学》,肖振远等译,54页,长春,吉林文史出版社,1991。
④ 张祥平:《人的文化指令》,2页,上海,上海人民出版社,1987。
⑤ [英]迈克·克朗:《文化地理学》,杨淑华、宋慧敏译,9页,南京,南京大学出版社,2003。
⑥ (汉)孔安国注、(唐)孔颖达正义、黄怀信整理:《尚书正义》,2页,上海,上海古籍出版社,2007。
⑦ 同上书,122页。
⑧ 何晏注、邢昺疏,朱汉民整理,张岂之审定:《论语注疏》,7页,北京,北京大学出版社,1999。

"文"与"德行"对应，指的是"六艺之文"。如果自然性与社会性有机结合在一起，就是君子之风范了。显然，这里的"文"就是人的社会性这一意思了。

"化"本义为变易、生成、造化，所谓"万物化生"，其引申义则为改造、教化、培育等。如《礼记·乐记》："和，故百物皆化。"① 这里"化"指的是"化生""转化"之意。又如，《素问》："化不可代，时不可违。"这里"化"指的是"造化"之意。

将"文"与"化"一起使用，最早出现在《易》中："刚柔交错，天文也；文明以上，人文也。观乎天文，以察时变；关乎人文，以化成天下。"②（《贲卦·象传》）这里的"天文"即自然之道外显的自然现象，"人文"即是人的社会行为和社会机制及其创造成果，泛指社会中的各种关系；"人文化成天下"，也就是通过社会教育让人们自觉形成良好、和谐的社会关系网络。这奠定了中国早期的文化观：文化，即"以文教化"之意，通过诗书礼乐、道德伦理等教化百姓。

中国古代的文化观中，文化往往与"武力""武功""野蛮"相对应，它本身包含着一种正面的理想主义色彩，体现了治国理政中"阴"和"柔"的一面，既有政治内容，又有伦理意义。同时，中国古代很大程度上是将"文化"作为一个动词在使用，是一种治理社会的方法和主张，它既与武力征服相对立，又与之相联系，相辅相成，所谓"先礼后兵"、文治武功。

通过前面西方关于"文化"定义的梳理，我们知道，"文化"的定义受到较强的时空背景影响，往往是"仁者见仁，智者见智"。据美国文化学家克罗伯和克拉克1952年出版的《文化：概念和定义的批评考察》中统计，世界各地学者对文化的定义有160多种，而当代有学者统计，"文化"这个概念的定义至少有200种以上了。文化这个概念可大可小、众口不一，在不同的领域与场合都有不同的意义。有的理解把文化等同于知识或学历，比如一个老农指着一个大学生说："你看，人家有文化。"有的理解几乎等同于文学和艺术，把时尚、餐饮、运动、广告、杂志和日常生活等忽略不计，导致发展文化事业时过于单一。有的"将文化理解为一种意识形态，是对外部物质条件的反映和对

---

① （汉）郑玄注，（唐）孔颖达正义，吕友仁整理：《礼记正义》（全三册），1477页，上海，上海古籍出版社，2008。
② （魏）王弼注，（唐）孔颖达正义，李申、卢光明整理，吕绍刚审定：《周易正义》，105页，北京，北京大学出版社，2009。

阶级利益的表达"。① 这种观点似乎有不少道理，但也可能会引起较大的思想矛盾和文化斗争，更不可能在这样的观念下搞一个全社会各阶层认同的文化产业。

后来，文化研究者更倾向于把文化理解为"一种整体生活方式"和"一种普通的生活方式"。②"所谓一种文化，它指的是某个人类群体独特的生活方式，他们整套生存式样。"③ 但是，这样的文化定义，又常常让人把"文化""文明"混淆。钱穆说："其实 Civilization 和 Culture 这两个字，都是很近代才有的，所以可说是他们西方人很近代才有的观念。但我们拿中国古代早就原有的文化、文明二词来翻译，却是很有意义的。"钱穆先生认为，文化即"生活"，文化是群体性、综合性、可持续的生活整体。④ 在当代中国发展了这一看法的是当代文化学者余秋雨先生。他认为："文化，是一种包含精神价值和生活方式的生态共同体。它通过积累和引导，创建集体人格。"⑤

尽管中西方古今学者对于"文化"概念的理解千差万别，但"文化"的概念也有一些比较稳定的内涵和特征，比如讲，都是人类创造的、人为的东西，是可以传承的，对于人类生活和社会都有重要意义，等等。基于上面的清理，本教材对文化作一个较为宽泛的界定：

文化是人类特定群体创造的、可以递相传承的、使人类特定群体以超自然方式生活的全部成果之总和。

第二节　文化的特征与功能

一、文化的特征

上面对文化的这一定义，内含了文化的五大特征。

---

① ［英］阿兰-斯威伍德：《文化理论与现代性问题》，黄世权、桂琳译，5 页，北京，中国人民大学出版社，2013。
② 同上书，3 页。
③ ［美］克莱德-克鲁克洪等：《文化与个人》，高佳、何红、何维凌译，4 页，杭州，浙江人民出版社，1986。
④ 钱穆：《文化学大义》，北京，九州出版社，2011。
⑤ 余秋雨：《何谓文化》，6 页，武汉，长江文艺出版社，2012。

1. 人为性

文化不是自然生成的,是人类的创造物,是人为的。人与动物不同,支配动物行为的本能,是动物物种的自然特性;人的行为则是靠人后天习得的文化来支配。支配人的行为的,表面上看是外在于人的事物及其间的关系,但实际上,它们必须转化为知识、价值、意义才能内在地控制人的行为。前人、他人的生存活动对自己的影响也是如此。

2. 可交流性

不同的地理条件、气候条件、人文传统等形成了不同的文化渊源,并发展出了千差万别的文化样式。通过文化适应,文化成员接受与习得了相同的文化内容,文化得以积累和传承。所以,文化不是那种即生即灭、转瞬即逝的东西。正是在文化这种相对稳定的传承基础上,形成了特定群体的文化传统,并由此形成了特定群体特定的文化模式。

有学者认为:"文化是让个人的行为为社会的其他成员所理解的公约数。"[①] 文化的可交流性,指文化可以在同一文化背景和不同文化背景、同一时空和不同时空的人类成员之间通过特定文化行为与符号互相传递信息的特征。人类个体与个体、个体与群体之间进行超自然的沟通交流和分享信息,正依赖于文化可交流性这种特征。

3. 可传承性

文化是可以积累和传承的,不是那种即生即灭、转瞬即逝的东西;在文化可传承性的基础上,形成了特定群体的文化传统。文化传统指的是在一种文化中代相继承、传递的知识、规则、价值观念和生活方式,这些是一代代文化传承的结果。文化传承是通过多种途径实现的,特定社会与文化环境的无意识熏陶浸染、特定生活方式的无意识模仿和接受、特定文化机构和组织如学校的有意识灌输和引导等,都是实现文化传承的途径。

我们发现,文化的可传承性和可变异性是统一的。文化的可传承性建立在文化的稳定性基础之上,但文化的稳定性是相对的,文化也在不断变化,是一个永不停息的"创新过程"。文化创新来自各种因素,"在诸如人口增加、技

---

① 拉里·A. 萨默瓦、理查德·E. 波特、埃德温·R. 麦克丹尼尔:《跨文化传播(第六版)》,19页,北京,中国人民大学出版社,2013。

术革新、环境危机、外敌入侵以及文化内行为和价值观发生改变等情况下,人们要对其做出反应,变化因此产生"。①

一般情况下,文化易变的部分是初级行为,服饰、事物、居住方式、交通方式等容易随着流行而变化,但核心价值观、思维方式、宗教体验等内容却是很难被迅速和轻易改变的。打个比方,文化犹如冰山一样,易变的只是露出水面的冰山一角,文化的内在部分却具有较高的稳定性。

4. 规范性与约束性

任何文化都意味着一套规范系统,它要告诉接受和生活于其中的人们,应该怎样生活和行动,而不能怎样生活和行动。这就是规范。这些规范既有以硬性方式存在的,如各种社会制度,也有以软性方式存在的,如各种社会习俗。既有作用于人外在行为的,也有作用于人内在思想感情的。所以接受一种文化系统,也就接受了这种文化系统的规范。这也意味着,文化是有约束性的。

文化人类学家鲁思·本尼迪克特(Ruth Benedict)认为,文化模式是文化中的支配力量,是给人们的各种行为以意义,并将各种行为统合于文化整体之中的法则。在她看来,文化之所以具有一定的模式,是因为各种文化有其不同的主旋律即民族集体人格,人们的行为受这些文化的制约。

文化适应(enculturation)指的是文化成员学习某种文化的整个过程。在社会心理学和社会学中,与"文化适应"相近的词是"社会化"。不论是使用哪个词,它们的意思是一样的:文化个体从婴儿期开始,就不断学习所处文化的行为规范和思维方式,直到完全领会并习以为常。

5. 系统性

文化是物质文化、制度文化、精神观念等构成的系统,是这些成果的总和,而不仅仅是指其中的某些部分。文化大体可以分为器物层、制度层、精神观念层(内在文化心理与外在符号形态)三个层面。人类的生活世界贯穿于这三个层面和领域,因此,这三个层面都统一在人类的生活世界、生活方式中。文化是人类特定时代特定群体创造的、可以递相传承的生活方式及其精神价值生态共同体。这个"生态共同体"中包含着多元层级文化的生态系统。

物质文化是指人类创造的物质文化形态,包括生产工具、劳动对象以及创

---

① 拉里·A. 萨默瓦、理查德·E. 波特、埃德温·R. 麦克丹尼尔:《跨文化传播(第六版)》,21页,北京,中国人民大学出版社,2013。

造物质产品的技术等内容。物质文化来源于技术，并与社会经济活动的组织方式直接相关。物质文化不是所有物质形态的单纯存在或组合，自然状态下存在的物质，不属于物质文化的范畴。物质文化是人类发明创造的技术和物质产品的显示、存在和组合，不同物质文化状况反映不同的经济发展阶段以及人类物质文明的发展水平。物质文化不单指"物质"，更重要的是强调一种文化或文明状态。

制度文化是人类为了自身生存、社会发展的需要而主动创制出来的有组织的规范体系，主要包括国家的行政管理体制、人才培养选拔制度、法律制度和民间的礼仪俗规等内容，是文化层次理论要素之一。制度文化是人类在物质生产过程中所结成的各种社会关系的总和。社会的法律制度、政治制度、经济制度以及人与人之间的各种关系准则等，都是制度文化的反映。

精神文化是人类在从事物质文化基础生产上产生的一种人类所特有的意识形态，它是人类各种意识观念形态的集合。精神文化的优越性在于，一是具备人类文化基因的继承性，还有在实践当中可以不断丰富完善的待完成性。这也是人类文化精神不断推进物质文化的内在动力。由于文化精神是物质文明的观念意识体现，在不同的领域，其具体文化精神有不同的表现和含义。

二、文化的功能

"功能"（function）在汉语文献史籍中很早就已经出现，大致有以下两种含义：一是效能；二是功绩、才能。现代管理学意义上的"功能"是指一个事物对于对象所具有的某种作用和意义，它能够满足对象某种需求的属性。文化的功能指文化对人类的基本作用和意义。

本讲将文化的功能归纳为阐释功能、评价功能、实践功能、创生功能四大基本方面，下面分别进行介绍。

1. 文化的阐释功能

文化是不同人类社会共同体对世界、人类群体和个体本性、命运、历史、现实和未来的阐释系统，这个阐释系统的结果就是知识系统的建构：关于自然、人类（个人与群体）世界、历史知识的生成、积累与传承的观念系统。人类的知识系统，就是人类对自然、人类群体和个体历史与现状的阐释结果。因为文化在漫长历史过程中是由不同人类群体创造的，而人类不同群体文化的知识系统是有差异的，所以也有同一的或相同相融的构成。

文化的阐释功能可分为三个方面：一是对人类的对象世界即自然的阐释；二是对人类自身的阐释；三是对人类生活世界和人类历史的阐释。前者形成了人类有关自然科学的知识系统，后者形成了人类的人文社会科学知识系统。文化的阐释功能就是要回答：世界、人、人类历史和现实是怎样的？这个阐释的结果，就是一套知识系统的形成，即所谓真理系统。文化阐释的权威性，首先体现在它提供的这套知识系统被确认为是真理性知识。

2. 文化的评价功能

文化要提供一个关于人类个体与群体生活的价值、意义的评价系统，这就是价值系统的建构。价值系统是一种文化关于自然、人类世界（个人与群体）生活和行为价值准则的生成、积累与传承的意义系统。人类不同群体文化的价值系统是有差异的，也有同一的或相同相融的部分。

文化的核心要素之一是价值体系，这套价值体系覆盖了人类生活的五个基本方面，即人与自然、人类群体与群体、人类个体与群体、人类自我与他人、人类自我与自我。每一种文化的价值体系，都是围绕这五组基本关系展开和设计的，都要对这五种关系提供基本的评价标准。在这些评价标准中，文化的评价功能常常体现在一个核心问题上：在特定社会共同体和文化圈中，什么是善的，什么是恶的，什么是有价值和有意义的，什么是美的，什么是不美的。

3. 文化的实践功能

文化一方面是人类在各种实践活动中产生、提炼和积累的成果，另一方面也必然会对人类各种社会实践活动提供设计、框限和引导，这就是文化的实践功能。文化最核心的功能是实践功能，文化的阐释功能和评价功能，归根结底，都指向实践功能，最终要落实在人类社会实践活动中，为这种实践服务。

文化要对人类群体与个体的社会和生活实践的模式、途径、方式和方法进行设计、规范与引导，它也总要体现在特定社会制度、社会关系、生活方式的形成、认定和改变中。

4. 文化的创生功能

文化是一个民族及群体的集体记忆，承载着无数代人的实践经验和智慧成果，也便成为这个民族及群体中所有成员的一个最为重要、最为稳定的身份标志。甚至从某种意义上说，文化是一个社会人本有的内在"基因"，是通过后天习得的内在"本性"。因此拥有了什么样的文化，就拥有了什么样的"个性"，也就拥有了什么样的行为方式、思维方式以及精神理想。总体来看，文化创生着生活于其中的文化个体即文化主体，这些主体是这种文化的承担者和实践者。当然，任何形式及种类的文化，都处在不断发展变化中，个体以及某些群体在接受文化的塑形时，也用自己的新实践和新发现创造、修正以及改变着文化的形态、意义甚至性质。文化创生了人，同时人也在创生着文化。

第三节 中国传统文化的范围

"中国传统文化"，其中"中国"这一限定词，主要是以现代中国的民族构成和地理范围来确定的，指的是以汉族为主体、融合了其他55个少数民族的文化共同体。而汉族的主要来源是古代华夏民族，因此本课程讲授的中国传统文化指的是以古代华夏民族文化为主体、融合其他民族文化的复合性系统。这决定了中国文化既有主体性指向，又有多元性构成。在这个前提下，本节我们着重介绍三个概念："中国"概念的界定、中国人的由来、中国传统文化的界限。

一、"中国"概念的界定

本书"中国"的空间范围，指当代中国地理版图的范围。在这个前提下，我们对这个概念的来源和内涵变化作一个简单介绍。

"中国"这个概念在中国历史上最迟应该出现在西周初年的何尊铭文。何尊1963年出土于陕西鸡贾村，是周初一宗室成员名"何"的人为纪念周成王赏赐而铸造的。尊上铭文100多字：

> 唯王初雍，宅于成周。复禀（逢）王礼福，自（躬亲）天。在四月丙戌，王诰宗小子于京室，曰："昔在尔考公氏，克逑文王，肆文王受兹命。唯武王既克大邑商，则廷告于天，曰：余其宅兹中国，自兹乂民。呜呼！尔有虽小子无识，视于公氏，有勋于天，彻命。敬享哉！"唯王恭德裕天，训我不敏。王咸诰。何赐贝卅朋，用作庾公宝尊彝。唯王五祀。①

---

① 中国社会科学院考古研究所编：《殷周金文集成释文》，第四卷，275页，香港，香港中文大学中国文化研究所，2001。

铭文大意是，成王五年四月，周成王开始在成周营建都城，对武王进行丰福之祭。周成王于丙戌日在京宫大室中对宗族小子何进行训诰，内容讲到何的先父公氏追随文王，文王受上天大命统治天下。武王灭商后则告祭于天，以此地作为天下的中心，统治民众。周王赏赐何贝30朋，何因此作尊，以作纪念。

著名历史学家葛兆光说："'宅兹中国'的'中国'，可能指的是常被称为'天之中'的洛阳。"① 这个理解应该是合适的。何尊中的"中国"，即指周武王考察后计划新建的、周成王完成建造的都城洛邑，即成周。"宅兹中国"，即以中国（洛邑）为周王居所。所以，"中国"这个概念，最早指的是周人的首都。之后，其所指范围慢慢扩大到周人起源和统治的黄河流域中下游陕晋冀豫鲁等中原各诸侯国，即周人所称的"华夏"诸国地域。周人以当时的中国（华夏）为中心，将四方其他民族和国家分别称之为戎、狄、蛮、夷。这些民族和诸侯国并非都不属于周的属国，如被称为南蛮的长江流域楚国，统治者季连族团就是周初从北方受封到南方的，毫无疑问是周的属国，但在当时不算华夏即中国的范围。《左传》襄公二十六年（前547）有"楚失华夏"一句，这是"华夏"一词首见典籍记载。（唐孔颖达疏："华夏为中国也。"）其具体所指也为黄河流域为中心的诸侯国家。以华夏为中国，应该是早在当时人们心中的观念。而华夏族也就是后世汉族的主体，春秋战国之前，主要居住在黄河流域中下游。所以，当时这个地域范围称为中国。随着历史的发展，汉族与周边民族不断融合，疆域不断扩大，凡汉族居住的地域也都称为中国，这样，整个黄河和长江流域都被列入中国范围。但中国的概念并不总是以汉族为标准划界的，由于"中国"这个概念内含有中心之国的正统意思，所以，古代也被不同民族所使用。例如，南北朝时期，南朝、北朝都自称中国，而将对方称之为"索虏"或"岛夷"。《北史·序传》载："大师少有著述之志，常以宋、齐、梁、陈、魏、齐、周、隋南北分隔，南书谓北为'索虏'，北书指南为'岛夷'。"② 这种情形两宋时代也出现过。北宋、南宋都自称中国，但它们的敌国金、辽也自称"中国"。上述情况下，它们所用的都是"中国"概念中具有正统意味的"中心之国"的内涵。

战国以后的历史进程中，古代"中国"的概念，其所指范围也慢慢和

---

① 葛兆光：《宅兹中国——重建有关中国的历史论述》，自序，3页，北京，中华书局，2011。
② （唐）李延寿：《北史》卷一百《序传》，3343页，北京，中华书局，1974。

"中华""九州""神州""四海"等概念相近，其覆盖区域越来越大。但直到清代，都没有任何朝代将中国作为国家概念命名。"中国"作为国家概念命名是由辛亥革命后建立的中华民国开始的，中华民国又简称"中国"。中华人民共和国成立后，也简称"中国"。中华民国和中华人民共和国意义上的"中国"，其所指地理范围大体相同，略有差异。本书"中国"概念覆盖的地域，指的是归属中华人民共和国的领土，以及居住其上的所有民族和人民。中华人民共和国是多民族的国家，同时汉族是中国的主体民族，占中国总人口超过90%，所以，中国是以汉民族为主体的多民族国家。

二、中国人的由来

中国漫长的古代文化是由居住在东亚大陆这块土地上的中国人创造的，所以对中国文化进行考察，有必要对上古中国人的主体华夏民族（汉族的前身）的来源做一个概要梳理。

关于远古中国人的来源，从总体上看，存在本土起源论和外来迁入论两种观点，前者是传统和权威的观点，后者是近百年尤其是最近30多年来出现的极有挑战性的观点。

在春秋战国时代以来的中国古代文献中，代表着华夏人远古祖先的想象君王三皇五帝，甚至更早的神农氏、有巢氏、燧人氏等，都是起源于、也生活于中国本土的。所以在那个时候的历史文献中，中国人远祖的本土起源根本不是一个问题，一直到当代中国史学界很多史学家那里，这都是权威的观点。中国人远祖来源成为一个问题是从近代开始的。在19世纪，随着掩埋几千年的苏美尔-巴比伦文化遗址的发掘，大量文物、文献出现并被破译，西方人发现了一个起源于公元前近四千年、人类最早进入阶级社会、有文字记载的文明。这个已经消失了几千年的苏美尔-巴比伦文明对周边的埃及、印度、希伯来、波斯和希腊古代文明都有深刻影响，于是，就有学者认定，全人类几大古老的文明都来源于苏美尔-巴比伦，这就是流行一时且影响深远的"泛巴比伦主义"。中国古代文明的来源问题在这种背景之下也被一些学者描述为来自古代巴比伦。其中最早和最有影响的中华文明外来说是法国学者拉克伯里（Terrien de Lacouperie，1844—1894）在《中国上古文明的西方起源》（*Western Origin of the Early Chinese civilization*）一书中提出。在该书中，他描述道："公元前2282

年，两河流域的国王 Nakhunte 率领巴克族（Bak tribes）从迦勒底亚出发，翻越昆仑山，历经艰险，来到了中国西北部的黄河上游。此后，巴克族四处征伐、传播文明，最终奠定了中国历史的基础。"他说，Nakhunte 又作 NaiHwangti，即黄帝之谓，巴克族则为"百姓（Bak Sing）"转音。他还列举了中国古代文化与巴比伦文化中近百种类似之处，证明两者之间的渊源关系。①

拉克伯里中国文明西来论经日本学者转介后传入中国，得到当时许多中国著名学者和政治家如章太炎、刘师培、宋教仁等出于政治和学术多方面考量的认同，他们纷纷在自己的著述中表述这个观点，有的学者还将其编入历史教材。著名学者梁启超在 1901 年的《中国史叙论》中也曾接受"中国人种西来说"的观点。

但 20 世纪 20 年代以后中国本土具有现代意义的考古活动开始出现，考古学家在中国黄河、长江、辽河-大凌河等流域，发现大量距今 4 000 ~ 8 000 年间的文化遗址和文物，并发现更加遥远年代已经有人类生息于东亚大陆，例如，距今约 170 万年的云南元谋人、距今约 110 万年的陕西蓝田人、距今约 50 万年的北京人、距今约 2 万年的山顶洞人等，这些都可能是现代中国人的原始祖先。这使得拉克伯里的观点受到挑战，曾经认同中国文化西来说的中国学者大部分放弃了这个观点。20 世纪 30 年代以来，中国人种和文化本土起源论遂成为中国学术界权威的结论。

然而中国人种和文化本土起源论到 20 世纪 90 年代以来又面临着分子人类学的新挑战。在国际学术界，人类学家以遗传学、分子生物学等最新研究成果为基础，建立了分子人类学。他们和全世界范围内的遗传学家、分子生物学家联合，对现今居住在世界各地的人类基因进行大规模采样和测序，编制出现今居住各大洲所有人类人种的基因图谱，并根据基因裂变的规则，分别从女性染色体和男性染色体遗传变异规律角度得出一个基本结论：现今居住在五大洲的所有人类，都有共同的祖先，这个共祖从女性染色体角度推测，应该是大约距今 20 万年前后的一个非洲母亲，人类学家将之称为"线粒体夏娃"；从男性染色体角度推测，应是源于距今 15 万年前后非洲的一个共同父亲，人类学家将之称为"染色体亚当"。大约 10 万年前后，他们几个儿子的后裔们从非洲

---

① 转引自孙江：《拉克伯里的"中国文明西来说"在东亚的传布与文本之比较》，载《历史研究》，2010（1）。

出发开始了向世界各地的迁徙。在迁徙的过程中，他们战胜并消灭了原来居住在世界各地的其他人种，最后成为地球上现今的人类。在这个成果的基础上，中国的分子人类学家、中国科学院院士金力等人的研究团队，对中国境内居住的人群进行了大规模基因取样调查和研究，研究的结果也得出同样的结论：现今汉人为主体的黄色人种的华夏祖先们，是距今1.2万～1.5万年前后，即最后一个小冰河期的末期从东南亚进入东亚大陆的（进入东亚大陆的这一支黄种人是距今5万年前后从印度进入东南亚的，而印度这一支又是更早从西亚迁徙过去的）。现所见距今万年以内的所有文化遗址，都是这批从东南亚进入的黄种人留下的。他们也是今天中国人的远古祖先华夏民族的来源。①

分子人类学关于中国人来源的观点与近百年权威的中国人本土起源说观点区别甚大，这个观点的依据也仅仅是分子生物学，而且还有很多比较粗略和不能确定的环节。本土起源论和外来迁入说哪一种观点更有道理，学术界对此尚有分歧。目前来看，分子人类学的研究因为基于最前沿的科学研究成果基础之上，似乎更有说服力。但不管哪种观点，它们都否定了拉克伯里关于中华祖先是公元前2 300年前后从西亚迁徙来的观点，都确认了至少距今万年以来我们在东亚大陆看到的那些重要的文化遗存都是居住在这块大陆上的现代中国人的祖先们创造的，在这一点上是没有分歧的。因此我们对中国传统文化起源的描述正可以此为基础和起点。

三、中国传统文化的界限

传统文化指的是在漫长的历史进程中产生和积累的、递相传承的，并对一个民族的生存和发展具有长远而深刻影响的器物、制度、规则、习俗、观念和心理等。在理解"传统文化"这一概念时，要注意把握以下几个方面：

第一，传统指的是某个社会共同体，某个社会群体、行业、职业或领域中相延既久的一些观念、标准、规范、行为方式等。

第二，一个社会共同体的文化传统有较高程度的稳定性和继承性。

---

① 参看王传超、严实、李辉：《姓氏与Y染色体》（载《现代人类学通讯》，2010，4：e5）；王传超：《分子人类学所见东夷族群的起源与演化》（载科学网博客，链接地址：http://blog.sciencenet.cn/blog-348453-871259.html）；李辉：《走向远东的两个现代人种》[载台湾《国父纪念馆馆刊》2004（14）]；金力、李辉：《重建东亚人类的族谱》[载《科学人》2008年8月（78）]等文。

第三，任何一种文化传统都不是一成不变的，其内在的构成因素是在不断更新和淘汰的。

第四，一种复杂而丰富的文化传统都不是由单一内容构成的，都内含着多种异质性内容，它们之间的消长生灭往往是由其内在不同因素之间的矛盾冲突和斗争导致的。

第五，任何文化传统都会面临异质性文化的压力，它可能分别以同化或顺应为主要模式应对。以同化为主应对，则一种文化传统会大体保持其整体的统一性和延续性；以顺应方式为主应对，则一种文化传统会出现大幅度偏移、改变甚至断裂。

第六，从整体上看，一种文化传统的巨大改变和断裂，往往与文化载体和产生基础的巨大改变相关。文化载体在这里指的是承载特定文化传统的人群。特定载体的消失或改变，会导致文化传统的改变。这里的基础，指的是特定文化产生所依赖的特定自然环境、经济生产方式、聚落方式，这些基础的大幅度改变，往往会导致文化的巨大改变甚至断裂。

中国传统文化是指中华民族长期发展过程中形成和积累的物质、制度、规则、习俗、观念和心理等。中华民族、中国文化多源汇集、兼融八方的历史特点与发展格局，决定了中国传统文化是一个兼容并包、博大精深而又不断更新的动态概念。在全球化日益推进的今天，我们学习与研究"中国传统文化"，就是要在全球化坐标上正确认识与把握中国传统文化，充满文化自信地让中国传统文化走向世界，为建设人类命运共同体提供中国方案。

本 讲 小 结

文化是一个十分复杂的概念，其定义有几百种。本讲在介绍中西方关于"文化"一词不同理解的基础上，总结出一个共识性的结论：文化是人类特定群体创造的、可以递相传承的、使人类特定群体以特定方式生活的全部成果之总和，它包括了器物、制度和符号三个基本层次，同时所有的文化成果都是为人类生活创造和积累的，也一定会体现在人类生活方式之中。在此基础上本讲分析了文化的基本特征和功能。并介绍了"中国"概念的历史发展、中国人的由来、中国传统文化的范围等问题上的有关知识。

【复习与练习】

复习

1. 文化的基本内涵。
2. 文化的基本特征。
3. 文化的基本功能。
4. 中国的概念与中国人种的来源。

思考与练习

1. 文化三层面构成中最重要的是什么？
2. 分组讨论：人性是先天赋予的，还是后天养成的？它和文化有什么关系？
3. 分组讨论：直到现在，还有人认为中国古代文化和巴比伦、埃及关系密切，你如何看待这个问题？
4. 该如何理解中国传统文化构成中的华夏文化的主体性与多民族文化的关系？
5. 中国文化与世界文化的区别与联系，仅举一个方面来论述。

课外阅读文献

1. 林惠祥：《文化人类学》，北京，商务印书馆，2011。
2. 司马云杰：《文化价值论》，合肥，安徽教育出版社，2011。
3. 衣俊卿：《文化哲学十五讲》，北京，北京大学出版社，2015。
4. 钱穆：《文化学大义》，北京，九州出版社，2011。
5. [英] 阿兰-斯威伍德：《文化理论与现代性问题》，黄世权、桂琳译，北京，中国人民大学出版社，2013。
6. [美] 尤金·N. 科恩、爱德华·埃姆斯，《文化人类学基础》，李富强编译，北京，中国民间文艺出版社，1987。
7. 曾仕强：《中华文化的特质》，西安，陕西师范大学出版社，2011。

第二讲　先秦分权时代文化发展概观

在世界几大文明古国中，中国文化是唯一历经几千年未曾中断而传承发展的文化。它是在怎样的基础之上生长、发展和绵延的？它有怎样的历史过程和特征？是怎样的外在和内在的条件和原因使之得以长期存在和发展？我们将分两讲概要地对中国文化发展的历史过程和特征进行描述。这两讲的区分标准是以秦为中分线的中国历史的两大时代，一是秦以前的酋邦-王国分权时代；二是秦以后的帝国集权时代。这两个时代的历史和文化当然有连续性，但也有明显区别，故有必要分别进行介绍。本讲介绍中国上古酋邦-王国分权时代的历史与文化发展概况。

上古酋邦-王权时代，大体可区分为酋邦时代、方国时代、王国时代三种有内在关联但也有区别的时代。酋邦时代，指的是春秋战国传说中的上古炎黄尧舜时代。如果传说中的这些时代存在，那还不是有国家形态的时代，当时的社会共同体只是多个大的部落组成的酋邦或部落联盟，这种酋邦只是一个松散的共同体，共同体内各部落都有极大的独立性和自主性。至于夏代，如果这个朝代存在，那应是多个大酋邦组成的松散酋邦国家。在这个共同体中，夏人族团力量较为强大，故成为酋邦国家的中心。商代建立的国家是中央-方国类型的社会共同体。在这个共同体中，商人族团处于中心地位，对周边方国拥有一定控制力，周边方国对商人族团表示臣服，但具有相当独立性和自主性。甲骨文多见周边方国不服从商王，商人出兵征讨的记载，可见处于中央的商人与周边方国还是一种相对松散的关系。周人建立的国家则是王权国家，这个国家内，周人族团不仅处于中心位置，而且对周边其他族团具有远比商王室强大的控制力，周边其他国家主要是由周王宗室或盟邦分封建立、得到周王室认可的诸侯国。这些诸侯国的土地和所有诸侯，在名义上都是周天子领导和控制的。但各诸侯国在政治、经济、文化乃至外交上，都有相当大的独立自主空间。

所以，在上古时代，国家形态是一步步形成和具备的，由较小地域部落组成的松散酋邦到酋邦国家、到较大地域的中央-方国，再到更大地域的分封制王国，规模在一步步扩大，处于中央位置的族群对共同体内其他族群的控制力一步步增强。但即使是周代王国时期，中央王权对其他族群的控制力也不具有绝对性。各诸侯国都有较大独立性和自治权力。因此，无论是更远的酋邦和酋邦国家，或是商代的中央-方国国家，还是周代的王权国家，相对秦以后的集权帝国，客观上都是一种分权式社会共同体，这种分权并非最高地位的统治者的意愿，而是有不得不这样的历史原因。

下面对上古分权时代中国历史文化概况作一概要性描述。

第一节　中国文化产生的基础

任何一种文化的产生都有特定的基础，这个基础可以有许多方面，但最基本的是地理环境、基本经济生产方式、基本聚落方式三个方面。这三个方面直接和间接地决定着生活于其中的社会群体的物质文化、生活方式、各种制度和精神观念系统的性质和特征。因此，要理解中国文化何以如此，就必须从这三个方面对其基础进行考察。

一、半封闭的地理环境

对于人类古代各民族文化和历史的研究，历史学家和文化史学家都十分重视自然地理环境的决定性作用。19世纪，西方历史学界盛行的环境决定论认为，不同民族和族群生活的自然环境，总体上限定了生活于其中的人类的生活方式、心理特征和性格特征，甚至民族遭际和命运。越往古代，自然环境对人类的影响和限定作用就越大。环境决定论也许过于绝对，所以20世纪著名历史学家汤因比用"挑战-应战"的模式来解释环境对人类的重要作用。不管是"决定论"还是"挑战-应战论"，都肯定了环境在人类社会生活中的重要影响和作用，这种影响和作用越往古代越大。

中华民族生存的东亚大陆地理环境的基本特点就是半封闭性，高山、大海、荒漠阻隔着外界与中华民族所居住的东亚大陆的大规模交流。中国的西部地区，主要有青藏高原将中国与西南亚阻隔；西南方向则有云贵高原将中国与南亚阻隔；从南方到东方，则有浩瀚无垠的太平洋形成天然屏障。只有西北和北方面临着欧亚大草原，而且，这中间还有浩瀚的千里沙漠、人迹罕至的戈壁荒漠、帕米尔高原、阿尔泰山、外兴安岭等形成相对阻隔，使东亚大陆与中亚、西亚和东北亚大规模交流形成障碍。中国地理最显著的特点，就是周边有高山、大海、沙漠、戈壁环抱，它像一个巨大的盆地，这个大盆地由平原和众多中小盆地低地构成，将外族文明与中国相对隔离，形成了独自一系的半封闭地域特点。

这样的地理环境，使得古代居住在这块土地上的华夏先民，与东、南、西南等方向隔着高山大海的国家之间，都只有小规模的相互交流，而无法发动大规模的人口迁徙或扩张性战争。只有北面和西北面长期面临草原游牧民族的压力。这种压力对于中华民族而言，总体上具有积极意义。这种积极意义表现为，一方面，中华民族的主体华夏民族在至少5 000年之前就进入农耕为主的文明时代，比游牧文明高级。在与北方和西北草原游牧民族大规模冲突和交往的漫长历史进程中，不管谁阶段性战胜谁，最后的结果都是以华夏民族为核心融合草原游牧民族，从而形成滚雪球式的发展。在这个过程中，游牧民族的融入给华夏民族带来了血缘和文化的多样性以及活力，而华夏民族的文明则提升了游牧民族的文化层次和品质。另一方面，任何文明，如果在没有外在压力的完全封闭的环境中生长和发展，这种文明必定比较脆弱，一旦突然遭遇强大异质文明压力时就会脆断。如果中国地理环境是一个纯粹类似于美洲大陆的封闭世界，也许中华文明早就被消灭了。中华文明之所以具有相当的抗击打能力和对抗精神，这与中华民族长期面临北方和西北游牧民族的巨大压力有关。正是这种压力，使中华文明长期保持着一种内在的对抗能力和竞争意识。而且，这种压力在大多数时候其压强相对有限，一般都没有巨大到足以使中华文明脆断崩溃的地步。孟子说国无外患者国恒亡，是十分有洞见的说法。不少学者认为中国人具有热爱和平的平和的民族性格，这当然不错，但中国人也有对抗、斗争的精神。保存敌人和外患，对一个民族的生存具有不可或缺的意义。

历史上，被称为四大文明古国的中国、古埃及、古巴比伦、古印度，国家和文化一直得以保存延续的只有中国，其他几大文明古国都先后被异族消灭。这几个文明古国的覆亡原因复杂，其中之一是它们在地理环境上缺少中国这样半封闭性的地理屏障。几千年漫长历史中，中华民族和文化未被异族消灭，在冷兵器时代，很得益于中国半封闭的地理环境。它四面的高山、大海、沙漠、戈壁，成了保护自己的天然屏障，将那些强大的国家和文明隔挡在外。

这种半封闭地理环境的屏障作用，到了19世纪以后就慢慢消失了。在中国东北、西北部草原戈壁之外，崛起了横跨欧亚的沙皇俄国及苏联政权，而东边和东南方向的大海，恰恰成了欧美日帝国强大海军舰队几无障碍驰骋的疆场，屏障变成了敞开的大门，长期保护着古代中国和中华文明的地理地形，已经不能继续成为保护中国文明文化的屏障了。中国社会和中华文化，在与来自东北和西北陆地的俄苏文化、来自东南大海的欧美日文化的激烈撞击中，面临前所未有的大变局。在这个大撞击、大变局中，中国社会和中华文化正在持续地发生深刻的变化，这个变化逼迫中国面向这些强大国家，走向现代化，这个进程迄今还在进行中。中国地理在古代、近代和现代，对于中国社会和中国文化的存在意义，已经完全不同了。

二、农耕为主的经济生产方式

中国的地理环境，决定了古代中华民族生活在东亚相对独立的空间之内。

东亚大陆的地理条件，大的结构是北面的蒙古高原、西北面的青藏高原、西南面的云贵高原居高临下，形成以黄河、长江、珠江、淮河、太湖、辽河、松花江等为主体的大的水系和流域，这些水系和流域因为冲积平原广阔，丘陵众多，水资源丰富，所以比较适宜于以种植为主的农业。而北面和西北的蒙古高原、新疆、宁夏和西藏等广阔地带，因雨水稀少，水资源贫乏，除了游牧业的开展，基本上不能进行有效的农业活动。

离现在约 8 000～10 000 年前，中国历史进入了新石器时代。地下出土文物证明，以黄河流域的大地湾-仰韶-龙山文化为代表，以长江流域的凌家滩-河姆渡-崧泽-良渚文化为标志，农业活动已经展开，各种谷物的种植达到了较为广泛的程度。考古学家对距今近 8 000 年的甘肃大地湾新石器遗址的研究显示，当时大地湾先民已经种植粟黍等农作物。到距今 3 000～4 000 年的夏商时代，农业已经确凿无疑地成为黄河和长江流域基本经济生产方式了。那以后一直到清朝灭亡，中华民族主要以农业为主体的经济生产方式都没有改变过。

在中国主要地区进入农业时代之后，周边仍有一些区域的人们保持着渔猎或游牧的生产方式。例如，直到 1949 年以前，东北的赫哲族人、东南海边或内地一些大湖周边的人们，也长期以渔猎经济为主。而北面蒙古高原和西北的黄土高原，仍有部分人群长期以游牧经济为主。

另需注意的是，在漫长的历史进程中，随着城市的出现和不断发展，商贸也成为重要的经济活动之一。有学者认为，商王朝以"商"命名，意味着那个时代已经出现商贸活动，且具有较为重要的意义。至于到春秋战国时代，在诸侯国之内或诸侯国之间的商贸活动已经相当频繁了，这在先秦文献中有很多记载。

尽管存在多种经济生产方式，但具有基础性地位的是农业生产方式，这种基础性地位甚至体现在国家的称谓"社稷"上。从文化角度来考察，以农业为主体的经济生产方式对古代中国社会文化具有全方位的影响。古代中国人定居为主的居住方式，碳水化合物为主的食物结构，日出而作、日落而息、顺天应时的基本生活方式和价值观念，温和内守、好静恶躁的民族性格和精神特征，热爱自然、欣赏自然的审美趣味，等等，都与农业生产方式密切相关。

由于农业是主要的经济生产方式，因此农业生产的核心资料土地就成为中国人特别珍爱的对象，也是中国社会矛盾最集中的一个领域，自然也成为中国社会管理最重要的一个问题。由于农业生产方式的基础性地位，土地的分配和调节就成为历代王朝最重要的经济制度内容。夏商如何处理土地，现在已经没有充分的文献存世，但周代的土地分配是有可靠记载的。形式上"普天之下，莫非王土"，但实际上周王室在留足王室的土地后，基本都将天下裂土分封给诸侯，诸侯再分给诸侯国内巨族大室以及卿大夫们，巨族大室和卿大夫们在留足自己的土地后，将其余土地分给庶民，形成井田制形式。尽管诸侯们拥有土地使用权，但所有权最终是周王室的，王室规定任何诸侯土地不准买卖。因为不准买卖，所以西周各诸侯国内也基本不存在大规模土地兼并或者国家之间为土地的战争。只有到了东周，王室衰微，诸侯开始自行处置土地，土地的所有制和使用权发生了变化，国家与国内家族之间土地兼并和买卖成为现实，新土地开辟被允许，井田制遭到破坏。而秦以后，因为土地相对的私有制度基本确立，许多王朝的开国时期，君王一般会将部分土地分封给开国有功的王侯将相大臣们，同时将很大部分土地比较平均地分配给广大农民。并允许百姓开辟新的耕地。但大多数王朝都经历了这样的循环：王朝建立，均分土地，鼓励农桑，休养生息，百姓安居乐业。随后因允许土地买卖，出现土地兼并，至王朝中后期，这种兼并加速，从而出现大部分土地向大地主豪绅大官僚集中，而相当一部分农民失去自己的土地，沦为佃农，形成所谓富者田连阡陌、贫者无立锥之地的状况。流民因此递增，导致普遍的社会怨恨和社会动荡，最终使王朝走向崩溃。大乱之后建立的新王朝，又重新分配土地使用权，又重新开始兼并过程，最后又导致王朝崩溃。一部中国古代历史，从土地角度考量，就是由这种"土地均分—兼并集中—王朝崩溃—重新分配"过程的反复循环构成的。

这种周而复始的循环模式，从局部而言，是变动的过程，但总体上又是一个超稳态循环重复结构。这对中国社会的政治制度和意识形态等都有至关重要的影响，中国几千年的古代社会，一直在这种超稳态结构中周而复始地循环重复，正与这个经济基础构成的特征有最终的关系。

三、血缘村社的主要聚落方式

聚落方式，也就是一个社会群体居住的基本方式。人类群体的居住方式，有散居、聚居、散聚结合的居住等多种方式。一般而言，渔猎和游牧生活方式因需要较大地理空间，以保证渔猎对象或游牧水草的丰足，大都取散居或散聚结合的居住方式。而农业社会，有限土地就可产出供养族群的基本生活资料，所以世世代代守住一方土地，以血缘关系为纽带群居一处，成为主要聚落方式。商业活动需要贸易双方频密交往，也以聚居为主。但农业聚居和商业聚居有很大的不同，农业聚居规模有限（人群聚居规模与方便近距离到田地劳作相关），而商贸聚居规模却可以很大，所以有城市。更重要的区别是，农业聚居以血缘为纽带，商贸聚居是以利益为纽带，这是城市与村社聚居原则的根本区别。由于古代农业是中国社会的基本经济活动，血缘村社的聚落方式也成为中国人主要的聚落方式。

中国古代也有城市，距今 4 000～7 000 年间的凌家滩、河姆渡、良渚、龙山、红山、仰韶、陶寺、石峁等文化遗址都发现了早期城邑。从起源上讲，中国的城市有三个来源，一是政治中心，即以酋邦或王国首领为中心的群居地；二是军事要塞，长期驻军屯垦并围绕军队的生活物质供应而建立起的城堡，这大约到春秋战国以后，尤其是秦以后才出现；三是商贸集散地，它到中古时代才出现，如长江中下游的汉口、扬州、嘉定等中古后才发展起来的城市。第一类城市的居住者早期其实基本是由酋邦或王国首领的家族和亲族组成的，他们之间有明显的血缘关系。在后来的发展中，随着入住的人越来越多、越来越杂，血缘关系才被淡化。其他两类城市则一开始就是杂居性的，都不可能以单一或几个姓氏为聚落原则。但需注意的是，在城市中即使村社聚落原则被放弃，然而城市市民们的根仍在古老的血缘村社。所以死后一般都要归葬故乡村社千百代祖先所在的家族或宗族墓地。不仅一般市民如此，高官富贾也少有例外。所谓告老还乡、落叶归根、寿终正寝的观念，都和血缘村社相关。还需注意的是，在城市里，人与人之间尽管大都没有血缘关系，但血缘伦理在城市人际关系中仍变相地存在，这就是人际关系泛血缘化的现象。君臣之间、商贸双方、行帮内群体、师徒之间、师生之间……所有的社会关系都被转化为具有泛血缘亲情的关系。这是中国城市文化，也是整个中国文化最重要的特征之一。

中国古代社会就是以这种血缘村社为主要聚落方式建立的。在这种聚落方式中，血缘关系成为判断异同他我的核心原则，也是组织村社内部社会关系的核心原则。这种原则最突出而集中地体现在宗法制中。所谓宗法制，就是以血缘关系决定异同、贵贱、亲疏、等级的制度，这是中国一切社会制度的基础，而这种制度就是建立在血缘村社聚落形态基础之上的。

综上，中国传统文化产生的基础主要有三个方面，这就是半封闭的东亚大陆地理环境，农业为主的经济生产方式，血缘村社为主的聚落方式。中国古代社会的物质文化、制度文化和精神文化的一切方面，最终都和这个基础有着本源性的关联，也应主要从这个基础给予解释。

第二节 前三代的文化萌芽期

历史学家通常将夏商西周称之为上古三代。三代之前，即传说中的三皇五帝时代，本书将之称为前三代时期。历史学界对三皇五帝是否真实存在尚有争议，本书不从信史角度使用这个概念，只用它指称三代之前几千年的新石器阶段。距今约5 000~8 000年间，中国长江流域、黄河流域、辽河流域等地都出现了早期文明的曙光，这是华夏文化的萌芽期。这个时期的文化有下面几点特别值得注意。

一是距今5 000年前后，东亚大陆生活的主要族群在经济生产方式上都进入到以农业为主，兼有渔猎、畜牧业的时代，农业对这些族群的经济生活和物质文化具有基础性的意义。

二是已经有了初步的建筑技术，可以因地制宜地建造适合人居的房屋了。黄河流域中上游发现史前地穴或半地穴建筑遗迹，长江流域则发现干栏式建筑遗迹。同时，最早的城市出现了，石峁、红山、龙山、良渚、陶寺、高庙等文化遗址上，都发现了面积不等的城墙遗址。城市的出现应该是一个社会进入到阶级社会早期的标志之一。说明距今 5 000 年前后，中国古代可能已经开始进入阶级社会。

三是前三代中后期，在氏族和部落基础之上，由多个部落构成的更大社会共同体出现了。某些族群首领因在宗教或世俗生活领域具有特别优势，被推举为共同体领袖。历史学家们将这个由多个部落组成的共同体称为"酋邦"或部落联盟。酋邦是一种松散的社会共同体，① 从考古资料来看，酋邦在中国史前社会应该很早就出现了，上述距今 5 000 年前后的城市遗址，说明这些地方出现了超出部落的更大社会共同体。先秦文献中对炎黄尧舜时代的想象性叙述，比较符合酋邦时代的特征。

四是陶器和玉器成为这一时期重要的器具。但这两类器具的用途完全不一样，陶器主要用于日常生活（部分陶器也用于祭祀），而玉器则与社会政治和意识形态建设密切相关，它是族群领袖和巫师们用以沟通天地祖宗神灵，证明自己统治的合法性、神圣性的神器。这也意味着这个时期巫术和宗教意识已经出现。巫术仪式活动在华夏先民精神生活中具有重要作用。

五是与此相关出现了大量神性纹饰和器物形象，例如，甘青陕豫一带出土的陶器上著名的鸟纹、蛙纹、鱼纹、蜥蜴纹，红山、龙山、良渚、河姆渡等遗址出土的玉龙、玉熊、玉鸮、玉凤等，都明显与史前先民自然崇拜、生殖崇拜和图腾崇拜相关。其中，尤其是红山玉器中的玉勾龙、良渚玉器上头戴羽冠的神人兽面纹饰、凌家滩玉器上的八角太阳、河南濮阳史前大墓中大巫师（或部落酋长）左青龙右白虎的蚌雕图腾等，这些器物和纹饰中的图腾形象不仅在前三代社会有重要意义，对后世文化也形成了深远影响。中国延续数千年的一些图腾形象，如龙、凤、虎、熊、龟、蛇等，都源自这个时代的文化。图腾最早表达的是先民自然崇拜的意识，其后渗透了祖宗崇拜的社会意识。在这些图腾形象中，龙、凤、熊、虎图腾伴随着崇拜他们的民族的强大和扩张，最后成为所有图腾中最重要的图腾，对于后世中华文化具有族徽意义。

---

① 关于史前酋邦社会领袖是否具有绝对权威的问题，不同学者有不同的观点。20 世纪 60 年代以来，西方人类学界一些学者如塞维斯（Elman R. Service）的酋邦理论、弗里德（Morton H. Fride）的分层学说、克赖森（Henlij M. Cleassen）等的早期国家理论，对史前酋邦社会的首领是否具有绝对权力问题持一种多样性认知。而中国学者童恩正、谢维扬等在研究中国史前社会时，认为史前酋邦社会的首领具有绝对权力，这奠定了进入阶级社会后国家首领具有绝对权力的专制体制基础。也有中国学者认为，酋邦社会首领的权力与地位不是一种类型而是有多种类型，酋邦社会进入阶级社会的国家后有可能建立民主体制，也有可能建立专制体制。

从文学艺术角度考察，与这些神性图腾和祭祀活动相关，必然伴随着歌舞和神话的存在，只是因为这些以身体器官和口头语言为媒介的作品即生即灭，没有物化为可留存的形式，所以今天无法全面了解。但20世纪后期，在河南贾湖遗址发掘出的距今近8 000年的可以吹奏出七音的骨笛、距今5 000年左右的西安半坡遗址陶器上的多人群舞纹饰，都显示在遥远的前三代社会，华夏先民已经有相当丰富的乐舞活动了。

第三节 夏商周三代的文化奠基期

上古三代中，夏代是否真实存在，在中国社会经历了一个从信古到疑古再到证古的过程。从迄今已有的考古学成果和文献记载来看，夏代有可能是中国上古历史上存在的一个王朝。至于商代，20世纪初期甲骨文和安阳殷墟的发现，都证明了它是真实的历史存在，故而完全不存在争议。本书将夏商周三代，尤其是周代（包括春秋战国）看成是中国文化的奠基时代，下面我们概要地勾勒夏商周三代文化在几个方面对中国文化的奠基意义。

一、确立了以农业为主的经济生产方式

农业生产方式在三代之前的新石器时代就已经比较普及，但渔猎和游牧业还是社会经济的重要组成部分。而到了三代时期，农业具有更为基础的地位，就夏代而言，有一个极具象征意义的传说性历史事件就是大禹治水。大禹治水本是更遥远的洪水创世神话故事在夏代的历史化结果，但这种创世故事在夏代变成治水故事绝非偶然，它是适应当时社会经济生产发展要求的结果。对水患及其治理的强烈需要，是农业社会才会产生的（渔猎社会恰恰需要更多的区域成为有水区域）。

二、确立了血缘村社的聚落方式

定居的形式是以农业为前提的，祖祖辈辈在一块土地上种植收获，滋养生

息，就决定了定居这种生活方式必然出现。三代以前，因为农业已经较为发达，所以定居应是当时人们普遍的居住方式。进入三代，定居是华夏民族最主要的聚落方式更无疑问，村社在上古三代是华夏先民最主要的聚落所在，而村社的聚落原则就是具有血缘关系的人们聚族而居。

三代都邑是由社会的统治者家族建立的，居住其内的主要是这个家族的成员和辅佐统治者的骨干家族成员，以及为之役使服务的庶民、奴仆和保卫城邦的军队。中国都邑由单一血缘家族主导到多血缘家族共居再到超血缘姓氏杂居，经历过一个漫长的历史发展过程。而在三代时期，都邑基本是单一或多个血缘家族主导、容纳有限非血缘他姓人群的聚落所在。

由此，我们也可以比较中国早期与古代希腊聚落形态和制度的分野。古代希腊居民的主要居住地是城邦，城邦作为贸易集散地，最早也是由血缘家族主导的聚居地。但到后来，由于社会发展的需要（商贸活动的需要），这种血缘主导的原则就被打破和放弃了，而变成了超血缘人群的杂居地，雅典是一个典型的范例。早期它是四个氏族的聚居地，在此基础之上建立了最早的雅典城邦。四大血缘家族的规则成为城邦的主导性规则。但随着贸易活动的发展扩大，越来越多的不同人群进入雅典进行贸易和居住，血缘家族的规则越来越与商业贸易所需要的利益和权利平等原则不相容。因此，在经历了一系列的改革以后，雅典城邦放弃了血缘聚落规则，放弃了原住民家族的优越地位，规定所有进入城邦居住的自由民都有同等的地位、权利和责任，希腊城邦民主制就是建立在这个聚落原则基础之上的。而中国三代都邑基本都是由统治者家族和亲族主导的居住地，血缘宗法制是这个居住地社会的基础性原则。

三、确立了宗法制在上古社会的基础性地位

在村社中国，宗法制是社会的核心和基础，人们的观念、行为和制度都受着宗法制的深刻影响。所谓宗法制度，就是以血缘关系决定社会成员尊卑贵贱、远近亲疏的制度，这种制度内含了一整套社会基本的伦理规范，即以血缘和泛血缘亲情为基础的宗法伦理。在这样的制度组织的社会里，无论村社还是都邑都不能产生人人平等的古代民主体制，而只能是贵贱尊卑有别的社会。但这种尊卑贵贱有别的等级关系，又不是完全的阶级对立关系，因为同宗同祖的血缘伦理会使村社成员恪守一份底线：一般情况下，不能将族人当敌人和

奴隶。

内含宗法伦理的宗法制在上古三代基本确立，发展到比较完善成熟，还是秦汉以后的事情。在此我们综合先秦到清代宗法制的发展，归纳出这种制度的一些关键内容。

1. 男性世系制

甲骨文"宗"的构形是一个房子内放置一块神牌的意思，这个神牌就是一个家族最早的男性祖先的神牌。"宗"又分"大宗"和"小宗"，所谓大宗，指的是一个宗族共同的祖先。一个宗族在繁衍的过程中，随着人口的增加，会不断有一些分支从大宗共同的聚居地迁徙出去，在另外的地方建都或建村定居，这些分支最早的男性就成为各自后裔的小宗。大宗是各小宗的共祖。后世祭祖，各分支一般时候祭祀的是自己的小宗，但也会在一个约定的时间里齐聚大宗所在地，共祭宗族的共祖。在周王室，这种大宗小宗的区别十分明显。周王室作为大宗，其宗庙中陈放着姬姓历代共祖的神牌。而其所分封的各姬姓诸侯国的宗庙中，则陈放的是该诸侯国第一代受封国君及以后历代去世国君的神牌，那是小宗。

按照宗法制，一个宗族内，从一个共同始祖开始的世系，只按男性血缘承传延续。在以血缘关系决定远近亲疏的宗法制中，由近至远的关系是"三族"-"五族"-"九族"。它们分别指什么，有不同的说法，较有影响的一种说法是，以男性血缘世系中某一代男性为中心，分别上溯下传的亲属所构成的代际关系。例如，"三族"指"父-己-子"三代所有的血缘亲属；"五族"指"祖-父-己-子-孙"五代所有的血缘亲属；九族当指"高-曾-祖-父-己-子-孙-重-玄"九代所有血缘亲属。在中国古代，具有血缘世系关系的人之间往往是一荣俱荣、一损俱损。如果一人犯法，往往连累到三族、五族或九族。相同地，有人获得隆盛的功名，建立不世的勋业，也是亲族中大家的荣耀。所以，中国古人努力建立功业的目标之一，也就是耀祖光宗。

2. 血族聚居制

血族聚居制就是具有血缘关系的人们居住在一起。中国古代一个村庄，基本是一个姓氏的后人居住在一起，他们有共同的祖先。血族聚居的制度一直延续到民国时期甚至当代社会的农村。

3. 嫡长子继承制

从王族到诸侯再到村社宗族和家族代际的更替中，权力、名分、财产该如何继承和分配？宗法制的一个基本原则是嫡长子继承制。宗法制强调区分嫡庶，由父亲正妻的长男继承父亲主要的权力、财富、名分和地位。如果正妻无子，则以庶妻中地位较尊崇的妾的长子为继承人。在众多儿子中，以嫡长子为尊，其他庶子必须以嫡长子为宗归。就统治阶级而言，此长子就是父亲爵位的自然承袭者，其他嫡次子或庶子都必须服从他的统治和管理。这样，任何一个家族最后都会分成大宗小宗，大宗永远是继承者和统治者，小宗是服从和被管制者。通过这种大宗小宗的分别，使任何一个家庭家族尊卑有序，使天下权力、国家秩序定于一尊，从而实现对家国的有效管理。因此，嫡长子制度是中国古代家国一体的最重要制度。

当然这是一般的规则。实际上在王位继承中，这个规则也往往被打破。帝王往往在活着的时候就遴选储君，这个储君大多数时候是嫡长子，但有些时候也可能是君王众多嫡子中的某个次子。不管是谁，被选出立为储君则是太子，这个太子不一定是从自然年龄认定的，而是从王朝政治地位角度认定的。

4. 亲族分享制

嫡长子继承制并不意味着独占。在嫡长子继承父亲的权力、财富、名分和地位主要部分的前提下，亲族分享的原则也是十分重要的，可以说是对嫡长子继承制的平衡形式。就王族而言，嫡长子继承了父亲的王位，他要封赏自己的弟兄土地、财富和爵位。现在所知的文献中，周朝王室实行的是典型的分封制，商代因为实行的是中央-方国制，各方国只是名义上臣属商王室，但拥有极大的独立自主权，所以商王不具有将亲族分封到方国的权力。而商王朝内部，王室宗亲具有重要地位则是很清楚的。例如，商纣王时代的著名重臣比干、箕子、微子等，均为王族宗亲。庶民家庭也是如此，嫡长子只能在继承父亲家产方面有较多的份额，其他兄弟仍然有一定的份额。这是家族内的相对平等原则。

5. 族长推举制

宗法制村社中，每个宗族都需要一个最高的管理者，也就是族长。绝大多数宗族的族长不是世袭而是宗族男性成员推选的。被推为族长的往往是一个宗族中辈分较高（不一定最高）、最有声望和财富家族的年长男子，他负责管理宗族内的公共事务。同时，宗族内也会推选一些较大家族、辈分较高、较有声望或财富的家族或家庭的年长男子，作为宗族事务的共同管理者。他们制定宗族事务管理的规则,并具有管理、督促、赏罚宗族成员遵守这些族规的权力。秦以后中国历代社会,王朝任命的官员一般只止于县级,县以下一般设两级或三级行政组织如乡-里等。这些行政组织基本是自治或半自治性的,负责人都是当地的乡绅即辖区内各宗族中有声望、德行和财富的男性,他们一般不享受王朝俸禄,仅仅只是减免一些赋税徭役而已。基层政权的管理权力一直不能剥夺宗族的管理权力,更多的时候是两者结合在一起,实现对社会的管理和控制。

6. 族外婚制

按人类学家如摩尔根等的研究,人类婚姻曾经历过族内血婚制到族外非血婚制两个阶段,族外婚制阶段禁止同一氏族内部的异性通婚。中国上古至少从夏代开始就实行了族外婚制。夏人传说的神祖禹的妻子涂山氏就是异族女子。至于商代的婚姻,有学者研究也是族外婚,周代就更不用说了,《周礼》明确规定同姓不婚,同族不婚。族外婚制在开始本有与异族结盟以扩大本族同盟力量、保证本族安全的目的,王族则通过族外婚的联姻方式,内与重要大臣的宗族、外与重要邦国建立亲缘关系,从而有利于王室政权的强大和稳定。同族不婚的原则,不仅在王室,在民间也很早就实行着。

7. 族内互助制

宗法体制下的村社居民,认定自己和他人都是同宗同祖同源的兄弟姐妹、老少爷们,所以比较强调血缘伦理、血缘亲情、互相帮助和礼让。宗族内部个体或单个家庭出现困难,宗族或族人有一定的责任和义务帮助他们。这种族内互助制一直延续到近代。从宋代河洛地区一些世家大族存留下来的族谱来看,宗族一般都有公产、公田、公地,每年的产出主要用于族内公共事务的开支,包括支助族内特殊困难的个体和家庭、孤子孤老、家庭贫困但志向远大的读书人等。我们的历史教科书过去强调了宗法制落后和反动的一面,而对其积极的一面较少关注。事实上,从三代延续到近代的基于血缘亲情的宗法制,对于维护中国社会的美俗良序也有积极作用,这一面不能忽视。

8. 家族宗族聚葬制

古代中国村社,家族或宗族大都有公共墓地,族人去世后,葬入公共墓地。所有家族宗族成员要承担宗族赋予的责任和义务,也享有家族和宗族给予的权利。这权利之一,就是死后可以归葬在世代祖宗聚葬之地。这一制度一直延续到近代都没有改变。在中国古代社会，不管一个人在外做了多大官，赚了多少钱，置办了多大产业，死后都要归葬祖宗之地，这是他灵魂安顿之所，也是中国人落叶归根的守根情结体现。这种家族和宗族聚葬制对家人宗人生前的言行相当具有约束力。一个人生前言行如果严重地污损了家族宗族的形象和名声，最严厉的惩罚就是被家族和宗族驱赶除名，而且死后也不准归葬家族和宗族公共墓地，成为孤魂野鬼。生前不被族群接纳，死后还无家可归，永远无人祭祀供奉，这是对一个人最严厉的惩罚。因此，这种家族和宗族聚葬制对死人是一份安顿，对生人更是一种告诫和约束。

9. 宗庙祭祀制

宗庙祭祀制度是人们为先祖建立灵魂归宿和强化后世亲族聚合力而设立的制度。至少到商人就有祭祀祖先的宗庙和制度。今所见甲骨文和典籍中商人高祖（成汤）、太宗（太甲）、中宗（太戊）、高宗（武丁）等的称谓，均是其庙号，甲骨文有很多当世商王到祖庙祭祀各位先王的记载。到了周代，周公制礼作乐，制定一系列礼制规则，明确规定周人的宗庙制度为天子七庙，诸侯五庙，大夫三庙，士立一庙，庶人无庙，以此区分尊卑贵贱。周天子宗庙成为从太王、周文王以下历代列祖列宗牌位所在之地，因而也是列祖列宗灵魂所归之地。周天子每年都要举行盛大的庙祭活动祭祀祖宗，各地宗亲诸侯都要到周天子所在王都参加大祭。它既是周族各宗亲诸侯国君认祖归宗、表达怀念、崇拜列祖列宗的重要方式，也是强化血族凝聚力、表达对当世"大宗"周天子统治天下权力认同和服从的方式。所以，这种祭祀礼制是周王朝重大的政治活动。周人认为，"国之大事，唯祀与戎"，将祭祀放在第一位，原因之一就在这里。周王室庙祭活动既是强化血亲认同的活动，也是检验诸侯是否承认和服从王室权威的方式。王朝强大时，各地诸侯千里迢迢都要赶来参加宗庙大祭。但王朝衰微时，就有诸侯找理由不来参加庙祭，王室也就不了了之，乃至最后诸侯王们基本不到王都参加周天子的庙祭，这也就是所谓礼崩乐坏的局面了。

需要说明的是，在上古三代，普通社会大众即庶民不能建祖庙祭祀祖先，对此《礼记·王制》有明确规定。那么，庶人们的祖宗崇拜情感和信念如何表达呢？《礼记》规定，平民百姓"祭于寝"。这里的"寝"，指的是"墓寝"，也就是先人的墓葬（坟）所在。到宋代，朱熹为了强调对祖宗先人祭祀的重要性，在其所著的《家礼·祠堂》中主张："君子将营宫室，先立祠堂于正寝之东,为四龛,以奉先世神主。"① 这里的"君子",本是指社会上有声望、德行和地位的人,但平民百姓也开始在家里设先祖神位祭祀供奉。一些家资较厚的还在家中单独辟室建立家祠,祭祀列祖列宗。整个宗族可公开建祠堂供奉祭祀祖先,到明代才正式被允许。明世宗朱厚熜下诏要求民间联宗立庙,祭祀列祖列宗,这样,祖宗崇拜的方式在民间也得以通过祠堂宗庙方式来表达。

四、确立了分权的政治制度

前三代社会漫长的历史进程中,华夏先民从原始氏族社会发展为部落社会和酋邦社会,进入三代阶段,这种酋邦就发展为阶级社会的国家形态了。但夏商周国家形态并不一样。夏应该还是比较初级的、由多个酋邦构成的松散"酋邦国家"。商人的"中央-方国"形态也是一种较为松散的国家形态,商人作为统治者族团处于中央地位,其他四方的族团则构成了从属性方国。商人也并未能剥夺或取消这些合作者族团的独立性和权力。最典型的例子是周族与商族的关系。尽管周族臣服于商族,但周族拥有自己相对独立的土地、人民和军队,这使得它能在合适的时候纠合众多诸侯国家的首领和军队进军朝歌、消灭商纣王军队、推翻商王朝。

周人的政治制度是分封制,即封建制。武王伐商后,为了对整个天下进行有效统治,让参与伐商的同盟诸侯们仍有其国,而将自己的亲族和盟族(如姜子牙所在的姜族)分封到原先商人控制的或在伐商之战中因站在商一边而被剥夺土地的诸侯国,这些亲族和盟族诸侯国全部归服于周天子这个最大的中央王国。但这些诸侯国都有军事、政治、经济和外交等方面相当的独立性和自主权。周王室对天下这种相对松散的分权式控制,相当意义上,是一个类似于联邦的国家构架。宗法制是将这种联邦制国家聚拢在一起的重要政治基础。

因此,夏商周的政治体制,从夏的酋邦国家制到商的中央-方国制再到周的王权分封制,统治者族团的王权在不断强化,但中央王权从未达到可绝对控制和剥夺所有从属性酋邦、方国或诸侯国权力的地步。所以三代政治体制都是分权制,这与秦以后中央帝国集权制形成明显区别。三代分权制下,王族多数

---

① (宋)朱熹:《朱子全书》第7册,朱杰人等主编,857页,上海,上海古籍出版社,2010。

情况下是不得已的,有限的经济、军事、文化实力和政治控制力,使三代王族不具有这种彻底剥夺所有从属性酋邦、方国或诸侯国权力的能力,而只能实行分权制。

五、确立了礼乐制度

三代的政治体制中,对中国后世影响最为深远的,是周人礼乐制度的确立。夏人、商人的生活和政治活动中,想象性超自然力量的鬼神具有主宰和引导的地位。甲骨文大量卜辞、商代大量的青铜礼器,尤其是那些著名的青铜大鼎上的兽面纹饰(即饕餮纹),都与鬼神祭祀相关。但周人不是崇信鬼神的民族,他们要现实理性得多。

周王室在夺取政权后,在周公的主持下做了一件重要的工作,就是制礼作乐,建立了礼乐制度。礼的本义是一种祭祀活动,周公主持制定了王朝的各种祭祀制度(其中最重要的是宗庙祭祀制度)即礼制,在这种礼制中,祭祀对象的选择、祭祀活动的程序与规则、参与者的等级身份和位置、参与者之间互相如何交往对待,等等,都被制度化、固定化了。礼制内含着一套与周王朝政治制度相关的伦理规范,具有重大的政治意义和作用。通过这种礼制和其内含的伦理规范,周天子、王官、诸侯、卿士之间的社会地位,以及他们之间的血缘亲情和伦理等级关系都得以确认、强化、反复重申。

所以,礼制是周王朝最重要的政治制度。这种礼制及其伦理规范尽管具有外在的强制性,但它同时内含了血缘和泛血缘亲情的浸润。它既诉诸参与者现实利益考量(实用理性),也诉诸参与者血缘和泛血缘亲情的内在唤醒与珍惜,从而使外在冷硬的社会制度被内在血缘亲情所润化、温化和柔化了。而促进这种润化、温化、柔化和内化转换很重要的一个辅助性手段就是"作乐"。周公作乐可以理解为周公主持选择甚至创制了用之于不同祭祀活动的乐器、乐曲、乐歌和舞蹈,这些乐舞当然是崇高宏健、庄重雅正的。音乐是诉诸人们以情感为主的感性世界的艺术形式,这种具有审美美感的乐舞伴随祭祀全过程,正有助于激发参与者内心的庄重感和沉醉感,从而促进和完成将外在社会礼制悄然内化为个体心理构成的工作。这大约也正是孔子所谓"兴于诗,立于礼,成于乐"的本意。

六、确立了实用理性和人本文化体系

在精神文化领域，三代经历了夏商的神性文化后，周人转向人本文化，最后确立了实用理性的精神体系。各民族史前社会中，巫术都是最重要的精神活动样式。作为精神领袖的部落大巫师与世俗领袖大酋长之间的关系，可能有以巫御酋、巫酋合一、以酋御巫三种形式。进入文明社会早期后，巫术在不同民族历史与文化进程中演化的路径大为不同，由此也导致各自社会政治结构和精神文化结构大不相同。古代希伯来文化是典型的神本文化，其远古巫术进入文明社会早期转化为宗教，巫术时代的巫神转化为宗教的上帝，成为高高在上的宗教伦理的化身，主宰和引导着族群社会生活。而古代希腊进入文明社会早期后，其远古巫术转化为黑格尔所说的艺术化宗教。所谓艺术化宗教，实质是充满着审美精神的艺术性人本化宗教。希腊诸神与人类同形同性，人之所有也是神之所有，因此希腊文化是神人一体的文化。这和希伯来文化神人两分、以神为本、以神御人的文化大不一样。

中国史前巫术进入文明社会早期则既没有被宗教化，也没有被艺术化，而是被世俗化了。从现在我们看到的夏人神话传说和商人甲骨文来看，三代时期，巫师和君王最早是合一的，禹启汤等都是具有大巫师性质的世俗君王，他们都曾行巫。这种巫君合一的情形后来出现了变化，从今见《尚书·多士》篇来看，大约到了商代中晚期，巫君分离，君王成为王朝的最高统治者，而巫师则演化为王朝精神生产领域掌管一些具体知识和技能的巫史（商代巫史管理范围很广，覆盖所有意识形态各部类知识和技能），其地位大大下降。巫史需要的不再是巫师想象性神灵附体的情感迷狂，而是冷静理性的观察、推演、记载、思考、归纳的能力。李泽厚认为，由巫师到巫史的转化，对于中国后世文化具有关键的意义，是理解中国文化的一把钥匙。巫史到后世，更分化为王朝不同精神生产领域的专门人才，其神秘性完全褪去。到了周初，周公制礼作乐，强化以祖宗崇拜为核心的现实礼制的权威性，强调现实地遵循和服从礼制的实践行为的重要性，并通过审美的方式（诗舞乐）将这种外在带有强制性的礼制约束转化为内在感性的欲求和德性追求。[①]

---

① 参见张开焱：《巫术转化路径与中希神话差异性叙事传统的生成》，载《中国比较文学》，2018 (2)。

礼乐文化实质就是实用理性主导的文化。周人将夏商文化中高高在上的神灵虚化为抽象而神秘的"天",并且强调"天视自人视,天听自人听"①,将人的意志和意愿装置进"天意"之中。因此,人成了世界的中心。"惟天地,万物父母。惟人,万物之灵。"② 所以,实用理性的文化也就是人本的文化。不过要补充的是,在周公那里,制礼作乐和要人们践行礼乐文化的目的都是巩固王权,确认王权的合法性。因此,周人的人本文化,其核心是君本文化,这也是周人人本文化和古代希腊人本文化的重要区别。

因此,对中国文化具有奠基意义的周代文化与希腊和希伯来文化有很大不同,中国是世俗王权引导和主宰的人(君)本社会,而不是宗教主导的神本社会。原始社会主管精神生产的主体巫师在中国上古三代,最后转化为掌管精神生产特定知识和技能、为王权服务的"士"。这些士的任务不是制造超然于现实王权政治需要的"绝对真理",而是提供满足王权现实政治需要的各种知识和技能,并将君王的利益和意志转化为天意。因此,支配这些士的主要不是对绝对真理思考和追求的纯粹理性,而是为现实王权服务的实用理性。这对于我们理解上古华夏精神现象,乃至整个中国古代精神现象,都是根本性的。

七、确立了中国文字的基本构形特征

文字对于一种文明的记录保存和传播至关重要。甲骨文的发现,证实中国在距今 3 000 多年前已经有成熟的文字。事实上,三代之前的遗址如仰韶、河姆渡、龙山、良渚等文化器物中,已发现不少类似于文字的刻符,山东等地还发现几百个距今 4 000~4 500 年刻画在动物甲骨上的一些符号(骨刻文)。学者们普遍认为商代甲骨文已是很成熟的文字,它一定经历过漫长的发展阶段。某些学者认为,骨刻文很可能是甲骨文的来源。

文字的产生,对人类文明具有极大的价值和意义。国际史学界、考古学界公认判断进入阶级社会的文明必须具备城市、青铜器、文字三个基本要素。文字之所以被如此看重,既在于它是人类信息传播历史上的巨大进步,还在于它昭示着,这个社会已经出现了物质生产与精神生产的分工,已经有专职从事文

---

① (汉)孔安国传,(唐)孔颖达正义,黄怀兴整理:《尚书正义》,412 页,上海,上海古籍出版社,2007。
② 同上书,401 页。

字制造、信息记载和传播的人了，而这种分工正是原始社会进入阶级社会的标志之一。甲骨文的构形特征，纯粹从表观着眼，有如下几点是十分突出的：一是象形是所有文字的表意和构形基础；二是它们之间是孤立的；三是它们初步具备框块外形。这三个基本构形特征，既积淀着华夏先民的思维特征和集体心理倾向，也对后世中华文字和人们的思维特征和集体心理有深远而无意识的影响。

第四节　春秋战国时期的文化繁荣与转型

从时间上看，春秋战国基本属于周代的范围（东周灭亡于公元前256年，距秦统一中国的前221年只差35年），但这个时段与西周具有很不一样的历史特征和文化特征，并且在中国古代宏观历史进程中具有特殊意义，它是中国阶级社会分权与集权两个时代的一个过渡和转换时期。一方面，这个时期还延续着上古三代的某些社会与文化特征；另一方面，这个时期又悄然滋生着一些此前任何时代都没有的新的社会和文化特征。正是这种特殊的性质和特征，使得这个时期的文化在中国历史两大阶段之间无法归于任何一个阶段，有特殊重要性，所以本讲单独予以介绍。

春秋战国时代的历史文化特征有以下几个方面特别值得注意。

一、制度文化特征：从分权向集权过渡

春秋战国政治制度方面，由于周王室日渐衰微，慢慢丧失了对各诸侯国的控制力和影响力，统一王权渐趋崩溃，各诸侯国自行其是，更加独立，不受王室节制，分权趋势在继续加强。但另一方面，新的集权趋势又在各诸侯国萌生并发展着，这不仅体现在诸侯国之间的争霸上面，更体现在各诸侯国内部的权力结构变革上面。大多数重要的诸侯国都先后发动了变法变革（法家学说因此走红），国君通过削弱甚至剥夺国内各大家族的势力而将权力集中在自己手中。诸国变法成败各异，其中最成功的要算秦国。秦孝公重用商鞅实行变法，削弱和打击掌握着大量土地、财政和行政权力的旧贵族群体，集权于国君，促

使国家逐渐走向强大。尽管接位新君车裂商鞅，但依然奉行商鞅之法。经过多代对内集权对外扩张的过程，最后嬴政在李斯等的辅佐之下，剪灭所有诸侯国家，建立起中国第一个大一统的中央集权帝国。因此，春秋战国400多年，是分权式王权渐渐衰微和集权式王权慢慢强大的更替阶段，最后胜出的是君主集权的国家。

与政治制度相关联，经济制度也在发生重要变化。随着王室衰微，各诸侯、大夫、卿士将封田视为己有，私人既可拥有土地亦可买卖。同时，春秋战国时代铁器在农业生产活动中的广泛应用，大大提高了农业生产力，社会有更多的剩余农作物和财富，也使一部分人可以脱离农业劳动而从事其他社会活动，社会分工进一步深化成为可能。农业生产力的提高，增强了非劳动人口的供养能力，使国家军队规模急速扩大，大大增强了各诸侯国的军事能力。甲骨卜辞记载商发动的所有战争活动，最多的时候投入兵力不过13 000人。有研究说，周武王伐纣时，由数百个诸侯国军队组成的联军不过五万人（周人自己的军队只有约3 000人），这不仅说明那个时期人口有限，更说明王朝和各诸侯国供养军队、支持军费、远距离投放兵力的能力十分有限。而到战国，一个较大诸侯国有几十万军队已是司空见惯的事。南方的楚国"地方千里，带甲百万"，秦国征伐楚国，最多的时候派兵六十万。秦赵长平之战，秦军一战俘虏并坑杀赵兵四十万。所有这些都说明，到了春秋战国时代，因为农业生产力的大幅度提高，国家组织和支持庞大军队粮草费用的能力也大大提高了。

而这也为我们理解上古三代为何实行分权体制和秦以后何以可能实行集权体制提供了一个基础性的理解角度。在农业生产力还比较低下、粮食和其他物质资源生产、运输能力都十分有限的夏商西周，王朝很难有长期保有并远距离投放庞大军队的能力，所以很难保持对遥远方国的绝对征服和控制。处于统治地位的中央王国只要各方国能在形式上接受中央王朝的主宰地位，保持某种程度的臣服姿态、缴纳一定贡赋就可以了。而战国时代由于农业生产力大幅度提高，诸侯国供养军队和远距离投放军事力量的能力大大提高，这就使某些大国保有强大军队、统一天下、实行集权式强力统治成为可能。所以，不是三代统治者不愿意建立集权王朝，而是那时他们还没有能力这样做，社会没有提供这样的基本条件。

二、思想文化特征：诸子蜂起，百家争鸣

西周尽管政治上相对分权，但王朝制定的基本政治体制和精神观念还是对各诸侯国具有根本性的影响。西周"学在王府"，意味着王室垄断了精神文化制造的权力。进入春秋战国时代，由于周王朝礼崩乐坏，导致王权对意识形态的控制能力下降，统治阶级中部分下层士人被迫或主动从周王朝和诸侯的政治体制中挤出或逸出，成为独立的知识和技术个体。春秋战国时期诸子蜂起、百家争鸣的局面由此产生。后世班固在《汉书·艺文志》中分别追溯春秋战国时诸子十家都来自周王室不同部门掌管某些知识和技能的卿士。这些中下级卿士从王朝体制中析出，或设帐授徒如儒家，或游走于诸侯如法家、兵家和纵横家，或从事具体技术性职业如农家和医家等，其中一些人还著书立说传播自己的思想主张，这就出现了诸子百家蜂起的局面。这一局面的出现是统一的周王室衰微、统一的意识形态控制崩溃的结果，是分权社会发展到极端的产物。

西哲卡尔·雅斯贝尔斯在《历史的起源与目标》一书中把公元前800—前200年间在大约北纬30度上下区间的中国、希伯来、印度、希腊等地区同时出现的人类文化突破现象的时代称之为"轴心时代"。他认为这是人类精神文明的重大突破时期，各文明都出现了伟大的精神导师——古希腊有苏格拉底、柏拉图、亚里士多德，以色列有犹太教的先知们，古印度有《奥义书》作者和释迦牟尼，中国有老子、孔子等，他们提出的思想原则塑造了不同的文化传统，也一直影响着人类的生活。① 这个时代，几个主要的文明民族确实先后诞生了足以影响后世历史文化发展的一批伟大思想家，从这个角度讲，我们也可以将春秋战国称为华夏文明的"奠基时代"。

对于春秋战国时代出现的诸子学说，可以做如下基本判断。

1. 诸子学说的主导倾向：入世之学

诸子或设帐授徒，或著书立说，或游走诸侯之间，都是为了将自己的学说用之于社会建构或个体现实生活。即使是被人们认为是出世之学的老子道家，论道的目的最后都是表达对社会现实和个体生命保存延续的合适介入态度、路

---

① [德] 卡尔·雅斯贝尔斯：《历史的起源与目标》，魏楚雄、俞新天译，8页，北京，华夏出版社，1989。

径和方法，所以老子学说本有强烈的用世之心。先秦思想家从道家学说中更多的是吸纳了其对现实介入的相关思想，不管是齐国稷下学派的黄老之学，还是韩非子这样强烈入世的法家、孙武这样的兵家，对老子学说都是从入世角度吸纳的。汉初用黄老之学治理天下，就是这种学说内含较多入世成分的证明。道家学说自然隐含着某些出世的元素，这些元素在老子那里尚少，在庄子那里渐多，到魏晋玄学和道教中更被强化，最后在人们的印象中成了道家学说核心的构成。其实在其创始人老子那里，并不如此。

2. 诸子学说的内容分类：论道之学和实用之学

儒、道、墨、阴阳诸家偏重于论道，法、兵、农、医、纵横诸家偏重于实用，杂家则兼有两者。论道之学，着重关注的是宇宙人世大道，以指导人们在世如何安身立命；实用之学，着重关注的是某一领域的规则和技术性的知识，以指导人们在专门的实践领域如何成功。当然，论道之学与实用之学的区分不是绝对的，论道之学诸家学说多有实用成分，而实用之学诸家学说亦有论道或含道成分。将诸子之学作这样的区分，只是从其主要的构成特征和内容指向的角度来划分的。

3. 诸子学说的总体目标：服务统治者

因他们的学说本身基本都是入世、用世的，而用之于世则需要统治者采纳，所以，诸家学说大都以服务王者诸侯为目标。法家学说几乎是替统治者量身定制的，纵横家、兵家、农家、阴阳家等的学说莫不如此。儒家学说也不例外。无论孔子还是孟子或是荀子，这些先秦儒家思想的代表者，都希望自己的学说被统治者采用。先秦道家思想中，老子学说也有明显的为王者服务的王者之学的特征，只是到庄子这里，重心才转向个体生命之学。而在先秦和汉初，老子这种王者之学被黄老学派吸纳，并成为汉初统治者治理天下的学说。

4. 诸子学说的社会理想取向：分权社会与集权社会

道家以"小国寡民"社会为政治理想，那基本是酋邦国家时代部落社会的形态；儒法以统一王权为政治理想。墨家崇尚的兼相爱、交相利的"大同"社会，其实也潜含着统一王权社会的前提。而实用之学各派，在这个问题上似无特别明显的选择。人们多强调儒法两者价值取向的差异和对立，其实两者都追求实现统一的中央王权。儒家希望用个人道德自觉和外在礼制约束的温和方式实现，而法家则主张用严刑峻法的强硬规逼和压迫方式去实现。正是两者政治理想上都追求统一的中央王权，所以，后世历代君王治国往往将儒法兼而用之，外儒内法，外王内霸。

先秦诸子学说上述四个基本特征，与诸子主体都是从周王朝统治者"士"阶层挤出或逸出相关。不管他们是否意识到，这种出身都先天地在他们的知识系统和知识目标上打下了深刻的烙印。这种烙印也深刻地影响了中国后世文化人的文化人格和其思想的精神品格，成为中国整个古代精神文化系统最为鲜明的一个特征。这倒不是说中国后世精神文化中没有对于统治者阶层批判、揭露、对抗、超越的构成，这些文化元素是有的，但都不是主导性的，主导性的还是那种积极入世的、为统治阶级服务，以及努力融入统治阶级的内容和意图。

在诸子学说中，儒家学说对中国后世社会和精神文化有最深远的影响。如果说周公制礼作乐主要是确立了外在硬性的政治体制与规范，那么，以孔子为代表的儒家学说则释礼归仁，将这种外在体制和规范的硬性规定，诉诸个人血缘情感和血缘伦理，诉诸士人君子对圣贤品德和境界的追求，从而将其内化为士人内在心理结构和需求，达到家国一体、情理合一的目的。儒家学说的这种特征，在其延续和发展过程中被历代儒家学者继承，这既使这种学说为历代统治者所看重，也为历代士人和大众所接受，从而成为中国古代社会最有持久影响力的学说。

三、文学艺术特征：诗文繁荣，个性凸显

文学艺术方面，春秋战国也进入了一个繁盛时期。

艺术方面因为保留的困难，春秋战国时期留下的作品不多。这一时段的青铜器、漆器、石器、玉器雕塑以及彩绘，还是显现出这个时代艺术的进步与繁盛。例如，成书于战国中晚期的《山海经》，记载了中国古代四方神性地理山水，山水间的神性动物、植物和神祇，这些文字都是按照图绘本叙述的。尽管《山海经》原图已佚失，但据这部书记载的丰富地理山水、动物植物和神祇，不难推想其原图规模的庞大。又如屈原《天问》，据王逸《楚辞章句》说是屈原被放逐后，忧心愁惨，彷徨山泽，在楚国先王之庙及公卿祠堂看到壁上画有天地、山川、神灵、古代贤圣、怪物等故事，于是面壁呵问，写下此篇，用以

排解愤懑、舒泻愁思。这从侧面显示出当时的楚国绘画已是很发达了。楚国绘画的发达，亦可从楚国漆器上的彩绘和楚墓帛画如"人物龙凤图""人物御龙图"等印证。另青铜器上华巧活泼的纹饰、漆器上线条飘逸的构图、玉器上精致形象的动物雕塑等，都显示出这个时代艺术的发展和繁荣。当然，最值得注意的还是音乐舞蹈。无论是民间还是宫廷，乐舞都是既与日常生活相关也与重大政治活动相关的艺术形式。春秋战国时代乐舞之盛，可从多地出土的编钟编磬推知。例如，20世纪在湖北发掘出的战国时期一个名不见经传的小诸侯曾侯乙墓葬中，就有多套编钟编磬，足证贵族宫廷乐舞之盛。

春秋战国文学艺术领域最值得注意的还是文学。这一时代文学的成就主要体现在诗歌和散文的创作领域。诗歌上出现了汇集商周到春秋早期305篇作品的《诗经》，以及战国时代以屈原为代表的南方楚国的骚体诗。散文上则出现了以《尚书》、春秋三传、《战国策》等为代表的历史散文以及诸子散文。这些诗文在文学性上都达到相当高的水平，乃至其中一些成为中国文学史上的精品，对后世文学发展产生了深远而巨大的影响。

先秦文学的下面这些特征是很明显的。

首先，就文学类型而言，春秋战国时代的文学不是以叙事文学为主，而是以抒情文学为主的。尽管有历史散文和诸子散文，但从比较纯粹的文学角度考量，先秦文学还当以《诗经》和楚骚为代表，它们对中国后世文学发展的影响也至为深远。而在叙事文学中，先秦又以纪实性的历史叙事为主，而不是以想象性的虚构叙事为主。神话与巨型史诗作为文明早期最重要的虚构性文化类型，在几大文明古国中，中国应该是最不发达的。

春秋战国时期文学的第二个特征是抒情文学的意象化。先秦诗歌尽管是抒情的文学类型，却是通过意象化来实现抒情目标的。汉人总结《诗经》的基本抒情方式是赋、比、兴。所谓赋，即铺陈其事，意思是诗要通过铺叙外物外事的方式来间接抒发感情；而比即以此物喻彼物，即以外物寄托描绘间接暗示内心情意；所谓兴，则是欲言此物先言彼物，一样是要求情意抒发要与外物言说相结合。所以，古人强调诗要通过赋、比、兴三种手法来传情达意，实质上就是要通过外物外事的描绘间接抒发情意，这也造就了中国抒情文学借景借事抒情的美学特征。尽管以屈原诗歌为主的楚骚抒情性特征比较明显，但如果深入研究，赋、比、兴仍然是楚骚的基本表现手法。在言事写景描物中间接抒发心意情感，这是中国诗歌在源头上就和直抒胸臆的西方诗歌不一样的美学特征，这一美学特征深刻地影响了中国后世诗歌的发展。

春秋战国时期文学的第三个特征是，与其他中国精神形式一样，中国文学不管是历史散文还是诸子散文或是抒情诗歌，除了极少数如庄子作品之外，表达的内容都充满着现实感和世俗性，这是它与古代希伯来文学在内容上很明显的区别。导致这个区别的原因之一本讲前面已提及，那就是史前巫术在进入文明时代后的巫史化，这使得华夏早期精神产品基本都充满着现实感和世俗情怀，中国文学的超越性维度是到晋代以后才慢慢建立起来的，这个维度是老庄和佛学提供的。尽管老庄思想在先秦早已存在，但哲性的观念转化为感性的经验和情感的追求，还是晋代及以后的田园山水诗歌慢慢完成的。但即使山水田园诗的超越性维度也还是世俗的，只不过是用远离官场的世俗生活替代了官场追名逐利的世俗生活而已。

春秋战国时期文学的第四个特征是，文学作品的个人性大大增强了。这个时期的作品，还有许多是非个人性的，例如，孔子编订过的儒家六部经典以及《山海经》《国语》等，都不知作者为谁。但更多作品的作者则是清楚的，无论《春秋》三传还是诸子散文，或者《楚辞》中的大多数作品，其作者都是清楚的。当然，这个时期文学个人性更重要的表现还是在作品的内容和风格上。即使如历史叙事的《春秋》三传，左、公、谷各不一样，不仅内容有侧重，见解也大有差异。这就不要说更有个人性的说理论道的诸子散文了，同为儒家经典，《论语》凝练简要；《孟子》则富于雄辩，气势丰沛；而《荀子》又长于说理论辩，铺叙中较富逻辑性。同为道家经典，《道德经》凝练简洁，玄奥深邃；而《庄子》则汪洋恣肆，诡谲荒怪，幽默婉讽。至于抒情文学的诗歌，屈原作品惊采绝艳，想象奇特，激情充沛，人格坚卓，为古今抒情诗中最有个人特性的典范作品。

春秋战国时代诗文中个人性的凸显，总体上与统一王权的衰微、统一意识形态控制的解除、作家个性获得解放和自由表达的机会有直接的关系。相当意义上，这个时代文学中突出的个人性，在现实生活和精神生活层面是个人权利和个体意识走向觉醒的结果和标志，春秋战国也因此而成为中国精神文化最为繁荣的一个时期。

本 讲 小 结

  本讲介绍了地理环境、经济生产方式和聚落形态对特定民族文化产生和发展的基础性意义，并从这个角度对中国秦以前中国社会的历史与文化发展概况进行了扫描。先秦中国社会历史大体可分为前三代、三代和春秋战国三个阶段。这三个阶段中，前三代时期是中国文化的萌芽期；三代尤其是周代对中国文化具有奠基意义；而春秋战国则是中国古代从分权时代走向集权时代的转型过渡阶段，这一阶段出现了中国文化的第一个繁荣期。思想文化和文学艺术在这一时期都出现了深刻影响中国后世文化发展的思想家、作家和作品。

【复习与练习】

复习

1. 特定民族文化产生和发展的三个基本要素，即地理环境、基本生产方式、聚落方式。
2. 宗法制的基本构成以及它对中国文化各方面的影响。
3. 华夏史前巫师进入文明早期转化为巫史对中国文化的影响。
4. 周公制礼作乐与儒家释礼归仁之间的联系和发展。
5. 春秋战国时期，诸子蜂起、百家争鸣的局面得以出现，这种局面出现的经济、政治和社会条件。

思考与练习（思考下面的问题，并选择其中一个问题写一篇小文章）

1. 国内外都有人认为中国史前文化是从西亚北非的古巴比伦或古埃及传播过来的，也有更多的人认为中国史前文化是本土产生的，你如何看待这个问题？
2. 为何史前巫术进入文明社会早期，中国与希腊和希伯来走了很不相同的道路？
3. 为何夏商周不是奴隶社会？为何秦以后社会不是封建社会？

4. 孔子的社会主张和理想在当时都不被各国统治者接纳，是不是意味着它是一种错误的思想？
5. 为何上古三代中国没有产生古希腊那样的城邦社会？

课外阅读文献

1. 梁启超：《中国上古史》，北京，商务印书馆，2016。
2. 顾颉刚：《中国上古史讲义》，北京，中华书局，2009。
3. 夏鼐：《中国文明的起源》，北京，文物出版社，1985。
4. 李泽厚：《己卯五说》，北京，中国电影出版社，1999。
5. [德] 马克斯·韦伯：《儒教与道教》，南京，江苏人民出版社，2008。
6. [英] 阿·约·汤因比：《历史研究》，第三册，曹未风等译，上海，上海人民出版社，1986。
7. [德] 卡·西·雅斯贝尔斯：《历史的起源与目标》，朱更生译，西宁，青海人民出版社，2003。

第三讲　秦以后集权时代文化发展概观

如果说三代是酋邦-王国分权时代，那么秦汉以后，中国社会则总体上进入了一个中央集权的帝国时代。一直到清代，可以说总体的政治体制，是以王朝集权为主。它们构成了中国古代历史的主要时段。必须特别指出的是，正如我们上一讲指出的那样，从王朝分权到王朝集权，这不仅是由最高统治者和统治集团意志决定的，社会的经济发展水平才是最深层的基础。到了战国以后，快速发展的农业生产能力和运输能力，使得国家组建庞大军队、保障军队给养和战争消耗以及远距离作战的能力大大提高，因此对广大区域进行以武力征服为基础的强力控制和统治就成为可能，集权式帝国的出现成为必然。

对于这个漫长时段的文化发展概况，我们分别作如下简要描述。

第一节　中央集权时代的制度文化概况

众所周知，秦代是中国历史上建立起的第一个强大统一的中央集权帝国，尽管这个王朝在成立不到 20 年后迅速崩溃，但它确立的中央集权体制奠定了以后中国 2 000 多年政治体制的基础，并深刻地影响到中国文化的方方面面。对于中国 2 000 多年集权帝国时代的制度文化，本节作如下勾勒。

一、集权制时代内分封制的存续与虚化

秦剪灭六国，统一华夏，完全实行郡县制，废除分封制，结果六国遗民利用农民起义的机会颠覆了秦王朝。秦朝灭亡后，项羽称霸的几年，相当意义上是重新恢复分封制的几年，但这几年几乎四面起火，逼得他东征西讨，疲于奔命，最后被刘邦集团所灭。项羽的失败，在某种意义上，也是分封分权的失败。刘邦吸收了春秋战国到项羽的教训，尽管不得不在夺得天下之后给功臣集团分封，但大部分地区实行郡县制，由国家直接任命官吏，并且国家主要的军队由中央王朝直接掌控。即使如此，他还是很迅速地以各种理由将这些异姓王剪灭。从国家的长治久安而言，刘邦这些行为尽管残酷却有必要。然而他继封

的同姓王若干年后也联合闹事，差点颠覆了统一的中央王朝。从项羽分封到吴楚七国之乱，分封制导致的天下纷乱证明，先秦分权制已经走到尽头。所以，汉武帝通过推恩令巧妙地消灭了分封制，中央集权的郡县制就成了以后历朝历代最基本的政治体制。

尽管在汉以后，历朝历代皇室都对宗亲分封，但受封者往往只有一个王侯的名分，只在封地享受俸禄或经济上的征税权力，拥有人数极有限的亲兵卫队，而没有军事、政治上的指挥和独立的权力，连他们的封地也都要受朝廷指派的地方官监察。秦以后个别朝代的分封制具有实质性的内容，但这往往最终造成对中央王权的实质性威胁，甚至颠覆中央王权。例如，西晋司马氏夺得天下后大封同姓且赋予实权，导致八王之乱，以致西晋有国不过几十年就迅速灭亡。六朝因为天下动荡，异姓大臣尤其是军事将领坐大后常发动政变颠覆王朝，一些朝代君主为确保王权不旁落，不得已给亲族分封并授实权，而这样的结果也经常导致王族内乱、王权旁落。明代朱元璋大封子裔，并赋予所封亲王相当权力，结果导致朱棣推翻建文帝，夺取王权。之后明成祖吸取古今经验教训，大大降低封王国土，削夺各封王的实权，从而彻底消除了封王的威胁。

要之，分封制虽在秦以后各朝都在一定程度和形式上进行保留，但大都没有实质性内容。大多数朝代君王都以分封造成危害的历史为鉴，赐予皇家子弟名爵，使其处于舒服富贵的状况，而不对国家政权构成威胁。

二、集权时代的君相分权体制与君主专权体制

秦以后的集权时代，在中央王权内部，权力的分配总体上经历过由君相分权到君主专权的过程。秦王朝建立的中央集权体制，大体是一种君相共治的制度。在中央王朝，有关国家大事最终的主宰和决策权当然在秦始皇那里，但相当一部分国家的管治权分让给了以丞相为首的三公九卿。这一体制几乎被汉以后历代王朝所继承。汉代在君王下面设置三公（丞相、御史大夫、太尉，分别主管行政、监察、军事）及若干部门，负责管理国家政治各方面的事务。秦汉丞相（又称作宰相）权力很大，其管辖范围几乎无所不包，所有国家重大事务的决策、官吏选用、百官朝议和奏事的总领，丞相都要参与负责。此外，丞相还有诸如执行诛罚、主管郡国考察等权力，甚至有一定的立法、司法和军事权力。秦汉王朝，尽管最高权力由皇帝掌管，但他要将相当一部分权力

分让给宰相，以使他有足够的辅佐皇帝处理军国大事的权力。所以，这种体制实际上是一种君相分权制。汉以后历代朝廷都延续了秦汉的中央集权制下的君相分权制，尽管宰相的权力有所削弱，但总体权力格局没有改变。在这种体制中，帝王的权力得到一定程度的制约，君王的意见如果受到宰相们的质疑或否决，很多时候君王也得重新斟酌。

中国古代中央集权制度由君相分权发展到君主专权是在明清两朝。明代开国皇帝朱元璋以谋反罪名诛杀了宰相胡惟庸后，决定废除宰相职能，将全部决策权集于自身，直接统领六部，处理政事，并且诏令后世，永不准设立宰相。从朱元璋开始，一直到清代最后一位君王，在王朝的行政机构上，再也没有设立宰相府，也没有设立宰相之职。皇帝亲自理政，军国大事都须亲力亲为地裁处，固然大权在握，但也必定不胜其苦累。所以，明清两代君王废除宰相制度后，大都会设立一些特殊的机构和职务协理。从朱元璋后期起，就开始设立殿阁大学士帮助自己理政，清雍正则设立军机处协理军国大事。而殿阁学士的设置在明清两朝几乎成为制度。这些殿阁大学士品级一般不高，但这也正符合皇帝的心愿。品级不高，所以不至于位高权重，结成势力强大的死党，威胁皇权。而品级不高被帝王临时授以协助处理军国要事的权责，也会感恩戴德，尽心竭力，诚恐诚惶，君王不满意的时候剥夺其位也不会有太大阻力。

从秦以后实行的中央集权制度，真正的君主专制应该是明清两朝的这种政治制度。

秦以后中国社会在总体的中央集权和局部分权格局中，慢慢走向君主集权、君主专制。回顾中国集权时代的历史，不难发现，过度分权容易导致政治动荡、国家分裂或者崩溃。而君王高度集权的王朝，则往往政治相对安定，国家统一和延续时间较长，君主高度集权的明清两朝，各自延续近300年。

但中央集权的君主专制也存在很多明显的副作用。这首先体现在国家大权和安危系于帝王一身，王室夺嫡之争、宫闱政变必然十分残酷和血腥。帝王死亡前后的权力转移过渡往往危机四伏，隐含着导致国家动荡的因素。其次是君王一人的智愚明昏就决定了他在世时国家的总体政治生活状态，体制层面不存在强大的制约和纠错机制，君王的昏聩往往给国家和社会带来深重灾难；最后，体现在政治生活中的过度高压。君王为了绝对控权，对大臣实行秘密监控，对社会施以高压控制、特务政治，甚至疯狂杀戮，这几乎是必然的现象。最极端的是明太祖朱元璋，后期几乎将和自己一起打天下的大将重臣用各种方式和名目诛杀殆尽。因此这也必然导致臣子与君主的内在仇视和对立。孟子说君若视臣如土芥，则臣必视君如寇仇。只不过在承平时臣子为了功名利禄或身家性命而屈心抑志匍匐在帝王脚下，一旦王朝出现危机的时候，则众臣必作鸟兽散甚至卖主求荣。明代最后一位君王崇祯的结局就是典型的证明。崇祯最后自杀前还在恨恨地说是众臣误他。君主专制使臣下和民众对国家的责任和使命感基本丧失，至少是十分淡薄，因为说到底天下国家不是他们的，是帝王一人的。

与君主专制相关的，必然是思想文化的严厉管制。明清两朝因言因文获罪、戮身灭族之事屡屡发生，很多时候，甚至只是无意间的一词一语都可能被认为是冒犯朝廷，刑戮加身。在这种情形下，固然还有个别文化人冒着身家性命的危险坚持思想异端，但大部分文化人必定转向王朝引导的方向。明清两代，八股文和小学大盛，原因盖在于此。八股文这种僵板空洞无聊的文体，在一个思想文化开明的时代，肯定被文化人唾弃，但在明清时代，大多数文化人趋之若鹜，无非王朝以功名利禄相诱、以刑戮屠灭相胁之故。至于考据训诂一类小学，尽管自有其学术价值，但一个时代最杰出的文化人大都将精力投入这个领域，而远离对现实的思考和探索，则显然是帝王专制时代文化高压环境中无奈的选择。中国思想文化在宋代理学和心学之后，总体上基本没有突破性、创新性成果出现，与这种高压相关。

在中国古代中央集权的体制中，较好的是君相适度分权的模式。一方面，君王掌控最后决策权；另一方面，宰相能分有足够执行贯彻君王意志和意图，并在一定程度上纠正君王过失的权力，两相配合则往往能造成盛世。不难发现，秦以后中央集权时代的那些盛世如西汉、盛唐、北宋，往往都是所谓明君贤相结合较好的时代。君王彻底专权则众臣必内生怨恨，宰相权力过大则君王必生疑忌，都不是好的状态。

三、中央集权体制下的选官制度

一个社会制度文化中，社会管理人才即官吏的选拔是重要的方面。三代时期，社会的主要统治者阶级是世袭制的。春秋战国开始，各国君主为了自强自保，不得不打破世袭制，而选用贤能之人管理国家，这也导致了这个时期各国对于士的特殊礼遇，士人在这个时代因此有较大的自由行动和思想的空间，这也是诸子蜂起、百家争鸣得以出现的社会环境。而在秦以后的中央集权制时代，国家统一，官吏选拔任命制度经历了汉代察举制到魏晋九品中正制，再到隋唐科举制的发展，最后从隋唐以后定位为科举制。

1. 察举制

察举制是西汉开始实行的官吏选拔制度。汉高祖开国不久就下诏求贤，要求各地方官推举有治国才能的贤人入官。汉文帝也曾下求贤诏，要求地方官"举贤良方正极言能谏者"，通过提交"对策"的方式评定其"品第"，以作为是否可以任用和如何任用的依据，这已开察举先河。最后确定察举作为选官制度的是汉武帝，从他开始，察举的对象、内容、过程、评价、选任等一系列环节开始确定。察举制的核心是地方官员按照中央的要求推举本人管理区域内合乎要求的候选人，然后朝廷相关部门考察，考察符合要求和条件的，就上报皇帝，推荐担任某些官职。这一政策原初本是为了广罗民间人才为朝廷物色合格官员的，但到后来就变质了，慢慢出现官吏阶层互相交换性推举亲属担任官员的局面，由此出现了集体变相世袭的局面，一批世代为官的世家大族形成，门阀制由此形成。

2. 九品中正制

魏晋在察举制基础之上推出九品中正制，由朝廷专门指定官吏担任"中正"（负责登记、考核、评价、推举官吏候选人的官吏名称，有大、小两个层次），先对所考察对象按照家世、能力、德行一共分为九品（即九等），再向司徒府推举，然后由司徒府向吏部推荐，最后，吏部主官或帝王按照考察对象的品级任命其担任相应级别的官吏。这一制度本有积极意义，但最后也被官僚系统把持，成为互相物色、推选和任命世家弟子出仕的合法形式。魏晋九品中正制的选官制度形成后，一直到南北朝，都被多个朝代应用。门阀制在这种选官制度中依然被延续，变相世袭制得以延续，由此出现"上品无寒门，下品无世族"的局面。

3. 科举制

隋朝开始的科举制，废除了九品中正制的任官制度，实行分科考试，依照成绩取士任官。这一制度到唐代得到发展和完善，并且作为王朝录用官吏的主要方式。从公元587年隋文帝设立，隋炀帝于606年正式实施，一直到1905年被废除，科举制延续近1 300年，成为中国自中古以后官吏选用的主要来源和方式。科举制的程序到明清两朝发展到最为完备的程度。考生循序参加院试（府、州、县级考试）、乡试（省级考试）、会试（礼部主持的考试）、殿试（皇帝亲自主持的考试）四个层级，每一个层级通过的考生分别名为秀才、举人、贡士、进士。通过不同层面考试的生员，有在不同级别的政府机构作为候选吏员的资格，通过最后一个级别考试的考生，则是由朝廷直接任命为各级官员。科举制的实施对于中央集权的王朝，具有下面几个重要的意义。

一是打破了门阀制时代世家垄断国家官吏系统的格局，最大限度地使得社会各层级，尤其是下层乡绅甚至平民子弟中的优秀人才有进入国家官吏系统的机会。科举制完全按照考试成绩决定取舍，在成绩面前人人平等，社会的公平程度大大提高了，国家管理社会的能力和技术也大大提高了。

二是因为社会各层级的优秀人才都有可能通过各级考试进入国家不同层次的官吏系统，大大激发了社会各阶层，尤其是下层士人阶层对国家的认同感、责任感和使命感，强化了国家的凝聚力和统治能力。

三是对文化普及和传播起到了重要作用。在门阀制时代，因为国家官吏系统基本被世家垄断，精神文化被上层社会垄断，下层社会既没有多少机会获得学习精神文化的机会，也没有强烈的动力。而科举制的实行，理论上使得每一个人都有机会进入国家官吏系统，而要进入这个系统，首先要通过不同层级的考试，通过不同层级考试的前提就是要读书，要学习中国古代重要典籍，尤其是儒家重要典籍，这样就大大促进了精神文化的传播和普及，也大大提高了全社会直到平民的基本文化水平。

四是有不少符合中国文化理想和人格的官员脱颖而出，并对社会治理和整个社会道德水平给予巨大影响。隋唐以来，科举考试的主要内容都是以儒家文化为主体的思想学说。尽管儒家学说中有不少落后甚至有害的构成，但孔孟奠基、历代后儒不断发展的儒家学说中有许多有价值的元素，例如，尧舜禅让的非世袭权力转移制度、君明臣贤的政治理想、仁义礼智信的伦理准则、民本君轻的政治价值标准、清廉自守的为官准则、刚毅仁勇的人格追求……对古代社会而言，都是极有价值的社会理想、人文理想和人格理想。大量身处下层、十年寒窗苦读的学子在学习过程中，这些社会、人文、人格理想元素的浸濡会悄然在他们身上留下深刻的烙印。一旦他们脱颖而出、进入社会官吏系统，这些烙印就会在他们的施政和行为中有意无意地发挥着重要作用，并通过他们的行为和管理而影响到整个社会风气和面貌。隋以后历朝历代都有大量名臣廉吏，成为官吏和社会的榜样，深刻而积极地影响着中国社会。即使在最腐败黑暗的时期，一个王朝都有符合社会理想和人文理想的官吏在与腐败黑暗的力量抗争，是这些群体使得一个社会即使在最黑暗的时候也仍然能看到理想的希望和人格的力量。而支撑这些名臣廉吏的社会理想和人格追求，正来自他们长期浸濡于其中的中国历代圣典。

科举考试当然有副作用。最严重的副作用就是强化了王朝对民间的意识形态引导和控制。朝廷规定考试的科目和内容，就引导和控制着天下士人按照这个范围和标准去读书、思考和训练，由此培养王朝所需要的官吏后备队伍。这自然是最有效和深入的意识形态控制方式。尤其是明清两代，为了思想控制，以八股取士，广大士子都被控制在这种无聊无用的文类训练中不能自拔，而淡化、忽略了更有价值和意义的知识和思想的学习与训练。但瑕不掩瑜，总体上看，科举制在中国古代社会是利大于弊的选官制度，对中国古代社会总体上具有积极的意义。乃至到当代，西方有社会学家认为，中国 1 000 多年前确定的科举制，是当时全世界最先进的选官制度，那时候的西方还在中世纪世袭制下不能自拔呢。

第二节　中央集权时代的物质文化概况

从根本意义上讲，任何社会基本的经济生产方式和水平，对社会的政治制度有决定性作用，但这种决定作用是无意识的、最终的。而在社会的显性层面，往往是经济活动受政权政治的支配和控制，这在古代集权帝国尤其如此。秦代以后中国的经济活动和物质文化深受中央集权的政治控制，这是理解中国古代社会经济活动和物质文化状态的重要视角。

一、朝廷对生产资料的掌控

对于农业社会，生产资料尤其是土地的分配是经济活动中最重要的问题。每一个朝代土地的分配总体上都是在中央王朝的控制下进行的。因为土地的最终所有权是朝廷的，所以，只要王朝改变，就会发生重新分配土地的事情。在秦以后，历代王朝先后实行过多种土地制度，如公私并行制、占田制、屯田制、均田制、自由买卖制等，但不管哪种制度，如前所述，最后都不能阻止土地兼并现象发生，也不能防止和改变中国古代集权社会解决不了的恶性循环。

在对生产资料处理问题上，还必须注意国家直接控制重要生产资料以垄断收益、充实国家财政的现象。秦以后中央集权社会，对社会最重要的、与所有人的需求相关的生产和生活资料中，矿山开采与冶炼、盐铁经营、货币铸造等，大多数时候都是由中央直接控制和掌管的。即使某些时候某些项目由民间产销，国家也要严格控制并课重税。国家对重要生产资料的掌控利弊各有。从利的角度讲，有助于抑制权贵豪强掠夺和垄断国家重要资源为个人牟利，国家也因此有了重要而可靠的税源，增强了国家的财力。弊病也是明显的。这弊恰恰是利的反面，朝廷因为其政治权力，使得国家对生产资料的控制垄断更彻底。过高程度的垄断自然无法出现竞争局面，没有推动技术进步的动力，所以技术提高速度十分缓慢，几千年几乎没有出现具有革命性意义的技术提高。

二、朝廷对商贸的掌控

秦汉以后，随着物质生产能力的提高，商贸交换活动总体趋向活跃。在这个领域，中央集权的王朝当然要进行掌控。这种掌控的方式多种多样，其中最重要的掌控方式有下面几点。

一是在国家经济发展总政策方面，几乎历代王朝都坚持重本抑末即重农轻商的政策，这种政策使得商业活动在中国社会的发展始终无法成为主导性的经济活动方式，从事商贸活动的人口在总人口中也一直保持相当低的比例。

二是在人事政策上对商人进行排斥。历代官员选任制度和政策中，无论是察举制、九品中正制，还是科举制，商人都不是直接进入官吏系统的人选。如果商人要想进入官吏系统，就必须弃商入士，然后才可能通过各种人才选任制度进入官员系统。历代王朝中进入官吏系统的人员都是士人而不是商人，少有例外。

三是对商品市场和交易渠道进行掌控。汉代武帝时期，先是对盐铁进行官营，接着对铸币和矿山冶炼进行官营，官营产品后来又扩大到酒类。曹魏时期增加胡粉专营一项。这些官营的领域到宋代扩大到13个行业，几乎最重要的商品贸易品种和市场都被官方垄断。官方垄断市场的方式多种多样，有官营官销、官产民销、民产官收民销等多种方式。总而言之，凡是重要商品，从生产到交易，官方要么完全掌控，要么掌握最重要的厚利环节。所以，尽管宋代是中国商业贸易最为发达的一个朝代，但有宋一代却没有出现什么有名的大商巨贾。官方对商贸市场进行掌控，既有厚利补充国库，亦可以抑制和掌控经商群体。因为官方是商贸市场的掌控者，掌控着商业活动中最重要的领域和环节，自由竞争的商品市场自然无法出现，更无法壮大。

四是对商人财富进行控制。尽管中国古代官方深度介入对商品市场和产销环节的掌控，但总会有一些领域一些商人有机会成为富商。几乎所有王朝对当朝的大商巨贾都要采取一定措施引导和掌控，或采取强制征收甚至剥夺的方式，或采取柔性引导和诱惑的方式，或采取特殊交换的方式（如捐钱买一个虚名）等，使其财富为王朝所用。而在中央集权的古代，商人命运完全掌握在朝廷手中，商人们尤其是大商巨贾们，为了自己财富和人身的安全，也都会主动靠拢官方，配合和接受王朝掌控。

五是在社会价值体系中贬低商业活动及其主体的价值。古代中国社会主体为"士农工商"四民，商人处于最低等级。在正统文化观念中，商业活动以"利"为目标，而"利"的对立面是远比它崇高的"义"。商人的形象总是负面的：商人是重利轻义的，商人是薄情的（商人重利轻别离），商人是狡诈的（无商不奸），商人是刻薄的（为富不仁），商人是世俗堕落的（酒色财气），等等。整个社会价值系统中，商人及其商业活动都处于较低级次，被贬低化和污名化。由于商人和商业活动在中国社会的负面形象，所以深刻地影响着每个社会成员的职业选择和价值取向，耕读立身，是无数士人身处底层的选择，如不得已经商，则会自视堕落。个人如此，国家也如此。在与外国的交往方面，历代王朝都要着力培养重义轻利的国家形象。外国使臣来朝，必厚待厚赏以示恩德。王朝使臣出使他域，必广散钱财以示仁义。这里最典型的案例是明代郑和七下西洋的活动。王朝打造当时世界上最庞大和强大的舰队，七次远洋航行，所到之处散钱散物无数，为的是炫耀大明王朝的富裕和天子仁德。比较一下几十年之后开启了西方世界海外殖民活动的哥伦布环球航行的目的和作为，就知道中西文明和价值系统的差异。

以上是古代集权社会王朝对商业活动进行掌控的几个方面。这使得中国历代商业活动都在朝廷控制之中，未能发展为对王朝的危害性、颠覆性力量。但另一方面，也使得中国古代的商业活动从来没有一个自由发展的环境，所以也不可能在此基础上产生资本主义市场经济社会。

三、朝廷对赋税的掌控

中央集权时代的王朝，为了处理国家政务，需要组织相对庞大的中央政府；为了实现对全国的直接掌控，王朝要任命大批郡县官吏；为了御外控内，王朝要保有较为庞大的军队；为了保证王室后继有人，必定导致帝王庞大的宗亲后裔……，所有这些都需要数额巨大的耗费俸禄。此外，朝廷还要有一定的应急救灾能力、兴办一些大型工程建设，等等，这都必定导致巨额开支。分权王国解决王朝开支的方式是依靠各邦国和诸侯国的贡赋，这些贡赋额度十分有限，所以分权王国很难保有庞大的官吏队伍和军队，对天下的控制力也必然不强。集权帝国解决这些费用的主要办法，除了上面说的对重要生产和生活资料商贸活动的垄断官营以获利之外就是赋税，而农业社会赋税的主要来源当然是乡村土地和人口。自秦以后，赋税征收名目在不同朝代都有改变和调整，同一朝代内也有改变和调整，但总体上，要么按土地面积征税，要么按土地面积和人口数量征税。

从秦以后历代集权王朝总体的情形来看，赋税征收与国家兴亡之间有着深刻的关联，两者之间存在下面这个共同的规律：在经历战乱后一个新王朝建立，由于国家人口锐减，民生疲敝，经济生产能力大幅度降低。新王朝王室成员也有限，且厉行节约。朝廷和地方行政机构精简，官员数量有限，低俸薄禄。国家对外示柔，息战罢兵，对内与民休息。所有这些可使维持王朝运行的资费成本较低，所以，轻徭薄赋。但如果一个王朝存续时间越久，则必定会发生下面的变化：帝王、王室和各级官员生活渐趋铺张奢靡，帝王后宫、王室宗亲、各级官吏数量渐增，资费相应递增。而长期和平年代，百姓人口亦随之渐增，人均占有土地渐少，人均产出渐低。国家支出庞大必致赋税征收不断加重，百姓人口增加则使人均田地下降，加上赋税递增，负担日渐沉重，必定不堪其苦。这导致国家开始赋税改革，改革初期赋税下降，但后来必定以更高的赋税结束。每改革一次，都会陷入这个怪圈。这是因为维护国家运行的庞大成本是刚性的，因此不管一个王朝内赋税如何改革，这种趋势都无法出现根本性扭转。最后，相当一部分百姓不堪承受，不得不卖田鬻地，破产亡家。有的沦为流民，啸聚山林；有的沦为佃农，租种地主土地，缴纳更高租费。当土地渐向大地主集中后，一方面减少了王朝可征收赋税的有效对象；另一方面也增加了社会动荡的潜在危机。只要出现连年灾荒，民间就多有揭竿而起、云起响应的起义发生，秦以后大多数王朝，就是在这种农民起义的浪潮中崩溃的。在连连战争、人口锐减之后，新王朝建立，又是一个新的循环开始。

这个循环规律，明末清初著名思想家黄宗羲曾经从经济原因角度有过深刻揭示，他在《明夷待访录·田制三》中指出历代赋税制度的弊端时说："斯民之苦暴税久矣，有积累莫返之害，有所税非所出之害，有田土无等第之害。"[①] "暴税"就是太高太沉重的赋税，"积累莫返"，是说王朝为了减轻民众负担，不断进行改革，降低赋税，但最后的结果是不断递增。他回顾历代统治者征收税赋，从三十而一（征收田产的三十分之一）到十五而一、到十而税一，不断改革的结果是税赋不断累积增多。仅仅有明一代之内，就不断提高税赋，已经由前朝的十一之税（上交百分之十的税赋）累积提高到十三之税，后来"一亩之赋，自三斗起科至于七斗，七斗之外，尚有官耗私增。计其一岁之获，不过一石，尽输于官，然且不足"。[②] 反复改革的最后结果是税赋不断累积增高，终至普通人辛苦一年的收获还不够交官家税赋。这样的时候，民众除了选择造反已经没有别的办法了。当代学者将黄宗羲揭示的这个怪圈称之为"黄宗羲定律"或"黄宗羲怪圈"。明朝就是一个典型案例。贫民出身的朱元璋夺得天下，深知下民疾苦，开国时百姓赋税很轻。但200多年间，皇族子孙、朝廷机构、官员数量、各种大型工程等都在不断增加，费用需求不断增加，以后的历代帝王就只有不断通过增加税种、提高税赋比例等方式以满足这些支出的需要。这终会使国家和人民不堪重负。例如，仅皇子皇孙的俸禄，200多年间出现惊人增长。朱元璋的26个儿子有24个封王，每个亲王或郡王都有优厚的待遇。一个亲王除了大量土地、房屋和各种赏赐外，仅年俸就5万石米（后减为2万石米），而一品官员也不过年俸1 000石米。皇家规定，皇子皇孙不必从事任何职业，所有费需都由国家供给。每人出生就有品爵身份，10岁开始每人每年最少可以从朝廷获得1 000石米的俸禄，结婚时朝廷提供房屋和婚礼一切费用，死时还有丰厚的丧葬费。如果说这些待遇在明初尚不至于给国家带来明显负担（朱元璋一共只有26个儿子），但随着皇族子孙大量繁

---

① （清）黄宗羲：《明夷待访录》，19页，北京，中华书局，1985。
② 同上书，17页。

衍，这个负担就十分沉重。有统计，到明中后期，朱元璋的子孙已达33.28万人，有人更估计明亡时更达百万之多，皇家子孙的俸禄占国家税收的总比例十分惊人。据载，嘉靖三十一年（1552），全国税粮总收入为2 285万石米，而各王府的岁禄开支就达853万石米，占全国税粮总收入的37%，供养皇室成员的开支超过了全部官吏俸禄的总和。有些地方的年税收甚至还不足以承担本地的皇族年俸开支。仅皇族如此高的供养费用就足使国家和人民不堪重压，这必招致民间对皇族的仇恨日益强烈，因而当社会不堪承受发生脆断时，这些皇族子孙的命运就可想而知了。明末无论李自成还是张献忠率领的农民起义军，每到一处，首先捕杀皇家后裔，不分男女老少、有罪无罪，一律斩尽杀绝。清人后来入关，对朱元璋后裔也几乎采取同样方针，所以明朝亡后，朱元璋数十万子孙幸存者无几。

在中国古代集权帝国，"黄宗羲怪圈"被反复印证，这与世袭制集权帝国的本质有内在的关联，中国社会进入现代社会后才慢慢走出了这个怪圈的循环。

第三节 集权制下的思想文化成果

在古代集权帝制时代，思想文化总体上呈现出适应王朝控制需要的特征，其荣枯盛衰，在很大程度上都与集权控制状态相关。

一、中央集权时代教育和学术概览

上古三代的教育机构设置及名称为何，典籍说法多多。按章学诚《文史通义》中"学在王官""官师合一"的说法，周代已有官方主办的学校了。孔子及春秋战国诸子设教授徒的重大贡献之一，就是学出私人，颠覆了官方对知识的制造和垄断权。但这个时期在中国漫长的历史进程中是短暂的，至汉代武帝时期，在董仲舒、公孙弘等人的主张之下，王朝在国都建立太学，在各郡国建立郡学。至于后世，县乡各级都有相应级别的官办学校。在秦以后的中国古代历史进程中，私人设席授徒也是有的，但不是主要的知识传授方式。大一统王朝都将兴办培养符合自己意识形态需要的人才的学校作为重要事务对待。但更重要的还是教育内容，历朝历代都要坚决管制。《史记》《汉书》清楚记录，汉代在国家太学立儒家之学，教授五经，所谓《诗》《书》《易》《礼》《春秋》，皆设置博士。儒家学说在汉代的大面积传播，最重要的途径就是这种课程的设立，由此奠定国家意识形态的基本构架，对士人进行有力的教化。汉代成为儒家学说最兴盛的时代，正与这种教育相关。唐朝兴盛，国家稳定，学校又一次大兴，《五经正义》等教材的编纂就是为了满足学校教育的需求。在宋代之后，随着理学的逐渐树立，以之为中心的学校教育逐渐确立。至于明清两代，学校更是以国家编纂的理学著作和《四书集注》等作为核心的教材，《十三经注疏》等各种书籍也是其中重要的补充。

总之，古代学校的教育，基本是在国家的管制和引导之下进行的，用以培养国家需要的人才，教化天下人民。

与教育相一致的是中央集权时代学术的变迁。古代的学者群，最早出现在太学的博士群体之中。《史记·儒林列传》中的人物主要是汉代太学博士，他们既是当时的教师，同时也是主要的学者，学术基本与太学及各种学校的发展相契合。中国古代学术，有所谓汉学宋学的说法，汉宋两朝都是文治大兴而教育繁盛的时代，因此太学老师们为了更好地教育学生，一直在儒家的经典和经史子集中探索研究，产生相应的学术成果。这就是汉宋儒学兴旺的原因。同时唐代的学术随教育事业的繁荣，也有巨大的发展。至于明清两代，特别是清代朴学的发展兴盛，也与清代学校的建设紧密相关。中国学术史的发展，如同教育的进步一样，衰荣与俱，都表明国家的强烈影响。其中最重要的成果是儒家经典的阐释，与之相关联的学科，如历史、诸子、文学总集的解释阐述，也产生了辉煌的成绩。

二、中央集权时代思想文化发展概览

中央集权时代，与对教育管制相一致的，是对思想文化的管制。春秋战国时代的诸子崛起、百家争鸣的格局再也没有出现过。统一的中央王权，必须有统一的意识形态支持。所以，秦王朝崇奉法家思想，其余思想一概无情打压。汉武帝时期，"废黜百家，独尊儒术"，其他思想学说在国家层面一概罢斥。其结果就是催生和引导大量知识分子将思想兴趣和精力集中于儒学几部经典的训诂解释阐发，其中既有精思正解，也不乏穿凿附会，由此导致两汉400年经学大盛，名家无数。汉代经学名分今古，今文经学致力于义理探究而古文经学致力于词章训释，虽各有成就，但总体上未有原创性突破。其中最值得注意的是董仲舒，将儒学阐释与阴阳五行学说结合，用以解释天地人生社会，对扩大儒学思想视野有一定贡献。但其旨归则在于为帝王统治天下提供理论支持。所谓"君权神授""天人感应""三纲五常"，无非是为帝王君临天下的合法性和神圣性提供依据，为君主集权社会道德维系提供支持。

汉代400年儒家思想一统天下的格局到魏晋终于被打破。国家分裂，战乱频仍，统治者擅权滥杀，人命如草、朝不保夕的处境，使士人们对积极介入现实、尊崇王权、追求世俗功名的纲常名教心生厌倦。故中国思想发展到魏晋而一变，老庄思想再次受到重视，玄学由此诞生。魏晋玄学发展了老庄在旷大浩渺的宇宙论视野中俯视现实人生的思想，勘破功名，看透人生，由此鼓励人们追求纯任自然、依从个性、放诞乖僻的生活方式。玄学在中国思想史上的贡献主要有二，一是强化了老庄思想从宇宙论视野中看待人生社会的视角，从而为追求挣脱纲常名教世俗功名束缚、追求自然率性地生活的人生态度提供了哲学支持。二是援老入儒，从老庄宇宙论角度解释儒家经典（如王弼《周易注》、何晏《论语集解》等，均是援老入儒的代表作），提升和强化了儒家思想的哲学层次与意味，这对于儒学发展具有十分重要的意义。从儒学发展历史来看，这也为儒学在宋代理学家那里进一步哲学化，从而建构出具有内在逻辑性的理学体系开了先河。南北朝时期，玄学在南朝各代一直作为官方知识系统进入官办学校，几百年间，对于中国士人精神生活影响甚大。

魏晋南北朝期间，中国思想界另一大事是佛教的传入。佛教不仅深刻地影响了中国人的精神生活，也影响了中国哲学的发展。印度宗教和哲学思辨达到的高度和缜密程度曾深得马克思赞赏。早期传入中国的佛教经典也天然地携带了这种特征，这对于提升中国文化人的抽象思辨能力极有意义。

集权制社会的中国古代思想发展，到唐宋时期进入最为宽松的状态。在两汉南北朝时期曾经互相难容的儒、道、佛三种思想体系，在唐宋时期获得了国家层面同时存在的权利，也正是它们的同存并在，使得互相平等对话、互相激发、互相学习转化成为可能。这既使佛教中转化出了中国化的禅宗（尤其是南禅宗）一派，也使以道家为源头之一的道教吸纳了佛教的某些义理和对世界的想象，更使儒家在吸纳道佛思想形式的基础之上创造性地产生了理学。宋代理学长期受到当代学术界从思想内容角度的否定性批判，但它在思维形式和高度上，则是中国中古乃至整个中国古代最具思辨性和逻辑性的思想体系，其价值则是不能无视的。与此相关，尽管南宋和明代兴起的陆王心学在思想内容上与理学有不同旨趣，在思想上形成对立格局，程朱理学从宇宙本体论角度解释人类社会，陆王心学从个人心理生活体验的正当性角度解释和理解宇宙人生大道，表面上对立，实则都在弥补对方思想薄弱之处，各自有存在的价值。当然，无论程朱理学还是陆王心学，就其目的而言，都是为了规范和引导世道人心服务于王权。程朱理学是从预设一个绝对真理的角度，以绝对道德律令的方式"存天理、灭人欲"，陆王心学则是从对世俗人心的理解角度，以和风细雨的"致良知"方式"破心中贼"。目的都是相同的。

中国思想文化到了明清两代，尽管还有某些个体如王阳明、黄宗羲、顾炎武、王夫之等的思想中有一些闪光的东西，但总体上走向衰落。这是因为明清两代高度君主专制的体制对思想的控制过分严厉。文字狱盛行，文化人动辄得咎，杀身诛族之事屡屡发生，大多数文化人因此要么转向世俗生活的追求，要么转向八股文的钻研，要么转向典籍整理、考索、句读、训诂等所谓"小学"，最能代表一个时代思想文化价值的大道之学在这个时代却难有成就。

整体上看，中国秦汉以后2 000年的集权帝制在思想文化领域尽管取得了一定成就，但春秋战国时代那种诸子蜂起、百家争鸣的活跃盛况再也没有出现过。这个原因主要是帝国集权体制对思想文化起了明显的制约和压制作用。在这个前提下，我们需要注意集权时代思想文化发展的一些重要现象。

一是儒学成为中国社会最重要的思想文化体系。从汉武帝实行独尊儒术以后，儒家思想就在中国社会成为最重要、影响最大的精神体系。尽管某些时代它独尊的地位受到挑战甚至被推翻，但仍然在那个时代具有重要地位。除了元人对儒学不甚看重外，唐宋明清等几朝儒学都成为具有统治地位的意识形态。这种情形的出现是有原因的，其一，统一的中央集权王朝为了在思想上统一全民，必然需要一种统一的精神体系。其二，儒学本身是一种积极入世、追求和肯定大一统王朝、追求建立稳固社会秩序的思想体系，这与中央集权时代的需要高度一致。放眼中国历史，几乎发现一个规律性现象，大凡乱世，儒家思想就不太受统治者重视，至少不会独尊。儒家学说对于用武力权术夺取政权、统一天下的霸术霸道既不精擅亦不屑为之，故而乱世君王不会靠它夺取天下。但大凡天下统一，一个社会要建政安民、唤起人们内心的道德良知、建立稳定的美俗良序时，则几乎必用儒学。儒学说到底不是革命性的学说，而是建设性的学说，打天下无能，安天下有用。

二是思想文化的复制性强，而创新性弱。中国古代思想文化的发展十分强调学统、道统。所谓学统、道统，主要是要求文化人的学问、学说要有权威的祖源、传统、授受、规则。这使得中国古代文化人不仅要花大量的时间精力熟悉经典，更重要的是在思想学说、价值判断和选择上要尊崇祖源而不能逆悖。过度逆悖学统、道统的思想学说会被斥为异端邪说。因此，中国古代思想的发展大都不是采取后辈与前辈之间断裂批判的方式实现的，而是采取继承、祖述、传转形式发展的。这使传统思想学说的权威性得到了保证和传递，但它们也桎梏了思想学术的发展创新，焕然一新、惊天裂地式的思想文化学说很难横空出世。

三是中国中央集权时代的思想文化体系中，有一个二元对立式的结构存在，这种结构一方面由入世的思想构成，另一方面由出世的思想构成。入世的思想主要以儒法为代表，而出世的思想则以道佛为代表。在大多数时代，这种二元对立式的思想结构中，入世的儒家思想处于主导地位，而出世的道佛思想处于次要地位。大多数中国文化人的思想中，也存在这种二元对立式结构。主导的一面是儒家的，积极入世，希望建功立业、有所作为。一旦这种希望破灭，则道佛出世一面也给中国文化人提供了精神生活和现实生活的退避之路。但有一点需要特别说明，这里的"世"，大多数时候不指一般的"现世""人世"，而是指"功名场"即官场。中国古代文化人避世隐居之地，往往在故乡、田园、名山大川，或在都市私家园林，这些地方其实都在世中，而非世外。所以，中国古代文化人的所谓入世，就是入官场，过一种追求功名的生活；而避世，主要是指退回山水田园或私家园林，过一种逍遥审美的生活。真正彻底厌世、看空勘破人生、超拔情天欲海的文化人，其实极少。

四是与之相关，中国思想文化是一种乐感文化。与基于宗教的希伯来罪感文化区别明显。所谓乐感文化，最主要的特征就是以肯定的、悦乐的、审美的、享受的心态对待人的现世生活，在人的世俗生活中去寻找、发现生活的动力和价值，在与天地自然的交往赞化中去领悟人生与自然的真谛，并由此提升自己的生命境界。与人外在的世俗、现世生活世界相关联，人内心世界最重要的体验是伦理性情感体验，情感生活，这是与外在世俗生活密切关联、互为因果的主体世界，它成为中国人心理构成中最重要的元素和构成。从希伯来文化的角度来看，沉迷于世俗生活是沉落堕落，是罪，应该反省忏悔。但中国文化中没有这种对沉入现世的罪过感，反倒是有强烈的悦乐感。中国人生活和精神快乐的重要来源，恰恰在人生现世、在名利场的成功，在与家庭亲族成员之间以孝悌为基础的伦理情感体验，或在山水田园间与天地来往、梅妻鹤子、逍遥自适的放逸生活。

三、中央集权时代的艺术文学概况

（一）中央集权时代主要艺术门类发展概况

民族精神文化的重要构成部分之一，是各门艺术与文学，它们表达的是一个民族的审美形式、类型、心理经验和情趣等构成的审美感性心理世界。中央集权时期的中国古代艺术领域成就辉煌的主要部类是乐舞（音乐与舞蹈）、雕塑、书法、绘画、戏剧等，文学取得显著成就的则主要是抒情诗、剧本、散文和小说。这些艺术与文学形式中，表达和积淀着中华民族审美性的感性经验世界和趣味。

1. 乐舞

从历史发展过程的角度来看，至少因为周公制礼作乐，为周王朝奠定基本政治体制和规范以后，出于政治需要，与政治活动相配合、为政治活动服务，乐舞成了重要的政治形式。这一特点从分权时代到集权时代一以贯之。王朝重大的政治活动、祭祀活动以及宫廷生活中，都有乐舞相伴相辅。与此相对照，乐舞在民间也一直是庶民百姓的精神生活方式之一，很多官方的乐舞形式、作品都来自对民间乐舞形式和作品的改造与提升。在两者之间的，是文化人的乐舞形式与作品。官方乐舞往往宏大壮伟、庄严凝重，民间乐舞往往生动活泼、充满生活情趣，而文化人的乐舞在两者之间取舍合成，铸成表达自己个性化趣味和追求的形式。

2. 雕塑

雕塑的历史久远，先秦器物上就已经有很多带有艺术性的雕塑作品，进入到秦开始的集权时代，各种材质的雕塑更是不计其数。总体上看，这个漫长时代的雕塑有几种最具代表性，在雕塑水平上也达到了各自时代的最高水平。一是秦始皇兵马俑，二是南北朝时代的石窟佛雕，三是唐代唐三彩，四是明清木雕。各种类型均有技术和意涵上都达到较高水平的作品。中国古代雕塑尽管以人物作为最主要对象，但与古代希腊雕塑比较有两点稍逊。一是没有透视法和人体解剖学的基础，所以人物雕塑在人体比例、结构等方面还没有达到逼真和惟妙惟肖的地步；二是中国人体雕塑似乎不以展现人体美为最主要的目标，而较多突出了具有社会学和文化学的特征。中国古代雕塑似乎对人体天然的构成美感有一种回避甚至羞愧的心态。这与西方古希腊以来人体雕塑中所体现出的对人体美的坦然追求和欣赏区别明显。

3. 书法

书法本源于文字书写，文字书写本是为了记载和传达信息的方式，但中国至少到西晋二王以后才将文字书写发展成为重要的艺术形式。有学者认为，中国书法作为线的艺术，是中国抽象艺术的代表形式。理解中国书法的文化与历史特征，也许要从中国文字积淀着的民族心理和思维特征角度切入才可能有更深的发现。中国古代文字结构形式中确实无意识地积淀着特定民族心理和社会历史的印记。相比西方字母文字开放的线链组织形态，中国框块文字显现出一种封闭内敛的特征。周人篆书已使文字外在形态从甲骨文的尚未闭合的形态转化为基本闭合的方框形态，而秦人的小篆将周人的大篆完全改造成了方方正正、内在结构严谨的框块文字，完成了结构形态上最后的闭合趋势。中国文字从尚未完全闭合的形态，逐渐走向完全闭合的、内在结构严谨的框块形态的过程，是否无意识地积淀了不同时代掌握书写权力的中国人内心心理取向的变化？无论如何，汉字封闭孤立的框块结构，既与这种文字的书写者无意识的心理结构有某种内在的对应性，还无意识地在诱导它的学习者和使用者建立起这种心理结构。

在这种认识的前提下，我们来透视中国书法，将会发现中国书法作为一种文化心理的外化产物，其风格特征无意识地表达着书写者的心理特征和追求。人们曾经从很多不同的角度对书法的风格特征进行过描述，而从书法者对待中国文字框块型结构的态度角度进行观察，我们发现所有书法者的风格中，有两类最值得注意也最具有文化心理标志性意义。一类是接受文字的框块型结构并在此约束下的书写；另一类则是努力突破文字框块结构的约束，将封闭的框块型结构转化为线链性形态的书写。我们发现前一类书法显示出严谨、内敛、庄重、方正、遒劲的风格特征，这可以颜真卿、柳公权的楷书为典范；另一类书法恰恰相反，显示出狂放、自由、活泼、气韵生动的风格特征，这可以怀素、张旭等的狂草为代表。其余的书法风格，总体上处于两者中间的状态。清醒理性、品格厚重、性情规矩内敛的书法家，往往趋向于颜柳楷书的风格特征；而率性驰情、狂放不羁的书法家，往往趋向于张旭、怀素的风格特征。所以，对于狂草，相较于费力辨认每一个字更重要的，是感受和体会凝固在那些狂放简约的线链中的灵动、活泼、自由的生命追求和气韵。中国所有的书法家，都要面对汉字这种框块结构，将其转化为个性化的艺术形式，在其中有意无意地表达自己的人格和心理特征，不同个体的风格特征尽管各有差异，但总体上都处在极其规矩、庄正、厚重、真气内敛的颜柳框块正楷与极其奔放纵逸、自由简约的张怀线链狂草之间的不同区位。这两类书法风格的源头，当要追溯到号称书圣的东晋二王（王羲之、王献之）父子那里。尽管鉴赏家对二王父子书法各自特点还有更为细致具体的区分（如谓王羲之笔法"内擫"而王献之笔法"外拓"），但二王的书法作品主要由两类构成，一类楷书如王羲之《兰亭集序》、王献之《洛神赋十三行》，一类行草如王羲之《七月帖》、王献之《鹅群帖》《中秋贴》等。前者构形方正，笔力内敛，优雅劲健；后者破方趋链，灵秀飞动，笔势流畅。二王楷书和行草的两种基本风格类型深刻影响了后世书法家们的风格选择和追求。选择前者并将其发展到极致者，则形成了颜、柳一类楷书庄正、厚重、内敛、严守框块规法的风格，选择后者并将其发展到极致者，则形成了张旭、怀素一类草书任情使气、化框为链、自由奔放、酣畅淋漓、行止无定的风格。

4. 绘画

与书法相关的是中国绘画。秦汉以后的中国绘画，尽管有汉代的人物帛画、砖画、壁画，东晋顾恺之的人物绘画等，但最有中国特色和文化价值的还是六朝兴起、唐宋基本成熟、元明清不断发展且大放异彩的文人山水画。东晋以后，历代都有著名山水画家，尤以唐以后为多，且成就更为突出。唐之王维、吴道子等，五代之荆浩、关仝、董源、巨源等，宋之李成、范宽、郭熙、马远等，元之赵孟頫、黄公望、倪瓒等，明清之董其昌、唐寅、文征明、恽寿平等，都是有杰出成就和深远影响的山水画家。中国绘画特别突出了如下美学特征：一是中国传统绘画是以线为基础而不是以色块为基础的艺术，这是中西绘画在艺术媒介侧重上的重要区别。二是中国绘画追求传神写照、气韵生动，而不追求刻板写实。苏轼"论画以形似，见与儿童邻"的说法，典型表达了中国画家对过分强调写实的排斥。中国绘画，不论人物还是山水，都不以对外在形貌的如实描绘见长，也不以此为追求目标。三是中国古代绘画尤其是山水画是表现性艺术，而不是模仿性艺术。四是中国古代绘画不是定点透视而是散点透视的，所以中国绘画实质上不是简单的空间艺术，而是在表面的空间性中内含了时间性的艺术。五是中国古代绘画尤其是山水画中，大都渗透了道心禅意，寄寓了画家对人世自然的超逸参悟。六是中国古代绘画尤其是山水画，十分重视意境创造，追求尺幅之间藏纳万里，追求以有写无、以实写虚、以少写多，以创造高远幽深的意境。

中国绘画以山水为大宗，与中国文人在中央集权时代的生活选择和精神追求有内在关系。如果说文学中山水田园诗的出现，与晋和六朝文学家们避世的心理相关，那么山水画的出现，其内在原因也大体是一样的。它既表现了画家们的避世心理，也表现了画家们寄情于山水的追求。在中国古代中央集权时代，山水田园成为文人们避世的重要栖身所在，山水画的兴起总体上与这一背景有关。当然，更重要的还不只是山水成为中国文化人避世之所在，还在于中国文化人在山水之中领悟到了禅心道蕴、人世与自然真谛。所以，山水林泉、花鸟虫鱼在这些画家笔下已经不只是自然之物，而是渗透了佛道精神的寄托对象。因此，中国山水画是最典型地体现了中国文化精神的艺术之一。

（二）集权时代文学发展概况

秦以后中国文学在2 000多年的历史发展过程中，在某些时代获得了发展繁荣，某些时代则枯萎萧杀。总体上看，秦代文学一无成就，这既与这个王朝存在时间太短有关，更与这个王朝对文化人的高压有关；两汉王朝在主要的时间实行废黜百家、独尊儒术的政策，所以大多数文化人的精力智慧都投入经学中了，部分有志于文学的文化人，也基本投入为皇家服务的大赋写作中。尽管汉代大赋华丽宏大的形式，折射了汉帝国的强盛、繁荣与恢宏气象，但这种铺排扬厉、辞藻堆砌、内容空洞、少有真情实感的文学形式价值比较有限。好在这400年间还有司马迁惊才绝艳的《史记》、一些朴质的乐府民歌和出自一些下层无名文士的清新自然率性的《古诗十九首》，使这个时代的文学殿堂不至于太过荒芜。两汉400年文学成就有限，重要的原因当然是中央集权的王朝在意识形态上的控制和皇家的趣味所致。

从三国到南北朝的400年间，出现了秦以后中国文学史上第一个小高峰。在这个时段，既有三曹七子为代表的建安文学，也有陶渊明的田园文学和二谢的山水文学，还有众多内容充实、感情真挚、辞情并美的抒情小赋，至于民歌中的《西洲曲》《木兰辞》以及一系列乐府小曲等，都脍炙人口、传诵千秋。魏晋南北朝文学的兴盛原因是多方面的，既与作家处在乱世的人生际遇使其作品有了真挚厚重的人生内容有关，也与五言诗和骈体文在形式上的成熟有关，还与文学家们获得了相对表达自由有关。统一的中央王权崩溃或短暂存在（如西晋），使政治和意识形态上的思想控制链条断裂，文学家获得了我手写我心的较大自由，这是最重要的原因之一。

但文学的繁荣并不一定只能在国家崩溃破败的时代产生。唐宋文学的繁荣提供了一个反例。中国文学到唐宋时代，进入到文学发展的鼎盛期。如果说在魏晋南北朝的文学发展小高峰与统一的中央王朝崩溃、政治与意识形态控制链的断裂有重要的关联，那么唐宋则恰是中央集权时代文学繁荣的典范。唐宋诗词和散文已成为中国文学殿堂耀眼的王冠，这说明，中央集权社会并非不能出现文学的繁荣。

唐宋怎样的环境与文学繁荣有内在关系呢？下面几个方面值得特别注意：一是唐宋两代从选官体制上为文学繁荣提供了条件，这就是科举制中明确设立博学鸿词科。凡在诗、赋、论、经、史、制、策等方面优秀者，不论是否经过乡试，也不论是否已经做官，只要由较高级别官员（如督抚等）推荐，均可直接入京参加考试，考试内容也是诗、赋、论、经、史、制、策等文类的写作，成绩优异者即可授官。所以唐宋两代，均有不少有很高文学素养者通过博学鸿词科考试入仕。二是唐宋两代意识形态控制较为宽松。与汉代废黜百家、独尊儒术不同，唐宋两朝，儒道佛三家并存，都在国家意识形态层面得到承认。同时，不断壮大的市民阶级的趣味和价值观念也在一定程度和层面上允许存在，这种宽松的意识形态格局和氛围使得文学家们的思想有较大的自由空间，可以较少忌惮从心所欲地表达自己真实的思想感情。三是统治者对文学家的态度都比较宽容，唐宋两代，很少有文学家因为写诗为文而获罪的（苏轼乌台诗案是极少的个案，况且最后也没有给苏轼重大打击），更没有因此而被杀头的，这使得文学家在自由表达自己对人生社会真实看法和感受时没有多少外在政治压力。像李白这样个性狂放不羁的诗人，应诏入朝，依然生活随性，放浪形骸，藐视权贵甚至帝王，这样的人仍然能被唐玄宗容忍，足见那个时代统治者对文学家的宽容。四是经过六朝文学的积累和发展，文学家对文学形式构成要素、组合规则、表现手法等重要性的认识与积累大大深化，这为唐宋文学尤其是如格律诗和词的大繁荣提供了形式的准备。唐宋文学繁荣的上述原因，也可以成为我们理解和评价中国古代所有中央集权王朝文学发展状态何以如此的标尺。凡是文学萧杀枯萎的时代，要么是上面四个条件中缺乏一二，要么是全部缺乏。

　　元明清三朝近800年，文学方面最值得注意的是戏曲和小说的繁荣，出现了一批名家名作。这个时期小说戏剧名家大都不是王朝集权体制中的文化人，他们要么一生都根本没有进入这种体制中（如大部分元杂剧作家和明清小说家），要么短暂地进入体制担任低级官职然后主动或被动退出（如汤显祖、冯梦龙等），这和汉代到宋代的情形有极大不同。汉宋1 000多年间，重要的文学家，几乎大都是中央集权体制中人，不少甚至都是高官。这意味着这些文学家和他们的创作是这个体制所希望、鼓励或者能接受的，他们的文学能够获得这个体制的容纳和支持。而元明清三代，要么对科举和文学没有兴趣如元代，要么主要以八股取士，而使文学才能优异者无晋升之路（明清两朝，只开设过几次博学鸿词科考试，录取人数不断减少，而且所录之人主要用之于编史和整理文献等），故而才华横溢、文学素养杰出者，已不能像唐宋那样通过科举考试被发现和推出。这是元明清高级官员中不乏文学素养较好但却无杰出成就者的重要原因。

　　当然王朝的严厉控制是更重要的原因。明清两朝，文字狱盛行，写诗为文动辄得咎，轻则禁毁、重则殒身灭族（有统计，清朝发生文字狱共130多次，仅仅在所谓康雍乾"盛世"就超过百次，有些案件中，当事人及其家族甚至师友均遭屠灭），这也使得大量文人视文史写作为取祸之道，而将精力智慧投入到朝廷鼓励或允认、可以获得现实利益的八股文、经学、小学等的研习训练中，而不期待在文学创作上有杰出成就。

　　元明清著名戏曲小说作家大都不是体制内文化人的第三个重要原因是在中国古代传统意识形态价值系统中，诗文是阳春白雪、正宗大道，而小说戏曲是下里巴人、旁门小道，故正统文人不屑为之。但中国文学发展到元明清三代，正如冯梦龙激烈地抨击的那样，经书子史、诗词歌赋，因其陈陈相因、内容空洞均已成"鬼话""淡话"，现实生活的生动图景、作家艺术家的真情实感、新兴市民阶级的价值追求和生活趣味，已经在这些僵化的文类中得不到充分而合适的表达。能充分真实表达它们的，恰是正统文人看不上眼的戏曲小说这样的新文类。而从事这些新文类创作的，正是被科举体制拒绝，沉滞民间，混迹并沉醉于商业都市歌楼酒肆、勾栏瓦舍的下层文化人。深受市民生活影响的他们的生活境遇、趣味嗜好、才情灵性，最后凝聚成了元明清那些著名的戏曲小说作品。

比较一下唐代与元明清代小说作者的构成情况十分有启发性。唐代传奇的作者如李复言、牛僧孺、裴铏、李公佐、元稹、白行简等，均是进士，朝廷命官，有人甚至官至宰辅。他们公开自己作品的作者身份，这一是表明他们不仅不以写作小说为耻辱，甚至以之为荣幸和成就标志（唐代朝廷考试之前时兴"温卷"或曰行卷，即考生提前将自己的作品送给主考官阅读，以让其了解自己的才情见识，李复言、牛僧孺、裴铏等均以自己创作的小说为行卷材料）。二是标明他们的时代根本不存在写一篇小说会带来灾祸打击的可能，所以坦然公开自己是小说作者。正是这种环境和写作者的心态，才成就了宋人洪迈所说的"唐人小说，……小小情事，凄婉欲绝，洵有神遇而不自知者，可与诗律称一代之奇"的唐传奇小说。①而元明清时代的小说家们，对所创作的作品完全没有这样的坦然心态和骄傲感，一些著名小说都存在作者争议的现象就是表现之一。《水浒传》《金瓶梅》《红楼梦》等小说的作者究竟是谁，几百年来一直成为反复聚讼的问题。如果在写出传世之作是最大骄傲的唐宋，一般不会存在这样的问题。事实上，这些著作在后世多次遭遇禁毁的境遇也证明作者要隐姓埋名的真相：一方面，他们害怕来自官方杀身灭族的打击。另一方面的理由也是重要的：这个时代许多作者以小说为小道，不入上流，以之为耻。这种耻为小说的心理甚至到晚清都还存在，正是这两个重要的原因，使得元明清大量的小说作品作者不明，要么成为"无名氏"，要么用一笔名（如"兰陵笑笑生""绿天馆主人""西周生""秦淮墨客"等）。在这样的时代，作家怀抱着这样的心理去写作，整个时代文学很难繁荣自是必然。

曹丕在《典论·论文》中，将文章认定为"经国之大业，不朽之盛事"，具有足可兴邦丧邦的作用。对如此重要的一个对象，历代王朝和统治者自然要加以管控，区别只在于有些王朝和统治者的管控尺度较宽松，有些则较严苛。但如果只是这种外在强力管控，强制性地要求作家诗人将自己的创作服务于王朝统治的维护和巩固，这一定很难成功。毕竟好的文学作品是发乎自然心性

---

① 洪迈：《容斋笔记》，转自莲塘：《唐人说荟例言》，见丁锡根编著：《中国历代小说序跋集》（下），1793 页，北京，人民文学出版社，1996。

的，因此，作家艺术家内心对诗教功能的认定和接受才至关重要。而在儒家文化"发乎情，止乎礼"的诗教主导下，历代大多数诗人作家都认定"文以载道"。尽管对"道"不同人有不同理解，但大多数人那里，这"道"总是和维护中央集权国家的那些观念体系相关的。当作家诗人们内心确立了这种观念以后，其所发之情自然大都会合乎"礼义"。"发乎情，止乎礼"的诗教强调了两点，一是强调了文学表现的核心内容是人类的情感生活世界，这为文学表现人类真实情感体验和情感世界赋予了正当性；二是设定了文学表现人类情感世界的边界，那就是这种情感必须符合社会礼义即社会的基本伦理标准。这个规定，使得中国古代大多数文学作品的内容都有一种庄重严肃的特征。家国情怀、人伦亲情、自然沉醉，成了中国文学尤其是抒情文学的三个基本情感生活领域。而超出"礼义"的感情和生活的表达，就会受到来自作家内心和外在社会的压制。

好在中国文化是世俗情怀主导的文化，"礼仪"所允许的生活和情感范围本身也比较广阔，并不狭隘，表达这些生活和情感内容的文学足以创造辉煌。所以2 000多年间，中国不少诗人作家将具有强烈个人色彩的生活经历和内心体悟用文学形式合适表达，依然有着深刻的社会历史价值、人性价值和文学价值。于是有了《古诗十九首》中那种面对自然宇宙和人生时产生的生命有限、及时行乐情感的率真表达，有了竹林七贤"手挥五弦，目送归鸿"的超逸情怀和高远追求，有了陶潜返璞归真、复归自然的田园乐境，有了李白诗歌狂放不羁个性的猛烈喷射，有了王维、苏轼等大量士人禅心道境的领悟和展示。即使到了元明清三代，在社会政治与王权控制愈加严厉的时代，依然有关、王、马、白、汤、孔等戏剧作家，冯梦龙、施耐庵、罗贯中、吴承恩、兰陵笑笑生、曹雪芹等大量小说家在其剧作或小说中表现出的丰富广阔的社会生活领域和新兴市民生活趣味与审美趣味。这就更不要说不少作家的创作突破了维护现世王权、温柔敦厚、发情止礼的诗教，他们的作品中或者表达对现实黑暗社会的愤怒谴责、切齿怨恨、强烈批判、大胆揭露，或者表达对当世社会的厌倦、逃逸、不合作的愿望，或者表达对纲常伦理的蔑视和否定，或者表达对正统意识形态排斥压制的市民阶级生活趣味的欣赏和沉迷，或者表现对人性中违反伦常的情欲世界的窥探，等等。这些作品内容发挥的远不是维护现世王权及其诗教的功能，而是怀疑、批判、反抗、颠覆、逃逸现实社会和纲常伦理的功能。它们大大拓展了文学内容的疆域，有不可否认的价值。

故而纵观中国古代文学历史，不难发现，集权政治对文学的干涉和控制能力，相较于其他精神生产部门要有限得多。毕竟文学是人类情感和人性世界的展现，权力对它经常束手无策。有些时代，即使统治集团残酷打压，仍然有不少作家诗人抱有"藏之名山，传之其人"的坚持，私下里写作那些不能见容于当世但可能彰显于后代的作品。中央王权管控最为严厉的明清两代，文学上仍然不少名作留存下来，和作家们的这种信念与坚持有极大的关系。所以和中国古代思想、教育和学术领域相比，中央集权的政治对文学的管控有一半是失败的，中国文学是古代精神文化中特别灿烂的一个部分。

第四节　中国文化的基本性质与特征

在上一讲和本讲对中国文化发展的漫长历史进行了概要描述之后，本节对中国文化的基本性质和特征作一个简要归纳。因为分权时代和集权时代中国文化既有一以贯之的部分，也有区别甚大的部分，所以，这里的归纳以秦以后的集权时代为对象，这些归纳对秦以前分权时代则部分有效，部分无效。

中国传统文化大体有如下一些突出的性质和特征。

一、内陆为主的农耕文化

古代中国人生活的东亚大陆，是半封闭性的区域，这片区域以几大河流纵贯东西，以其支脉和湖泊横向展开，网状的连接构成大河流域的主要区域，绝大多数中国人，长期就生活在这种内陆大地上。这种内陆最适合农耕，因此中国农业文明很早就发达起来，并成为中国基础性的物质生产方式。农耕经济的特征渗透在中国传统文化的方方面面，它在根本上影响着中国文化的性质和特征。棉麻丝织物成为中国人衣饰的材料来源，五谷成为中国人的主食，村社聚居成为中国人居住的基本形式，这些都与农耕经济生产方式有直接关系。在制度文化方面，政治体制王权世袭、经济政策重农抑商、社会主体等级农人第二、精神追求方面自然至上、强调宗法伦理和血缘亲情，等等，都渗透了内陆农耕经济的特征。

内陆为主的文化也往往相对封闭，开放性不够，拓展意识和扩张意识较弱。守土守家，世代如斯地生活，是中国人基本的追求和意愿。相比希腊和希伯来文化中强烈的漂泊意识，中国文化中守根意识更为强烈，这与中国内陆型地理环境和定居性农耕文明有密切关系。

二、宗法人伦的文化

由于中国小农经济是建立在以家庭、家族为基本单位基础上的，居住又以血缘宗族作为聚落原则，因此，血缘意义上的宗法关系就是中国人群体生活中最重要的关系，宗法伦理是处理群体关系最重要的原则。如宗族内按辈分高低决定地位次序，以同宗远近决定亲疏程度，以男性作为代际传承标志，以子孝长慈、兄爱弟敬的孝悌原则和血缘情感处理亲属关系，等等，由此形成的宗法制度和伦理成为中国从分权到集权社会的基础。而对于宗族外的社会关系，则采取泛血缘伦理的处理方式，即将血缘伦理和血缘亲情泛化，以此柔化人际关系中的陌生、冷硬与敌意。人际关系的泛血缘化，这是中国社会处理人际关系的重要原则，也是中国文化的重要特征。孔子所谓"四海之内，皆兄弟也"，孟子所谓"老吾老及人之老，幼吾幼及人之幼"的说法，就是主张将血缘亲情和原则推及非血缘关系的人之间，以达到泛爱众的境界。

在社会政治领域，宗法伦理原则也十分重要。首先是最高统治权的世袭制，其次是王室内权力的承传嫡长制。君臣关系强调"忠孝"一体，"君父"与"臣子"的称谓，将家族血缘伦理的"孝"与国家政治伦理的"忠"对接，将两者之间的同一性关系突出地表达出来，这都是在国家政治伦理中将血缘伦理泛化的结果。

文化中强调宗法人伦，追求将这种关系泛化到一般社会关系和社会生活领域，也就是强调人与人之间的情感关系，从而必定形成一个熟人社会。这种社会有一种基于泛血缘关系的人际亲情，但对于不能或不愿融入这种泛血缘关系社会的对象，也往往会产生"非我族类，其心必异"的敌意和狭隘排斥心理。由于过分强调熟人情感联系，人际之间很难确立理性的契约关系和契约原则，这也是宗法人伦文化缺陷的一面。中国社会长期不能建立近代资本主义社会市场经济基础的契约原则和意识，与宗法伦理和情感过分强大有关。

三、实用理性主导的文化

至少从周公制礼作乐开始，中国文化就确立了以人为本的核心理念，原始时代和夏商时代的鬼神崇拜文化到周人这里发生根本改变，周人将主宰人类世界的力量神灵虚化为神性的天、天意、天命，又同时强调"天视自我民视，天听自我民听"，则天意天命的依据是"民视""民听"，这就将世界由虚幻的神灵、天意主导，转移到现实人类主导的认知上了。周人通过制定礼制，以现实的礼乐制度和手段组织和引导社会，这是一种现实理性的制度文化。而到孔子为代表的儒家那里，通过对圣贤人格理想的规定和引导人们对这种圣贤人格的认同和追求，将外在强制性的礼制转化为个体内在的伦理和情感欲求，从而在精神文化体系中完成了人本文化也是实用理性文化的奠基。以现实的实用性和有效性为标准，是实用理性的基础性原则。这种人本文化使中国历史长期保持实用理性主导，所以它一直相对稳定平和，崇尚实用有效，没有陷入宗教的偏执和迷狂。

实用理性主导的文化的积极作用显而易见，副作用也是明显的。这体现在整个文化上，就是超越性知识与价值系统相对缺乏；观念体系过分注重对现实的适应和证明，而相对弱化了对现实的超前性批判、设计和引导作用。同时太过于注重实用理性，也导致民族想象力相对不甚发达，这一点特别体现在华夏先民关于神话史诗的创造方面。与几个早发的古代文明民族文化相比较，华夏先民似乎没有充分展现出那种童年时期发达的想象力，原因大约如鲁迅等一些学者所说，过于注重日用人伦实际，而对超越现实的想象世界兴趣不浓，也缺乏相应的想象力。与华夏先民对神话这种想象性精神形式兴趣不浓、成就不高状况相对照的，是中国古人对历史超强的兴趣。中国是世界上最关注历史的民族，有独一无二的系统而丰富的历史著述。历史是华夏统治者们及其王朝现实历史过程的记录，也能为后世统治者提供天下治乱、王朝兴衰的启示和借鉴，所以受到历代统治者格外重视。中国历代统治者治国理政，是受过去王朝历史兴衰规律引导和启示的，而不是受宗教或哲学的超越性理念引导和启示的。这也是中国历代王朝走不出治乱兴衰循环的重要原因之一。

与实用理性相关，中国古代文化基本是一种世俗悦乐的文化。有学者如李泽厚在比较中国文化与希伯来和日本文化的精神特征时指出，希伯来文化是罪感文化，日本文化是耻感文化，中国文化是乐感文化，这是很有概括力的区分。中国文化肯定现实生活世界，并在这个世界寻找精神寄托和价值实现。这种文化对世俗生活保持一种悦乐肯定的态度，允许甚至鼓励适度沉浸于其中，追求现世的成功和适度享乐。基督教文明将人在现世的沉浸视为肉体和灵魂的堕落，但中华文明完全没有这样强烈的罪恶感，而是对这种沉浸和追求有一种悦乐感。在这种文化驱动下的中国人，是这个世界上生活得最认真、最努力、最勤奋的人之一。中国尽管古代也有道教佛教等宗教存在，但这些宗教从来没有成为凌驾于政权之上的力量，因此它们精神体系中否定现世生活的部分从来没有成为引导大多数中国人生活的决定性观念。甚至这些宗教实际上在其发展过程中，都部分或极大程度地世俗化了，它们在中国古代的存在和发展，很大程度上取决于它们满足了中国人世俗生活的价值追求。一直到现在，大多数中国人到道观寺庙，求神拜佛，很少是将自己世俗的沉浸作为罪恶忏悔的，基本都是祈求神佛保佑他们获得世俗成功的。任何异域宗教的红帆船进入中国文化的港湾，都会悄然换上中华文化的旗帜，佛教的中国化是典型的例证。

四、天人合一的文化

在农业文明这种自然经济的典型样式中，对自然规律的认识与依顺成为最重要的知识与意识。因此，在观念和行为层面，观察自然、感应自然、了解自然、顺适自然、依从自然就成为重要的生活原则，这就是天人合一的原则。中国文化的方方面面都渗透了这个原则和价值观念。华夏先民遵循自然节律，奉行"日出而作，日落而息"的生活方式和作息规律，他们对人生命的核心认知是来自自然、复归自然，所以对生死相对坦然。中华医学体系也是建立在这种天人合一的认知基础之上的。从《黄帝内经》开始的中华医学，就强调人的身体结构与自然结构之间的对应性（五行五脏、头天脚地等），强调人体五脏六腑的运行盛衰与春夏秋冬、子午晨昏的自然节候和时间运行节律的对应性。中华体育养生体系的核心理念也是仿天育体养生，气功与拳术是最典型的代表。无论是五禽戏、仿生拳（如猴拳、虎拳、蛇拳、鹤拳等），还是形意拳、太极拳，都强调内外协调，人与自然合一。在太极拳模仿圆形宇宙的一招一式中，都渗透了人体与宇宙合而为一的理念。按自然时序设定节庆（这和西方按照宗教事件设置节庆区别十分明显）也是显著的例证。这就更不要说政治体制了，仿天立制是历代政治体制设计的一个基本原则。在思想层面，老庄道家是天人合一追求的典型表达形式，其他诸子学说均以"道"为最高价值标准，而"道"不管掺和了多少人生社会内容，其终极含义都与自然规则相关。

文学艺术均渗透了天人合一的追求。山水文化兴起，文学中山水田园文学的兴起，抒情文学中情景交融、借景抒情的意境创造原则的确立，其他类型的文学中渗透的对"天道""天意""天命"的领悟，绘画艺术中文人山水画的特殊地位（西方长期以人作为绘画对象），音乐艺术中对"天籁之音"的崇尚和追求，建筑艺术中风水的讲究，园林建筑中人工与自然的天然融合，等等，所有这些都全面地体现了天人合一的精神特征。

五、君主集权的文化

这是秦以后中国政治制度和政治文化的基本特征。周代尽管有普天之下、率土之滨，莫非王土王臣的说法，但周人的实际控制力还达不到真能将天下万方万民绝对掌控于中央王朝的地步，它不得不允许诸侯在辖地拥有经济、政治、人事、军事等相当程度的自主权。真正确立高度君主集权政治体制的是秦始皇这个"千古一帝"，他以后，中国历代王朝虽然不断更迭，但王权绝对无上的观念却一直延续。这导致中国政治文化"朕即国家"的认知，"明君贤臣"的政治理想，"君权神授""君道即天道"的合法性观念，政教合一、君师一体、以教辅政的宗教与政治权力关系的确立，等等，这些都与高度君主集权体制密切相关。

中国古代政治文化中帝王集权的政治体制有其必然性和积极意义。在民族国家融合的过程中，强大的中央集权对于保证这个融合进程的顺利展开和完成十分重要。同时，作为国家的象征，君王也对国家的统一具有重要象征意义。而且，君主集权在多数情况下有利于社会的稳定安宁、社会资源的集中调配、国家国力的增强。其消极作用也是明显的：天下安危系于一人的状态往往导致阴谋政治代代不绝、颂圣文化盛行、臣民奴化心理和权力崇拜意识普遍存在、普通民众的权利和意志无法在国家层面得到表达，从而民众对国家也没有公民应有的权利和责任意识，等等，这些都与君主集权体制有着密切关系。

本 讲 小 结

　　秦以后的中国社会是集权帝制主导的社会，这个时代的政治文化、经济制度、精神文化现象都受集权帝制掌控和影响。中国古代中央王朝主导着所有层面文化的产生和发展变化。这个时代文化的繁荣和衰落都与此有根本的关系。总体上看，适度集权的体制对于国家扩张和统一、社会安定都是有利的。但过度集权也会对文化繁荣产生扼制作用。关于中国古代文化的性质和特征，本讲从内陆为主的农耕文化、宗法人伦的文化、实用理性主导的文化、天人合一的文化、君主集权的文化五个方面作了概括。

【复习与练习】

复习

1. 集权帝制时代政治制度的基本过程和状态；集权体制中分封制的消亡；集权体制中的君相分权到君主专权过程。
2. 集权帝制时代经济制度的基本概貌；王朝对经济活动的控制。
3. 集权帝制时代精神文化的基本发展概貌；唐宋精神文化发展的鼎盛时期及其形成的原因。
4. 中国传统文化的基本性质和特征。

思考与练习

对下面的问题进行思考，并选择其中一个问题写一篇读书心得。

1. 秦以后中国社会进入集权帝制时代的原因是什么？
2. 为什么说科举制在中国古代社会的积极作用是主要的？
3. 你如何理解中国古代社会存在的"黄宗羲怪圈"？
4. 你觉得中国传统文化的基本性质与特征除了教材列举的几种外，还有哪些？
5. 中国古代思想文化的传承性、复制性较强，为什么？
6. 为什么宋明时期商贸活动相当发达，却没有推动中国进入资本主义？

| 课外阅读文献

1. 钱穆:《中国文化史导论》,北京,商务印书馆,1994。
2. 冯友兰:《中国哲学史》,上海,华东师范大学出版社,2005。
3. 李泽厚:《美的历程》,北京,文物出版社,1981。
4. 葛兆光:《中国思想史》,第三册,上海,复旦大学出版社,2004。
5. [英]迈克尔·苏立文:《中国艺术史》,徐坚译,上海,上海人民出版社,2014。

第四讲　中国古代物质文化

物质文化以满足人类吃、穿、住、行等最基本的物质生存需要为目标,是人类加工自然而创制的各种器具、物质生产活动方式及其产品的总和。物质文化反映人与自然的关系最为直接,能充分体现人类认识、把握、利用、改造自然的深入程度,代表着社会生产力的发展水平。中国古代的物质文化是最直接的、可感知的具有实体的文化事物,它极具自身的民族特色,并极大地影响着世界文化。

第一节 饮食文化

古人有云:"民以食为天。"[①](《汉书·郦食其传》)饮食是人类生存的第一门必修课。人是动物,他们必须解渴充饥;人毕竟又是最高级的动物,他们必然创造饮食文明。先民们"饮食"的东西很多,但饮食文化最主要的则有"酒文化与茶文化""食文化"两大层面。

一、酒文化与茶文化

1. 酒与"酒文化"

中国古代的酒可分为果酒、黄酒、配制酒、白酒四大类。酒产生于何时?"《世本》云:仪狄造酒,夏禹之臣。又云:杜康造酒。"[②]似乎酒是夏朝人发明的。其实,早在新石器时代,先民就学会了酿造果酒。最迟在商代,谷物酿酒已非常普遍。周代以后,酿酒技术日趋完善。汉代,制曲技术又有了明显提高,由原来的散状酒曲发展为饼状酒曲,发酵活力更强,历经2 000多年,至今仍在使用。果酒、黄酒、配制酒在宋代以前均已存在,蒸馏制造白酒的产生不会晚于金代。

---

① (汉)班固:《汉书》,2108页,北京,中华书局,1962。
② 林之奇:《尚书全解》,见《景印文渊阁四库全书》,第55册,574页,台北,台湾商务印书馆,1961。

"酒",自其产生之日便与人类结下不解之缘并形成了"酒文化"。

商纣王"以酒为池,悬肉为林"①(《史记·殷本纪》),最终亡国。周人吸取教训,发布禁酒令《酒诰》。三国时,由于曹操禁酒,士大夫偷偷喝酒还有暗号:"以白酒(浊酒)为贤人,清酒为圣人。"② 魏晋六朝,酒与文人士大夫的关系更加密切。寄托情志,远祸全身,亲近自然,引吭高歌,蕴涵人生体味,激发艺术灵感,广交天下朋友,标榜名士风度,所有这些都离不开酒。唐宋以降,酒更为大众普遍享受,酒肆越来越多,宋代仁宗时东京的上户"正店"有白矾楼等72个。白矾楼又称樊楼,"楼乃京师酒肆之甲,饮徒常千余人"③。至于规模较小的"脚店"则不计其数。宋元,文人又出新招——诗社饮酒。著名的诗社多在吴越一带,如西湖诗社、月泉吟社、越中诗社、山阴诗社、杭清诗社、古杭白云社、孤山社、武林九友社,等等。明代的诗社则遍布全国,如海岱诗社(山东)、南园诗社(岭南)、小瀛洲诗社(吴中)等。清代诗社更盛,《红楼梦》就写到大观园结诗社饮酒。明清文人不仅聚会饮酒,还逐步总结出一套饮酒规范——"觞政"。从饮酒的成员、风度、环境、条件到聚饮时的各项杂务应有尽有,较为全面地反映了当时士大夫对"酒文化"的理解。

2. 茶与"茶文化"

"茶"的故乡在中国,中国西南有世界上最古老的野生茶树。西周初,巴蜀等国就以茶叶作为"贡品"敬天子。春秋战国时,人们用茶叶做羹汤饮用,秦人方改为饮茶汁的"茗饮"。西汉,文人士大夫阶层开始讲究茶具。

唐以前以"煎茶"为主,唐代则有"淹茶""煮茶"两种,并讲究好水、调味、汤候、精具。自唐代陆羽《茶经》起,历代都有精彩的论茶著作,分别反映了各时代的茶艺水平,也体现着"茶文化"不断向前发展。宋代饮茶之风更甚,制作更为精细。明清两代的茶叶品种繁多,饮茶方式已同于今日。

从制茶到品茶的全过程,充分体现着"茶文化"的多重意蕴。就制作角度而言,茶可分为粗茶、散茶、末茶、饼茶四大类。其中,以饼茶制作最为精致。宋代所制饼茶"大龙团",三等品与黄金等值。

---

① (汉)司马迁:《史记》,105页,北京,中华书局,1959。
② 李昉等:《太平御览》,见《景印文渊阁四库全书》,第900册,498页,台北,台湾商务印书馆,1964。
③ 周密:《齐东野语》,206页,北京,中华书局,1983。

元以后，名贵茶多为散形茶，可分为三类：发酵的为红茶，半发酵的是乌龙茶，不发酵的为绿茶。红茶重香气，以云南红茶、安徽祁门红茶等最为名贵。绿茶贵细嫩，其精品有碧螺春、龙井、毛峰、银针、云雾、蒙顶、猴魁等。乌龙茶介乎绿茶与红茶之间，以武夷岩茶、武夷水仙、铁观音、大红袍、佛手柑最为著名。至于花茶、白茶、黑茶、黄茶等称谓，则分别是上述三类的分支而已。

古人饮茶极重水质，以"轻""冽"为上，山水、江水、井水，依次而下。茶具方面，唐代讲实用性，宋代流行点茶、分茶，多用"建盏"与汤瓶。明清至今，以冲泡为主，出现了茶壶、茶杯、茶盘等极具工艺性的配套器皿。

此外，茶与道家以及佛教的禅宗也有密切关系，人们往往将茶理与禅理结合在一起，称之为"茶禅一味"。茶文化还具有地域特色和民族特色，如藏族的酥油茶，蒙古族的咸奶茶，滇北少数民族的"烤茶"过程，湘、黔、桂地区苗、瑶等民族的"打油茶"等。

二、美食与"食文化"

古人有言："昔者先王未有宫室，食鸟兽之肉，衣其羽毛。"[①] 当时人类的饮食对象与今天区别不大，除"水"而外，大体也就是动物和植物的可食部位，不过层次很低而已。如此低级而被动的"食"，当然没有多大的"文化"意义。

造就了人类的饮食文明的是几次伟大的进步：第一，从懂得用火到人工取火，使人类由"饮血茹毛"到"炮生为食"。第二，渔猎、驯养禽畜、学会种植之术，使人类有了更多、更方便的新鲜食材。第三，炊具、餐具的制造和改进，是所谓"美食玉器"的不断进步。第四，多种调料的发现和应用，使得五味杂陈。第五，烹饪技术的改造和提高，终于造就舌尖上的中国。

华夏美食文化，大致可分为三大阶段。

1. 美食文化形成阶段——先秦时期

西周时食物原料已很丰富。王冰注本《黄帝内经·素问》卷七有云："五

---

① 盛世佐：《仪礼集编》，见《景印文渊阁四库全书》，第111册，33页，台北，台湾商务印书馆，1961。

谷为养（谓粳米、小豆、麦、大豆、黄黍也），五果为助（谓桃、李、杏、栗、枣也），五畜为益（谓牛、羊、豕、犬、鸡也），五菜为充（谓葵、藿、薤、葱、韭也）。"① 其实，这里所谓"五谷"等一套概念，乃大而言之，并不包括当时的所有食材。"五谷"都是我国的原生植物，早在《论语》中就已出现这个概念。何谓"五谷"？汉代有以下说法：《楚辞大招》注："五谷，稻、稷、麦、豆、麻。"②《史记·天官书》："旦至食，为麦；食至日昳，为稷；昳至铺，为黍；铺至下铺，为菽；下铺至日入，为麻。"③《周礼·天官·疾医》郑玄注云："五谷，麻、黍、稷、麦、豆也。"④ 将三说去其重复，可得六种主食原料：稻、稷、麦、黍、菽（豆）、麻。可见"五谷"乃是一个不断演变的概念，可以视其为主粮的总称或泛指。此外，我国原产杂粮有绿豆、芋头、山药等，域外传入并经中国人长期培植的杂粮则有玉米、甘薯、马铃薯、豌豆、蚕豆、荞麦、燕麦等。王冰解释的"五果"之外还有梅、榛、枳、桔、柚、柿、栳（山梨）、桑葚、枇果、杜梨、郁李（山葡萄）、木瓜、山楂、沙果、海棠、苌楚（猕猴桃）等，"五畜"之外还有马、鹿、兔、象、鸽等，"五菜"之外还有芥、瓜、瓠、萝卜、芹菜、竹笋、木耳等。另外，当时淡水养殖已出现，捕捞业已有发展。一般的鱼与菜等列，较高级的则为鲂、鲤、鳖等。烹饪用具有釜、鼎、鬲、甑等，调味品除盐之外还有饴蜜、蜂蜜、蔗汁、醋酱、醋、紫苏、花椒、桂皮、生姜、豆酱、酱油、豆豉等。像伊尹这样的著名厨师也不断出现，宫廷炊事人员有膳夫、庖人、内饔、亨人、甸师、腊人、食医、酒正、酒人、凌人、笾人、醢人等，分工日趋细密。还出现了烹饪基础理论，主要有三："五味调和"；讲究色香味型；医食相关。

2. 美食文化稳步发展阶段——秦汉至唐

汉代全民饮食水平比先秦时有了提高，山珍海味暂置勿论，即如面食、点心的发展和豆腐的问世也令人刮目相看。汉代面食有发酵、不发酵两种，统称为"饼"。放在沸水中煮熟的叫"汤饼"，煮熟后又置于凉水中的叫

---

① 王冰注：《黄帝内经素问》，见《景印文渊阁四库全书》，第733册，84页，台北，台湾商务印书馆，1964。
② 陈元龙：《格致镜原》，见《景印文渊阁四库全书》，第1032册，193页，台北，台湾商务印书馆，1964。
③ （汉）司马迁：《史记》，1340页，北京，中华书局，1959。
④ （汉）郑玄注：《周礼注疏》，见《景印文渊阁四库全书》，第90册，89页，台北，台湾商务印书馆，1961。

"水溲饼",撒有胡麻(芝麻)的叫"胡饼",还有人在饼中加入各种馅料。东汉末,发酵法用于制饼,于是有了更多的面食品种。点心是一种方便食品,米、面均可制作。南北朝时,已有白饼、鸡子饼、髓饼、膏环、细环、截饼、水引、馎饦等品种,用米面粉蒸成的大块松糕叫"饵"。更高级的点心则是在制作时加上动、植物油以及豆沙、果料、蛋类、葱、姜等。此外,炸油条、糖胶糯米通、茭白壳包的咸甜粽子亦已问世。豆制品介于主、副食之间,其原料是主食作物大豆,食用时却作为菜肴。传说汉代淮南王刘安发明了点卤制豆腐,《盐铁论·散不足》中也提到"豆饧"。豆制品的发明使人类能更好地利用植物蛋白。魏晋南北朝时期,出现了一批美食理论著作,惜均佚失。但在贾思勰《齐民要术》中,却有相当大的篇幅介绍了当时的烹饪技术。美食的制作手段在魏晋以前主要是四大体系:水煮、气蒸、油炸、火烤,南北朝时期,更令人瞩目的是现代烹饪最重要的方法——"炒"。"炒"的基本原理是利用在锅底加热的少量食用油为中介,使根据需要而加入的各种调料在不断翻搅的过程中进入菜肴之中。由于所用时间不长,能很好地保持菜肴的色、香、味、型。炒菜尤其讲究选料、刀工、时间、火候,是烹饪技法中的高级状态。此后的一些烹饪方法如烧、烩、焖、炖等,都是在"炒"的基础上发展而成的。

3. 美食文化走向成熟阶段——宋元明清

宋代每天黎明即有早市,夜市则延续到次日凌晨。食品市场沿街排列、比比皆是。以北宋汴京为例,每天提供城市消费的生猪多达数万头、活鱼数千担。一些大的酒店非常讲究服务质量,设有"四司六局":"帐设司""厨司""茶酒司""抬盘司""果子局""蜜煎局""菜蔬局""油烛局""香药局""排办局"。辽、金、元、清统治者入主中原,带入了各少数民族的食俗并很快与中原食俗结合,丰富和发展了美食文化。清代膳食理论又掀高潮,有王士祺《食宪鸿秘》、顾仲《养小录》、袁枚《随园食单》等。清中叶,美食文化臻于极致,形成苏、粤、川、鲁四大菜系。苏菜注重原汤原汁,烹饪时多用文火,以炖、焖、焐、蒸、烩见长。糖盐并用,口味偏甜,注重色与味的配合。名肴有三杯鸡炖金银蹄、栗子黄焖鸡、荷叶蒸肉、八宝鸭、扬州狮子头、蝴蝶海参、烧金华火腿、雪里藏蛟、清炖鸡、叉烧鳜鱼、翡翠烧麦等。粤菜取材非常广泛,蛇、鼠、蛤蚧、蝗虫、蜂房、麻虫等各种飞禽走兽、昆虫鳞甲均可入菜。烹饪技法受域外影响,有"盐焗""酒焗""锅烤""软炒"等,调料则讲究多种味道的复合性。名菜有龙虎斗、菊花龙凤虎、烧凤肝蛇片、五彩炒蛇丝、东江盐焗鸡、玫瑰酒焗双鸽、锅烤蛋、炒鲜奶、黄埔蛋等。川菜尤其重"味",而且还经历了漫长的变化过程。古代四川的高档菜比较清醇温和,近百多年来大众化的川菜才逐步具备麻、辣、怪、咸、鲜的特点。此外,还有多种风味,清、鲜、醇、浓并重。著名的高档菜有芙蓉鱼翅、一品熊掌、烧白、虫草鸭子、鸡蒙葵草、蒜泥白肉、连锅汤、开水白菜等,大众菜则有回锅肉、鱼香肉丝、豆瓣鲫鱼、宫保鸡丁、水煮肉片、麻婆豆腐、炒肝尖、炒腰花、干煸牛肉、干煸萝卜、干烧鱼、干烧冬笋、夫妻肺片、怪味鸡等。鲁菜的制作主要用爆、炒、扒、烧、炸等技艺,调味以咸为主,酸甜辅之,特点是脆、嫩、鲜、滑。胶东一带善烹海鲜,济南一带精于制汤,孔府菜肴更为华贵典雅。名菜有绣球海参、烧五丝、红烧干贝肚、芙蓉蛤仁、芙蓉干贝、炸蛎黄、奶汤鲫鱼、糖醋黄河鲤鱼、奶汤蒲菜、锅烧肘子、油爆双脆、葱烧海参、葱烧蹄筋、葱烧肉、双烤肉、炸脂盖等。

第二节 服饰文化

我们的祖先为了遮挡自然界的种种侵袭,将藤萝树叶、兽皮鸟毛按照身体的大致轮廓包裹起来,这就是最早的"衣服";又有人将石子兽骨、海蚶螺蛳等串在一起佩戴,或文身理发,这就是"服饰文化"之滥觞。

一、服饰的原料和功能

上古时期,服饰原料极为低级。后来,人们在长期利用兽毛、野生植物纤维的基础上纺麻织葛,将服饰文化推进了一步。而蚕丝纺织衣料的出现,才是真正对中国乃至世界服饰文化作出巨大贡献的一步。中国是世界上最早养蚕、缫丝、织绸的国家,江浙一带发现了距今 4 000 多年的绢片、丝线等。周代的蚕桑业相当发达,《诗经》中多有体现。"安史之乱"使北方经济遭到严重破坏,蚕桑南移,以太湖为中心的长三角蚕桑业高度发达。据《南史·高昌传》载:"有草实如茧,茧中丝如细纑,名曰白叠子,国人取织以为布。布甚软白,交市用焉。"① 这种植物就是棉花,于公元 7 世纪由印度传入中国。其生产过程简单,产量高,所织棉布质地牢固,逐渐得到民众欢迎,成为衣被的主要原料。经宋元到明代,棉织品在全国范围内取代了丝织品。但由于丝织品轻软柔美,能满足上层社会和外贸需求,故明清时期蚕桑业在江浙等地仍有持续发展。

二、服饰审美与等级标志的发展历程

1. 先秦时期的服饰

《易·系辞下》:"古者包牺氏之王天下也,仰则观象于天,俯则观法于地,观鸟兽之文与地之宜,近取诸身,远取诸物。""黄帝、尧、舜,垂衣裳而天下治,盖取诸乾坤。"② 可见当时已有上"衣"下"裳"之分,裳,即裙。"乾"即天,"坤"即地。上衣玄(黑色)取法天(乾),下衣黄取法地(坤)。衣裳的有关部位还有取法日月山川、鸟兽虫草的纹饰。

夏商周三代,劳动者着短装,而统治者则峨冠博带。当时贵族阶层在重大礼仪场合所穿的礼服是源于夏商而定制于周的冕服,次于冕服者为弁服,比较大众化的是"深衣",上衣下裳合为一体,多用麻布制作,不分男女尊卑均可作礼服或常服使用。

2. 汉至南北朝的服饰

汉代尚黑色,玄衣被作为法定朝服。男性服装有深衣、袍服、禅衣和衫、襦、袴等。男性首服有巾、帻、冠等,足衣称为"履"。汉代最能标志官员等级的是系于印纽的丝带——印绶。绶带的颜色标明身份的高低:皇帝黄赤绶,诸侯王赤绶,百官则由高至低依次为绿绶、紫绶、青绶、黑绶、黄绶。汉代妇女崇尚千姿百态的高式发髻,如垂云髻、迎春髻、飞仙髻、瑶台髻、盘桓髻、分髾髻、同心髻、堕马髻等。首饰则有各种玉、翠、簪、钗以及贵族妇女所用的"步摇"等。女性服装以连体长衣为主,后又逐渐形成上体衫襦短衣、下体覆足长裙的基本服装形式。

魏晋南北朝的服饰变化极大。士大夫宽衣博带,追求自由放达、超凡脱

---

① (唐)李延寿:《南史》,1983 页,北京,中华书局,1975。
② 宋书升:《周易要义》,347~348 页,济南,齐鲁书社,1988。

俗，明显受到佛、道及玄学的影响。男子首服则有"帕"，以布帛为之，以颜色分贵贱，白为上。木屐亦流行于此时，男女皆用。妇女衣装，仍有传统的衫、襦、袄、裙、深衣等。晋代以后，流行帔饰。发髻式样则较汉代更多，尤以灵蛇髻和高髻最为时尚。北方的胡装有"裤褶"，是一种上衣下裤的服装形式。北周实行品色衣："诏天台侍卫之官，皆着五色及红紫绿衣，以杂色为缘，名曰品色衣。"①（《周书·宣帝纪》）

3. 唐宋时期的服饰

隋炀帝大业六年诏："五品以上，通着紫袍，六品以下，兼用绯绿，胥吏以青，庶人以白，屠商以皂，士卒以黄。"②（《资治通鉴》卷181）正式用服色标志身份。当时皇帝常服黄袍，故而唐高祖武德初禁止百姓袍服黄色。唐高宗上元元年"敕文武官三品以上服紫，金玉带。四品深绯，五品浅绯，并金带。六品深绿，七品浅绿，并银带。八品深青，九品浅青，鍮石带。庶人服黄，铜铁带"③。（《旧唐书·高宗纪》）至于皇帝所用服色，则为明黄。唐玄宗天宝年间，规定黄色是皇帝的专用色。武则天时官员袍服的襟背处均绣以神禽瑞兽纹样，对后世"补服"产生影响。

唐代男子的服装均以渗透了胡装风格的袍衫为主，一般士庶多穿白色。此外，还有紧身瘦袖的胡装和一种称为"半臂"的半袖衣。妇女衣式以上襦下裙为常见，上衣以红、紫色最为流行。衫襦的低口袒胸和衣纱的薄如蝉翼，体现了对丰腴人体美的追求和世风的宽纵。女性裙装以裙腰束胸、裙长曳地为主要特征，单色尚红，间色则红绿、红黄搭配为多，均追求色彩浓烈。妇女典型的发式有花髻、高髻、螺髻、宝髻、倭堕髻、惊鹄髻、抛家髻、双鬟望仙髻等。

宋代服装洗尽铅华，质料精益求精，形成秀雅纤细的风格。官员"品色服"较唐代略为简化，宋初规定三品以上服紫，五品以上服朱，七品以上服绿，九品以上服青，后有所改变。至南宋，服色界限被冲越，百官公服尽着紫窄衫，无品秩之限。士庶以各种"巾"为首服，官员则用幞头，足衣为靴或革履。劳动者衣服以紧、短为主，衣料多为褐布，服色以皂、白或暗色调为主，足衣多为布鞋和草鞋。贵族妇女的礼服有袆衣、褕翟、鞠衣、朱衣、礼衣

---

① 令狐德棻等：《周书》，123页，北京，中华书局，1971。
② 司马光编著：《资治通鉴》，5652页，北京，中华书局，1956。
③ （五代）刘昫等：《旧唐书》，99页，北京，中华书局，1975。

等，常服多由大袖衣、长罗裙、褙子、霞帔组成。发型以高髻为尚，冠帽则有花冠、高冠、团冠、珠冠、盖头等。

4. 明清时期的服饰

明代官员的乌纱帽由唐宋幞头演变而成，常服为腰束革带的圆领衫袍，"补子"为其特色。补子是绣于胸背的飞禽走兽图样的方块，在品色服基础上通过图案对等级进一步标志。文官"补子"上绣飞禽，一品仙鹤、二品锦鸡、三品孔雀、四品云雁、五品白鹇、六品鹭鸶、七品鸂鶒、八品黄鹂、九品鹌鹑、杂职练鹊、法官獬豸。武官"补子"上绣走兽，一二品狮子、三品虎、四品豹、五品熊罴、六七品彪、八品犀牛、九品海马。明代一般男子的服装主要有罩甲、袍服等。首服以巾帽为主，足衣有直缝靴、木屐、蒲鞋等。妇女服装以衫、袄、襦与掩足长裙配套穿着。

清代百官以蟒袍为贵，但在服色、蟒纹、蟒爪数目上有等级差别。还有穿于袍服之外的褂服，"补子"绣在褂服的前胸和后背上，又称"补褂"，补褂上所绣飞禽走兽之体制乃参照明代而略有变更。清代一般男性的服饰主要为袍衫、马褂、马甲、裤装及各类便帽、鞋靴等，而所有男性的发式必须统一为满族的薙发垂辫式。女性装束满汉不同。满族妇女的典型服装为旗袍，外罩坎肩。头饰则以叉子头发展为"大拉翅"。满族妇女天足，穿高达四寸的花盆底鞋。汉族妇女的装束则基本沿袭明代。

第三节 建筑文化

原始时代，我们的祖先采用穴居、巢居的方式谋求一块栖身地，这算不上"建筑文化"。但当他们村落聚居时，重视生存空间有效开拓之"文化"意味就产生了。

一、传统建筑的发展历程

1. 先秦时期的建筑

木骨涂泥和接榫技术为主体的原始木构建筑物产生于新石器时代，六七千年前，江南已流行"干栏"建筑，以竹木桩构成底架，以木板隔成上下两层。上层住人，底层饲养牲畜，屋顶用芦苇或茅草盖成。同时，黄土高原的先民则进行一种与"天圆地方"的宇宙观念相适应的半地穴式建筑。在地上挖浅穴，以坑壁作墙，中间立柱，木柱上架有横梁和椽子，屋顶作人字形或尖锥形，铺以茅草或涂上草泥土。也有直接建筑于地面的此类平房。

三代至两汉，建筑艺术的主体是以帝王为核心的宫室、苑囿、庙社、陵墓等一整套宫廷建筑体系。随着青铜工具的出现，人们对建筑原料的木、石等物能更随意地加工为建筑构件，从而大大促进了建筑技术的发展。还有人发明了规、矩、准绳。到使用铁制工具的春秋战国时期，诸侯大兴土木，都城如雨后春笋。春秋时鲁国的巧匠公输班（鲁班）就是能工巧匠的代表。秦代的上林苑、咸阳宫、阿房宫、始皇陵、万里长城等，均乃建筑史上的奇迹。

2. 汉代至唐代的建筑

汉代长乐宫、未央宫、建章宫都是建筑史上的里程碑。东汉至隋唐时期，佛教建筑艺术逐渐融入中国建筑体系。魏晋南北朝，寺院建筑逐渐增多。"南朝四百八十寺"，仅建康（今南京市）一地的佛寺就有500多座（有学者研究甚至认为超过千座）。北国的寺院更多，洛阳城内外就达1000多所。与寺院建筑紧密相连的还有石窟和浮屠（塔），如莫高窟、云冈石窟、龙门石窟、麦积山石窟、永宁寺塔、嵩岳寺塔等。隋唐佛教建筑更盛，著名的如西藏拉萨大昭寺、山西永济普救寺、浙江天台国清寺、福建厦门南普陀寺、福建泉州开元寺、江西景德镇宝积寺、新疆赫色尔石窟、四川大足石窟、长安慈恩寺及大雁塔、长安荐福寺及小雁塔、大理崇圣寺及千寻塔、济南四门塔等。东晋时期，表现士大夫情趣的私家园林开始风行。隋唐时的住宅建筑更趋于成熟和标准化，并体现了等级制。

3. 宋代以后的建筑

辽宋金元时的大建筑，继承唐制而又呈现复杂多样的态势，而民居建筑却打破了自古以来在中轴线上完全对称的单调格局，追求一种灵活秀丽的造型。佛教建筑也有大同华严寺、云南剑川石窟、杭州六和塔、北京妙应寺白塔等荦荦大者。明清建筑可从两方面观照：一是计划周密的标志性大型建筑不断出现，如紫禁城、十三陵、曲阜孔庙、清东陵西陵、承德避暑山庄外八庙、圆明园等；二是民居形式的多样化，北方民居以四合院为主，与宫殿建筑一样，讲究对称格局，而南方建筑则于对称之外讲究曲折多致，尤以园林建筑艺术更为典型，灵活多变，因地制宜。

二、古代建筑的类型和总体特征

中国古代建筑大体上可分为住宅、宫殿、园林、寺庙、陵墓等类型。其总体特征有四：以木材构成的框架式建筑为主体，砖石结构的建筑为补充；以矩形的中轴线对称格局为主体，以强调自然灵活的布局方式为补充；以实用为主体，以美观为补充；以等级制的标志为主体，以富于个性特色的创造为补充。下面主要介绍前三类。

1. 住宅

中国传统住宅基本上属于木结构建筑体系，多为平面展开而非高空发展。一般分为屋基、屋身、屋顶三大部分。最古老的台基本为木制，后逐渐发展为四边砖石砌筑、内心夯土。屋身是建筑的主体部分，其骨架是大木结构，主要构件有柱、梁、檩、椽、斗拱等。柱是直立的木制或石制构件，梁是在柱上水平放置的构件，檩（桁）与梁架相垂直水平放置，椽是垂直固定于檩上平行密集排列的木条。斗拱是木结构建筑最具特色的部分，主要用于柱、梁间，以复杂的组合构件形式增加建筑的牢固程度、加深屋檐的外挑程度，并起到美化和标示等级的作用。屋身的另一组成部分是墙壁，前后称檐墙，两侧称山墙。墙壁的材料主要是砖、石、土坯或夯土。传统建筑以屋顶最引人注目，材料多为瓦，亦有用草、泥、石板、木片者。其形制可分为平顶、两坡顶、四坡顶、攒尖顶、卷棚顶等。若干间房屋及其附属建筑有意味地组合在一起就是院子，由院墙、院门、庭院、居室等部分构成。我国传统居住建筑的正统样式为宫室式住宅，亦即在合院原则下丰富多彩的布置方式。中国古代的居住建筑还体现了因地制宜的特点和各民族特色。如东北地区需尽可能地采纳阳光取暖，院子的两厢距离很大。由北而南，院子的空间越来越小。到岭南地区，为尽可能地避免日照，庭院自然压缩，直至成为"天井"。各少数民族地区的居住建筑也各具特色，如青藏地区的碉房，新疆维吾尔族内院拱廊式平顶建筑"阿以旺"，东北林区、桂北山区、滇西北地区的井干式木楞房，还有蒙古等游牧民族的毡房、帐房、蒙古包等。

2. 宫殿

宫殿远比民居高级、豪华。是中国古建筑中的最高等级，皇宫乃宫殿之极端，秦汉之著名宫殿已见上述，此后还有隋之仁寿宫，唐之大明宫、兴庆宫，北宋之大内，辽金元之燕京宫殿，明清之北京故宫，清代之沈阳故宫等。北京故宫保存完好，堪称典型。北京故宫又叫"紫禁城"，自明永乐十八年（1420）建成，距今已有近600年历史。高、大、深、庄，是故宫建筑的最大特点。故宫东西宽753米，南北深961米，占地72万平方米。由9 999.5间房屋组成庄严群峙的建筑群，其"大"可知。唯其"大"，才能显其"深"。从大清门、天安门、午门、太和门，直到太和殿，给人以"高""深"莫测的敬畏感。午门以内，故宫分内廷、外朝两大部分，分界线是乾清门。外朝以沿着南北中轴线上依次建筑的三大殿——太和殿、中和殿、保和殿为主体，英武殿、文华殿为东西两翼，此乃皇帝举行盛大典礼和朝会的场所，太和殿即"金銮宝殿"。人们置身于这样一些严格沿中轴线对称排列的大殿之间，再加上墙柱门的深红色和屋顶的金碧辉煌，都会感到无比的庄严肃穆。内廷是皇帝处理日常政务和居住的地方，后三宫——乾清宫、交泰殿、坤宁宫为主体，此外还有养心殿、御花园和供嫔妃居住的东六宫、西六宫等"三宫六院"。

3. 园林

园林建筑在中国由来已久。西周初有苑囿合池，春秋到秦汉时的园林与宫殿、陵墓一样，均显示出帝王家的辉煌宏大。魏晋以降，士人园林具有了独具个性的品格。经唐宋以至明清，园林艺术登峰造极。现在还能看到的古代名园大都构筑于明清两代。园林构建以"情趣"为核心，惯常的表现形式是微缩山水，模范自然，移步换形，尺幅千里，以有限空间表达无限联想，突破空间局限的借景，参差错落而不讲对称，重视人与自然的交流等。明清园林建筑的精华在以苏州为中心的长三角一带，如苏州的拙政园、留园、狮子林、沧浪亭、网师园，扬州的瘦西湖、何园、个园，上海的豫园，无锡的寄畅园等。北方的园林典范则有北京的颐和园、北海，承德的避暑山庄等。

第四节 交通文化

与许多哺乳动物一样,猿猴的交通工具是其四肢,但变成"直立人"以后,交通工具就是两条腿。然而,当双腿过于疲劳或碰到难以逾越的障碍时,人类就选择了乘骑动物或制造工具来帮助通行。再后来,在这些具有实用价值的交通工具上逐渐加入了审美意味或等级标志,交通文化也就萌发了。

一、陆路交通

"车"与"轿"是古人乘骑动物以外最主要的陆路交通工具。

1. 马车

《宋书》卷十八:"昔桀乘人车。"① "人车"又名"辇"。高承《事物纪原》卷二云:"《通典》曰:'夏后末代制辇,商曰胡奴车,周曰辎车,隋制辇而不施轮,以人荷之。'注云:'人牵为辇。'《正义》曰'秦始皇去其轮而舆之,汉代遂为人君之乘,亦曰秦也'。"② 可见辇本是一种有轮子的车,用人牵挽而行。秦始皇去掉车轮,让人抬着走,就是轿子的雏形。然而,当时更为通行的是马车。

交通和打仗是古代马车的两大用途,此言交通之车。乘车时可坐可立,妇女用车四周遮蔽,可卧乘。考古发现,车在商代就已出现。直至秦汉,其基本样式变化不大,均由舆、轼、辕、轮等部位组成。"舆"即车厢,呈长方形,横向大于纵向。"轼"本是车厢前方栏杆最上的一根横木,西周时,轼向后移,作为乘者向尊长折腰敬礼时的凭借,亦可扶手。"辕"是驾马的直木或曲木,压在车轴上并伸出车舆的前端。商周时只有独辕,居正中;汉代以后多双辕,左右各一。辕的前端有一横木"衡",衡上有"人"字形的"轭",用以驾马。古车都是双轮,安装在横梁"轴"的左右两端。车轮中心有孔的圆木

---

① 沈约:《宋书》,497 页,北京,中华书局,1974。
② 高承:《事物纪原》,见《景印文渊阁四库全书》,第 920 册,65~66 页,台北,台湾商务印书馆,1964。

叫"毂",与毂形成同心圆的车轮边框叫"辋",毂与辋之间依靠众多的呈辐射状的木条"辐"固定,若辐力不胜,则加两根较粗壮的木条"辅"平行夹于车毂两边协助之。

2. 轿子

轿子有许多别称,如肩舆、步舆、担舆、板舆、版舆、平肩舆、步辇、担子等,最开始是一种过山用的交通工具。汉代淮南王在一封书信中写道:"资衣粮,入越地,舆轿而隃领。"①(《汉书·严助传》)秦汉以降,皇宫内外的达官贵人用轿子者越来越多。汉成帝的大辇一丈见方,让人扛着飞跑,名为"云雷宫"。东晋桓玄的辇更大,可坐20人,须200人扛着走。南北朝时后赵的石虎,其猎辇上的座位可以转动。轿子分官轿、民轿两大类。唐代,官轿限制使用。五代时,轿子的使用比较混乱。宋代虽然允许官员乘轿,但有人不愿坐。如宋哲宗尊重司马光,"免朝觐,许乘肩舆,三日一入省。光不敢当"。②(《宋史·司马光传》)王安石晚年骑"蹇驴"来往路途,别人劝他乘轿,他回答不愿"以人代畜"。③南宋后,官场乘轿蔚然成风,朱熹有言:"南渡以前,士大夫皆不甚用轿。如王荆公伊川皆云不以人代畜。朝士皆乘马,或有老病,朝廷赐令乘轿,犹力辞后受。自南渡后至今,则无人不乘轿矣。"④(《朱子语类》)明代先是规定三品以上官员可乘轿,后来,三品以下的郎官们也乘轿,就连刚及第的进士也乘起轿子来(参见谢肇淛《五杂俎》)。清代,官员乘轿规定时紧时松,咸丰间,则连县官都能乘轿子了。朝廷对官轿的式样、颜色、用料、尺寸、装饰乃至轿夫的人数都有严格的规定(参见郑樵《通志》)。民轿为富贵家庭所具备,唐五代时使用有限制,南宋以降,轿子才在民间普遍使用。其中,以新娘所坐花轿最为常见。在山区,亦有使用简易轿子"滑竿"者。轿子是中国古代最不具人性色彩的交通工具,也是贫贱与富贵对立的象征,诚如晁以道所言:"富人懒行而使人肩舆,贫人不得不行而又肩舆人。"⑤(《晁氏客语》)

---

① (汉)班固:《汉书》,2779页,北京,中华书局,1962。
② (元)脱脱等:《宋史》,10768页,北京,中华书局,1997。
③ 胡仔:《渔隐丛话》,见《景印文渊阁四库全书》,第1480册,245页,台北,台湾商务印书馆,1966。
④ (宋)黎靖德编:《朱子语类》,3067页,北京,中华书局,1983。
⑤ 晁说之:《晁氏客语》,见《景印文渊阁四库全书》,第863册,154页,台北,台湾商务印书馆,1964。

二、水路交通

人类经过江河湖泊时必须涉水，最早的涉水工具是"筏"——竹筏、木筏、皮筏。直到今天，这些筏子还没有完全退出历史舞台。"筏"的优点是容载面积大，稳定性能高，取材方便，制作简单，但它有一个致命的弱点，没有"船舱"，乘者容易浸水。于是，先民就想到在大树干上挖个"单舱"，这就是独木舟。然独木舟也有缺陷，容积较小，取材困难，制作费工，而且害怕风浪。怎样在筏子与独木舟之间取长补短呢？经过反复实践，人类终于在 7 000 多年前制造了"方舟"——两只独木舟像筏子一样并列连在一起。再往后，人们更进一步改造"舟船"。周代，各种各样的"舟"已经具有等级化特征了。《尔雅·释水》载："天子造舟，诸侯维舟，大夫方舟，士特舟，庶人乘泭。"[①] 造舟是很多船连成桥，维舟四船相连，方舟两船相并，特舟即单舟，泭即筏子。在舟船本身不断进步的同时，船上的各种配置部件也相继运用于实践并日益改良，橹、桨、帆、舵、篷等均乃如此。如船的动力装置"桨"，一开始只是一种以推动船只前进为目的出入水的重复运动，后改作装在轮上绕圈旋转以推动船体——"车船"。车船约出现在南北朝，是一种人力轮船，当时称之为"水车""水车船"。

三、水陆两用的桥梁

人在桥上走，船在桥下行，凡具备一定规模的桥梁都是水陆两用的。目前所知时代最早的古桥遗迹，是陕西咸阳市郊出土的大型木桥，桥面无存，只有直径 30～50 厘米的木桩 112 根，其建构时间约在汉武帝时代。中国古桥有三大体系，即梁桥、拱桥、吊桥。

1. 梁桥

建构相对简单的是梁桥，它以"梁"作为桥的主要承重构件。开始多以木料为梁，后考虑防腐性、坚固性因素，多改用石梁。古代石梁桥最著名者有洛阳桥、安平桥、广济桥等。洛阳桥又名万安桥，位于福建泉州市郊洛阳江

---

① 郭璞注，邢昺疏：《尔雅注疏》，224 页，北京，北京大学出版社，1999。

上，桥原长1200米，现长834米，宽约5米，有46座桥墩，建于北宋仁宗时，是我国最早的大型石梁桥。安平桥俗称五里桥，位于福建晋江安海镇，现长2100米，宽3米多，桥墩331座，建于南宋绍兴八年（1138），是中国古代最长的桥，故有"天下无桥长此桥"之称。石梁桥中还有一种"开合式"活动桥，广济桥即代表。广济桥俗称韩子桥，在广东潮州东门外，横跨韩江，全长517.95米。该桥原分东、西两段，各9座桥墩，先后建于1170年和1190年。中间约百米距离，因水急未建桥，以小船摆渡。中间几经兴废，至明代正德元年（1506），中间距离缩短，改用浮桥，由18条梭船以铁索连成一片。欲通水运，则解开铁索；欲通行人，则连接铁索。定期开合，兼顾桥上桥下水陆交通。

2. 拱桥

拱桥较梁桥晚出，其特点是在墩台之间以石材为主的拱形构件承重。古代著名的石拱桥有赵州桥、卢沟桥、宝带桥等。赵州桥又名安济桥，位于河北赵县城南洨河上。桥长50.82米，宽9.6米，由28道独立石拱纵向并列砌筑而成。建于隋代大业年间，是世界上现存最古老且跨度最大的敞肩圆弧拱桥。卢沟桥在北京市广安门外，横跨永定河。桥长212.2米，宽约8米，共有11孔，是一座多孔厚墩连拱石桥。建于金代明昌三年（1192），至今已有800多年历史。宝带桥在江苏苏州东南玳玳河上，53孔，为薄墩连拱石桥。桥长约316.8米，宽4.1米，始建于唐代元和初年，今所见者为清同治十一年（1885）重建。

3. 吊桥

吊桥又称索桥、悬桥，是在两岸崖壁陡峭而水流湍急无法立墩的地方采取铁索拉吊的方式所建之桥。我国最著名的铁索桥即四川泸定县西的泸定桥，建成于康熙四十九年（1710）。桥长100米，宽2.8米，由13根铁链组成。9根铁链上铺木板为桥面，两边各2根铁链做栏杆，每根铁链重2.5吨。

古代各种各样的桥梁建设中，有许多引人注目的文化现象。有的地方桥梁特多，如福建就有"闽中桥梁甲天下"之誉，尤其是靠近海边的闽南一带更是如此。在南宋的100年时间里，晋江、南安、安溪、惠安、同安五县就新建桥梁76座。南宋绍兴时，30年间泉州平均每年造桥一座。而有的地方则很少建桥，如黄河流经兰州一带，因水深浪大难以架桥，故古人多建浮桥，如炳灵寺浮桥、镇远浮桥等。直到清代宣统二年（1910），才在镇远浮桥的旧址上建成长 233 米、宽 8 米的黄河铁桥。与兰州相比，江南水乡的小桥流水又是一番风景。如绍兴境内共有 29 条河道，水网密布，建筑在这些河道上的桥梁堪称千姿百态。仅据南宋时统计，就有 80 座之多。更有甚者，还出现了一桥跨三河、通四衢的"立交桥"，如重修于 1256 年的石梁桥"八字桥"就是例证。有些桥梁除了交通功能外，还兼有贸易功能，如广济桥上就有过夜以继日的"桥市"。为便于行人休憩或避雨，有时还桥上架屋，成为"风雨桥"。最值得一提的是有些桥梁上所负载的工艺美术、文学作品。如卢沟桥上的 485 个石雕狮子，神态各异、栩栩如生。洛阳桥上有石塔 5 座、武士石雕 4 尊、28 个石雕狮子。至于广济桥上的"文化"，我们只要读一下明人李龄的《广济桥赋》就能领受了。

第五节　中国古代物质文化的基本特征

中国古代物质文化的基本特征有三点，即实用性、欣赏性、标志性，而且三者之间是一种循序渐进的延伸交叉关系。

一、实用性

人类对一切物质的追求都是从"实用"开始的，而且大都是大自然引发人类步步前进的追求。以饮食为例，人类由"饮血茹毛"到"炮生为食"，是因为森林大火烧死、烧伤的野兽启发了人类懂得熟食，因为"熟食"更味美、卫生、易于消化，于是，人类从被动用火到主动取火。再如，炊具也是随着生活中的烹饪实践的需要而不断向着"科学性"前进的。新石器时代有一种尖底甑，腹大而口小，取水时可自行倾斜灌满，这是对重心原理的巧妙运用。还有一种陶甑，分为上、下两层，中间有气孔相通，这又说明当时人已懂得对蒸汽的利用。在"蒸"的烹饪方法发明以前，古人类将食材弄熟的主要方法是火烧、水煮，但这两种方法均容易使食物变形，只有"蒸"才能使食材基本保持其原始的完整性。又以服饰为例，人类最早的时候只是将草葛藤萝、树皮花叶、兽皮鸟毛裹在自己的身躯上，用以御寒、防晒、遮风、挡雨以及防止各种动植物的侵袭，但"行动"不太方便。距今一万多年的"山顶洞人"为了行动自如，就用兽骨制造的针穿上兽筋，用石、骨利器割开兽皮，并按自己身体的大致形状进行简单的拼合缝纫，做成更合体的"衣服"。总之，"实用性"是人类物质追求的第一法则。

但应注意，在"实用性"物质追求的同时或稍后，"欣赏性"是否也悄然产生了呢？让食物从生到熟而基本不变形仅仅是为了"实用"吗？中国烹饪讲究色、香、味、形，四条之中，"味"是通过味觉直接进入"实用"的，但"香""色""形"则是通过"嗅觉""视觉"上升到"欣赏"层面之后间接进入"实用"的。同样的道理，让"衣服"更合体，仅仅是为了生活中的"便利"吗？应该还存在一个观赏性的审美问题。如果不看到这一点，那今天的"服饰文化"就无从谈起了。可见，"实用性"的下一步就是"欣赏性"，二者有时甚至同步。

二、欣赏性

人类在获得基本生存条件的满足之后，便开始用审美的眼光欣赏、表现身边的一切。彩陶与青铜之作的审美欣赏，上面已多有例证，再看看玉石珠宝、楼台亭阁、车盖銮铃、筵宴美食等。奴隶社会，庶民百姓多以蚌、螺、蛤等制成颈饰以寄托对美的追求，而奴隶主则将成串的玉石、玛瑙挂在颈上，珠光宝气，既美观又以此炫富。兽皮，本是最原始的"遮羞布"之一，在真正的"布帛"制成衣裳后，人们却将皮革制成"带"佩在身上，并以其色彩、图案相炫耀。春秋战国时期，诸侯均大兴土木，列国都城如雨后春笋，而且越做越豪华。齐国的"工师"翰，曾为齐桓公建造了一座用材讲究、装饰华丽的行宫。燕赵古都留下的高大台址，也使我们在数千年后仍能感受到当时建筑的巍峨宏丽。汉代君王在修建苑囿宫室方面的功绩不亚于从前，许多著名宫殿均以主建筑的巍峨宏丽与其配套建筑的雅致玲珑形成相辅相成的审美情趣。同时，由多个四合院式庭院组成的贵族宅第也大量出现，主建筑以外的附属建筑则以实用美观为原则。交通工具方面，古代的豪华马车装有伞状车盖，用来避雨遮阳，同时也给人以美感。车的衡、轭上多挂有鸾铃，行走时发出悦耳的铃声。车厢后的两侧还有一个或两个用来插旗的筒，插在上面的旗一般都很长，尤其是装饰了干旄的羽旌更是悠长漂亮。最后看筵宴美食，先秦贵族要铺上"筵席"，筵和席都由芦苇、竹篾编成，筵大而粗、席小而细，筵铺于地面而席铺于筵之上。我们今天的"酒席""宴席""筵席"都跟这种铺筵席饮酒的习惯有关。先秦时代的贵族阶层又讲究钟鸣鼎食，在宴席上奏演乐舞、列鼎而食。

然而，上述玉石珠宝、楼台亭阁、车盖銮铃、筵宴美食美则美矣，却也在"欣赏性"的同时充分体现了"标志性"。珠光宝气的是贵族，颈上挂着"泥土气息"的则是平民。达官贵人系着美观华贵的革带，村野之夫恐怕只能系上草索麻绳。宫殿住君王，豪宅住公卿，平民百姓能住上瓦房者也多半是富户。古代的马车也有等级标志，观车后之旌旗便可知乘者身份。銮铃多少也有等级，最高级别可用八个。至于车盖的颜色、质地更是井然有序，汉景帝时规定：官员二百石以上者用白布盖，三百石以上者用皂布盖，千石以上者用皂缯覆盖，帝王之华盖用黄色，称为"黄屋"。先秦时的筵席，更是被"标志"得等级森严。以铺"席"的数量为例，天子五重，诸侯三重，大夫两重，等而下之则"筵"而无"席"。列鼎而食，鼎的数字也标志着主人身份：天子九、诸侯七、大夫五、元士三。编钟乐舞也有等级规格，舞者人数和行列谓之"佾"，所谓"八佾"，就是八人站一排、一共八排的六十四人舞蹈。当时规定：天子八佾，诸侯六佾、卿大夫四佾、士二佾。可见，"观赏性"与"标志性"的关系要么是"下一步"，要么是"同步"。

三、标志性

古人身份意识强烈而等级森严，衣、食、住、行无不标识其身份与等级，而这种标志性又是通过色彩、形制、质地三个方面来体现的。更有趣的是，色彩、形制、质地同时又充分体现了某一个"物"的实用性和观赏性。

如清代的"满汉全席"是中华美食文化之极致，一般规格为名菜100种以上，点心50种左右，果品、小菜20种左右，分三次食用，称为"三撤席"，用食时间为一整天。李斗《扬州画舫录》中所记载的一次满汉全席的部分菜点就有：第一份头号五簋碗十件，第二份二号五簋碗十件，第三份细白羹碗十件，第四份毛血盘二十件，第五份洋碟二十件，热吃劝酒二十味，小菜碟二十件，枯果十彻桌。所用原料除猪、羊、鸡、鹅、鸭外，还有燕窝、海参、鲜蛏、萝卜、海带、鲍鱼、珍珠菜、淡菜、虾子、鱼翅、螃蟹、蘑菇、火腿、鲫鱼、熊掌、猩唇、驼峰、果子狸、鹿尾、野鸡、兔脯、笋、鲥鱼、甲鱼、鸽子、茧儿等。当人们享受"满汉全席"的时候,当然是眼、耳、鼻、舌、身、意全方位的感受,这里面既有实用性的咀嚼品尝,也有观赏性的琳琅满目,但能够吃"满汉全席"的人难道不是显示了一种身份的"标志性"吗?

服饰通过色彩、图案所达到的标志功能,明清两代登峰造极。如清代官员的"顶子",首先作为一种帽子,它具有实用性,但同时,它又以礼冠上的顶珠和翎枝的质地、色彩来明确标识等级。官员一品红宝石珊瑚、二品起花珊瑚、三品蓝宝石及蓝色明玻璃、四品青金石及蓝色涅玻璃、五品水晶及白色明玻璃、六品砗磲及白色涅玻璃、七品素金顶、八品起花金顶、九品和未入流的均为镂花金顶。翎枝则分为花翎、蓝翎两种,以三眼花翎最尊贵,甚至于人们将"读书戴顶子"作为"学而优则仕"的通俗说法。这些充分体现了物质的标志性。时至今日,各种工作服、军服、警服、学位服等,则是古代服饰身份与等级标志功能的变种。

最后的问题是,古人物质文化的实用性、观赏性、标志性三者之间的关系。其实,上述三点并非三个问题,而是一个问题的三个方面,所体现的则是"理一分殊"的哲理思辨。

"理一分殊"是宋代理学家的看法,它体现的是形而上之"理"的经验化过程,但在客观上能从一定意义上概括客观事物的一般原理。朱熹在二程的基础上提出:"伊川说得好,曰:'理一分殊'。合天地万物而言,只是一个理;及在人,则又各自有一个理。"①(《朱子语类》卷一)他认为太极与万物是一种"理一分殊"的关系。"理"只有一个,是绝对不会变的,而万事万物之所以相异,并不是因为它们各自得到了太极的一部分,而是因为它们从不同层次上体现了太极的全体。"理一"附着于每一个"个别"之中,由"分殊"处得见"理一"。"人人有一太极,物物有一太极","不是割成片去,只如月映万川相似"。②(《朱子语类》卷九十四)当某一物质自然生成或被人类制作成新的物质呈现在大家面前的时候,其实它是同时具备实用性、观赏性、标志性三大特征的。只不过有人只看到其中的某一个层面或某两个层面而已,当然,能看到三个层面更好。

---

① (宋)黎靖德编:《朱子语类》,2页,北京,中华书局,1983。
② 同上书,2371页,2409页。

总而言之，中国古代的物态文化——吃、穿、住、行等各个方面都充分体现了上合于"礼"，下合于"俗"，内合于"情"，外合于"美"的基本原则。孔夫子说："君子不以绀緅饰，红紫不以为亵服。当暑，袗絺绤，必表而出之。缁衣，羔裘；素衣，麑裘；黄衣，狐裘。……食不厌精，脍不厌细。食饐而餲，鱼馁而肉败，不食。色恶，不食。臭恶，不食。失饪，不食。不时，不食。割不正，不食。不得其酱，不食。肉虽多，不使胜食气。唯酒无量，不及乱。沽酒市脯不食。不撤姜食，不多食。……食不语，寝不言。……席不正，不坐。"[①] 这些话，已经给几千年来的物态文化的"礼""俗""情""美"定下了基调。

本 讲 小 结

本讲按照衣、食、住、行四个方面介绍了中国古代物质文化的基本构成，这些介绍显示，中国古代物质文化丰富多彩、辉煌灿烂。总体上看，中国古代物质文化具有实用性、审美性、标志性三个基本特征，这些特征渗透在中国古代所有物质文化样式中。

【复习与练习】

| 复习
1. 按照吃、穿、住、行四个方面介绍中国古代物态文化的主要成就。
2. 在器物文化各方面的介绍中，突出中国古代器物所积淀和体现的中国文化主导性精神特征：实用性、欣赏性、标志性，而且三者之间是一种循序渐进的延伸交叉关系。

| 思考与练习
1. 物质文化具有哪些特征？它们之间的关系如何？

[①] 刘宝楠：《论语正义》，高流水点校，387～417 页，北京，中华书局，1990。

2. 以身边的现实情况为例,谈谈服饰文化的标志功能。
3. 选取你们学校的某栋建筑,分析其美学特征。
4. 组织一次汉唐服饰表演,同时请同学们做评委,点评不同服饰的文化与审美特征。
5. 组织一次茶会,结合本地习俗和中国古代饮茶的程序与仪式展开和完成,同时请参与者分析这些程序和仪式的文化意义。
6. 组织一次课外调查,调查学校附近村镇和城市的古建筑并制作PPT,请同学们推选其中若干制作优秀者进行展演,同时分析该建筑的文化与审美价值,并对这些古建筑的利用和保护提出自己的设想和设计。

课外阅读文献

1. 沈从文:《中国服饰史》,西安,陕西师范大学出版社,2004。
2. 潘谷西:《中国建筑史》,北京,中国建筑工业出版社,2004。
3. 储兆文:《中国园林史》,北京,东方出版中心,2008。
4. 徐海荣主编:《中国饮食史》,全6册,北京,华夏出版社,1999。

第五讲　中国古代制度文化

制度是文化的重要组成部分，对于一个社会共同体的组织、维持和运行，具有决定性的作用。中国古代社会在历史发展过程中，先后建立过多种不同的社会制度，最后在秦汉建立的集权帝制成为以后2 000多年间被历代王朝沿袭的制度。统一的多民族集权帝制的建立和各项制度的开创，对中华文明历史的影响极其深远。本讲以这个时段的制度作为主要介绍对象并兼及秦汉以前的时段。

在介绍中国古代制度文化概况之前，要再一次强调，中国古代各种制度文化建立的基础之一就是宗法制，这是我们认识中国社会制度文化的重要视角。

第一节　中国古代行政制度

中国古代政治制度经历了由分权制到集权制的发展过程。三代时期的夏朝没有文字记载，政治制度不详，如果它实际地存在过，应该是一个酋邦国家的形态。在商朝的文字记载中，已经出现了"卿士"这样的政务官，"占""巫""卜"之类的宗教官，"宰"之类的事务官，以"亚""服"之类为名号的武官，京畿之外设有侯、伯、男、田等地方官。政治制度初具规模。到了西周，据《周礼》记述，周王朝有"三公"（太师、太傅、太保）、"三孤"（少师、少傅、少保）和"六卿"。"三公""三孤"为天子顾问，"六卿"即政务官，冢宰即宰相。这就是后世中央官制的基础。春秋时期，礼崩乐坏，各国政治制度不尽相同，一般可分为世官制和军功爵制。军功爵制是一种历史的进步，同时也加强了君王集权制度。

周实行的是王权主导之下的裂土分封制，秦以后实行的是中央集权制。中国古代社会有许多独到之处，中国皇权政治历时之长、涉及之广、思想积淀之深厚、影响之久远、功过是非反差之强烈，在世界上独一无二。秦以后中国古代历史就是中国皇权政治演变的历史，中国古代皇权政治是典型的中央集权帝制。

相比三代，秦汉以后的政治制度更为严密，各个朝代有所发展和变革，情况比较复杂。为了叙述方便，更是考虑到中国皇权政治的典型性，我们把皇帝制度单列，然后分中央和地方政治制度进行阐述。

一、皇帝制度

君主制度起源于夏朝，秦朝统一后，秦王嬴政认为春秋战国时代的"王"的称号不足以表现他的旷世功业，要群臣议尊号。群臣奏议尊号"泰皇"，嬴政曰："去'泰'，著'皇'，采上古'帝'位号，号曰'皇帝'。"[1] 从此，"皇帝"这个称号延续了2 000多年，历代因循不变。

皇帝制度是传统的中央集权制度的核心。帝就是天，代表天道。皇有光、大、美的意思，皇是形容词，修饰帝，皇帝就是至大至美的意思。古代，天的威力最大，也最能主宰人间吉凶祸福。皇帝又称天子。这些名号表达了君权神授的观念。《史记》第八卷《高祖本纪》说刘邦是"赤帝之子"，就是为了说明刘邦成就帝业是上天的意思。皇帝既然代表天道，也就具有至高无上的权力，凌驾于一切臣民之上，也拥有全国的土地。《诗经·小雅·谷风之什·北山》中说："溥天之下，莫非王土；率土之滨，莫非王臣。"此处"王"代指"王法"，不是指具体的王，而是表达王权的权威性、唯一性。

皇权的继承制度是世袭制，这来自三代。一般遵循两个原则——"父死子继"和"立嫡以长"。古代社会，册立太子不是皇帝一人的私事，而是关系到各种政治势力的权力角逐，由于影响皇位的继承因素很多，"舍嫡立庶""舍长立幼"的现象屡见不鲜。在新旧交替之际，统治阶级内部会产生激烈的斗争，甚至引起动乱。比如，秦始皇、汉高祖和汉武帝都在这个问题上铸成大错。

中国皇权制度历几千年不变，自有其政治、经济、民众等方面坚实的社会基础。而在观念层面，儒家思想起了关键支撑作用。孔子对君权制度有很大的贡献。他认为君臣关系是伦理关系，从而使君臣关系得到巩固。《论语·微子》中说："不仕无义。长幼之节，不可废也；君臣之义，如之何其废之？欲洁其身，而乱大伦。君子之仕也，行其义也。道之不行，已知之矣。"[2] 孔子

---

[1] （汉）司马迁：《史记》，裴骃集解，司马贞索隐，张守节正义，231页，北京，中华书局，2009。
[2] 黄怀信主撰：《论语汇校集释》，1636页，上海，上海古籍出版社，2008。

在这里用长幼之尊的人伦来与君臣大义类比，强调君子出来做官，是履行君臣大义。孔子更主张正名，严君臣上下之别。其后，董仲舒更从天人感应角度确认君权神授，并提出"三纲五常"，将君王至高无上的绝对权力从观念上予以确认。

当然，历史上反对君权制度的也不乏其人。明末的黄宗羲《明夷待访录》就是反对绝对君权的代表作，黄宗羲认为皇帝不应该唯我独尊，官吏之设是为了治理国家，而不是为了侍奉天子。但有黄宗羲这样意识的文化人，在中国古代实在是凤毛麟角，而且其思想也必定无法在当世获得认可。

皇权至高无上，为了皇帝政令畅通，必须建立和健全一套上下有序的中央行政制度体系。

二、宰相制度

"相"的古义是辅助瞽者之人。春秋以前，"相"并非专指一种固定的官职，私人或诸侯相会也称为相，比如，《春秋》定公十年，"公会齐侯于夹谷，孔子相"。战国以后，各国相继设立丞相辅助国君，相便成了列国助政大臣的专门官职，秦统一后，宰相制度趋于成熟。

宰相在各个朝代的地位及职务又有不同。秦朝置丞相和御史大夫以理国政，这两种官职在秦朝就是宰相。西汉初年，因秦旧制。西汉末年，罢丞相、御史大夫，仿周制，建立三公，名为大司马、大司徒、大司空，以三公为宰相。东汉因袭西汉之制，但是将大司马改为太尉，大司徒改为司徒，大司空改为司空，合称"三公"。

秦汉时的宰相为国家最高官吏，是辅佐皇帝补其缺失的唯一人臣。

秦汉以公官为宰相，三国、两晋、南北朝的宰相之设，一方面继承秦汉的官制，另一方面又启隋唐之萌芽，设有三省长贰，显示出由公官向省官的过渡时期。

隋唐以三省长贰为宰相，故称三省制。所谓"三省"，就是尚书省、中书省和门下省。

尚书省以尚书令为长，尚书仆射为贰，尚书为属。中书省以中书令为长，中书仆射为贰，中书舍人为属。门下省以侍中为长，门下侍郎为贰，给事中为属。三省之中，尚书、中书二省在秦汉就有，魏晋始置门下省，然而各省职权还没有系统划分,至唐太宗贞观时期,乃将三省职权具体划定,遂形成三省制。三省之职掌,《资治通鉴》卷一百九十二载,贞观元年唐太宗对王珪说:"中书诏敕或有差失,则门下当行驳正。"陈振孙《直斋书录解题》卷六《职官类》唐六典条云:"中书造命,门下审覆,尚书奉行。"王应麟《困学纪闻》卷十三考史条注曰:"中书主受命,门下主封驳,尚书主奉行。"唐朝的三省制度,既将三个不同的机关连在一起,又各有分工。尚书省掌执行,中书省造命,门下省职"封还"与"驳正"。

三省分权可以互相检查,起到制衡作用,有利于君权对相权的控制。但是施行起来颇不方便,不宜推行政事。唐太宗已经看到这一弊病,因此,此后有政事堂之设。政事堂初置于门下省,后来迁至中书省,为三省长官合署的议事办公机关。

由于政事堂之设,唐高宗以后,唐朝宰相必须加"同中书门下三品"或"同中书门下平章事"之名,不加此号就不是宰相,也就不能进入政事堂议事。政事堂纯为宰相议政之所,"知政事者,午前议政于朝堂,午后理务于本司"(《通典》卷二三《职官五·吏部尚书》),群相上午在政事堂议政,下午则返本司工作。举凡国家大事,以致牵涉到三省间的具体事务都必须在政事堂商议。至于国家的政策法令都由政事堂商议,然后奏闻。对于一些琐事,政事堂也处理。《旧唐书》卷八十七《李昭德传》所载:

> 来俊臣又尝弃故妻而娶太原王庆诜女,侯思止亦奏娶赵郡李自挹女,敕政事堂共商量。昭德抚掌谓诸宰相曰:"大可笑!往年俊臣贼劫王庆诜女,已大辱国。今日此奴又请索李自挹女,无乃复辱国耶!"寻奏寝之。[1]

政事堂开会议政时,先由中书令于皇帝处领旨,再由宰相商议讨论,议政时有一执笔宰相,称"执政事笔"(《通典》卷二一),执笔宰相便是会议的执行主席,而由中书舍人一人作为会议秘书,负责"掌画"记录(《通典》卷九)。由于政事堂是群相议政之地,事涉机要,有严格的纪律,非宰相议政者不得进入,有"非公事入中书(政事堂),每犯夺一月俸"[2]。

---

[1] (五代)刘昫等:《旧唐书》,2855页,北京,中华书局,2007。
[2] (宋)王溥:《唐会要》,545页,上海,上海古籍出版社,2006。

隋唐既有分工，又有合同议事的三省制度，使秦汉以来的宰相制度进入一个新的境地。

宋朝设中书省与枢密院，称东、西"二府"。二府的长贰为宰相。

二府制源于晚唐及五代而大备于宋，余波及于辽金元，明以后废除。

宋朝中书省不同于唐朝中书省，宋朝中书省包括唐之中书、门下、尚书三省，简称"中书"，或曰"中政事堂"，中书门下设于禁中，是宰相们处理政事的首脑机关。北宋前期，作为中书门下长官的宰相，称作"同中书门下平章事"，副宰相为"参知政事"。设置参知政事，扩充了处理政务的最高群体，同时，分散了宰相的事权，形成了对宰相的有力牵制。

宋朝枢密院，作为主管军政的最高机构，枢密使或知枢密院事为长，枢密副使或同知枢密院事为贰。鉴于唐五代藩镇割据，为了防止武将跋扈，宋代一般委派文臣担任枢密使。宋仁宗委派战功卓著的大将狄青为枢密使，立即招来欧阳修的激烈反对，狄青只得辞去枢密使一职，最后忧愤而死。枢密院虽有调兵遣将之权，却不能统辖全国禁军，禁军的训练、戍守、赏罚等，由"三衙"（殿前指挥使司、侍卫马军都指挥使司、侍卫步军都指挥使司）掌管。

明朝朱元璋废除宰相，明朝中央的重要机构，有吏、户、礼、兵、刑、工六部以及都察院、大理寺、通政司九个部门，合称"九卿"，它们都拥有极大的权力和独立性，都直接听命于皇上。皇帝面对如此繁重的公务，就必须建立一个有效率的辅政机构，于是内阁应运而生。有人认为明清的内阁大学士就是宰相，其实，内阁不过是"备顾问"的办事机构，即所谓"专一视草代言，故其官为之知制诰"（张居正《明制体以重五言疏》）没有多大的实权。清朝初年也沿袭明朝内阁制，直到雍正七年（1729）创设军机处后才被废除。

明清皇帝集中了一切的权力，皇权无限膨胀，内阁无从处理军国大计，只能退而担任票拟工作，已经失去了作为天子辅弼之臣的作用，已经没有了真正的宰相。

三、监察制度

监察官吏历代皆为御史。御史是指侍奉皇帝左右司进御之官，御史之设开始并非监察官。战国时的御史主要掌文书及记事，秦汉时御史发展为监察官吏，将掌文书、记事之职归之于太史。汉朝监察机关为御史府，又叫御史大夫寺、宪台，后汉以后叫御史台、兰台。

监察制度在唐代发展较完备。御史大夫为长官，由于御史大夫持掌国家刑宪典章、肃政朝廷，权重秩察，因此，唐后期一般不实授此职，而是以御史中丞为御史台实际长官。御史台内部设有三个重要职能部门，即台院、殿院和察院，合称"三院"。台院由侍御史主持，主要负责管理御史台内部事务，弹劾官员，处理案件；殿院由殿中侍御史主持，主要负责朝廷供奉仪式，巡查京城内外不法之事，监督国库出纳；察院由监察御史主持，主要负责监察尚书省所属六部的工作，巡查地方州县。三院虽有分工，但是一些主要工作如弹劾官员、出使巡查，则是三院御史都可以承担的。

宋朝的中央监察机构主要设有御史台和谏院。御史台主弹纠官邪，谏院掌规谏讽喻，是监督君主的。地方则设路一级的监司，以加强对地方的监察。

元初无台职，世祖至元五年（1268）始设台建官，其制度与唐宋相仿。元代除了中央设御史台外，还在地方设置行台、分台。

明朝中央监察机关为都察院，《续文献通考》都察院条说："明都察院有左、右都御史，左、右都副御史，左、右佥都御史，又十三道监察御史，共一百十人。"明朝都察院是地方十三道御史的主管机关。十三道监察御史是，浙江、江西、河南、山东等四道，每道10人；福建、广东、广西、四川、贵州等五道，每道7人；陕西、湖广、山西等三道，每道8人；云南一道，11人。

清朝的都察院是皇帝监察文武官员、整饬纲纪的特殊机构。都察院与刑部、大理寺组成的三法司和由六部尚书、都察院的都察御史、通政使和大理寺卿组成的九卿会审是最高级别的司法审判。

清朝的地方监察机构，如各省督抚、漕运总督、河道总督，都是中央委派的高级官员，掌握地方的监察大权。

以上是历代监察机关职权行使方式的概述，下面阐述监察机关职权行使方式。

历代监察机关职权行使方式大致有三种：弹劾、推事及谏诤言事。唐太宗时期，不仅鼓励御史犯颜直谏，而且重视御史的选用，同时强调监察工作的透明度，规定御史弹劾官员，必须在朝堂上公开宣读弹文。

御史的责任主要在于弹劾，弹劾一经提出，并不直接治罪，而是由大理寺和刑部研究治罪，这叫法推。御史的弹劾状的结尾往往有"请付法推，以付典宪""请付法司论罪"这类字眼。

推事就是参与所弹劾案件的审理。监察官吏推事，唐朝以后开始发达。唐代御史守正不挠者，颇不乏人。

所谓谏诤，就是臣子对君主的过失进行规劝。言事就是臣子对国政得失、民生利病向皇帝进言。实际上两者是一回事。唐宋时期，谏诤言事的责任一般都落在御史肩上，宋朝御史满十旬无章疏者谓之"辱台"，要受惩罚。

御史言事，触犯皇上会被贬甚至杀头。唐朝韩愈为监察御史，因论宫市，触怒德宗，被贬为山阳令。

第二节 中国古代司法制度

周代司法官吏的设置叫秋官司寇。司就是主，寇者盗也，古代犯法，以盗为多，故以主掌盗寇之官为刑官的称谓。周代司寇，职在决定刑事政策，当时的刑事政策大而言之有三典：一是刑新邦用轻典，二是刑平邦用中典，三是刑乱邦用重典。

一、官制的设置

秦朝设廷尉掌司法。汉承秦制，但多次将廷尉改为大理。

此外，司法官吏叫刑部尚书。秦汉时代皇帝于宫中置官数人，代君王主管文书，叫作尚书。尚书就是皇帝的秘书。秦汉时君主亲自管理司法，尚书以君主秘书身份，也掌管司法。魏晋以后，尚书由宫内移至宫外。到了隋朝，则将在宫外任职而主管司法的尚书命名为刑部尚书。唐宋元明清因袭不改。则隋朝以后的中央司法官吏，除大理寺外还有刑部尚书。唐朝规定，凡大理寺处断，刑部复核有分歧外，须驳回大理寺重断。宋朝仍以刑部复大理寺，但宋朝有不同于唐朝者二：一是司法机关增多，增有审刑院、刑狱司；二是大理所设监狱一度废弃。元代一度废除大理寺，以其职归刑部，刑部有监狱。明代复设大理寺，大理寺审复刑部，刑部为科断机关。清沿明制，清朝末年，西风东渐，遂改大理寺为大理院，掌断上诉案件；刑部改为法部，掌管司法刑政。

刑部与大理寺，为正常的司法机关。此外，还有特殊的司法机关。

历代特殊司法机关的出现大致有两种情况，一是因犯罪性质而设立者，二是因犯人身份特殊而设立者。历代特殊司法机关的表现形式有以下几种。

1. 诏狱

所谓诏狱，就是由君主所兴之狱。此时不必讲犯罪事实，也不必讲法定程序。君要臣死，臣不得不死，这是君主专制制度下的纲常伦理。诏狱便是基于这个伦理原则设定的。

历代虽都曾兴诏狱，然案结即罢，未形成常设机关，也没有设置固定办公场所。到了武则天，诏狱屡兴，一案未结，一案又起，于是乃于京师丽景门内，别置推事院，当时人称"新刑狱"。从此，诏狱遂有独立办公地点，而推事院几为常设之办理诏狱之机关。当时主其事者为周兴、来俊臣等佞臣，大肆陷害忠良，滥杀无辜，且设置许多酷刑。造成极其恶劣的影响。南宋高宗、秦桧兴诏狱陷害岳飞，以"莫须有"的罪名杀害岳飞。

2. 锦衣卫和东西厂

明卫本系军事组织，职司军旅镇戍。在京者叫京卫，在外者叫外卫。锦衣卫本是京卫的一种，其职在于掌领禁兵，侍卫君王。太祖时，天下重罪犯逮至京师，与其他有诏狱特案之犯一起均交给锦衣卫管禁。这是锦衣卫掌管诏狱之始，明成祖后，锦衣卫诏狱之制，终明不变。

锦衣卫设于宫外，其官吏均为宫外之官，明成祖对锦衣卫不放心，乃令宫内宦官兼管缉私之事。成祖所设立的主持缉私机关叫作厂。最先设立者为东厂，明宪宗在东厂之外更立西厂，以汪直督之。明代锦衣卫及东西厂之经常陷害无辜，滥用酷刑，实行特务统治。《明史·刑法志三》云：

> 刑法有创之自明，不衷古制者，廷杖、东西厂、锦衣卫、镇抚司狱是已。是数者，杀人至惨，而不丽于法。踵而行之，至末造而极。举朝野命，一听之武夫、宦竖之手，良可叹也。①

赵翼在《二十二史札记》卷三十二《胡蓝之狱》中说：

---

① （清）张廷玉等：《明史》，2329 页，北京，中华书局，2007。

汉高祖诛戮功臣，固属残忍，然其所必去者，亦止韩、彭，至栾布，则因其反而诛之。卢绾、韩王信，亦以谋反有端而后征讨。其余萧、曹、绛、灌等，方且倚为心膂，欲以托孤、寄命，未尝概加猜忌也。独至明祖，藉诸功臣以取天下，及天下既定，即尽举取天下之人而尽杀之。其残忍实千古所未有！①

3. 文字狱

以文字而兴狱，也是一种特殊的司法措施。即从诗文著作中摘取"违碍"字句，任意定罪。唐、元尚无，宋朝偶有，明朝大兴，清朝文字狱则登峰造极。文字狱大兴的明清两代，文人动辄得咎，轻者身陷囹圄，重者杀身灭族。故此明清几百年间文人惊惧惕恐，战战兢兢，心怀畏惧。为全身远祸，纷纷转向王朝鼓励的八股文和小学领域。文学领域，谀媚颂圣之作盛行，而忠于现实、大胆揭露现实的作品凤毛麟角。明清两代是中国精神文化历史上的衰落时代。

4. 北院、宗正府、宗人府

辽国的北院，元朝的宗正府，清朝的宗人府、内务府等，都是少数民族统治者对本民族人犯所设的特殊司法机关。

二、法典的编纂

法典是法律文件的具体形式，是历代典章制度的重要组成部分。殷商和西周是习惯法，司法官只是依据对原则、惯例的理解以确定最终裁决。春秋时期，各国先后公布成文法。公元前536年，子产将刑法铸于铁鼎，称为刑鼎。公元前513年，晋国铸刑鼎，遭到孔子的严厉批评："晋其亡乎！失其度矣。夫晋国将守唐叔之所受法度，以经纬其民，卿大夫以序守之，民是以能尊其贵，贵是以能守其业。贵贱不愆，所谓度也……今弃是度也，而为刑鼎，民在鼎矣，何以尊贵？贵何业之守？贵贱无序，何以为国？"（《左传·昭公二十九年》）② 不过，这些非议并没有阻挡历史的车轮，各国纷纷公布成文法，其中

---

① （清）赵翼：《二十二史札记校正》，王树民校正，742页，北京，中华书局，2006。
② 杨伯峻编著：《春秋左传注》，1504页，北京，中华书局，2008。

以李悝的《法经》影响最大。此后，商鞅以李悝的《法经》为基础，主持秦国的变法运动，采取以罪统刑的新体例，将法典的基本形式改为"律"，被称为"改法为律"。

秦汉至南北朝时期的律典都没有完整地保留下来。据考证，这一时期的法律形式有律、令、科、比。汉有《九章律》，曹魏有《新律》18篇，西晋贾充等增损《魏律》为《泰始律》。北朝有《北魏律》《北齐律》。

唐朝的法律形式有律、令、格、式。

唐太宗即位后，命长孙无忌、房玄龄等修订律典，历经10年，完成《贞观律》。唐高宗永徽元年（650）再度修订，至唐玄宗开元二十二年（734），又由李林甫等修订。现存的《唐律》与其立法的解释《律疏》合编，为《唐律疏议》。这是现存最早也是最完整的中国古代律典，吸取了历代法制经验和律学成就，集中体现了正统法律指导思想，在世界古代法制史上独树一帜，代表了当时中华法系的立法成就，对日本、朝鲜、越南等东亚各国都有普遍的影响。

宋初因唐制，神宗以后，法律形式为敕令格式、刑统、编敕、断例。

敕令格式即唐代律令格式。在宋朝，以君主命令形式发布的单行法规称为"敕"。

宋朝律典的编纂沿用了前朝"刑统"的编纂体例。"刑统"之名起于后周。周世宗显德四年（957），中书门下省提出："法书行用多时，文章古质，条目繁细，使人难会，兼前后敕格，互换重叠，亦难详定。宜令中书门下并重删定，务从节要，所贵天下易为详究者。"① （《旧五代史·刑法志》）前代法律纷纭繁复，因此，张湜以《唐律》为纲，与律文有关的令、格式、敕都经过删繁就简的编纂，附于律文之后。由于刑名之要，尽统于兹，故名《大周刑统》。

《宋刑统》是在《大周刑统》的基础上制定的。在体例上，《宋刑统》连目录共31卷，分12篇，篇目与《唐律》完全相同。但是每篇之下又分门，共230门。《宋刑统》被称为"律"，在宋朝始终有效。《宋刑统》既继承了《唐律疏议》和《大周刑统》的体例，又有创新，展现了更切合实用的法典编纂体例。这种律令式敕合编的体例，对后来的《大明律集解附例》《大清律例》

---

① （宋）薛居正等：《旧五代史》，1963页，北京，中华书局，2007。

等体例的产生具有一定的影响。

元代立法水平有限，但是元代出现了一部重要的典章汇编，即《大元圣政国朝典章》，简称《元典章》，汇编了各种形式的法律规范。虽然只是江西行省下属文书机构汇编而成，但是在实践中有重要作用，是以典章形式出现的第一部法规汇编，这一编纂体例为明清的《会典》所继承。

明清的法律形式，主要有律、典、例。

洪武元年（1368），明太祖亲自学习《唐律》，以便制定明律时借鉴，洪武六年（1373），刘唯谦等人奉命修律，次年完成，洪武二十五年（1389）开始对《大明律》进行修订，至洪武三十年（1397），新的《大明律》和《大诰》同时颁行，从此不再修订，成为一朝大典。清兵入关，将《大明律》译为满文并进行修订，顺治三年（1647），颁布第一部清代律典《大清律集解附例》，雍正五年（1727），清朝颁布第二部《大清律集解》。乾隆元年（1736）对律典体例进一步修改，至乾隆五年（1740）颁行《大清律例》，全书47卷，附例1 049条。

历代法律条文虽有变更，但是其中有共同的特点。中华法系最突出的特点是将法律完全视为人为的规范体系，不像印度法系、伊斯兰法系那样将法律视为神的意志，也不像罗马法系、普通法系那样，将法律视为一种间接反映神的启示。中华法律只是政治统治者的创造物，其体系明确完整、逻辑严密。

中华法律之上更高层次的规范是礼教。政治的理想是推行教化，即"德礼为政教之本，刑罚为政教之用"（《唐律疏议·名例律》）。法律是政治的工具，不是目的。

既然法律是统治者的创造物，皇帝就拥有立法的全权，也是最高的法官。"擅生杀为之王，能利害为之王，何格令之有？"（《宋史·刑法志》）皇帝不受任何约束。

法律既然一直被看成政治统治的工具，那么其主要任务也就缩小为镇压反抗，由此形成中华法系"重刑轻民"的特色，刑事立法始终是统治者立法的中心。

在家国一体的政治思想指导下，法律不遗余力地对家族尊长给予特殊保护。孝悌为传统政治的为政之本，因此，传统法律对于犯上者处罚极重，父告子，即使诬告，也不构成犯罪，而子告父的，要处以绞刑。

第三节　中国古代选官制度

秦朝以前官吏的选择任用与考核还没有形成制度。夏朝官制史无记载；商朝的官一般分为技术和事务两类官，史官和卜官属于技术官，事务官一般从奴隶中挑选。从奴隶中出来的官也能掌握大权，伊尹本是媵臣，可是他一度能废掉太甲。周朝最重要的官员是管理宗教和管理军事活动的，即"国之大事，在祀与戎"，实行的是世袭制。到了战国，游士被各国重用，或为卿为相。开我国文官制度"布衣卿相"的局面，秦汉以后，人才皆"发乎陇亩"。这就是古代选拔人才的荐举制及考试制度。

一、秦汉时期的察举制和考核制度

皇帝对百官和国家的控制，主要是通过对官吏的任免、监督和考核实行的，以荐举、征辟、军功、纳赀、任子等多种途径的官吏选拔制度，建立和发展了一整套自上而下的严格的考核和奖惩制度。

汉武帝元朔元年（前128），下诏命令二千石长吏必须按照规定选举孝廉、不举孝以不敬论，不察廉以不胜任论。不敬在秦汉为重罪，可能会族诛，不胜任者则免官。此后，察举制度得到很好的贯彻，成为一种经常性的选官方式。

察举科目有孝廉、茂才、贤良方正、文学、明经、阴阳灾异等。察举的标准可分为德行高妙、博学、法令练达、刚毅有武略共四种，称四科取士。孝廉即孝子廉吏，岁举，所举一般为通晓经书的儒生和州郡属吏。茂才西汉称秀才，东汉避刘秀讳改为茂才，岁举，所举一般为现任官吏。贤良方正、文学、明经等科目的察举为特科，以贤良方正和文学最为著名，西汉的董仲舒议论天人时世，正是通过贤良方正荐举步入仕途。

被察举为孝廉和被公府州郡辟除的人，以及博士和学成的博士弟子，一律都经过考试，合格后酌情录用。如果考试不合格，则连同荐举官吏一起被罢免。

官吏被任用后，还要经过一年的试用期，称为"守"，一年期满后正式任官称为"真"。官吏一旦任职后，就要接受考核，这就是上计制度。汉代每年冬天上计，叫作常课，每三年进行一次治状考核，叫作大课。中央主管上计的机构为丞相、御史二府，后实权渐归尚书。考核结果为殿最，下功为殿，上功为最，以殿最行赏罚定升迁降黜。郡国对属县的考核，由各县上计郡国，也是年终进行，一般采取集会都试的形式。称为"课吏大会"，县令丞尉都参加。

西汉对官吏的选拔和任用还有一批特殊的制度，宗室不得任三河等重要郡的长官，不得担任公卿，地方官吏，除三辅外，都要回避本籍。这些规定有助于廉政建设，强化中央集权。

二、魏晋南北朝的九品中正制

魏晋南北朝的荐举制度是九品中正制，当然，察举和辟召制度还存在。

九品中正制是魏文帝黄初元年（220）由吏部尚书陈群所创立。陈群在各州置大中正，各郡置小中正。小中正将郡内人才一一品评分为九等。汇报给大中正，大中正核定其品第，呈报尚书，以为取士用人的根据。此法为晋承袭，南北朝基本沿用此制。

九品中正制创立之初，立法尚严，中正尚能秉公行事，后来弊窦丛生。特别是门阀世家的河内司马氏掌权之时，九品中正制完全成了门阀士族垄断选举的工具。九品中正制在维护门阀特权方面在东晋王朝尤为恶劣。中正所定上品，始终不出侨姓王氏、谢氏等高门大姓的范围，形成"高门华阀有世及之荣，庶姓寒人无存进之路"[1] 的士庶分隔固定化的局面。

魏晋南北朝的官吏考课制度废弛严重，魏晋没有实行过行之有效的考课制度，东晋的考课制度只是纵容官吏搜括民财。不过，在宋文帝、齐武帝和梁武帝时期，考课包括勤政、恤民、狱讼等，出现了短暂的升平现象。

北魏前期的考课重在租赋的征收，冯太后和孝文帝改革，规定守宰任期以治绩的好坏为标准，太和十五年（491）颁布《外考令》，凡五品以上的官吏考课，孝文帝亲自过问，六品以下的官吏，则交尚书省处理。北魏的吏治有明显的好转。东魏北齐基本上继承了北魏的考课制度，西魏北周的考课制度稍有变化，地方官吏任期由6年变为4年，4年后据考课结果加以升黜奖罚。这一

---

[1] （清）赵翼：《二十二史札记校正》，王树民校正，167页，北京，中华书局，2006。

变化在隋朝成为定制。由此可知，魏晋南北朝考课制度的建树主要在北朝，而不在南朝。

三、隋唐至明清的科举制度

杨坚代周后，废除九品中正制，官员的选举皆由中央任命。隋文帝还经常诏举人才，并立常科选拔人才。隋炀帝大业二年（606）设立进士科，科举制度由此开始，这是古代人事制度的一次重大变革。

科举在唐代迅速发展，考试内容日渐丰富，终于和门荫、杂色入流并列为官吏选拔的三种途径之一。

唐代每年举选的常贡科目有秀才、明经、进士、明法、明书、明算六科，秀才为最高科等，考试内容为方略策五条，士子们往往不敢投考秀才科，永徽二年（651）停废。明法、明书、明算是专门学问，及第后从事专门工作，不能担任高级官吏，士子所趋，主要是明经和进士。

明经主要在唐朝规定的九部儒家经典内容中选题进行考试，具体的考试方法是帖经和策问，录取时以帖经成绩为据。进士在唐初仅试时务策五道，其优劣标准主要看文章词华，多用骈体文。唐朝自开国以来一直重视文学，进士科考试重视的也是文学才华。在重视文学的社会氛围中，进士科声望不断提高，竞争也很激烈，考上进士很难，以致有"三十老明经，五十少进士"之说。

五代科举因袭唐代，以后各朝科举不废。

宋朝承唐五代之制，设贡举、武举、制举、词科、童子举等，贡举分进士、明经、诸科等科目。熙宁四年（1071），王安石改革贡举，逐渐变为进士一科。制举称大科，是皇帝特下诏书，选拔贤良才士的科举名目，分为贤良方正能直言极谏科、茂才异等科等。宋朝科举考试的试期自英宗治平二年（1065）改为三岁一贡，此后终宋之世不变，也为明清所因袭。

宋朝的贡举制度最为完备，取士之数也最多。在解试、省试之上，创立殿试制度，防止权势之家垄断科举。创立锁院制度，严格考场纪律。创立封弥、誊录制度，将举人试卷上的姓名、乡贯等糊住或去掉，代之以字号，并将试卷由书吏誊写之后，再送考官评定等第。

宋朝进士登科后，除第五甲需守选外，第一至第四登科者无须再参加吏部铨选，可以直接注拟职事官。由于取士人数大增，免选注官和迁擢荣速，大批士人参加政权，高级官吏大都是科举出身，出现了帝王"与士大夫共治天下"的局面。

除了科举，宋朝也有恩荫补官及胥吏出职、进纳买官的制度。

元代政权中始终存在着吏员与儒士之争，实行科举制度的阻力重重，设科十分艰难，直至元仁宗皇庆二年（1313）才推行科举，蒙古人与汉人分开考试。延祐二年（1315），正式录取进士56人，这标志着元代科举制正式建立，距太宗戊戌（1238）选试已经有77年。这是中国科举史上中断时间最长的一次重建。元朝开科考试16次，录取进士1 139人，并且基本未重用，这也是元代重吏轻士铨选制度的表现。

明代在借鉴前朝科举的基础上，订立了号称"永制"的科举考试程式，将八股文作为一种固定的考试文体，并在南北分卷制度的基础上，形成分区域配额取士的局面。

"科举必由学校"（《明史》卷六十九《选举志》）是明代不同于前代科举之处。学校与科举考试相结合，始于宋朝范仲淹的改革，但是没有推行下去。学校正式纳入科举体系，始于明代，清朝沿袭不改。

未考取秀才的读书人叫童生。由童生变成秀才，要经过县考、府考和道考三种考试。道考发榜，榜上有名，就是进了学校成了生员，又叫诸生，俗称秀才。明清时期，一个读书人想要成为一名进士，得经过六次考试，分别是县考、府考、道考、乡试、会试、殿试。六次考试得经过多少岁月，大多数人终生都不能通过乡试。《儒林外史》中的范进就是读书人真实的写照。乡试是生员参加的省级考试，乡试取中者称为举人，俗称孝廉。乡试中榜称为乙榜、乙科。举人已经是一种正式科名和资格，可以通过吏部铨选做官。通过会试便是进士，殿试一般不会黜落，只是确定考生的等级名次。

清朝取士制度因袭明朝，不同之处是汉人与满人的考试内容有区别。

光绪末年，西学东渐，光绪二十四年（1898），光绪帝在康梁等维新派的影响下，诏定国是，颁布上谕，在北京设立京师大学堂，各地设立中小学堂，废除八股，改试策论。"百日维新"虽然失败，但是废除科举的呼声却越来越高涨，光绪三十一年（1905），清政府终于颁布废除科举的诏书。

第四节 中国古代经济制度

"经济"一词，本义是"经邦""经国"和"济世济民"的意思。这里所说的"经济"，主要指社会物质生产和再生产的活动，也包括经济思想。中国古代社会的物质生产是以"男耕女织"的自给自足的小农经济为主要表现形式，有着丰富的内涵和鲜明的特征。因此，中国古代社会的经济制度主要以土地制度、赋税制度和货币制度为内容。由于经济制度在各个朝代有不同的发展，所以在阐述古代经济制度时，以王朝兴替为线索。

一、井田制

井田制起于何时，学术界未有定论。有人认为，井田制是原始公社末期的土地制度，更多学者认为，井田制是进入阶级社会后实行的土地制度，商周实行的应该是井田制。《孟子》和《谷梁传》中有对井田制的记述。《孟子·滕文公》记载："夏后氏五十而贡，商人七十而助，周人百亩而彻。"[①] 方一里为井，每一井 900 亩，当中 100 亩为公田，以外 800 亩分给 8 家为私田。《谷梁传》宣公十五年说，古者 300 步为一里，方一里的田地为井田，每一井 900 亩，公田居其一。

因为周朝所有的土地在名义上是周天子的，因此，其他人只有土地使用权而没有所有权。在这个意义上，井田制下的土地所有权是王有制，实质上是国有制。井田制下的劳动者除缴纳田租税以外，还有赋。赋是军赋，军队的装备连同士兵的服役合在一起称作赋。赋既有一部分劳役支付，又有一部分实物支付。春秋战国时期，随着周王室衰微，土地所有权从周天子那里转移到各诸侯和诸侯再分配的各大世族，各大世族又因为各种原因将部分土地所有权分别转移到不同的土地使用者那里，或者各大世族的部分土地所有权被诸侯王收回去，重新按照新原则分配给符合国家奖励法令的人（如秦孝公时代商鞅变法的那样），土地私人所有制因此出现，井田制逐渐遭到破坏被废除。随着井田

---

① 焦循：《孟子正义》，334 页，北京，中华书局，1987。

制的改变，劳役地租制度逐渐被地租制所取代。比如，鲁国在春秋就开始实行"初税亩"制度。

在秦汉帝国财政收支中，皇帝与政府之间存在着一种明晰的分界线。政府财政由大司农官管理，皇室财政由少府和水衡都尉负责。自秦以来，山林陂泽一直由国家掌管，人们砍伐山林、采掘矿物、捕鱼捞虾都要纳税。政府在出产较多的地区还设置木官、海丞之类的官员专门管理，这给帝室带来大宗收益。盐铁收入在武帝前也归帝室掌握。此外，少府、水衡所掌管的那部分可耕种的公田收入以及各郡国每年向天子奉献的礼品和酎金也大大充实了皇室财库。

归大司农掌管的国家财政收入的最主要来源是税和赋。秦朝田税是十分之一，汉初是十五分之一，随着生产的恢复，汉文帝下诏免征田税，凡十二年，汉景帝即位后，改为三十分之一，遂成为定制。赋的种类很多，人民在15岁到56岁之间每人每年要交纳120钱，为算赋；23～56岁的男子每年必须戍边3日，不去者出代役300钱入官，此为更赋；还有赀算，即财产税，每一万家产出赀算127钱。由此可以看出，秦汉时期赋税制度的一个重要特点是轻田租，重税收。

从秦朝开始，徭役成为政府财政结构的另一项主要内容。政府对人力的需求主要是兵役和劳役。秦汉时期在户籍制度的基础上，产生了专为征兵、徭役而建立的傅籍制度，每位男子到了规定的年龄都要到所在地政府登记。秦朝男子17岁就要傅籍，汉朝改为20岁傅籍。傅籍之后，要先担负更卒徭役，在本郡从事各种劳作事宜，每年一个月，定期轮换，称为"更卒"，服3年后转服兵役。法定服兵役时限为两年。免役的年龄有爵者56岁，无爵者60岁。秦汉征发人夫，动辄数万、几十万。秦始皇修治陵寝有70多万人。西汉初期，共动用人力修建宫殿74所，离宫别馆300多所，台观楼阁32所。东汉时期劳役更重。徭役是无偿劳动，大大节省了政府开支。

秦汉推行重农抑商的经济政策。汉武帝时期，"外事四夷之功，内盛耳目之好"，财政危机严重。为了摆脱困境，汉武帝一改汉初的经济政策，将重点放在工商业经营上，政府用强制性手段维护对某些商品的生产和销售的垄断权，实行盐铁官卖，并颁布"告缗令"，重用理财家桑弘羊，货币为五铢钱，到昭帝、宣帝时，经济政策出现了向汉初恢复的趋势。

在社会矛盾丛集的时候，王莽代汉自立，他看到各种弊端，但是社会现实以及他急躁而好古的性格决定了他的经济政策的失败，他先后四次货币改制紊乱至极。他大力倡导的"王田"制度和"五均六筦"政策无法推行。东汉的经济政策又回到传统的重农抑商政策。但东汉控制农业的力量越来越薄弱，豪强地主的田庄经济不断扩张，到南北朝，田庄成为独立王国，田庄主人拥有武装，役使众多佃户、部曲，经济实力雄厚。

魏晋南北朝时期，社会经济处于大破坏、大倒退状态，中原地区大片耕地成为无主荒田，被新的国家政权占有。中国中世纪土地制度史上有名的屯田、均田等土地制度，就是在这种历史条件下大规模施行的。

最先推行屯田制的是曹操，后来迅速推广到中原各地。

二、均田制

均田制是北魏的李安世提出的，被主政的文明太后采纳，于太和九年（485）十月颁布均田令。凡15岁以上男子，可以分给露田40亩，妇人20亩，奴婢亦同；有牛者可以按一头牛再分给牛田30亩，每人最多分给4头牛的田。分到田的人年老失去劳动能力或死亡时则收回。除分露田外，还分给桑田，桑田可以由子孙来继承。

曹魏民屯的收获物按照分成办法交给政府，使用官牛者，收获物上交六分，使用自耕牛的与政府均分。东吴对屯民剥削更严重，除交纳地租外还要服杂役，有时还被当作部曲和私人财产赏赐给部下。

北魏屯田情况与曹魏大致相同。

魏晋南北朝时期，国家编户齐民的租赋逐渐从以往的按地、丁征收改为按户征收实物。曹魏执政的东汉建安九年，田租的租额每亩4升，户调每户出绢2匹，绵2斤。

北魏初年，以九品混通法征收租赋，每户调帛2匹，絮2斤，丝1斤，粟20石，另交帛一匹二丈给州库，以供调外之费。北魏均田制的租赋数额比北魏初年要轻。

隋唐继续实行均田制，唐代的均田制更为严密。从授田对象来看，唐代从亲王百官到庶民、奴婢、僧尼、道士乃至驿马都作了规定，18岁以上的丁男授田100亩，其中80亩为口分田，20亩为永业田；老年男子、残疾各授田40亩，寡妻妾各30亩，为户主者，各授永业田20亩。

隋唐商业发达，不仅体现在行、肆、店等直接经营货鬻业务的繁荣上，还兴起了促进商业发展的组织——邸店、柜坊和飞钱。邸店兼营堆货、交易和商旅住宿等业务，成为批发商和零售商之间的中介之一。柜坊是纯粹的金融机构，一方面吸收存款，一方面经营货放，已经具备后世钱庄的性质，是现代银行的雏形。飞钱又称便唤，类似于现代的汇票。

1. 租庸调法

租庸调法是唐朝前期的赋税制度，它直接从隋代租调力役因袭而来。田租按丁取税（租），唐代将隋朝的"输庸停防"制度化，可以完全输庸代役，即20日的力役（庸）以每日三尺的绢（调）（布加三分之一）代替。安史之乱后，租庸调制难以实施，建中元年（780）二月，宰相杨炎提出两税法，得到唐德宗的批准，在全国颁行，这是我国历史上沿用800年之久的两税法起点。

2. 两税法

所谓两税法，就是指夏税和秋税，"夏税无过六月，秋税无过十一月"。两税法的特点，第一，"量出制入"，先确定一年的财赋徭役所需费用。再向下层征收。第二，在纳税对象上，不分主户、客户，不论定居还是客商都在纳税之列。第三，征税标准是贫富，按照资产厚薄及田亩的多寡来确定税额。第四，废去此前的租庸调和杂税，各地租庸调数额都并入两税之中。

宋代是中国经济史上一个重要阶段。均田制和租庸调制不复存在，代替它们的是土地私有制和两税法、代役税制。租佃制成为主要剥削形态。广大农民无论是对国家还是对地主的人身依附，在程度上较前代为轻。宋代的租佃制比以往的屯田制度更进步，佃户获得了生产的自主权，佃户的法律地位较前代有了明显的提高。北宋初中期，法律规定地主殴打佃户致死要判死刑。宋神宗后改为减死刑一等定罪。宋朝租佃地主与佃户之间的关系主要是一种契约关系。由于新的经济制度激发了广大农民的积极性，农业生产技术全面走向成熟，农业生产力获得巨大发展。宋朝的人口和垦田增加，宋徽宗元年（1102），户数达到2 026万户，汉朝户籍1 067万户，唐朝户籍最高为906万户，北宋户籍总数达到有史以来的最高。宋代垦田最多时约有7亿~10亿亩，虽然不及唐朝的最高数量，但是宋朝的版图比唐朝小，这一垦田数量足以表明宋朝农业技术已经达到很高的水平。

宋朝的禁榷制度即食盐专卖和盐税收入是宋朝的重要财源，对其食盐生产有一定的促进作用，但是盐民的生活却极其艰难。北宋著名词人柳永《煮盐歌》："煮海之民何所营，妇无蚕织夫无耕。衣食之源太寥落，牢盆煮就汝输征。"① 说明盐民生活难以维持最低水平。

宋朝的商业活动打破了前朝在时间和空间上的限制。在唐朝，商业活动的限制很严，《唐六典》中说："皇城之南，东西十坊，南北九坊；皇城之东、西各十二坊，两市居四坊之地；凡一百一十坊。凡市，以日中击鼓三百声而众以会，日入前三刻，击鼓三百声而众以散。"而宋朝这些情况就不存在了，孟元老《东京梦华录》卷三《马行街铺席》中说："市井经济之家……夜市直至三更尽，才五更又复开张。如要闹去处，通晓不绝。"② 一些重要的街道商业活动发展迅速。

宋朝实行多种货币并行政策。北宋初年，在消灭了后蜀割据政权后，宋朝在四川强行铸行铁钱，随后又禁止使用铜钱，这是为了掠夺蜀地的财富，并防止铜钱从西南地区流往境外。宋仁宗时期，官方又在四川发行交子。宋朝与西夏发生战争，宋朝就在陕西路、河东路发行铁钱。其他地区使用铜钱。

从秦至唐之前，金银都不作为货币流通，到了唐代，金银开始初步作为货币使用，宋则主要以金银作为货币流通。

唐朝的飞钱到了宋朝称为便钱，宋代的钞引是便钱汇兑与禁榷制度结合的产物，商人将现钱或物资在边境或京师缴纳官方，领取钞引，持钞引可以到禁榷品产地或京师领取禁榷商品销售，也可以领取现钱，于是出现了金银钞引铺，它们经营各种货币及便钱券、钞引之间的兑换、汇兑业务。

宋朝的高利贷十分活跃。宋神宗时期，王安石变法，官方向农民发放称为"青苗钱"的年利为40%（后减为20%）的贷款。又推行市易法，向商人发放相同利率的贷款，青苗借贷和市易借贷总额达到数百万贯。

由于商业繁荣，禁榷与商税在国家财政中举足轻重，于是出现了反对抑商的思想倾向。范仲淹在《四民诗》中，赞扬商人"上以利吾国，下以藩吾身"。有的还提出了士农工商皆本业的观点。

宋朝统治者鉴于唐五代藩镇割据的历史教训，不但在政治方面而且在财政方面实行了中央集权。宋朝制定了地方财政收入"系省"的制度。所谓"系省"，是指地方在按朝廷规定的数额、地点输送财赋外，其余部分就地储存。储存于地方的财赋除数额很小的部分归地方自行支配外，其余大部分财赋的调

---

① 钱锺书：《宋诗选注》，48页，北京，生活·读书·新知三联书店，2007。
② （宋）孟元老：《东京梦华录笺注》，伊永文笺注，313页，北京，中华书局，2007。

配权和使用权归朝廷。地方用这些财赋必须依照朝廷颁布的制度、定额，额外的开支必须申报朝廷批准。

蒙元王朝是在征服战争基础上建立的，战争给某些地区造成很大破坏，从而给社会经济发展带来不利的影响。

元朝土地制度特征明显，一方面贵族地主与寺院地主的大土地私有制继续发展；另一方面，由封建政府直接控制的官田不断增加。元代官田主要来自前代的官田、荒田旷土以及籍没田土等，买民田或夺民田为官田的事情也时有发生，完全失去生产资料和人身自由的官奴与驱口的数量明显增加。

元代地主阶级大土地私有制所有者主要是贵族、官僚、寺院地主以及其他豪强地主。太宗窝阔台实行的"五户丝制"以及忽必烈灭宋后江南实行的户钞制，都是蒙古贵族获取租赋与各种财物的重要方式。宗室贵族属下"五户丝制"与江南户钞民户，有的多达数万户，有的十几万户，如阿里不哥王位下有18万户。安西王忙哥剌，扩占民田30万顷作为牧地，多年后元政府派人清理，才归还于民。朝廷对寺院的赐田数量之大更是惊人，忽必烈赐给大圣寿万安寺的京畿良田有15 000亩，同时还赏赐上千耕夫以及大量耕牛、农具，元文宗时大承天护圣寺赐田162 090顷。

元朝财政状况一直不好，纸币的发行虽然在世界货币史上意义重大，但货币的贬值给社会生活造成极为恶劣的影响。赋税名目繁多，百姓负担沉重。在财政制度与政策方面，蒙古旧俗、汉法、回回法之间始终存在着尖锐的矛盾和斗争。元朝财政混乱与政治腐败终于激起民变，导致元朝覆灭。

明朝建立后，社会经济全面发展，总体发展水平远远超过了宋朝。到了明后期，在东南沿海地区还出现了资本主义生产关系的萌芽。

在农业方面，耕地面积不断拓展，整地、选种、播种、施肥以及农作物病虫害防治技术有所改进。番薯、玉米等高产植物被传入并迅速推广。农业结构由单一经营向多种经营转变，农产品的商品化程度大大提高。

手工业方面，矿冶业、纺织业、陶瓷业、造纸业、印刷业、造船业等成就尤为突出。随着民营手工业的崛起以及商品经济的繁荣，丝质业、棉布加工业、矿冶业、榨油业等部门出现了带有资本主义性质的经营形态。

商业方面，交通路线不断开辟，商品流通量不断增加，集市在全国普遍建立，出现了会馆、会票等新生事物。国内贸易和海外贸易日益繁荣。

货币方面，明代前期以铜钱和纸钞为主，到了中后期，逐渐形成了以银为主的货币制度。

社会经济全面发展和商品经济的繁荣，导致人们的思想观念发生了变化，工商皆本的思想逐渐发展起来，商人的社会地位有了提高，以节俭为美德的传统消费观念遭到破坏，金钱在人们心目中的地位大为提升。

在传统社会中，赋役制度既是国家财政的基础，又与农业生产相关。明代的田赋基本上沿袭唐宋以来的两税制，区分"夏税"与"秋税"两种。缴纳时间前者最迟不过八月，后者最迟不过次年二月。夏税交纳麦，秋税交纳米。

明代前期的徭役分为正役和杂役两类。正役根据按户设役、排年轮当的办法编派，是和里甲制度结合在一起的，故又叫"里甲正役"。里甲正役的任务起初是"催征公粮，勾摄公事"，后来有关官府的祭祀、宴会、营造、馈送等费用也由里甲供应。杂役又叫"杂泛差役"，包括各地方杂差，名目繁多，如疏河、修仓、运料等劳役。

明中叶以后，人口迁移造成赋役征发越来越困难，赋役改革势在必行。从宣德年间，不断有人提出改革方案。万历初年，张居正独握权柄，雷厉风行地推行财政和赋役改革。他奉行"量入为出，加以撙节"的原则，尽量压缩财政开支。他更重视"开源"，花大力气整顿财政收入的主要来源田赋，对田地进行了清丈，查处了豪强地主隐占的田地达300万顷。在清丈土地的基础上，从万历九年（1581）开始，他将"一条鞭法"推行至全国。"一条鞭法"的内容是："总括一州县之赋役，量地计丁，丁粮毕输于官。一岁之役，官为佥募，力差，则计其工食之费，量为增减；银差，则计其交纳之费，加以增耗。凡额办、派办、京库岁需与存留、供亿诸费，以及土贡方物，悉并为一条。皆计亩征银，折办于官，故谓之一条鞭。立法颇为简便。嘉靖间，数行数止，至万历九年，乃尽行之。"①（《明史·食货志》）"一条鞭法"是将原来名目繁多的赋与役合为一项，除秋粮外，一律改收银两，官收官解。

3. 一条鞭法

"一条鞭法"是中国赋役制度史上重大改革。它将赋与役合二为一，大大简化了赋役项目和征收手续，减少了官吏在征收过程中的营私舞弊。征收对象由户、丁变为丁、田，有利于赋役的均平，也减轻了商人的负担。"一条鞭法"不仅阶段性地解决了财政危机，也适应了社会经济长期发展的客观要求。

---

① （清）张廷玉等：《明史》，1902页，北京，中华书局，2008。

张居正去世后，统治集团对他进行了清算，财政再次陷入窘境，只能加派搜括，在各种加派中，数额最大的是辽饷、剿饷和练饷。三饷加派与田赋正额相等，人民陷入"额内难缓，额外复急"的困境，甚至出现人吃人的现象，人民纷纷起来反抗，加速了朱明王朝的灭亡。

满人入主中原后，采取了一系列促进社会经济恢复和发展的措施，大量荒地得到垦殖。清人还比前代更加积极地在非粮食性农业经营之外开辟生存道路，商业和手工业因而出现了空前规模的发展。棉花种植和栽桑是非粮食性农业经营的主要门类，棉纺和丝织业成为两个最大的手工业部门。与前代相较，清代商人的资本额大有增长，不少商人拥有数百以至上千万两白银。交通路线的开辟令各地市场之间的联系更为紧密，清代市场网络更加严密，还出现了纯商业性市镇，各级行政中心所在地的城市经济很发达。

清代中前期，国家财政收入的主要来源有四项：地丁、钱漕、关税和盐课。其中以地丁银为大宗。康熙五十一年（1712）规定，今后以是年所载 24 621 324 户口为常额征收地丁银，以后滋生人口，永不加赋。但是，这一办法带来了新的问题。康熙接受董之燧"统计丁银，按亩均派"的奏议，准许在广东、四川两省推行。雍正元年（1723）颁布诏令在全国推行，各省陆续实行。到乾隆四十二年（1777）贵州省最后宣布实行摊丁入亩制，这一赋役改革过程在全国彻底完成。清朝中期使用的是白银和铜钱。

清代中期经济发展出现停滞状态，一个重要原因是人口激增。乾隆年间总人口有 1 亿多，到 18 世纪中叶达到 2 亿多，到 19 世纪中叶更突破 4 亿人口大关。清政府曾经鼓励人口压力较高地区的农民大规模迁向人口密度较低的地区，如陕西、四川、东北等，但这只是权宜之计。对于人口问题，江苏武进的洪亮吉在乾隆五十八年撰成《治平篇》和《生计篇》，系统地阐述了自己的看法。

洪亮吉指出人口在安定条件下会成倍地增长（这类似于后来的马尔萨斯的呈几何级增长说），人口激增会造成两项严重问题。第一，人民生活水平下降，人口高速增长而物质生产跟不上增长步伐，必然导致人均物产日趋减少。第二，社会动荡不安。一方面，"况有兼并之家，一人据百家之屋，一户占百户之田，何怪乎遭风雨霜露、饥寒颠踣而死者之比比乎？"[①] 贫富分化严重，

[①] 洪亮吉：《治平篇》，见《清文选》，刘世南、刘松来选注，295 页，北京，人民文学出版社，2006。

大量失业人口必然会成为社会隐患。另一方面，人口过多会造成教育普及程度和人口素质下降，"一家之中，有子弟十人，其不率教者有一二"①，这两方面是社会动荡的根源。这位数百年前的思想家的忧虑，不能不引起今人深刻的反思。

本 讲 小 结

本讲分别介绍了秦以后集权时代中国古代的行政制度、司法制度、选官制度和经济制度发展变化的基本概况，兼及先秦三代。总体上看，集权时代的各种社会制度都是围绕强化皇权、巩固皇权展开的。这些制度对于促进中国古代社会的统一、扩张、发展和安定，都具有重要意义，它们创造了中国古代政治、经济和文化的辉煌时代。同时，这些制度也有历史的局限，它们也阻碍了中国社会的发展进步。尤其是当中国社会在近代面对西方社会制度和文化的强势压力时，其内在的落后性、保守性就明显地凸显出来。

【复习与练习】

复习

1. 核心概念：大一统、宗法制度、皇权政治、科举制度、自然经济、重农抑商、两税法、一条鞭法。
2. 中国古代皇权制度的基本内容。
3. 中国古代行政制度的基本构成。
4. 中国古代选官制度的变化历史与科举制的利弊。
5. 中国古代司法体制和基本法学体系的特征。
6. 中国古代经济制度的基本变化历史。

---

① 洪亮吉：《治平篇》，见《清文选》，刘世南、刘松来选注，296 页，北京，人民文学出版社，2006。

| 思考与练习 （选择其中一道题写一篇小文章）

1. 谈谈中国大一统制度的特点。
2. 从两税法到一条鞭法的税收制度发展的必然性。
3. 中国科举制度在宋朝有哪些发展？
4. 说说中国古代土地制度的利弊。
5. 谈谈中国宰相制度的演变。
6. 思考明清皇权高度集中体制的利弊。
7. 评述中国文官制度。
8. 唐宋监察制度与明清有什么不同？

| 课外阅读文献

1. 蔡元培：《中国伦理学史》，北京，东方出版社，1996。
2. 郭东旭：《宋代法制研究》，保定，河北大学出版社，2000。
3. 顾颉刚：《浪口村随笔》，沈阳，辽宁教育出版社，1998。
4. 瞿同祖：《中国法律与中国社会》，北京，中华书局，2007。
5. 沈家本：《历代刑法考》，邓经元、骈宇骞点校，北京，中华书局，2006。
6. 邱永明：《中国古代监察制度史》，上海，上海人民出版社，2006。
7. 王毅：《中国皇权制度研究（上下）》，北京，北京大学出版社，2007。

第六讲　中国古代节庆与礼俗文化

礼俗是由人们的生活习惯经过长期的积淀而形成一套固定的、被广泛认可的行为规范组成，在人们的生产生活过程中逐步完善，最终形成了相对稳定并世代相传的一种文化。礼俗文化蕴含着深刻的社会心理和思想观念，而节庆礼俗、生命礼俗、丰收礼俗、祭祀礼俗等是中国古代礼俗最重要的几个方面，是人们对自然崇拜、血缘崇拜、尊重敬贤观念的直接表达。

第一节　中国古代主要节庆礼俗

中国古代节庆根植于日常生产生活，是人们重要的精神寄托和情感表达途径。中国节庆礼俗繁多，具有丰富而深厚的文化积淀，关联着生产祭祀、经济贸易、文化交流等，并在历史的长河中延续发展。中国节庆普遍遵循着自然崇拜、血缘强化、崇圣尊贤等原则，其中诸如春节、端阳节、清明节、中秋节等节庆，都内在地积淀和体现着这些原则。进一步来说，节庆虽根植于生产生活，但又不同于日常的生产生活，在节庆期间，人们的生活方式和行为模式往往有悖于日常行为规范和生活规律。本节重点围绕春节、清明节、端午节、中秋节四大节庆礼俗进行介绍。

一、春节

对于中国广大民众而言，春节是最为盛大的综合性民族节日。春节古称"新正"，同时，春节还有元辰、正朝、岁日、岁旦、新年、大年初一等称谓。从狭义上讲，春节指的就是农历正月初一。从广义上讲，春节则不只正月初一这一天，而是从上一年的腊月初八直到下一年的正月十五，包括腊八、祭灶、除夕、元日、元宵等节日。

祭灶又称"小年"，北方多是农历十二月二十三举行，南方多是农历十二月二十四举行。灶火保证了人们的熟食需求，人们将其视为火神的变体，用丰富的食物来祭祀灶神，其目的是让灶王爷上天汇报工作时，多说主家的好话。南宋诗人范成大的《祭灶词》说道："古传腊月二十四，灶君朝天欲言事。云车风马小留连，家中杯盘丰典祀。猪头烂熟双鱼鲜，豆沙甘松粉饵团。男儿酌献女儿避，酹酒烧钱灶君喜。"① 在灶王像前供糖果、清水、料豆和秣草，然后将旧像焚之，俗称送灶；除夕又买新灶王画像供上，俗称迎灶。现在在北方，很多家庭还沿袭着祭拜灶王爷的习俗。

贴门联、年画、放鞭炮是春节期间的重要活动。到宋代，对联多用于楹柱之上，故称"楹联"。春联意在求吉祥，现在中国很多地方依然有此习俗。放鞭炮是春节的又一活动。宋代王安石在《元日》中写道："爆竹声中一岁除，春风送暖入屠苏。"② 宋代以后，燃放用多层纸裹火药而制成的爆仗，成串爆仗连在一起，就是"鞭炮"。爆仗或鞭炮发出的响声都很大，据说这种巨响与火光可驱除叫"年"的怪兽。当然，这只是传说，爆竹驱兽的功能已逐渐淡化，但新年最开始放鞭炮"接岁"的习俗却延续至今，主要是驱除晦气、迎接好运的意思。

除夕守岁是春节的重要习俗。晋周处的《风土记》记载："至除夕达旦不眠，谓之守岁。"③除夕之夜，全家团聚在一起，通宵守夜，辞旧迎新，寓意把一切邪瘟病疫驱走，期待着新的一年吉祥如意。直到今天，人们还习惯在除夕之夜守岁迎新。

拜年是春节期间必不可少的重头戏。正月初一，逢人行礼祝吉。初一至初五，给亲友拜年，初六至十五则称"拜晚年"。当客人来拜年时，主人用糖莲、蜜枣、桂圆、柿饼等甜食款待，取"早早发财""事事如意"等吉祥之意。不少地方有春节时小孩子会去给尊者拜年，尊者需给小孩子压岁钱的习俗。

祭祖是春节期间一项隆重的活动，表示对祖宗先辈的感恩和怀念之情。具体习俗各地不一，有的地方在除夕夜祭拜；有的地方在初一早上祭拜；还有的地方在除夕祭拜后，初一还要去祭祖。祭祖的时候通常会准备丰富的食物，如白酒、肉等，让祖先也过年。祭祖是中国传统社会强化祖宗崇拜、血亲意识的重要形式。

---

① （宋）范成大：《范石湖集》，410~411页，北京，中华书局，1962。
② （宋）王安石：《临川先生文集》，308页，北京，中华书局，1959。
③ 叶大兵、乌丙安主编：《中国风俗辞典》，73页，上海，上海辞书出版社，1990。

春节期间也有许多禁忌，在年俗活动中提供了行事的规则与程序，反映了人们趋利避害的心理。初一至初三，为防止破财而不倒垃圾，忌动刀剪等凶器，忌摔碎东西，不留心摔碎了一定要默念"碎碎（谐音'岁岁'）平安"，忌吃梨（谐音"离"）。这些带有迷信色彩的忌讳在广大人群中逐渐被淡化、遗忘，只在某些农村地区依然有此说法。

二、清明节

清明是二十四节气之一。一开始，清明节步寒食节之后尘，接着分庭抗礼，后寒食、清明并举已相沿成习，唐代的白居易在诗《寒食野望吟》中言："乌啼鹊噪昏乔木，清明寒食谁家哭。风吹旷野纸钱飞，古墓垒垒春草绿。棠梨花映白杨树，尽是死生别离处。冥冥重泉哭不闻，萧萧暮雨人归去。"① 最后清明重于寒食，几乎取而代之。清明节还从寒食节中"吞并"了不少活动内容，形成包含蹴鞠、拔河、踏青、荡秋千、放风筝等多项活动的节令。清明时踏青春游的习俗甚是流行。著名画家张择端的《清明上河图》就描写了北宋清明节的时候人们踏青游玩的热闹场景。

上坟祭祖是清明节的重大活动。上坟祭祖活动在宋代就已不分阶层，《梦粱录》记载临安清明时的场景提到，"官员士庶，俱出郊省坟，以尽思时之敬"。② 宋代高菊卿在《清明》的诗里写道："南北山头多墓田，清明祭扫各纷然。纸灰飞做白蝴蝶，泪血染成红杜鹃。"此诗描述了清明上坟时思念亲人、悲痛哭泣的情景。在清明节祭祀活动中，不但有家庭层面的祭祀活动，也有同姓宗族层面的大规模祭祀活动。无论是家庭祭祀还是宗族祭祀，这种生命交流方式一年年、一代代传承，是对先人的感恩和缅怀。

清明上坟的习俗内容主要包括插标烧钱、拂土修坟。明代的《帝京景物略》载："三月清明日，男女扫墓，担提尊榼，轿马后挂楮锭，粲粲然满道也。拜者、酹者、哭者、为墓除草添土者，焚楮锭次，以纸钱置坟头。望中无纸钱，则孤坟矣。"③ 清明时节是否有五颜六色的坟标插在新培土的坟头上，是否有燃烧过纸钱的灰烬在坟前飘拂，成为死者是否有后人传承香火的标志。不

---

① （明）高棅：《唐诗品汇》，卷三六，374页，上海，上海古籍出版社，1988。
② （宋）吴自牧：《梦粱录》，卷二，11页，上海，商务印书馆，1939。
③ （明）刘侗、于奕正：《帝京景物略》，67页，北京，北京古籍出版社，1980。

管南北方，清明时节，人们总会带着各种各样的祭品前去祭拜，纸钱、纸花、菊花等是清明节常见的祭品，还有的地方会带上当地特产或者逝者生前所爱的食物，希望逝者能够在另一个世界生活美满、吃喝不愁，当然，这只是对逝者的一种怀念。

受汉族文化的影响，中国的满族、赫哲族、壮族、鄂伦春族、侗族、土家族、苗族、瑶族、黎族、水族、京族、羌族等24个少数民族，也都有过清明节的习俗。

三、端午节

农历五月初五为端五节，"五"又作"午"，故又称端午节。又因古人视"五"为阳数，又称"端阳节"。端午节起于何时、起于何因，目前尚无统一的说法。从人类学角度来看，端午节应该就是很多原始民族都盛行的"五朔节"，该节日的缘起与原始人的太阳崇拜相关。五月到了夏天，夏天是一年中太阳热力最强大的一个季节，所以在夏天的中段五月月首选择一个日子予以庆贺，这就是五朔节的来由。因为五朔节的本意是表达太阳崇拜的观念，所以中国古人选择五月初五这个日子。中国古人以九为极数，五即中数。而一天早中晚时间结构中，午也是中间的时间段位，一天之中中午太阳热力最强。故五、午音谐义同。又端者，正也。端阳节即正阳节、正午节、正五节，都是一个意思，都是内含太阳崇拜之意。这个节日在以后的流传过程中，渐渐本义淹失，而被附会进了别的内容。例如，战国时楚国人将屈原投江的事附会在这个节日上，而吴越人则将伍子胥的事情附会在这个节日上。中国各地都有端午节，但不同地方的传说中，这个节日与不同的人物相关，那正说明与这个节日相关的人物都是后世附会上去的。由于五月进入酷热时令，从实际气候角度讲，夏天各种毒虫疫疠都会更多地伤害人类，所以，中国古人也视五月为恶月，有不少忌讳，于是就会通过举行节日仪式来驱邪辟疾。一些地方要在这一天喝雄黄酒，在家门口挂艾草，以逐虫去疫。在中国大部分地方，端午节是被看作纪念屈原的节日。据说屈原投江正好是五月初五，人们为了纪念伟大的爱国诗人，便把这天定为屈原纪念日。于是端午节就由一个太阳崇拜的节日，转化为禳灾驱邪的节日，继而又增加了纪念爱国诗人屈原的内容。

端午节期间民间活动很丰富,主要有龙舟竞渡,挂艾草、菖蒲,佩长命缕或五色线等。龙舟竞渡是端午节的重要节目。唐代诗人张建封《竞渡歌》言:"两岸罗衣扑鼻香,银钗照日如霜刃。鼓声三下红旗开;两龙跃出浮水来。棹影斡波飞万剑,鼓声劈浪鸣千雷。鼓声渐急标将近,两龙望标且如瞬。坡上人呼霹雷惊,竿头彩挂虹霓晕。前船抢水已得标,后船失势空挥挠……"① 这些诗句较为全面地描写了龙舟竞渡的壮丽景象。明清时各地的竞渡均已形成了自己的特色,以湖南、湖北、江苏、浙江等地尤盛。两湖一带的龙舟有的长达十一丈多,可容八十桡手,尤以第一桡手最为重要,名手称之为"木老鸦"。江浙一带的龙舟带有游船性质,讲究船身的华丽以及活动过程中的娱乐性。总之,龙舟竞渡既是为了纪念屈原,也是一种驱疫的节目仪式,同时还是一种大众化的体育竞技运动。

端午节期间饮食习俗主要有吃粽子、饮雄黄酒。粽子又叫"角黍",因地区不同,材料以至粽叶都有着很大的差别。形状上,有正三角形、正四角形、尖三角形、方形、长形等。馅料上,北方多以糯米为主,或夹杂枣子,蘸白糖食用;闽南地区多肉粽,以香菇、虾米、芋头粒、栗子、猪肉(或鸡肉)、糯米等为原料。喝雄黄酒是端午节又一习俗,主要有杀菌驱虫解五毒的功效,有的地方也给小孩子的额头、手足等地方涂抹雄黄酒,意在消病防病。

四、中秋节

我国古代就有春祭日、秋祭月的礼制,而八月十五时值仲秋,秋高气爽,适宜观赏月亮。关于中秋节的起源,说法不一。归根结底,中秋节与对月亮的崇拜有关系。

古代关于月亮的诸多传说,如嫦娥奔月、吴刚伐桂、玉兔捣药等,综合在一起便形成了中秋赏月的文化现象。谢庄《月赋》云:"日以阳德,月以阴灵,擅扶光于东沼,嗣若英于西溟。引玄兔于帝台,集素娥于后庭……歌曰:美人迈兮音尘阙,隔千里兮共明月;临风叹兮将焉歇,川路长兮不可越。"② 看着

---

① 李天石:《南京通史》,隋唐五代宋元卷,144页,南京,南京出版社,2016。
② (唐)欧阳询主编:《艺文类聚》,10页,上海,上海古籍出版社,1965。

月亮之圆怀念远方亲友的小众现象变成大众化习俗是从唐宋开始的。吴自牧的《梦粱录》载道："此际金风荐爽，玉露生凉，丹桂香飘，银蟾光满，王孙公子，富家巨室，莫不登危楼，临轩玩月，或开广榭，玳筵罗列，琴瑟铿锵，酌酒高歌，以卜竟夕之欢。"① 由此可见当时赏月的热闹场景。

中秋之月圆又亮，人们会自然而然地从月亮的圆满想到家庭团圆，于是形成了吃团圆饭、祭月、拜月习俗。中秋祭月，早已有之。《史记·封禅书》载："祭日以牛，祭月以羊彘特。"② 就是用牛祭日，用羊猪祭月。民间也一直延续着祭月的习俗，并有相对固定的祭拜仪式。明代刘侗、于奕正的《帝京景物略》载："八月十五祭月，其祭果饼必圆；分瓜必牙错瓣刻之，如莲花。纸肆市月光纸，绘满月像，趺坐莲花者，月光遍照菩萨也。华下月轮桂殿，有兔杵而人立，捣药臼中。纸小者三寸，大者丈，致工者金碧缤纷。家设月光位于月所出方，向月而拜，则焚月光纸，撤所供，散之家人必遍。月饼月果，戚属馈相报，饼有径二尺者。女归宁，是日必返其夫家，曰团圆节也。"③ 这描述了北京中秋节设祭案，摆放圆形果品做供品，对月拜祭，而后分食祭祀供品的场景。

不同地方人们中秋节的活动有所不同。香港有舞火龙，龙身用稻草扎成，龙头由藤条屈曲为骨架，龙牙以锯齿的铁片做成，双眼是手电筒，舌头是漆红的木片。舞龙时，整条龙身都插上火红的香，在夜间舞动，点点星火，十分壮观。安徽中秋节有堆宝塔，儿童以砖瓦堆一个中空宝塔。此外，广西有舞香火龙，广州有"树中秋"，内蒙古有追月习俗。有的地方，人们中秋之夜将在田地里"偷"到的瓜画成婴儿的样子送给不育的夫妇谓之"摸秋"，表达美好的祝愿。侗族的青年男女通过"偷月亮菜"而引出自己心目中的恋人情侣，这也是一种十分浪漫的谈婚论嫁方式。

月饼是中秋节的重要食品。关于中秋月饼的记载，到了明朝才较为多见。《明宫史》中写道："至十五日，家家供月饼、瓜果，候月上焚香后，即大肆饮啖，多竟夜始散席者。如有剩月饼，仍整收于干燥风凉之处，至岁暮合家分用

---

① （宋）吴自牧：《梦粱录》，26 页，杭州，浙江人民出版社，1980。
② （宋）徐天麟：《西汉会要》，144 页，上海，上海古籍出版社，2006。
③ （明）刘侗、于奕正：《帝京景物略》，卷之二，见《城东内外·春场》，69 页，北京，北京古籍出版社，1983。

之,曰团圆饼也。"① 现在,月饼朝着精致化方向发展,各地方有不同特色,如广式月饼、苏式月饼、清真月饼等。

节庆文化是中国民俗文化的重要组成部分。中国民间节日丰富多样,节俗活动在历史发展过程中不断被增加,由原来较为单一的习俗发展到后来的综合性民俗活动,如元宵节开始主要是吃元宵,后来增加了猜灯谜、舞龙、舞狮子、逛庙会等活动。当然,民间节日也包含了中国人完整的信仰体系和情感系统,以及从天地神灵到祖宗先贤,从亲情、乡情到民族情和求子求福,趋利避害的价值取向,同时又承载了诸如戏剧、曲艺、舞蹈、建筑等物质与非物质文化。

中国古代的节庆强化着两种基本意识,一是自然崇拜意识,二是家国意识。就前者而言,中国所有节庆都与一年中时序轮回的特殊时间节点相关,中国古人通过突出这些节点的重要性而强化着对自然节令和规律的依从、遵循、调适、敬畏或欢悦的意识;就后者而言,中国古代在所有重要的节庆中,都特别强调通过这些节庆中的习俗、仪式和行为强化血缘亲情的联系,强化对家国的珍爱、守护和忠诚意识。

第二节 中国古代主要丰收礼俗

丰收礼俗指的是与物质生产活动丰收相关的礼俗。古代农耕社会,农业生产在相当长的历史时期中必须依赖于自然条件,于是人表现出了对自然界的崇拜,主要是对自然界各种现象的信仰,如土地、河神、雨神,等等,希望通过活动来实现农业生产的丰收,各式各样的礼俗活动也就流传了下来。

一、祈丰仪式

我国自古便有春祈秋报的习俗。《礼记·月令》谓孟春时节:"是月也,天子乃以元日,祈谷于上帝。乃择元辰,天子亲载耒耜,措之于参保介御之间,

---

① (明)刘若愚:《酌中志》,176~177页,上海,商务印书馆,1935。

帅三公、九卿、诸侯、大夫躬耕帝籍。天子三推，三公五推，卿诸侯九推。"① 到仲春二月，则举行祭祀土地神的社祭活动，天子"择元日，命民社。"② 至少从周代开始，每年春天二月，天子都会在某一个固定的时间，率领文武百官到王城外的社稷坛祭祀太阳神和土地神，祈求神灵赐予当年风调雨顺、谷物丰收。这一习俗延续到近代。一直到清代，王朝都有社稷坛、祈年殿等重要的祭祀场所，都是为祭祀天地神灵赐予丰收而设置的。祭社习俗在民间也一直保留着，我国北方每年二月的土地庙会就与这种祭祀活动相关。

在民间，农业祈丰活动的内容，除了祭告天地神灵外，还体现在牛崇拜、祈雨活动等方面。

牛是农业生产活动的重要劳动力，所以得到高度重视。中国古代神话传说中"三皇"之一的神农氏就是"牛首人身"的形象，可见中国文化中对牛的崇拜意识之强烈。在民间，这种牛崇拜意识一样强烈。百姓对牛非常尊敬，希望牛可以好好耕作以得丰收。于是很多地方出现了专门以牛为祭祀和犒劳对象的节日，如侗族的舞春牛，《会同县志》载："立春之日，竞观土牛，以色占岁水旱，以句芒神仙占寒暑晴雨，以便占桑麻，拾剥土以攘牛瘟。"③

祈雨是祈丰仪式的重要内容之一。为了农业丰收，风调雨顺是人们对自然的期盼。在古代，有代表王室进行的祈雨活动，"帝及今四月命雨贞，帝弗其及今四月命雨"④，"甲子卜，其求雨于东方"⑤。《晋书·礼志上》载："武帝咸宁二年春分，久旱……五月庚午，始祈雨于社稷山川，六月戊子，获澍雨。"⑥ 祈雨始终与农业社会王朝的命运相联系，并在延续中形成了较为丰富的内容与形式。

龙是中华民族的图腾，后来也担起了布雨的职责。所以，祈雨礼俗在很多民族中都与祭龙习俗有关，农历二月二就是其中之一。清末的《燕京岁时记》说："二月二日……今人呼为龙抬头。是日食饼者谓之龙鳞饼，食面者谓之龙

---

① 郑玄注，孔颖达疏：《礼记正义》，461页，北京，北京大学出版社，1999。
② 郑玄注，孔颖达疏：《礼记正义》，472页，北京，北京大学出版社，1999。
③ 会同县县志编纂委员会：《会同县志（清光绪二年刻本）》，614~615页，北京，生活·读书·新知三联书店，1994。
④ 董作宾：《殷墟文字乙编》，上辑，北京，中央研究院历史语言研究所，1948。
⑤ 张荣明：《权力的谎言——中国传统的政治宗教》，193页，杭州，浙江人民出版社，2000。
⑥ （唐）房玄龄等：《晋书》，385页，北京，中华书局，1974。

须面。闺中停止针线，恐伤龙目也。"① 这时要吃饼吃面条，妇女还不能做针线活，怕伤害了龙的眼睛，可见人们对二月二的重视。除了吃面食外，还有引水入宅的活动。这种活动是在节日清晨，人们把草木灰、谷糠等自河边、井边一路撒来，直到家中的水缸边，以求风调雨顺。有的地方还有耍龙灯的活动，也是求雨之意。

二、禳灾仪式

农事禳灾就是农事信仰中专门对付农业灾害的部分，"即通过一种非理性的手段，借助对神灵的祈求，或对某种超自然力的控制和施法，来预防或驱除产生于自然界的各种农业灾害，诸如干旱、暴雨、水涝、虫灾等的习俗惯制。"② 《诗经·小雅·大田》曰："去其螟螣，及其蟊贼，无害我田穉。田祖有神，秉畀炎火。"③ 反映了商周（或更早）时期农业生产时，进行驱虫禳灾等活动的情形，这些活动又都是被作为农事活动中最重要的内容而举行的。炎陵县地处湖南湘东南边陲，传说为了驱虫禳灾，炎帝教人用稻草、艾叶扎成火把，夜间行走田边地头，飞虫逐火即失，现在叫炎陵三人龙，已经演变成了一种民间艺术表演形式。

禳灾活动也反映在人们的日常生活行为中，如陕西一些地区曾有"除虫害"之俗，于农历四月初八，农家以红黄纸条书写"佛生四月八，毛虫今日嫁，嫁在千里外，永远不归家"，并贴在门上。在甘肃天水农事禳灾仪式中，重要的神灵一般都要一一敬奉，次要的则是在阴阳先生或师公念诵经文的过程中——呼请出来。这些神灵，既有至高神"昊天至尊金阙玉皇上帝"、人间的最高统治者"当今皇帝"，又有专司某种灾害的发生或解除的专职神，如司雨的"天地三界十方行雨龙王"、司雷的"九天应元雷声普化天尊"，等等，以及在日常生活中为人们所普遍敬奉的神祇，如"观世音菩萨""九天云厨司命灶君"等。

傩祭历史悠久，上自三代、下讫汉唐而宋，"傩"一直就在宫廷、军队和民间流行，是中国古代普遍盛行的逐疫禳灾仪式。《后汉书·卷九五·礼仪

---

① 转引自尹荣方：《二月二知何节》，载《文史知识》，1991（2）。
② 安德明：《农事禳灾：一种特殊的农事信仰活动》，载《民俗研究》，1997（1）。
③ （明）缪天绶注：《诗经》，81页，上海，商务印书馆，1947。

志·大傩》载:"先腊一日大傩谓之逐疫,其仪:选中黄门子弟年十岁以上十二以下百二十为侲子,皆赤帻皂制,执大鼗。方相氏黄金四目,蒙熊皮,玄衣朱裳,执戈扬盾,十二兽有衣毛角,中黄门行之,冗从仆射将之,以逐恶鬼于禁中。……黄门令奏曰:侲子备,请逐疫!"① 后来的傩祭仪式活动不断吸收神话传说、民间说唱、民间戏曲等各种元素与形式,形成了傩戏、傩舞。现在湘西、云南、贵州等地均有流行。

三、庆丰仪式

庆丰仪式一般是农业生产取得丰收时举办的大型仪式活动。中国主要有秋社、蜡祭等仪式。

秋天是谷物收获的季节,为了表达对天地神灵的感谢之情,中国古人在秋天的某个时候会举行盛大的祭祀仪式,将当年新熟的谷物制作成食品,加上动物祭品,到土地坛(社稷坛)去祭祀天地神灵,请他们尝新。这种祭祀仪式称之为秋社,至少从汉代就有这种祭祀活动。秋社日一般设置在立秋以后的第五个戊日那天。古人对于秋社十分重视,这既是祭祀土地神、谷物神的时候,也是人们庆贺丰收的节日,所以祭祀活动中一般都会伴随着丰足的宴饮活动。元代以后,秋社渐渐式微,大都被合并到中秋节庆中。

秋社祭祀的对象以土地神、谷物神即社稷为主,但也兼及天神、日神。蜡祭是古代农业生产的年终祭祀,其主要内容就是感谢神灵的恩赐。《礼记·郊特牲》记载:"天子大蜡八。伊耆氏始为蜡。蜡也者,索也;岁十二月,合聚万物而索飨之也。蜡之祭也,主先啬而祭司啬也,祭百种以报啬也。享农及邮表畷,禽兽,仁之至、义之尽也。"② 这描述了蜡祭的具体情形。到了殷商,蜡祭更名为"清祀",意为"清洁而祭祀也"。到了秦汉,"蜡"开始称为"腊",并赋予了新的内容,《风俗通义》记载,"腊者猎也,田猎取禽兽以祭先祖也"。③

直到历法确定以后,腊的种种祭祀才逐渐被分散并融入后来新年的各种习俗中,尽管隋唐时期蜡祭依然隆重,但蜡祭本身的历史使命已经完成,因而逐

---

① (宋)范晔:《后汉书》,下册,1157页,长沙,岳麓书社,2008。
② (汉)郑玄注,(唐)孔颖达疏:《礼记正义》,1071页,北京,北京大学出版社,1999。
③ (唐)杜佑:《通典》,391页,北京,中华书局,1984。

渐淡出了历史舞台，遗留在了"腊八"，但其核心思想则融入了岁首的新年活动。

农业与人们的生产生活密切相关，人们通过形式多样的农事活动，希望能借助神灵的力量，摆脱自然灾害获得丰收，通过这些仪式性的活动使人们因自然等造成的灾害得到心理补偿。

第三节　中国古代主要生命礼俗

生命礼俗指的是与生命过程相关的礼俗，是在人生重要节点进行的礼俗活动。其历史悠久，有特定的精神与仪式，表现出人们对生命重要节点的重视。虽然各个地方在仪式上略有不同，但是所表达的对生命的重视是一样的。人生重要的生命礼俗主要包括诞生礼俗、成年礼俗、婚姻礼俗、丧葬礼俗。

一、诞生礼俗

诞生是人生的开始，意味着家庭血脉的繁衍与继承。人的出生，自古以来都是人们所重视的生活活动，由于受历史上传统道德观念的影响，衍生出许多生育上的习俗，逐渐形成诸多与生育有关的文化现象。当然，生育习俗从另一个侧面则反映了一个地区的家庭伦理关系和社会道德风尚，是传统民俗的重要组成部分。诞生礼俗有以下几个重要内容。

1. 报喜

婴儿的出生是一件非常重大的事情，要向娘舅家报喜，报喜的礼品往往是一只鸡，如果生男孩就送一只公鸡，如果生女孩，就送一只母鸡；也有的地方送鸡蛋，单数为男，双数为女；广东、广西等地方则送荔枝、龙眼等。报喜的目的一方面是与亲戚分享得子的喜悦，另一方面则是便于娘舅家备办婴儿衣帽等日常用品。

2. 洗三

洗三又叫"贺三朝"，是家庭、家族、亲朋好友庆贺添丁进口的仪式。在某些地方婴儿出生三天时，主人会请一位福寿双全的老太太主持洗三仪式，为婴儿洗身，洗浴完毕，主人备酒菜或汤面招待亲朋好友，俗称"汤饼筵"，也叫"吃三朝酒"。

3. 满月酒

满月酒又叫"做满月"。婴儿出生一个月要宴请亲朋好友，举办满月酒，还要向邻里分送喜面及其他食品。当然，邻里亲戚也要送鞋袜、小车等礼物给婴儿。满月酒中有一重要内容是为婴儿剃满月头，浙江绍兴是请师傅剪发，剪发之前先将一把嚼碎的茶叶抹到小儿头上，寓意是：小孩子以后头发浓密，不长疮。

4. 周岁礼

在婴儿满一周岁这一天，主人家设宴为周岁的孩子举行庆典礼仪，亲戚朋友收到请帖后，携带礼品赴宴，这一礼俗古而有之，宋代较流行。俗语说："三岁看老，从小儿定八十。"过去在小孩过周岁时，要进行"抓周"的仪式。北齐颜之推《颜氏家训》中就明确记载："江南风俗，儿生一期（即一周岁），为制新衣，盥浴装饰，男则用弓、矢、纸、笔，女则用刀、尺、针、缕，并加饮食之物及珍宝服玩，置之儿前，观其发意所取，以验贪廉愚智，名之为试儿。"[①] 到了唐宋时期，这一风俗已从江南传遍了神州大地，在全国各地逐渐盛行开来，谓之"试晬"或"周晬"。宋代孟元老《东京梦华录》记载说："至来岁生日，罗列盘盏于地，盛大果木、饮食、官诰、笔砚、算秤等经卷针线应用之物，观其所先拈者，以为征兆，谓之试晬，此小儿之盛礼也。"[②] 现在，民间不少家庭依然重视这种形式，这与望子成龙、望女成凤的观念有关，寄托了家人的期盼，但是也带有一定的迷信色彩。

在中国民间，婴儿出生之后，满月、百天、周岁都有许多祈祷仪礼活动。系长命锁、挂玉佩，是古代人们为周岁幼儿祝福的一种仪式。这些饰物多刻有"长命富贵""长命百岁"等字样，在婴儿周岁时为其佩戴上。这种习俗现在也有流行。

传统的生育礼俗庄重、严肃，以此使新生儿得到家庭、邻里、社会的承认，同时也蕴含着人们对新生命的美好祝愿，体现了家庭、家族、亲族乃至社

---

① 转引自李松岭、屈春海：《话说抓周习俗》，载《文史知识》，1991（10）。
② （宋）孟元老：《东京梦华录》，32页，上海，上海古典文学出版社，1956。

会对新生命的关怀和重视。

二、成年礼俗

古代男子成年礼称为"冠礼",女子成年礼称为"笄礼",合称冠笄之礼。《礼记·冠义》载:"成人之者,将责成人礼焉也。责成人礼焉者,将责为人子、为人弟、为人臣、为人少者之礼行焉。将责四者之行于人,其礼可不重欤?"① 由此可以看出,成年礼是为青年男女取得进入社会的能力和资格而举行的礼仪,都会举行隆重的仪式。

1. 冠礼

冠礼是古代男子年满20岁时所行的一种典礼,即加冠,又称加冠礼,并命字,表示已经成年,必须行成人之礼,明确君臣、父子等社会责任。《礼记·冠义》载:"冠者,礼之始也。"② 冠礼的重要内容之一,是进行容体、颜色、辞令的教育。"礼义之始,在于正容体,齐颜色,顺辞令。容体正、颜色齐、辞令顺而后礼义备,以正君臣,亲父子,和长幼。君臣正、父子亲、长幼和而后礼义立。"③ 礼成之后,就要与周边人以成年礼相见。"玄冠、玄端,奠挚于君,遂以挚见于乡大夫、乡先生,以成人见也。"④ 冠礼标志着一个成员明确其伦理道德和社会责任而步入社会的开始,表现了父子相继的宗法伦理精神。

2. 笄礼

笄礼是古代女子15岁所行的一种典礼,古代嘉礼的一种。笄,即簪子。自周代起,规定贵族女子在订婚(许嫁)以后出嫁之前行笄礼。《礼记·曲礼》就有记载:"女子许嫁,笄而字。"⑤ 可见女子是在许嫁之后举行笄礼、取表字。受笄即在行笄礼时改变幼年的发式,将头发绾成一个髻,然后用一块黑布将发髻包住,随即以簪插定发髻。主行笄礼者为女性家长,由约请的女宾为少女加笄,表示女子成年可以结婚。到宋代,女子受笄多安在清明前两日举

---

① ② ④ (汉)郑玄注,(唐)孔颖达正义:《礼记正义》(上中下),见《十三经注疏》,整理委员会整理,李学勤主编,1615页,北京,北京大学出版社,1999。
③ 同上书,1614页。
⑤ 同上书,55页。

行。吴自牧《梦粱录》记载:"清明交三日,节前两日谓之寒食……凡官民不论小大家,子女未冠笄者,以此日上头。"①

成人礼在不同地方具有显著的差异。南方潮汕地区的成人礼与众不同,存在已久并延续至今的成人礼是"出花园"。潮汕当地认为,潮汕小孩子在15岁前,其灵魂一直生活在花园里,并为花公花婆(即花神)所保佑。到了15岁(虚岁)之年,要在特定的日子举行一个特别的仪式,把小孩"牵出花园",表示其成年,必须承担起成年人的责任感。在普米族,女孩13岁在新年时举行成年仪式,俗称穿裤子仪式,在13岁以前,女孩只穿裙子。

三、婚姻礼俗

婚姻是人生的一桩大事,也是家族的大事。《礼记·昏义》载:"昏礼者,将合二姓之好,上以事宗庙,而下以继后世也,故君子重之。"② 中国古代婚礼程序繁杂,一方面反映出人们对婚姻的重视;另一方面带有浓重的家族延续香火的观念,这也是宗法伦理观念的产物。《仪礼》中记载:"婚有六礼,纳采、问名、纳吉、纳征、请期、亲迎。"③ 本节主要从婚礼的六礼来介绍。

1. 纳采

男方家派遣媒人去女方家提亲,如果女方父母同意,男方家再带着礼物,正式向女方求婚。所带礼物,最早是大雁,后来也有羊等物品。在中国传统婚姻中,媒人担当着重要角色。媒人又叫"媒公"或"媒婆",在男女婚姻中起牵线搭桥的作用。

2. 问名

男方在求婚之后,通过媒人进一步询问女方情况的礼节。询问的内容,大致包括女方生母的姓名,女方本人的名字、排行、生辰八字等。问后男方还要请人占卜凶吉。

---

① (宋)吴自牧:《梦粱录》,卷二十,11页,杭州,浙江人民出版社,1980。
② (汉)郑玄注,(唐)孔颖达正义:《礼记正义》(上中下),见《十三经注疏》,整理委员会整理,李学勤主编,1617页,北京,北京大学出版社,1999。
③ (清)姚际恒:《仪礼通论》,43~50页,北京,中国社会科学出版社,1998。

3. 纳吉

《仪礼·士昏礼》载:"纳吉用雁,如纳采礼。"郑玄注:"归卜于庙,得吉兆,复使使者往告,婚姻之事于是定。"[1] 男方用占卜的方法来确定这种结合是否吉祥,之后要将结果告诉女方。男方要送些礼品,明代江南一般是猪、鹅、茶饼之类,民间称之为"小茶礼"。

4. 纳征

男方向女方赠送彩礼或聘礼的一种仪式,同时也是男女双方进入成婚阶段的一个重要标志。征者,成也,婚姻关系达成的意思。此次要送聘礼,古时是帛五匹,鹿皮两张。明清时的聘礼大多选择具有吉祥意味的物品,当然,金钱财物更是不可缺少。定聘礼送出的同时,一般要交换婚书,民间称之为"龙凤大帖"。而下聘换帖以后,这种婚姻缔结方式在明清时就受法律保护。

5. 请期

男方通过占卜选定吉日是为婚期,为表尊重男方会派人到女方家请定婚期,男方将所卜吉日报出,故有地方称为"报日""送日子"。旧时十分重视嫁娶的时日,一定要择吉避凶,选个黄道吉日。人们往往请算命先生或星相先生"捡日子",先生用男女双方的生辰八字,或加以男女双方的父母、祖父母的生辰八字,综合推算出没有相克的结婚吉日。如有一人的八字与之相冲,便要重选日子。

6. 亲迎

新郎去女方家迎娶新娘,是整个婚礼程序中最烦琐,也是最热闹的仪式。新娘下轿时,男方请人向门边撒上谷、豆、铜钱、彩果、草节等,让围观的小孩抢拾,据说是厌祝青羊、青牛、乌鸡三煞神。再如"跨马鞍",新娘下轿后,不能直接踩到地面,乃追求"平安"之意。宋朝时新娘要走在青布条、青锦缛、青毡花席上,明清以后多改为红毡或布袋,称为"接代"。南方少数民族有"跨火盆"的习俗。亲迎的过程主要有拜堂、闹洞房等。

婚礼中的六礼,从先秦一直延续到唐代。由宋到清,六礼被简化为纳采、纳币(纳吉)、亲迎三种仪节。直到今天,其他仪节都可省略或变通,唯亲迎是必须坚持的,因为亲迎是婚礼的核心。在中国传统的婚姻文化中,媒人是重

---

[1] 中华文化通志编委会编:《中华文化通志》,176页,上海,上海人民出版社,2010。

要角色。媒人所司职责是通二姓之好、定家室之道，中国古代社会，父母之命、媒妁之言是相并重的婚姻条件之一，没有媒妁的婚姻是不能成立的。《唐律》载："为婚之法，必有行媒。"① 现在大都倡导自由恋爱、婚姻自由，媒人不像传统意义上那么重要了。

四、丧葬礼俗

死亡是人生的终点，丧葬风俗是社会风俗的重要组成部分，是一定社会经济生活的反映，也是不同时代、不同文化观念的表达。丧礼同婚礼一样，其程序既严格又特别烦琐，丧礼预示着逝者在此世界活动的终结，透露出浓厚的宗法等级观念和封建迷信色彩。

（一）丧礼程序

1. 哭丧礼

人刚死之际，要为死者招魂，《礼记·檀弓下》记载："尽爱之道也，望反诸幽，求诸鬼神之道也。"② 意为生者不忍心亲属死去，希望通过祈求鬼神使死者灵魂回归，若经历此步骤还未醒，则会变成死者去世后的大哭。

2. 吊丧礼

家人痛哭过后，要安排凭吊活动。吊丧者有亲疏等级划分，站立的位置与哭吊的方式都有一定的规矩。吊丧礼仪当中还有一种"奔丧"的规矩，就是听到长者亲属逝去的消息，不论远近，都要从外地赶回来。

3. 小敛礼

这是第二天的重要仪式，主要是为逝者穿寿衣。穿好之后，要在堂上以酒食祭奠。这一天晚上，厅堂中的灯火必须彻夜不息。

4. 大敛礼

这是第三天的重要仪式，主要是入棺。将棺木和为逝者准备的随葬物品陈列在堂上，众亲友一同进行这个仪式。

---

① 古风编：《中国婚姻小史》，17页，北京，东方出版社，2010。
② （汉）郑玄注，（唐）孔颖达正义：《十三经注疏》，见《礼记正义》，361页，上海，上海古籍出版社，2008。

5. 出殡礼

在安葬的前一天，要举行祭祖仪式，将灵柩送移到祖庙当中，进行祭奠。在这之后，主人可以接受亲友的送葬馈赠，如钱财等。第二天，主人与宾客送灵柩到墓地，举行简单仪式之后即下葬。葬礼要求棺木下穴时都不能哭。下棺之后，才大哭大踊，表达悲痛的感情。

6. 服丧礼

葬礼之后，要举行守丧之礼，即服丧。一般是死者晚辈亲人行服孝之礼。据《礼记》记载，服丧三日之内不能进食，三月之内不能梳妆打扮，三年之内不能欢乐。五服制度是丧礼的重要制度，是《仪礼·丧服》篇中所指定的五等丧服，由重至轻分别为斩衰、齐衰、大功、小功、缌麻，每一等都对应有一定的居丧时间。死者的亲属根据与死者关系亲疏远近的不同，而穿用不同规格的丧服，表示对死者的哀悼。服丧礼表现出了浓重的亲疏有别、父母有别、男女有别，是古代宗法人伦观念的重要体现。

古代的丧葬礼仪在很大程度上也是古人"孝"观念的反映，带有古人"重人道"的思想。古人一贯提倡"生有所养，死有所葬""少有所依，老有所终"。

（二）丧葬形式

1. 土葬

土葬是汉族普遍采取的形式，可能与汉族世代农耕相关。土地是生命的本源，死后自然要入土才能为安。《周礼》载："众生必死，死必归土。"①《礼运》也说："魂气归于天，形魄归于地。"② 土葬时会伴有大量的随葬品，古人认为灵魂不灭，人死后还可以像生前一样，所以需要大量的东西陪葬。秦始皇陵兵马俑坑就是秦始皇的陪葬品之一。随着时间的推移，随葬品有一定的变化。汉代盛行选择风水好的墓地之说，以人殉葬基本废止，随葬品则以陶器、漆器为主。自商末周初，出现了墓上封土建坟丘的习俗，汉代以下普遍行之。土葬的主要形式有竖穴墓、瓮棺葬、石棺葬、砖石室墓、洞室

---

① （汉）郑玄注，（唐）孔颖达正义：《十三经注疏》，见《礼记正义》，1833 页，上海，上海古籍出版社，2008。
② 同上书，1096 页。

墓等。

除汉族之外，中国还有多个少数民族如回族、壮族、土家族等，也都实行土葬。在具体葬俗程序和细节方面，各少数民族各有一些与汉族不大一样的细节。此处不再一一介绍。

2. 火葬

从中国最早有火葬开始，大致有三四千年之久。即便从相对盛行火葬的唐宋时期开始计算，火葬在中国也已逾千年。早期火葬主要流行于西北少数民族地区。《墨子·节葬下》载："秦之西有仪渠之国者，其亲戚死，聚柴薪而焚之，熏则烟上，谓之登遐，然后成为孝子。"① 1945 年，在甘肃临洮县寺洼山曾出土盛有人类骨灰的大陶罐。东汉时佛教传入，受佛教僧侣死后火葬习俗的影响，一些信众以为人死后通过火化可以成仙而进入西方极乐世界，使火葬之风进一步蔓延到民间。特别是唐宋时期，一些无地或少地的农民也把火葬当作处理后事的一种选项，其中河东、江浙、四川等地尤为普遍。《宋史·礼志》："今民俗有所谓火化者，生则奉养之具惟恐不至，死则燔爇而捐弃之……河东地狭人众，虽至亲之丧，悉皆焚弃。"② 但是，元明时期，火葬是被官方严格禁止的。现在，火葬又重新流行，一方面与地狭人众有关，另一方面也与花费有关。不可忽略的一点是，火葬能较好地保护生态环境。

3. 悬棺葬

这是中国古代葬式的一种。将遗体放入棺材内，再放置在悬崖上风化。三国吴沈莹《临海水土异物志》载："父母死亡，杀犬祭之，作四方函以盛尸。饮酒歌舞毕，仍悬着高山岩石之间，不埋土中作冢也。"③ 棺材一般放于天然岩面、岩洞、岩缝内，距离地面低的有 20 多米，高的有 100 多米。唐张鷟《朝野佥载》卷十四："五溪蛮父母死……尽产为棺，于临江高山半肋凿龛以葬之。自山上悬索大柩，弥高者以为至孝，即终身不复祀祭。"④ 由此可以看出，棺材的高低是孝顺与否的重要标志。

---

① 胡小鹏、张嵘、张荣编著：《西北少数民族史教程》，67 页，兰州，甘肃人民出版社，2013。
② 吕思勉：《中国制度史》，176 页，上海，上海三联书店，2009。
③ 转引自凌纯声：《古代闽越人与台湾土著族》，中南民族学院编：《南方民族史论文选集》，118～119，长沙，内部印刷，1982。
④ 重庆市地理学会历史地理专业委员会，西南大学历史地理研究所编：《西南史地》，第二辑，94 页，成都，巴蜀书社，2013。

悬棺葬主要在黔、滇、湘、桂、粤、浙、赣、闽、皖等省。据说福建悬棺葬年代大约在夏朝之前，距今3 000多年，历史最为久远。当今四川省珙县麻塘坎保存悬棺遗迹最多。据猜测，散布在绝壁上的悬棺，表达了人们对逝者的孝敬与捍卫。

第四节　中国古代主要祭祀礼俗

祭祀礼俗是古人对自然、对人认识的一个直观反映。世界初始，万物混沌，许多现象无法解释，于是就形成了各种各样的祭祀礼俗。当然，祭祀礼俗伴有浓厚的宗教观念，却是人们对世界的最初认识。

一、祭祀对象

中国古代宇宙观最基本的三要素是天、地、人。《周礼·春官》记载，周代最高神职"大宗伯"就"掌建邦之天神、人鬼、地示之礼"。《史记·礼书》记载："上事天，下事地，尊先祖而隆君师，是礼之三本也。"[①] 由此可以看出，祭祀对象主要是天、地、人。

1. 祭天地

在古人看来，天是世界万物的创造者，掌控着万物的吉凶祸福。人们对它望而生畏，自然产生了对它的崇拜和祭祀。祭天大约从周王朝时就有了，皇帝被称为"天子"，所以要隆重地祭天。通过祭天，君王的权威也会得到加强。到了春秋战国时期，祭天与王权形成了"政教合一"的趋势。

秦汉之际，祭天有了更加正规的仪式，主要有封禅和郊祭；至唐宋之时，祭天已完全成为了政治伦理中必备的仪式，即使是异族君王，也会采纳汉制旧俗；清朝祭祀除了本民族的祭礼之外，也沿袭了汉族的祭祀礼仪，在皇帝登基、册立太子、册立皇后、皇帝出征、重大节日时，都会去天坛祭天。

[①] 孔德立：《先秦诸子》，43页，南京，南京大学出版社，2014。

祭地是社祭。祭地突出一个"亲"字，百姓可以祭地。腊祭是每年岁末合祭万物而举行的祭祀。腊祭的对象包括与农耕有关的各种神灵，甚至包括督促农耕的田畯之神、扑食伤害庄稼的田鼠、野猪的猫神、虎神，还包括堤防之神和水沟之神。除了地神，人们还要祭拜的比较重要的地界神灵有社神，社是土地的象征，社与五谷之长的稷相连，称为社稷，表示整个农业，而农业又关系到王朝兴衰，所以"社稷"成了国家政权的代名词。

2. 祭鬼神

原始社会时便有了鬼魂的观念，经过长时间的口耳相传，鬼神具有了一种神秘的力量。天界神灵主要有天神、日神、月神、星神、雷神、雨神和风云诸神。地界神灵主要有社神、山神、水神、石神、火神及动植物诸神。它们源于自然，能掌控人们的行为并加以护佑或者惩罚，人们也深信经由祭祀的仪式和祭品的供奉，可得祖神保佑与赐福自身。在闽南地区，每年农历正月初九是玉皇大帝的生日，用寿桃祭拜为其庆祝生日，而玉皇大帝在闽南被百姓尊称为"天公"，于是有了初九拜天公的说法。每逢正月初九，闽南家家户户都要摆满祭品敬天公，祈求天公护佑。除此之外，还有对保生大帝的信仰、对王爷的信仰、对土地公的信仰等，表达了人们祈福安康的心态。

3. 祭圣贤

对于人界神灵的祭祀，除了祭祖先之外，还有祭圣贤的礼仪，如对黄帝、炎帝、孔子和关公的祭祀。另外古代各行各业都有行业神，还有行业神的祭祀。比如，木匠、水泥匠、瓦匠、油漆匠等很多行业则尊奉鲁班。

黄帝祭祀是中华民族传统祭祀文化的组成部分。黄帝崩，当时人们自然要根据传统习惯祭祀黄帝。据马肃引证《竹书纪年》及《博物志》，黄帝死后，他的臣子左取其衣冠几杖建庙加以祭祀。起始于史前的黄帝祭祀，没有随着历史时代的更替而消失，而是被封建国家当作三皇之一纳入中央的历代帝王庙中享受祭祀，经历了史前、三代、春秋战国和整个封建王朝时代，帝王陵寝之一的黄帝陵受到祭祀，一直延续至今。

祭圣贤还包括对孔子为主要对象的先师先圣的祭祀。从汉代开始，就有对孔子等圣贤的祭祀活动。汉魏以周公为先圣，孔子为先师；唐代尊孔子为先圣，颜回为先师；明代称孔子为"至圣先师"；清代盛京（今辽宁沈阳）设有孔庙，定都北京后，以京师国子监为太学，立文庙，孔子称"大成至圣文宣先师"。至当代,在曲阜每年仍然都有大型的祭孔仪式,既是对圣贤的追忆,也是对文化的继承。

二、祭品种类

1. 食物

民以食为天,最初的祭祀以献食为主要手段。《礼记·礼运》云:"夫礼之初,始诸饮食。其燔黍捭豚,污尊而抔饮,蒉桴而土鼓,犹可以致其敬于鬼神。"在诸多食物中,又以肉食为最。古代用于祭祀的肉食动物叫"牺牲",指马、牛、羊、鸡、犬等牲畜,后世称"六畜"。六畜中最常用的是牛羊。鱼兔野味也用于祭祀,但不属"牺牲"之列。作为祭品的食物除"牺牲"外,还有粮食五谷、果品蔬菜等。另外,酒也是祭祀神灵的常用祭品。

2. 玉帛

玉帛包括各种玉制礼器和皮帛,这是食物之外最常用的祭品。《墨子·尚同》云:"其事鬼神也,圭璧币帛,不敢不中度量。"① 原始时代的玉器主要有两类,一类是武器,以圭为代表,是权力的象征;另一类是饰物,以璧为代表,是贵族佩戴的宝物。这两类是非常贵重的祭品,预示着将最好的东西献给神灵,希望得到神灵的护佑。

3. 人

以人做祭品祭献神灵,古书称"用人",后世称"人祭"。人祭起源于原始社会的部落战争。人祭的形式有火烧、水溺、活埋、刺喉沥血和砍头,甚至于把人剁成肉,蒸为肉羹。后来此类祭品因太过残忍,慢慢消逝。

4. 血

血是一种特殊的祭品。《周礼·大宗伯》言:"以血祭祭社稷。"②古人相信,血是有灵魂的,血能维持人或动物的生命,做祭品的血有人血,也有牲血。

不管是祭天地、祭鬼神,还是祭圣贤都带有某种目的性,带着人们的某种

---

① 转引单育辰:《楚地战国简帛与传世文献对读之研究》,319 页,北京,中华书局,2014。
② (清)孙诒让:《周礼正义》,1314 页,北京,中华书局,1987。

需求。祭祀的目的主要有祈子、祈财运、求学、祈雨、祈安康等，而祈雨的目的已经随着生产力的发展、科技的进步而消逝，而像祈子、祈福、求学等依然是现代人祭拜的主要目的。祭祀礼俗带有较强的迷信色彩，却是人们对当时生产生活的认识，不同地区的不同祭祀礼俗反映了不同地域人群的不同信仰，从而形成了祭祀的地方性礼俗，也形成了不同地方的文化认同。

第五节　中国古代礼俗文化的特征与精神内涵

中国古代礼俗文化经过长时间发展，已经形成了相对稳定的富有仪式性的内容，虽然不同地域、不同民族会有一定差异，但是一般都是按照自然时序、生命过程变化和社会价值理想三个方面进行设置，并在此基础上结合本民族的文化心理和社会传统形成了各具特色的礼俗文化。纵观中国历史发展，发现中国礼俗文化在发展中带有一定的民族性、地方性、传承性，在礼俗文化中蕴含了丰富的精神文化内涵。

一、中国古代礼俗文化的主要特征

礼俗是由人们的生活习惯经过长期的积淀而形成的一套固定的、被广泛认可的行为规范组成的。在一定范围内有着一定的文化认同与社会影响力。"礼是社会公认的合式的行为规范，合乎礼的就是说这些行为是做得对的，对是合式的意思。……礼并不是靠一个外在的权力来推行的，而是从教化中养成了个人的敬畏之感，使人服膺；人服礼是主动的。"[1] 中国古代礼俗文化经历了几千年的发展演变，在相对稳定的发展中呈现出以下几个鲜明特征。

1. 民族性

中国是一个多民族的国家，具有几千年的发展史，其独特的地理环境、文化传统等造就了特色鲜明的民族特色，于是形成了多种多样的礼俗文化。例如，八月十五中秋节，广西南宁有舞香火龙，侗族有偷月亮菜，蒙古族有逐月

---

[1] 费孝通：《乡土中国》，50页，北京，中华书局，2013。

习俗等，都带有浓郁的民族性。但不可否认的是，礼俗文化都是人们对本民族的认识，对生产生活的认识。少数民族之所以一直保持着传统习俗的重要原因，是与不可分割的血脉联系以及长久以来所形成的文化习惯密切相关。礼俗的民族性具有强烈的民族凝聚力与文化认同感。瑶族男子成年都要举行度戒礼，凡是13~20岁的男子都必须通过度戒，男子受戒后表示已经成年，获得参与村社活动、恋爱结婚的资格，一直延续到现在。

2. 地方性

中国是农耕社会，由此形成的聚落文化对人们产生了重要影响。再加上中国地形多样、地域辽阔，不同地方的交流有所欠缺，礼俗文化在流传的过程中更倾向于历史时期的纵向流传，而横向的地域之间的传播相对较少，这就形成了不同地方的不同礼俗，甚至是同一礼俗在不同地域的不同表现形式。例如，中秋节活动，虽然很多地区都过中秋节，但是习俗各异。香港的舞火龙、广州的树中秋、厦门的搏饼、江西的拜月等都是中秋节民俗地方性的生动体现。在民间信仰方面，东南沿海有妈祖信仰、中原地区有菩萨信仰等。这些地域差异将十里不同风、百里不同俗体现得淋漓尽致。当然，在婚丧嫁娶方面，不同地方更是有自己的特色，从而形成丰富多彩的民间礼俗活动。不可否认的是，这种地方性对于当地人的文化认同具有极大的促进作用。

3. 传承性

礼俗文化不是一朝一夕就形成的，也不是瞬息就可以消失的。礼俗基于人们的生产生活，不以个人的意志为转移，形成比较稳定的社会心理和地方心态并一代一代流传下来。像现在的闽台送王船活动、王爷信仰、保生大帝信仰、搏饼等就是一代一代延续下来的。这些习俗在延续的过程中并不是一成不变的，而是呈现渐变的趋势，"总有一部分不适合社会生活需要的风俗习惯被淘汰，遭泯灭；又有一部分新的生活规范萌芽出来，逐渐形成习惯"[1]。留下来的礼俗文化基本都适应社会的发展，适应人们的生产生活，具有相对的稳定性，对社会的发展具有促进作用。这些礼俗文化的传承主要依赖于人，为保证这些文化能够继续传承，自2005年开始，国家陆续发布非物质文化遗产名录，希望借此推动非遗的传承；2017年2月，中共中央办公厅、国务院办公厅联

---

[1] 马敏：《中国文化教程》，133页，武汉，华中师范大学出版社，2012。

合发布的《关于实施中华优秀传统文化传承发展工程的意见》,将中国文化的继承与发扬推到了一个新的高度。

二、中国古代礼俗文化的精神内涵

1. 自然崇拜,强调顺应天道,人天调适

中国自古就是农耕社会,生活资料完全靠大自然的恩赐,由此产生了对大自然的依赖和恐惧的双重情感。万物有灵观念是自然精灵、自然神形成的基础,也是自然崇拜的基础。新石器时代,万物有灵观念和各种精灵观念得到迅速发展,自然精灵演化为自然神,成为人们崇拜、祈求的对象,与之相关的祭祀仪式也开始形成,从而产生了自然崇拜,祈求自然神保佑风调雨顺、五谷丰登。自然崇拜的对象是被神化的自然现象、自然力。例如,在中秋节对月亮的崇拜,春节对天的崇拜等,无不显示出人们顺应自然、敬畏自然的心态,并在对自然的认识中,注重人与自然的和谐。

2. 血缘崇拜,强化血缘的伦理情感与观念

在人类社会,人与人之间最基本的关系是基于婚姻制度而形成的血缘关系。血,在古代被认为具有神秘力量,人血或动物血曾被当做祭祀用品。在古代农耕社会,形成了自给自足的小农经济,聚族而居的生活形态中血缘关系更加重要。在周朝,逐步依据血缘关系建立了宗法制度,层层分封,使大宗和小宗紧密联系,在周朝形成了比较稳固的统治模式。虽然后来宗法制度瓦解,但是这种对血缘的崇拜并没有随之消失,而是在历朝历代不断通过各种形式强化,最明显的莫过于皇帝的世袭制。而在礼俗文化中,中秋节、春节的阖家团圆都是同血缘人的一次狂欢。血缘崇拜到现在依然存在。随着对传统文化的关注,祭祖现象变得常见。祭祖活动是人们探寻血缘的重要依据,是重要的文化认同。福建宁化的客家祖地,就是专门为海外华人华侨准备的祭祖场地。宗庙与修族谱也是血缘崇拜的鲜明体现。这种同宗同族的观念促使社会稳定,容易形成共同的文化认同。

3. 崇圣尊贤,强化价值理想引导意识

崇圣尊贤是古代到现代一直奉行的,强化对圣人的尊崇。春秋战国时期,涌现了多位先贤圣人,对后世影响至今。孟子在千年之前就提到:"卓然不倚,

居广行大。富贵不淫，贫贱不易。天下万物，莫我挠屈。"①这种价值理想依然对现代人性格的塑造、价值观念的引导起到促进作用。而对圣人的祭拜正是对人们价值理想的强化。每年山东曲阜都会举办大型的祭孔仪式，以表示对先贤圣人的怀念与推崇。现在，孔子学院遍布国外多个国家，已然成为传播中国传统文化的窗口。围绕富强、民主等形成的社会主义核心价值观是对孔子等一系列先贤的文化概括，是中国传统文化的精髓，有助于引导人们形成正确的价值观念。

礼俗是人类生活习惯中所具有的行为规范。礼俗文化作为传统文化的一部分，通过节庆礼俗、生命礼俗、丰收礼俗、祭祀礼俗等形成了具有维系与凝聚功能的社会活动，并具有极强的仪式性。而这种仪式性又是经历长期发展为一定地域的人们所认同的，蕴含着共同的社会心理和意识形态，从而形成一种广泛的社会认同。在礼俗文化中，无论是节庆习俗还是生命习俗，或是丰收习俗又无不和自然崇拜、血缘崇拜以及崇圣尊贤有关。而这些特质将会在历史发展中依然发挥作用，并以相对稳定的形态继续传播。

本 讲 小 结

中国礼俗文化内容丰富，类型多样，既有关注生活的节庆礼俗如春节、清明节、端午节、中秋节等，也有关注农业生产的丰收礼俗，还有关注个体的生命礼俗如诞生礼、成年礼、婚礼、葬礼等。礼俗文化内涵了以自然时序、生命过程、社会价值理想为基础的主要礼俗设置原则，体现了中国人特有的文化心理和社会传统。当然，中国礼俗文化既有整体性又有多元性，民族性、地域性、传承性交织其中，构成了不同民族、不同地域丰富多彩的礼俗文化，而这之中又具有中国人的自然崇拜、血缘崇拜和崇圣尊贤的精神文化内涵。

---

① ［朝鲜］李彦迪：《晦斋集校注》，［韩］赵顺姬标点，苏岑校注，306页，上海，上海古籍出版社，2016。

【复习与练习】

复习

1. 民间节庆主要指的是民间传统的周期性的集体参与的事件或活动。节庆期间，人们的生活方式和行为模式往往有悖于日常行为规范和生活规律。
2. 丰收礼俗指的是与物质生产活动相关的礼俗。它主要有祈丰仪式、禳灾仪式、庆丰仪式。
3. 婚礼程序有纳采、问名、纳吉、纳征、请期、亲迎。
4. 中国古代礼俗文化的主要特征是民族性、地方性、传承性。
5. 中国古代礼俗的基本文化精神，一是自然崇拜，强调顺应天道，人天调适；二是血缘崇拜，强化血缘与泛血缘伦理情感与观念；三是崇圣尊贤，强化价值理想引导意识。

思考与练习

1. 简述中国古代礼俗的基本文化精神。
2. 结合家乡情况，谈一谈家乡的丧葬习俗。
3. 结合某一节庆，请搜集不同地区的特色节庆活动，并分析其不同的原因。
4. 组织一次某种礼俗仪式排演，体验中国古代礼俗的程序和内涵。

课外阅读文献

1. 陈久金，卢莲蓉：《中国节庆及其起源》，上海，上海科技教育出版社，1989。
2. 王炜民：《中国古代礼俗》，北京，商务印书馆，1997。
3. 杨树达：《汉代婚丧礼俗考》，上海，上海古籍出版社，2000。
4. 杨林：《中国传统节日文化》，北京，宗教文化出版社，2000。
5. [法] 葛兰言（Marcel Granet）：《古代中国的节庆与歌谣》，赵丙祥，张宏明译，桂林，广西师范大学出版社，2005。
6. 万建中：《民间诞生礼俗》，北京，中国社会文献出版社，2008。
7. 张岂之：《中国传统文化》，第3版，北京，高等教育出版社，2010。
8. 萧放，张勃：《中国节庆》，上海，上海古籍出版社，2010。

第七讲　中国古代文字

人类的世界，相当意义上讲是信息的世界，是信息传递的世界，而信息的表达和传递又要靠媒介。1964年，加拿大学者麦克卢汉出版了《理解媒介——论人的延伸》一书，提出"媒介即信息"，打破以往人们对"媒介"和"信息"分离的看法，指出"任何媒介（即人的任何延伸）对个人和社会的任何影响，都是由于新的尺度产生的；我们的任何一种延伸（或曰任何一种新技术），都要在我们的事务中引进一种新尺度"①。意思是说，信息和媒介是合二为一的共同体，信息的制造、交流和传递离不开特定媒介，而特定媒介也内在地规定着其所制造和传播的信息的质量和范围，这就是"信息即媒介"这个命题的核心含义。我们根据传播媒介的不同将人类文化传播的方式分为四种，即体传、口传、字传、电传。按照"媒介即信息"的论断，肢体、口语、文字、电信既是人类信息制造和传递的媒介，同时又是人类所制造和传递的信息。本讲即在这个理论的基础上理解和介绍中国古代文字这一重要的文化载体。

第一节　人类信息传播的方式与文字的重要性

众所周知，人类口语产生之前信息传递的主要方式是肢体语言（如肢体动作、面部表情等）和简单的动物性发声，我们称之为体媒。在此基础上，人类信息传播的媒介依次发生了三次重大变革：第一次是口头语言的产生和广泛使用；第二次是文字的创制和印刷术的发明应用；第三次是建立在电子技术基础之上的一系列媒介的发明和使用，如电报、电话、广播、电视、网络等现代电子媒介的普及应用。连同前语言阶段的体媒，我们将人类信息制造和传播的媒介依序归纳为体媒（传）、口媒（传）、字媒（传）、电媒（传）四种。下面简要介绍这四种媒介及其制造和传播信息的基本特征。

---

① ［加］马歇尔·麦克卢汉：《理解媒介——论人的延伸》，河道宽译，33页，北京，商务印书馆，2000。

一、体传

  体传就是使用身体为媒介，通过形体的动作、姿态、表情、眼神等传递信息。人类有 200 万年左右的历史，在形成可以清晰分辨的有声语言（大约 5 万年）之前，身体是传递信息最基本的媒介。因为身体动作也能起到像人类语言一样的交流思想的作用，故也称"体语"。体语如果细分，可以分为手势语、肢体语、表情语等，它们都是人类传达信息的特定语言。

  体媒传达信息有如下几个显著特点：一是信息传达的直接性和当下性。信息的发—受双方是在一个十分有限的空间距离中展开和完成信息交流的，超过一定距离则这种交流就无法进行。同时，这种信息传递也具有当下性，只能在发—受双方此时此刻的交流中进行和完成。二是体—视相传的信息传递途径。这种交流只能通过发送者的形体语言和接受者的目视完成。三是信息内涵本身一定程度上的模糊性。体媒传达的信息一般而言是大体清楚的，但比起以后的口媒和字媒传递的信息而言，它有一定的模糊度，因此也可能造成某些误解。四是信息交流的全息性。体传往往是手势、肢体、表情、声音等多种方式配合的信息传达方式，具有全息性特征。五是体语传达的主要是人类具体的欲望和情感的世界，它很难传达抽象智性的内涵。因为人类抽象智性的心理机制与口头和书面语言的出现和成熟相关，在只有体语的时期，人类心理很难发展出抽象智性的机制，体语也很难充分表达这种抽象智性的心理内容。即使到了文明时代，有口头语言的引导，体语在表达这种内容方面也严重受限。

  到了文明社会以后，体传语言依然是重要的。身体动作、体貌形态，甚至一颦一笑，都可以传递一种思想、一种情感。高兴时喜形于色，发怒时怒目圆睁，惊讶时瞠目结舌，失意时萎靡不振等等，都是人们体传信息的表现。手势语、姿态语、表情语不仅在生活中起着很重要的作用，而且艺术中主要以体语为媒介的艺术样式如舞蹈、哑剧、无声电影、魔术等，体传同样具有重要地位。

  由于体传信息只能通过"体语—视觉"的途径传播，所以受到明显的交流时空限制，这种交流只能发生于视觉所能感知的即时即地，不具有超越时空的可能，当下性是体传形式的局限。同时，因为肢体语言具有一定的模糊性，其传达信息的精确度也有一定限制。

二、口传

口传就是通过口头声音形式传递信息。根据语言学家和考古学家的研究，大约在距今 5 万～10 万年间，人类有了现在这样可以清晰分解和组织以准确传达信息的口头发声的语言。口语的出现是人类信息传播的巨大进步，它易于准确地表达心意，易于达到相互理解和沟通，效果明显，反馈迅速、及时。以口头语言作为媒介进行信息传达，我们一般称之为"口媒"或"语媒"，信息通过这种媒体进行传播，我们称之为"口传"。

口传方式有如下基本特征：一是口传信息通过口—耳相传的方式进行和完成，因此，这种信息交流具有直接性，它是在有限的空间进行和完成的，超过说者和听者可以听见的空间距离，交流就无法进行。二是口媒信息传播过程中，经常有体语配合，即口说的同时伴有身体语言。例如，列维-布留尔在《原始思维》中，就特别指出，原始人说话往往是"声音图画"[1]，这里的"声音图画"，就是指配合手势语、表情语、肢体语等体语方式说话。这也就是说，口语交流带有一定的全息性特征。三是因为口语是基于人类发声的准确性基础之上的，所以其表达的信息要比体语准确、清晰也丰富得多。四是语言不仅表达的是人类欲望和情感的世界，而且也表达人类抽象和理性的世界。人类抽象和智性世界的出现和发展，与口头以及书面语言的形成和发展具有内在的同步性，这也使得口语和书面语言是最适合表达人类抽象和智性心理世界的媒介。五是口传信息具有很大的变异性，很难还原。在口传形式中，一个信息源文本发送后，经过众多口耳递转性传播，必然形成多种亚文本，这些亚文本既保留了一些源文本的信息，又不断地增加了众多传递者出于多种原因添加的信息。口传信息就像流动的沙丘，只知道现在的状貌，很难还原初始的形态。最典型的例子就是民间口传文学。一个神话传说从遥远的远古社会形成后，最初只有一个源文本，但各地众多传播者在漫长时间的口耳相传过程中，就慢慢形成了众多既有某些相类似的元素、又有很多不相同元素的不同亚文本。例如，中国的盘古神话、螺女传说、七仙女传说等，都具有这样的特征。

---

[1] [法] 列维-布留尔：《原始思维》，丁由译，157 页，北京，商务印书馆，1985。

三、字传

文字的产生是人类信息传播历史中最重大的事件之一。文字是语言的书写符号系统，它使听觉符号转变为视觉符号，使语言变得有形而得以长久保存。字媒以及与字媒相关的通过文字书写和阅读交流信息的方式，是人类文明史中最重要的信息传递方式。在相当意义上，人类文明史的起点与文字的产生有明显的相关性。尽管人类的历史已有几百万年，但文明的历史只有几千年。考古学界和历史学界将是否有文字产生和使用作为衡量一个古代社会是否进入文明阶段的重要标志之一，这已是常识。广义的文字是包括图画、字符、记号在内的所有实现信息传递的符号体系。世界上所有古老的文字系统都经历了由图画文字向抽象符号过渡的发展历程。文字构成了一个相对独立的世界，文字可以较恒久地明确记录或报道历史上的信息。

信息的字传形式具有如下五个基本特征：一是信息的有形性。在口传形式中，信息是无形的。而在字传形式中，人类无形的信息通过文字被赋形，文字就是负载信息的符号。文字通过对语言的再编码，成为贯通古今信道的桥梁。正如许慎在《说文解字·叙》里所言："盖文字者，经艺之本，王政之始，前人所以垂后，后人所以识古。"[①] 二是字—目交流方式。文字的出现使漫长口传时代口耳相传的交流方式转化为字—目交流方式。传统口传时代的说者与听者变成了字媒时代的写者与读者。三是信息交流时空的间距性。体传与口传信息交流具有时间与空间的当下性和直接性，但字传信息交流则具有时间与空间的间距性。发送者以文字作为载体，可以使信息物化，从而被异时异地的接受者所接受。这使字媒信息交流的时空覆盖面大大超过了以前体媒和口媒信息交流的时空长度与广度，使得信息跨越时空进行传递成为可能。四是信息交流的准确性。口传方式中，信息传递受到发音者和听音者的主观干扰，会出现信息失真的结果，而字传就克服了这一问题。文字构成了一个相对独立的世界，文字可以较恒久、真实明确地记录或报道历史上的信息。许慎说："黄帝之史仓颉，见鸟兽蹄迒之迹，知分理之可相别

---

① （汉）许慎：《说文解字》，（宋）徐铉校定，316页，北京，中华书局，2003。

异也,初造书契。百工以乂,万品以察。"① 文字符号的创生能够"治理百工""明察万品"。五是字媒不仅使信息传播发生巨大的改变,更重要的是它本身创造的信息具有全新的质量和世界。例如,口传时代由于信息发布和接受的当下性和一次性特征,接受者没有反复回听信息发送者发送的语段语篇的自主权,出于记忆和理解方便的需要,语言一般以具有节奏感和韵律感的短句形式组构,往往侧重于表达故事性、事件性的信息,或主体内心易于理解的情感信息,文体也比较单一。更为细致精微的人类心理世界的过程和状态的信息,以及不那么具有外在故事性和事件性的散漫平常的人类社会生活信息,它就无法表达。但字媒时代,阅读者从一次性接受的被动状态中解放出来,可以主动地反复阅读、体味、理解同一语篇和语段,这使得字媒所表达的人类外在生活世界和内在心理世界的深度和广度达到此前任何媒介都无法达到的状态。文字是人类创造的信息媒介,同时,文字这种媒介也拓展和限定着人类的心理和思维世界。

与文字相伴而生的媒介是书写工具和材料。在中国,"笔"作为书写工具,在商周时期就已出现,笔的初文"聿"就是手握书写工具的形象。中国早期的书写材料有动物甲骨、金属制器、竹木简、绢帛等,然后发明了"纸"。"纸"的广泛使用,使文字书写更加便捷经济并易于保存和传播,因此成为文字的主要载体。所以字媒时代也被某些学者称为纸媒时代。文字的发明及应用,可谓是人类传播史上的一大创举,它从时间的久远和空间的广阔上实现了对体语与口语传播的真正超越。

四、电传

电传就是利用电磁和光为媒介来记录和传递人类信息,也称为"电子传播"。电传是突破了传统媒体介质,集文字、图片、视频、音频等传统媒体和现代媒体传播形式为一体,又融合了最新的互联网平台、应用软件、通信技术、数字技术等而生成的一种全新的信息加工和传播方式。电传的最大特征是"快速""大量"。所谓"快速",是指信息传递的速度无与伦比;"大量"是说传递的信息是海量的。1964 年,麦克卢汉在其《理解媒介——论

---

① (汉)许慎:《说文解字》,(宋)徐铉校定,314 页,北京,中华书局,2003。

人的延伸》一书中首次使用"地球村"（Global Village）和"信息时代"（Age of Information）两个名词来概括电传时代的世界特点。① 电话机、计算机和网络等是电传的直接载体，电报、电影、电视、电子文件等是电传信息的典型形式。

电媒传播有如下几个显著的特点：一是快速性。电媒几乎可以在同一时刻将信息传播到地球的任何地方，从而实现了信息传播的同时性和零距离。二是广阔性。电媒信息传播的空间覆盖面超越了以往任何媒介，体媒、口媒、字媒在信息传播的空间广度上，都远不能与电媒相比。三是包容性和综合性。电媒包容和综合了体媒、语媒和字媒等以往所有媒介的优势。四是信息的海量性。电媒负载的信息量比过去任何单一媒介以及过去所有媒介负载的信息量都大和丰富，用"海量"这个概念来表述比较准确。五是虚拟的视像性。媒介即信息，电媒创造了新的信息，这是声、光、影、电相结合的以虚拟性电子图像为主的电子视听信息，这种信息是过去任何媒介都无法创造的。六是电媒创造了新的信息交流方式，这种交流方式中，信息发——受双方具有远距离的共时性与互动性特征。

电媒是人类信息传递的划时代里程碑。电传媒介创造了声、光、影、电相结合的多种文化形式，是目前传递速度最快、覆盖面最广、信息量最丰富、诉诸人类视听感触多种信息接收器的综合性传播媒介，它综合了体传、口传、字传等所有以前的传媒形式，又远远超越了这些形式。不过，电传并不能替代口传、体传和字传，它们是相对独立的信息传播形式，谁也代替不了谁，而是处在一种互补共生的状态中。特别是字传，可以说是迄今四种信传方式中不可或缺的核心。即便是在电传时代创造了以虚拟性图像为主的符号系统，这些图像的内涵构成和意义解读仍然要借助文字媒介；手机、电脑和网络的程序编写、信息处理依然是通过文字媒介进行的；人类几千年来的文明成果，到目前为止主要是靠文字记载的。

---

① ［加］马歇尔·麦克卢汉：《理解媒介——论人的延伸》，河道宽译，1页，北京，商务印书馆，2000。

第二节　中国古代文字发展历史概览与基本造字方法

中国汉字分为古文字和今文字两个阶段，甲骨文、金文、篆文（大篆和小篆）属于古文字，隶书（秦隶和汉隶）及其之后的楷书、草书、行书属于今文字。

一、中国古代文字发展概览

一般认为，现今发现中国最早的文字是殷商甲骨文。近几十年，研究者从贾湖、半坡、姜寨、仰韶、红山、龙山、良渚、河姆渡等重要文化遗址器物上发现了不少刻符，这些刻符是否是文字尚有争议。但研究者都认为，今见殷商甲骨文已经是很成熟的文字体系，它一定是漫长历史发展过程的结果。因此，在殷商之前肯定有文字，但上述遗址的刻符是否是甲骨文的前身，则需要更有说服力的研究。最重要的是要能对那些刻符有公认的辨识，迄今为止，这些刻符中能获得公认辨识的还较少。因此，本书介绍中国文字的历史，还是将殷商甲骨文作为中国文字最早的形态介绍。

1. 甲骨文

19世纪末，安阳小屯村的村民在耕地时经常发现甲骨，村民视之为可作药用的"龙骨"卖给药店。1899年，国子监祭酒王懿荣生病，看到医生处方上有一味中药是"龙骨"，药买回后发现"龙骨"上刻有一种类似篆文的文字，经他"细为考订，始知为商代卜骨，至其文字，则确在篆籀之前"①，于是多方搜购甲骨；1900年庚子事变，王氏投井殉国，他生前所藏大部分甲骨由其长子王翰甫转售给刘鹗；1903年，刘鹗将个人收藏的甲骨精选出1058片编成《铁云藏龟》出版。著名学者孙诒让对《铁云藏龟》选拓的甲骨进行内容分类，考释其文字形义，于1904年写出第一部真正研究甲骨文的著作《契

---

① 王汉章：《古董录》，载《河北第一博物院画报》，1933年10月10日、15日第50、51期。

甲骨文·楷书对照举例

安	八	癹	白	败	般	宝	保
豹	北	贝	匕	敝	辟	兵	丙
秉	并	帛	亳	卜	不	步	才
采	仓	册	叉	朝	车	臣	辰
承	乘	齿	赤	春	丑	臭	出
初	楚	吹	此	束	大	典	多
斗	东	伐	方	焚	凤	福	妇
阜	甘	高	鬲	各	更	弓	宫
古	盥	光	龟	鬼	果	蒿	好
禾	虹	壶	虎	户	化	火	及

文举例》。而后罗振玉、王国维等寻访"甲骨"、研究"甲骨",翻开了中国古文字研究的新篇章。1949年以前,出土甲骨文的地点仅限殷墟一处,解放后,甲骨文在中国其他地区也相继被发现。

甲骨文是刻写在龟甲、兽骨上的文字的通称。商代和周代都有甲骨文,但现已发现的甲骨文大部分属于殷商时期,因而人们习惯上把甲骨文视为殷商文字的代表。

甲骨文是迄今可见的最早的成体系的汉字符号。自1899年甲骨文发现至今百余年来,出土甲骨文材料的数量(包括流布海外的、有字无字的)主要有三种说法:第一种认为约有10万片,以董作宾、陈梦家、李学勤、王宇信为代表[1];第二种认为有15万多片,以胡厚宣为代表,胡先生多方访寻统计国内外甲骨总数为154 604片,举其整数为15万片左右[2];第三种认为有13万片左右,以孙亚冰为代表统计为133 092片[3]。这些甲骨材料大多为盘庚迁殷至商纣亡国的王室遗物,记载了3 000多年前中国社会政治、经济、文化等各方面的内容。目前出土的甲骨文单字不重复的约有4 500个,已识2 000余字,公认千余字。

1978—1982年,大型甲骨文著录书籍《甲骨文合集》[4] 13册陆续出齐。这部由郭沫若任主编的巨著共收录甲骨41 956片,甲骨资料中有研究价值的部分基本上都搜罗在内。

从"甲骨文·楷书对照表"(见第163页)我们可以清楚地看到,甲骨文最大的特点是"象形",有些甚至带有原始图画的特征。

殷墟甲骨文的重大发现在中华文明乃至人类文明发展史上具有划时代的意义。甲骨文是迄今为止中国发现的年代最早的成熟文字系统,是汉字的源头和中华优秀传统文化的根脉,值得倍加珍视、更好传承发展。[5]

2. 金文

金文又叫作"钟鼎文""吉金文字"等,先秦称铜为金,所以后人把铸刻

---

[1] 王宇信,杨升南主编:《甲骨学一百年》,28页、55页,北京,社会科学文献出版社,1999。
[2] 胡厚宣:《八十五年来甲骨文材料之再统计》,载《史学月刊》,1984(5)。
[3] 孙亚冰:《百年来甲骨文材料统计》,载《故宫博物院院刊》,2006(1)。
[4] 郭沫若主编,胡厚宣总编辑:《甲骨文合集》(全13册),北京,中华书局,1978—1982。选录80余年已著录和未著录的殷墟出土的甲骨拓片、照片和摹本,共41 956片。第一至第十二册为甲骨拓片、照片,第十三册为摹本。
[5] 《习近平致甲骨文发现和研究120周年的贺信》,人民网,2019年11月2日,http://politics.people.com.cn/BIG5/n1/2019/1102/c1024-31434132.html。

在青铜器上的文字叫作"金文"。传世和出土的带有铭文的青铜器是商周皆有，而以周代居多，因此人们多把金文作为周代文字的代表。

金文的发现与研究比甲骨文要早得多，可以上溯到汉代。《说文解字·叙》："郡国亦往往于山川得鼎彝，其铭即前代之古文。"① 金文的发展与青铜器的用途相关。最早青铜器是作为食器使用的（当然是上层社会使用），而后变成了祭祀礼器。因为使用者的身份和器物的用途赋予了青铜器特殊的含义，具有了明贵贱、别尊卑的特殊功能。青铜器的不同组合方式代表着不同的身份和等级，如天子九鼎、诸侯七鼎、大夫五鼎、士三鼎等。青铜器又成了国家的象征、家族的荣耀，"问鼎"便意味着挑战和僭越，"鼎迁"则意味着国家灭亡；臣子为国家立下了功勋，受了封赏，常会铸造青铜器并刻上铭文，引以为荣传之子孙，金文中常有"子子孙孙永宝用"的字样就是明证。

如果说甲骨文能诉说历史，金文同样载记着古代史实。兹举《利簋》拓片和释文如下：

利簋

珷（武王）征商，佳（唯）甲子𪓑（朝），歲鼎，克聞，夙又（有）商。辛未，王才（在）𥹊𠂤，易（赐）又（右）史利金，用乍（作）𣪘（檀）公寶𢒕（尊）彝。

---

① （汉）许慎：《说文解字》，（宋）徐铉校定，315 页，北京，中华书局，2003。

《利簋》于 1976 年 3 月出土于陕西省临潼县零口公社。腹内底部铸有铭文 4 行 32 字。现收藏于中国国家博物馆，铭文著录于《殷周金文集成》第 4131 号。① 簋，音 guǐ，古代祭祀宴享时盛黍稷的器皿，一般为圆腹，侈口，圈足。《利簋》属周武王时期，是目前所知西周时期最早的一件青铜器。铭文大意：周武王伐商，在甲子日清早，岁星当头，有利于征伐。史官利观测并报告了这一天象。次日早晨占有商都。辛未日，武王在𥂴𠂤赐给右史利铜。利因而制作了这个用来祭祀先人檀公的珍贵礼器。《利簋》的铭文再现了武王伐纣的真实历史。

3. 篆文

战国文字不像甲骨文和金文那样相对统一，是周王室和各诸侯国使用的文字，种类繁多，已出土的战国文字有铜器铭文、石器文字、货币文字、玺印文字、简帛文字、陶文以及盟书等。学者们分战国文字为秦系、楚系、晋系、齐系、燕系五个体系，地域性特征明显，我们不好把某一种文字看作战国时期的代表文字，限于篇幅，此处只介绍秦系文字。

秦系文字主要是篆文。篆文分大篆和小篆。《汉书·艺文志》："《史籀》十五篇。"班固自注："周宣王太史作大篆十五篇，建武时亡六篇矣。"又说："《史籀篇》者，周时史官教学童书也，与孔氏壁中古文异体。"② 可见大篆即流传于汉代的《史籀篇》字体，形体结构与孔壁古文不同。《说文》曾收录《史籀篇》的二百二十余字，称为"籀文"，"籀文"实际就是大篆的异名。大篆的形体结构比古文一般要规整和繁复，它上承西周金文，下启小篆，发展脉络是清晰可辨的。《说文·竹部》："篆，引书也。""引"是牵引拉长、回旋曲折的意思，这个名称正好反映了篆书脱离"随体诘诎"的图画意味而趋向线条化的特点。

"小篆"是"大篆"进一步规范和简化的结果，小篆大体上继承了古字的结构。《说文解字·叙》在提到战国"言语异声，文字异形"的纷乱局面后说："秦始皇帝初兼天下，丞相李斯乃奏同之，罢其不与秦文合者。斯作《仓颉篇》，中车府令赵高作《爰历篇》，太史令胡母敬作《博学篇》，皆取史籀大篆，或颇省改，所谓小篆者也。"③

目前所能见到的秦朝小篆可分文物和文献两类。文物上的秦朝小篆比较

---

① 中国社会科学院考古研究所编：《殷周金文集成》（共 18 册），13 页，北京，中华书局，1984—1994。《利簋》拓片见第八册第 13 页。
② （汉）班固：《汉书》，（唐）颜师古注，1719 页、1721 页，北京，中华书局，1997。
③ （汉）许慎：《说文解字》，（宋）徐铉校定，315 页，北京，中华书局，2003。

少，其中较有代表性的是《泰山刻石》和《峄山刻石》。《泰山刻石》据说是李斯手迹，可谓是标准的小篆。

《史记·秦始皇本纪》记载秦始皇帝二十八年东巡，封禅、勒石记功，《史记》文字与《泰山刻石》相吻合。文献上的秦朝小篆主要见于东汉许慎的《说文解字》。这是保存小篆最系统的一部书，共收录小篆字头 9 353 个，加上书中保存的一些籀文和六国古文，共计 10 516 字。篆文的特点主要是，笔画线条化，象形性减弱，符号性增强，字形均呈长方态势，已初具方块汉字的形制，而且形声字大量增加。甲骨文中，形声字只占 20% 左右；而在《说文解字》中，则增至 80% 左右。不少原为象形、会意字的，通过添加形符或声符变成了形声字，有些就干脆另造形声字来取代原来的象形字或会意字。

4. 隶书

隶书是起源于战国晚期，到汉代趋于成熟的一种新型字体。隶书有秦隶、汉隶之分。秦隶又叫古隶，汉隶又叫今隶。

关于隶书的起源，《说文解字·叙》说："秦烧灭经书，涤除旧典，大发隶卒，兴役戍，官狱职务繁，初有隶书，以趣约易。"[①] 秦朝统一后，虽然将小篆定为标准文字，但日常事务中，隶书得到了广泛的应用。1975 年，在湖北云梦县睡虎地出土的大量秦简，就是很好的明证。秦隶实际上是篆文的较草率的速写体，它只是在笔形和态势上改变篆文的面貌，结构上变改不大。秦隶明显处于篆文向汉隶的过渡阶段。

汉隶直承秦隶而来，最初与秦隶并没有多大区别。经过 200 多年的发展，到东汉时期，汉隶逐渐形成了自己独特的风格。笔势飞扬舒展，笔画蚕头雁尾，有波势挑法；字体扁方平整，布局稳重匀称。如东汉中期的《史晨碑》《曹全碑》[②] 就是此期汉隶的代表。

成熟的隶书在结构和态势上已与小篆有了很大的不同，这主要表现在以下几个方面：一是在书写笔法上将小篆圆匀的线条改成点画，从而彻底实现了汉字的笔画化。二是在字体的态势上变小篆的长圆体而为扁方体，笔画故意向左右两侧取势，与纤细秀气的小篆相比，显得更为沉稳有力。三是结构上，因简化而造成的偏旁合并、分化及省变现象，使隶书的表意性变得模糊。

---

① （汉）许慎：《说文解字》，（宋）徐铉校定，315 页，北京，中华书局，2003。
② 徐玉立主编：《汉碑全集》，1228 页、1771 页，郑州，河南美术出版社，2006。

汉字从篆书到隶书的演变，线条变弧为直、笔画变繁为简并点画化，是汉字史上的一大飞跃。从此，汉字告别了古文字阶段的象形意味，摆脱了古文字弯曲线条的束缚，开始步入今文字阶段。因为汉字的这次演变空前剧烈，故文字学上为汉字从篆书到隶书的演变取了个专名叫"隶变"。

5. 楷书

楷书，也叫真书、正书，《辞海》解释说它"形体方正，笔画平直，可作楷模"[①]，故名楷书。

楷书形成于东汉，流行于魏晋南北朝，完全成熟于隋唐，一直沿用至今。楷书产生的动因，同样是为了书写方便。因为隶书的蚕头雁尾和波势挑法，仍然是书写速度的障碍。楷书则彻底摆脱了隶书的笔法，形成了标准的笔画，书写起来更加方便。

楷书直接从汉隶发展而来，它同汉隶在结构上基本相同，只是稍有省简。二者的区别主要表现在笔法和字体的态势上。楷书变隶书的扁方字体为正方，显得刚正典雅，端庄大方；在笔画上横平竖直，变波、磔而为撇、捺，且有了"侧"（点）、"掠"（长撇）、"啄"（短撇）、"提"（直钩）等笔画，使结构上更趋严整，虽然"隶变"已实现了汉字书写的笔画化，但基本笔画的标准样式到楷书阶段才算最后定型。

顺便说一下草书和行书。草书形成于西汉宣帝、元帝时期，兴盛于东汉，最初为隶书的草写体。《说文解字·叙》说："汉兴有草书。"[②] 草书的特点是存字之梗概，损隶之规矩，纵任奔逸，赴速急就，因草创之意，谓之草书。东汉章帝好草书，因称章帝时期的草书为"章草"。其后，草书用笔日趋圆转，笔画连属，更多省简，遂成"今草"。还有一种字体是行书，行书是行楷和行草的统称，它是在楷书的基础上发展起源的，是介于楷书、草书之间的一种字体，是为了弥补楷书的书写速度太慢和草书的难于辨认而产生的。

二、汉字构造之"六书"理论

关于汉字形体的构造，传统有六书的说法。六书是古人分析汉字的构造和

[①] 辞海编辑委员会编纂：《辞海》（1999年版缩印本），1593页，上海，上海辞书出版社，2000。
[②] （汉）许慎：《说文解字》，（宋）徐铉校定，315页，北京，中华书局，2003。

使用而归纳出来的六种条例。"六书"这个概念始见于《周礼·地官·保氏》："保氏掌谏王恶而养国子以道，乃教之六艺……五曰六书。"东汉郑玄注引郑众说："六书，象形、会意、转注、处事、假借、谐声也。"① 六书是六艺之一，但是《周礼》没有说明六书的具体内涵。班固《汉书·艺文志》说："古者八岁入小学，故《周官》保氏掌养国子，教之六书，谓象形、象事、象意、象声、转注、假借，造字之本也。"② 许慎《说文解字·叙》以为六书是指事、象形、形声、会意、转注、假借。由此看来，三家对六书的称名基本上是相同的。后人对于"六书"，于名称采用许慎的（只有形声有时也称谐声）提法，于次序则采用班固的。《说文解字·叙》：

> 周礼：八岁入小学，保氏教国子，先以六书：一曰指事，指事者，视而可识，察而见意，"上""下"是也；二曰象形，象形者，画成其物，随体诘诎，"日""月"是也；三曰形声，形声者，以事为名，取譬相成，"江""河"是也；四曰会意，会意者，比类合谊，以见指㧑，"武""信"是也；五曰转注，转注者，建类一首，同意相受，"考""老"是也；六曰假借，假借者，本无其字，依声托事，"令""长"是也。③

1. 象形

"象形者，画成其物，随体诘诎，日月是也。"象形即取象于物形，字形摹写实物的形状或用比较简单的线条来摹写事物的特征部分。"日"⊙和"月"）就是通过画象的方式创造出来的汉字。又如，《说文·牙部》："牙，壮齿也，象上下相错之形。"《说文·皿部》："皿，饭食之用器也，象形。"

甲骨文的"羽"是羽毛的象形：

---

① （汉）郑玄注，（唐）贾公彦疏：《周礼注疏》，见《十三经注疏》，整理委员会整理，李学勤主编，352～353页，北京，北京大学出版社，1999。
② （汉）班固：《汉书》，（唐）颜师古注，1720页，北京，中华书局，1997。
③ （汉）许慎：《说文解字》，（宋）徐铉校定，314页，北京，中华书局，2003。

金文的"山"就像山峰的形象：

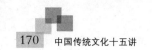

"象形造字法"及"象形字"是汉字历史上的一个重要里程碑，它奠定了指事、会意、形声、转注、假借等造字方法的基础。

2. 指事

"指事者，视而可识，察而见意，上下是也。"指事也叫"象事""处事"。以点画等象征性的符号来表明比较抽象的语词、概念。"上"和"下"就是通过画意的方式创制的汉字。指事字在汉字中为数不多，这可能与以符号表意的局限有关。指事字可分为两类。一类是所谓纯指事字，全部用指事性的符号来表示，如一、二、三、四、十［甲骨文"七"字，注意与"甲"（甲骨文、金文）区分］、｜（甲骨文"十"字，金文作）等。这类指事字可能是来自原始的刻划符号。另一类是在象形字的某一部位加上点画性符号，以表明造字的意图所在。如"刃"是在刀口处加一点，指明刀刃。"本"是在"木"字下方加上一短画，指明是树木的下端，"末"与此相反，指明是树木的上端。这一类指事字，有些文字学著作称为合体指事或加标指事。

3. 会意

"会意者，比类合谊（通'义'），以见指撝（通'挥'），武信是也。"会意也叫"象意"。组合两个以上的字表示一个新的意义。会意字中较普遍的是用不同的字组成的"异文会意"，即两个或两个以上不同的汉字组合出一个新字。如《说文·戈部》："戍，守边也，从人持戈。"《说文·手部》："挚，握持也，从手执。"还有相当一部分会意字是"叠文会意"，即由相同的字符重叠构造出新字。如《说文·林部》："林，平土有丛木曰林，从二木。"《说文·车部》："轰，群车声也。从三车。"通过分析会意字的结构，有助于认识一些汉字的本义。如《说文·斗部》："料，量也。从斗米在其中。"段玉裁注："米在斗中，非盈斗也。视其浅深而可料其多少，此会意。"[1]

4. 形声

"形声者，以事为名，取譬相成，江河是也。"形声也叫"象声""谐声"。

---

[1]（清）段玉裁注：《说文解字注》，718页，上海，上海古籍出版社，1988。

由形符和声符两部分组合成的字，其中形符表义，声符表音。形声字是汉字中最能产的合成字。因此，形声字在现行汉字中数量最多，占80％以上。

从汉字的历时生衍角度来看，形声包括两类：一是追加声符，例如，"齿""星""凤""饲""圃"等，其中"止""生""凡""司""有"即后加的声符；二是音义合成，即同时使用形符和声符而构成的形声字，也就是孙诒让所谓"形声骈合"，如"江""河""陵""陆""芹""菜"等。

形声字的组合方式很灵活，六种基本结构如下。

★左形右声：江、河　　★左声右形：锦、刊

★上形下声：草、房　　★上声下形：想、袈

★外形内声：街、衷　　★外声内形：闻、衡

还有比较特殊的结构：一是形符或声符只占字的一个角落。如"胜（勝）"，是形符"力"在一角，声符是"朕"。"宝（寶）"，是声符"缶"在一角，形符是"宀""玉""贝"组成的会意字（西周金文中才开始在这个会意字中加上声符"缶"）。又如，从"㫃"的字常常是声符在一角。㫃（yǎn），《说文·㫃部》："旌旗之游，㫃蹇之皃。"即"㫃"表示旌旗飘扬的样子，从"㫃"的字都与旗帜有关，如"旌""旗""旅""旐""旒"等。二是省形和省声。如"考"字，《说文·老部》："从老省，丂声。"其形符"老"省略了下面的"匕"，声符是"丂"。"夜（夾）"字，《说文·夕部》"从夕，亦省声。""夕"是形符表意，声符"亦"省略了一点。

形声字可能是比较晚起的造字方式。早期甲骨文中形声字还比较少；后期甲骨文中，形声字约占20％。由于这种方式灵活、适应性强，在汉字发展中，得到了最广泛的运用。

5. 转注

"转注者，建类一首，同意相受，考老是也。"对"转注"的理解分歧较多，一般认为是古人制造"同义字"的方法；换言之，转注就是用同义字辗转相注的方法造字。许慎举例"老"和"考"属转注字，《说文·老部》："老，考也。七十曰老。从人、毛、匕，言须发变白也。"《说文·老部》："考，老也。从老省，丂声。"

6. 假借

"假借者，本无其字，依声托事，令长是也。"假借是说语言中产生了某

一个新词，但还没有为它造字，就依照它的声音假借一个现有的与其同音的字来表示这个词。例如，"自（𦣹）"本来表示鼻子，被借用作第一人称代词"自己"，然后又造了一个形声字"鼻"来表示鼻子。

今人对"六书"通行的看法是，象形、指事、会意、形声属于造字之法，是汉字结构的条例；转注、假借则属于用字之法，是汉字使用的条例。即所谓"四体二用"。"六书"大约反映了战国末到汉代人们对汉字的结构和使用情况的认识。这种认识主要是建立在小篆的基础上的，是一个不够完善周密的条例。但是，它对于大多数的汉字，特别是对古文字，还是能够予以说明的。研究汉字的人们可以用"六书"理论作指导，借助古文字字形进行汉字本义的探索，所以"六书说"是我国文字学史上的一个重大创见。

第三节 中国古代文字体现的思维特征与文化精神

人类的思维方式是多样的、复杂的，表现出的思维特征也丰富多样；但是，每一个民族的人民都会因为其生活的地域、环境以及实践对象的不同而形成不同的思维方式，即思维方式具有民族性。当然，人类的思维方式和思维特征有很多共通之处，如形象思维和抽象思维、分析与归纳，等等，但是不同民族有其典型性的思维模式和特征。这里我们以汉字为依托，探讨汉民族的思维方式。汉字的构形体现着造字者的构意，汉字的构意直接映射出造字者的思维，前述"六书"理论就是秦汉时期的学者对古人思维特征在汉字上的表现之提炼概括。因此，我们可以从中国文字特别是古文字的构造出发寻绎中华民族的思维特征。

一、象形与形象思维

汉字是象形的，这种象形性折射着中华民族的形象思维模式。《说文解字·叙》说："仓颉之初作书，盖依类象形，故谓之文。其后形声相益，即谓之字。"[1]

---

[1] （汉）许慎：《说文解字》，（宋）徐铉校定，314页，北京，中华书局，2003。

汉字的象形性昭示着中国人长于形象思维。汉字是以形表义的，字形和字义的联系非常密切，具有明显的直观性，因此容易辨识、利于联想，这使得人们能够"望文生义"。根据一个字的构形或者形旁，大致能猜出该字的意义或者意义类属。我们在阅读时，当看到"水"字旁、"木"字旁、"草"字头、"鸟"字旁的汉字时，即可猜知说的是一条河、一种树、一种草、一种鸟。中华民族的形象思维，主要体现在象形字和指事字上。

（1）～（4）分别是甲骨文的"山""兔""鸟""车"。"山"像山峰并立之形；"兔"直接描绘兔子的形象；"鸟"像一只成年鸟的形状；"车"像车之两轮及辕、衡等构形。（5）～（8）分别是金文的"其""禾"和小篆的"木""水"。"其"是簸箕的形象；"禾"是谷子、麦子等农作物的象形，上像穗与叶，下像茎与根；"木"是树的象形；"水"是水纹的形象，因与"川"区别而将两边的线条断开。这8个象形字直接描绘物象，一看就知道画的是什么，这就是形象思维在汉字上的烙印。

除了象形字，指事字也是这样。指事字是在象形字的基础上加上指示性的符号造出来的汉字，所以它们仍然以形象思维为主。

（9）～（11）分别是甲骨文的"上""下"和"刃"。"上"和"下"是相对的概念，甲骨文的"上"和"下"分别用一根短线条放在一根长线条的上面或下面，以表示"上"或"下"的意思；"刃"是在"刀"口侧加上一长点，指出刀刃的位置。（12）和（13）分别是金文的"元"和"册"。"元"凸显的是人的脑袋、头部；"册"是韦编竹简木简的形状。（14）～（16）分别是小篆的"甘""寸"和"音"。"甘"是在口中加标示符号,表示甘美的滋味;"寸"是在人手下寸口的地方加短横指示寸口;"音"是在"言"内加"一"进行抽象指示,《说文·言部》:"音,声也。生于心有节于外谓之音;……从言,含一。"这8个指事字要表现的是比较抽象的事物或难以直接画出的物体,只能用在物象基础上加标的办法指出它们的位置或关系。

汉字体现的汉民族的形象思维是最直接、最普遍的,最能反映出汉民族的文化认同,所以余光中先生在《听听那冷雨》第四段写道:

> 杏花。春雨。江南。六个方块字,或许那片土地就在那里面。而无论赤县也好神州也好中国也好,变来变去,只要仓颉的灵感不灭,美丽的中文不老,那形象那磁石一般的向心力当必然长在。因为一个方块字是一个天地。太初有字,于是汉族的心灵他祖先的回忆和希望便有了寄托。譬如凭空写一个"雨"字,点点滴滴,滂滂沱沱,淅淅沥沥,一切云情雨意,就宛然其中了。视觉上的这种美感,岂是什么 rain 也好 pluie 也好所能满足?翻开一部《辞源》或《辞海》,金木水火土,各成世界,而一入"雨"部,古神州的天颜千变万化,便悉在望中,美丽的霜雪云霞,骇人的雷电霹雹,展露的无非是神的好脾气与坏脾气,气象台百读不厌门外汉百思不解的百科全书。①

汉字形体结构的这种象征表意性能够引人联想,折射并反映着汉民族人群的思想感情。

二、会意与意合思维

汉字是因意构形的,会意字最能体现汉民族"意合"的思维理念。会意字是"比类合谊,以见指㧑",细分为:①会合图形,以形会意。即把两个或两个以上的图形按照事理关系形象地比配在一起,以表示某一语词的意义。例如、林、步、友、卉、轰等是同体会意,征、既、即、莫、武等是异体会意。②会合字形,以义会意。这是组合两个或两个以上独立的字在一

---

① 余光中:《听听那冷雨》,见《余光中集》,第五卷,183页,天津,百花文艺出版社,2003。

起，凭借构件字的意义关联，使人领会出新的意义，如劣、歪、鸣、泪、昶、嵩等。且看：

（17）和（18）分别是甲骨文的"益"和"采"。"益"会注水于器皿，当水越加越多就满溢了，这个意义后来写作"溢"；"采"会在树木上采摘。（19）和（20）分别是金文的"牧"和"初"。"牧"从"攴"（扑）从"牛"，会"放牧"之义；"初"的意思是"裁衣之始"，故用"刀"和"衣"会意。（21）和（22）分别是小篆的"析"和"友"。"析"用"斤"（斧子）分剖木头会意；"友"以两手相携表示"交好友好"之义。这6个字都是由两个以上的构件会意组成的。它们的意义由组成它的构件的意义、构件的数量及构件组合的相互位置来体现，字形和字义之间是有机统一的。

汉语有着区别于世界其他各种语言的根本特点——意合。无论是词组合成句子，还是单句组合成复句，首先考虑的因素是语意的配合，而不是语法形式的使用，只要几个负载着重要信息的关键词语在意义上能搭配，就能言简意赅地达到交际目的，这种组合就是"意合"。汉语的这个特点当然也反映在汉字上，这就是"会意"。"意合"决定了在感知和理解汉字的时候应该采用"会意"的方式。例如，"信"字，《说文·言部》："信，诚也。从人、从言，会意。伩，古文从言省。訫，古文信。"在古人意识里，一个人讲话应该诚实不欺、心口如一，所以"人+言/人+口/言+小（少）"会意"信"字。《论语·子路》"言必信，行必果"[①] 是孔子评判普通士人的标尺，《老子·八十一章》"信言不美，美言不信"[②] 就是对言语信实观念的阐述。再如，"昔"字，甲二九一三、菁六·一、昌鼎，是用太阳和流水会意，表示时间的流逝；《论语·子罕》："子在川上曰：'逝者如斯夫！'"仿佛就是"昔"字的

---

① 杨伯峻译注：《论语译注》，第3版，138页，北京，中华书局，2009。
② 陈鼓应注译：《老子今注今译》，修订版，349页，北京，商务印书馆，2003。

最好脚注。

三、方块对称与对立统一思维

汉字符号外形的最显性特征就是"方块"字形。造字之初的很多汉字主要是依类象形，之后汉字向着方块进化。例如，"马"字：

甲骨文：🐴；金文：🐴；小篆：🐴。

从这个形体演进来看，"马"从像具体的马的形象慢慢抽象或者说慢慢变成简笔画，到后来的楷体，明显朝着"方块儿"的形态变化。其实，在众多的象形汉字演进中，还有一种轨迹就是，汉字总是让众多的物类"站立"起来。这应该说也是汉民族思维的独有特征——顶天立地。诚如姜亮夫所言："整个汉字的精神，是从人（更确切一点说，是人的身体全部）出发的。一切物质的存在，是从人的眼所见、耳所闻、手所触、鼻所嗅、舌所尝出发的……总之，它是从人看事物，从人的官能看事物。"[①]

结构对称是汉字的又一构造特点。这从另一个方面展现着汉民族对称统一的思维特征，几乎每一个汉字都可以分剖成对称的结构，当然并不是绝对的。例如，"大"是正面站立的人形，其左右是对称的；又如，"小"是抽象的象事，其结构是左右对称的。"夹"，是一大人夹着两人；"𗞦"（鄉—乡），是两人相向而坐对食。《说文》云："鄉，国离邑，民所封鄉也。"为什么"鄉"有"乡村"意义？杨宽《古史新探》说解："'鄉'和'饗'原本是一字……整个字像两人相向对坐，共食一簋的情况。其本义应为乡人共食。""乡邑的称'鄉'……实是取义于食。""是用来指自己那些共同饮食的氏族聚落的。""在金文中'鄉'和'卿'的写法无区别，本是一字……'卿'原是共同饮食的氏族聚落中'鄉老'的称谓，因代表一乡而得名。进入阶级社会后，'卿'便成为'鄉'的长官的名称。"[②] 在这里，我们不仅看到了汉字的对称性，而且看到了汉字反应的汉民族思维与汉文化相互影响辩证生衍的过程。

对称相生，在部件重复组构汉字上也有体现。例如，一个口"口"→两个口"吅"→三个口"品"→四个口"䇞"；一个人"人"→两个人"从"

---

① 姜亮夫：《古文字学》，69~70页，杭州，浙江人民出版社，1984。
② 《汉语大字典》，缩印本，1576页，四川辞书出版社，湖北辞书出版社，1995。

→三个人"众";一个木"木"→两个木"林"→三个木"森"。

汉字所反映的汉民族对称思维的特征,在形声构造中也体现得很突出,形声字分为左形右声、左声右形、上形下声、上声下形、外形内声、外声内形等类别,就表明汉字"形声相益"过程中的"声义匹配"的对称;而汉字排检中的四角号码检索和计算机处理中的五笔输入法就是着眼于方块汉字对称统一的特征。关于汉字的对称与汉民族的对立辩证思维,学者们有专文讨论。例如,刘伟真硕士论文《古文字字形对称现象研究》(西南大学,2016年6月),此不赘述。

汉民族的对称统一思维,不仅体现在汉字内部也体现在汉字外部,在给词语造字的时候,很多汉字用形体互补反映着这种观念,如"上"与"下"、"凹"与"凸"、"杲"与"杳"等。

当然,有学者从汉字"象形""象意""形声"三书说出发,指出这三种造字类型实际上代表了汉族人整体思维的三个发展阶段①。我们认为象形、象意和形声不能说是汉民族思维发展的三个阶段,应该说是体现了汉民族思维特征的三个方面更为妥当。

汉字本身就是中华文化的核心元素之一,汉字书写了中国上下5 000年的民族历史,记录了光辉灿烂的华夏文明。中国古人造字,"近取诸身,远取诸物"的思维过程不仅反映着中国人的思维特征,同时也投射着中华民族的文化精神。"象形"造字体现的是"道法自然"的文化精神,"会意"造字彰显的是"和谐统一"的文化精神。

本 讲 小 结

人类迄今为止,先后经历了体传、口传、字传、电传四种信息传播媒介主导的时代。中国文字主要分古文字和今文字两大类。古文字主要由甲骨文和金文以及篆书构成,今文字主要由隶书、楷书、行书、草书构成。中国文字的创造有六种基本方法,即象形、指事、会意、形声、转注、假借。中国文字体现了中国古人形象思维、意合思维、对称与对立相统一的思维等特征。

---

① 郭优良:《汉字与中国传统思维方式》,载《汉字文化》,1997(2)。

【复习与练习】

复习

1. 人类信息传播的四种方式及其特征。
2. 汉字形态演进经历的几种书体。
3. 汉字构造的"六书"理论。
4. 汉字体现的汉民族思维特征。

思考与练习

1. 有学者认为中国人的思维富于感性诗性而比较缺乏抽象高度,并且认为这与使用以象形为基础的汉字有内在关系,你认为这种说法对吗?
2. 如何理解人类媒介的复合性?
3. 为什么中国文字没有朝表音线形文字发展而成为现在的表意框块文字?其原因在哪里?
4. 组织一次中国各体文字书写大赛或者展览。

课外阅读文献

1. 《习近平致甲骨文发现和研究120周年的贺信》,人民网,2019年11月2日,http://politics.people.com.cn/BIG5/n1/2019/1102/c1024-31434132.html。
2. 许慎:《说文解字》,北京,中华书局,1963。
3. 裘锡圭:《文字学概要》,北京,商务印书馆,1988。
4. 高明:《中国古文字学通论》,北京,北京大学出版社,1996。
5. 何九盈、胡双宝、张猛主编:《中国汉字文化大观》,北京,北京大学出版社,1995。
6. 王宇信、杨升南主编:《甲骨学一百年》,北京,社会科学文献出版社,1999。
7. 何九盈:《汉字文化学》,沈阳,辽宁人民出版社,2000。
8. 邢福义:《文化语言学》,武汉,湖北教育出版社,2000。
9. 王宁:《汉字构形学讲座》,上海,上海教育出版社,2002。

10. 许嘉璐:《中国古代衣食住行》,北京,北京出版社,2002。
11. 李学勤:《古文字学初阶》,北京,中华书局,2006。
12. 黄德宽,陈秉新:《汉语文字学史》（增订本）,合肥,安徽教育出版社,2006。
13. ［加］马歇尔·麦克卢汉:《理解媒介——论人的延伸》,何道宽译,北京,商务印书馆,2000。

第八讲 中国古代重要典籍

在漫长的人类文明发展历史进程中，中国古人创造和积累了丰富的文明成果，这些成果最重要的构成之一，就是浩如烟海的古代文献典籍。了解这些典籍中最重要的部分，是学习中国古代文化的主要凭依，也是重要任务。

第一节　中国古代典籍的积累与分类

一、中国古代典籍的积累：从"三坟五典"到"浩如烟海"

中国最早的典籍有哪些？因年代久远，已无法稽考，但传说中有所谓"三坟、五典、八索、九丘"的说法。后人因此用"三坟""五典""八索""九丘"泛指古代典籍。

中国的古籍究竟有多少？历来也没有一个准确的统计数字。我们能依据的主要是史书记载的官藏书目以及一些藏书家私藏书目，从而作个大致的估算。

在使用竹木简作为书写材料的时代，古籍数量并不大。《汉书·艺文志》统计为："大凡书，六略三十八种，五百九十六家，万三千二百六十九卷。"[①]当纸张被推广使用以后，书籍数量大幅增加。第一次比较系统地统计古籍书目的史书是《隋书》，《隋书·经籍志》统计的古代书籍数量大略如下：西汉33 090卷、东晋64 582卷、隋代56 881卷、唐初89 666卷。《隋书·经籍志》之后，历代的史书多半使用"经籍志/艺文志"这样的篇章来介绍一个王朝的国家图书情况。《旧唐书·经籍志》说："凡四部库书，两京各一本，共一十二万五千九百六十卷。"[②]而《新唐书·艺文志》记载，长安隋嘉则殿藏书达37万卷，至武德初，去除重复，为8万卷。[③]也就是说，中国的古籍在唐代达到第一个巅峰，数量为8万卷左右。明代藏书达到一个新高峰，《明史·艺文志》记载皇家藏书机构文渊阁（北京）1441年的排架目录保存了下来，列出

---

① （汉）班固：《汉书》，（唐）颜师古注，1781页，北京，中华书局，1997。
② （五代）刘昫等：《旧唐书》，2082页，北京，中华书局，1997。
③ （宋）欧阳修、宋祁：《新唐书》，1422页，北京，中华书局，1997。

了 7 356 部书籍；同一时期的南京文渊阁在 1449 年遭到大火焚毁前藏书数是北京文渊阁的两倍。那么，明代藏书量约达 15 000 部，而《永乐大典》收录为 11 095 册。清代又是一个高峰，仅"四库"系列就很可观，《四库全书》纂集 3 461 种，《四库全书存目丛书》著录 6 793 种，当时禁毁约 3 000 种（今《四库禁毁书丛刊》收录尚存 1 500 种左右），"禁毁书籍总数在十万部以上"①；《贩书偶记》及其续编又著录《四库全书》编成以后的古籍近 2 万种。

截至 1912 年之前，中国究竟有多少书籍流传于世？目前有了 1912 年以前书籍的联合目录，即《中国古籍总目》（2009—2013 年出齐），最终确定现存中国古籍近 20 万种。按照古书庋藏实际沿用古籍四部分类法，参酌《中国丛书综录》《中国古籍善本书目》分类体例，将古籍分为经部、史部、子部、集部、丛部五大部类。

由于传抄的问题、改朝换代的战乱兵火、盗卖、流徙等原因，古籍在不停地创造中也在不停地毁佚。加之计量方式的不统一，所以无法给出一个确数。中国古代图书的数量统计方法，决定于书写材料和保存形式。早期书写材料为竹简和木牍，计量时分两法：一是用"车"来计数，成语"学富五车""汗牛充栋"就是这样来的；二是用"卷/册"来计数，竹木简韦编成卷/册。使用纸张以后，人们计数书籍依然沿袭着竹木简"卷/册"的量化方法，"卷/册"可能是一本书，也可能是很多卷为一本书；但是，一本书也不等于一种书，有时很多册才为一种书。所以我们真的难以对古书给出一个确切的数字。所以宋人司马光在编纂《资治通鉴》时只好将古代的文献描述为"浩如烟海"，"浩如烟海"就成了我们对古籍图书的常用称呼。

二、中国古代图书的分类：从"六略"到"经史子集"

中国古人整理图书，在分类上有所谓"六分"和"四分"。

（一）六分

"六分"就是把天下图书分成六艺、诸子、诗赋、术数、兵书、方技六

---

① 《〈四库禁毁书丛刊〉编纂缘起》，见《四库禁毁书丛刊》，第一册，2 页，北京，北京出版社，1997—2000。

类。这是西汉成帝、哀帝时期，刘向、刘歆父子奉命主持整理天下图书时创制的书籍分类方法。

西汉成帝河平三年（前26），刘向、刘歆父子受命主持了我国历史上第一次大规模整理群书的工作。在每一部书整理完毕时，刘向便撰写一篇叙录，记述这部书的作者、内容、学术价值及校雠过程。这些叙录后来汇集成了一部书，这就是我国第一部图书提要《别录》。刘向死后，刘歆继续整理群书，并把《别录》各叙录的内容加以简化，把著录的书分为六略，即六艺略、诸子略、诗赋略、兵书略、术数略、方技略，再在前面加上一个总论性质的"辑略"，编成了我国第一部图书分类目录《七略》。《七略》原书现已不存，但其主要内容保存在东汉班固所著的《汉书·艺文志》中。班固的《汉书·艺文志》沿用了《七略》的图书六分法，把天下图书分为六大类。

1. 六艺略

著录易、诗、书、礼、乐、春秋、论语、孝经、小学九类图书，这些都是儒家经典或与儒家经典有关的著作，它们被安排在最突出的位置，单独为一略，体现了汉武帝罢黜百家之后，儒家经典在政治和学术上的指导作用。

2. 诸子略

著录儒、道、阴阳、法、名、墨、纵横、杂、农、小说等十家著作，西汉去古未远，诸子之书保存颇多，而西汉后期虽尊儒学，但对诸家学说还是兼收并蓄，不像后世那样极端，所以诸子列为第二大类。

3. 诗赋略

著录了辞、赋、歌诗等五类文学作品。

4. 兵书略

著录了兵权谋、兵形势、阴阳、兵技巧四类军事文献，包括了战略思想、战术技巧的各个方面。

5. 术数略

著录了天文、历谱、五行、蓍龟、杂占、形法六类图书，这里既有天文、历法、数学、物理方面的科学知识，也有荒诞不经的迷信，如占卜吉凶、相宅看风水之类的名堂。

6. 方技略

著录了医经、经方、房中、神仙四类著作，大体上是医学、科学及方士、巫术两方面的内容。

班固将《七略》的《辑略》，即对各家学说著作及流派的论述按其内容分开，作为各略各类的大、小序散入各略各类之后，使论述和分类著录更紧密地结合起来。刘歆《七略》、班固《艺文志》是中国书籍"六分"的滥觞，之后，南朝王俭有《七志》、阮孝绪有《七录》。

（二）四分

"四分"即划分图书为"甲乙丙丁"或"经史子集"四类。

汉代以后，各种官修、私撰的古籍分类目录不断涌现，分类方法也不断有所改进。西晋荀勖的《晋中经簿》将六略改为四部，甲部录经书（相当于六艺），乙部录子书（包括诸子、兵书、数术、方技），丙部录史书，丁部录诗赋等，这奠定了四部分类的基础。东晋李充编《晋元帝书目》根据当时古籍的实际情况，将史书改入乙部，子书改入丙部，这样经、史、子、集四部分类初具雏形。四部体制的最终确立体现在唐初魏征等编修的《隋书·经籍志》中，正式标注经、史、子、集四部的名称，并进一步细分为40个类目。从此，四部分类法为大多数史志、书目所沿用。到了清代，纪晓岚奉旨主编的《四库全书》，也是按照这个系统对典籍进行分类的。

经、史、子、集四部分类法是中国传统文化的产物，适用于传统文化典籍的分门别类。今天，它仍是我们熟悉古籍、了解传统文化的一把钥匙。"五四"以来，我国借鉴西方的图书分类法，按现代学科体系进行图书分类。当前各类图书馆普遍采用"中国图书馆图书分类法"（简称"中图法"）分类书籍；但是，由于不少古籍很难纳入中图法的分类体系，因此一般古籍图书馆（库）的庋藏和检索，仍袭用传统的四部分类法。

第二节　中国古代儒家学派重要典籍

中国古代的典籍浩如烟海，经过历史长河的洗刷和人们生活实践的检验，慢慢从众多书籍中分离升华出了经世致用的"经典"。"经"本指织物的纵线，与"纬"相对，引申泛指典范、权威的著作，包括儒家经典、佛教经典和记述某一事物、技艺的权威性专书。如儒家"十三经"、佛经、《山海经》等。与"经书"相对的是"纬书"，主要指汉代依托儒家经义宣扬符箓瑞应占验之书。《易》《书》《诗》《礼》《乐》《春秋》及《孝经》均有纬书，称"七纬"。纬书内容附会人事吉凶，颇多怪诞之谈；对古代天文、历法、地理等知识以及神话传说等均有所记录和保存。刘勰《文心雕龙·宗经》："经也者，恒久之至道，不刊之鸿教也。"①"至道"和"鸿教"突出了经典的权威性和典范性，"恒久"与"不刊"则说明经典的价值永在，万世不变。

  本节主要简介儒家"十三经"。儒家著作颇丰，其中13种上升为"经典"是有一个形成过程的。先有"五经"：汉武帝"罢黜百家，独尊儒术"，于是推崇孔子整理的《诗》《书》《礼》《易》《春秋》，设立"'五经'博士"(《史记·儒林列传》。《乐》遭秦火而失传)。在西汉宣帝至平帝时期，《周礼》(原名《周官》)、《礼记》《春秋公羊传》《春秋谷梁传》《春秋左氏传》也有列于学官兴盛一时的情形，但整个汉代国家层面立于学官的儒家经书统称"五经"。其后增为"七经""九经""十二经"到"十三经"。东汉有所谓的"七经"，但具体经书所指不一。《后汉书·张纯传》载"乃案七经谶、明堂图。"唐李贤注："七经谓《诗》、《书》、《礼》、《乐》、《易》、《春秋》及《论语》也。"② 而熹平石经刊刻的是《易》《诗》《书》《仪礼》《春秋》《公羊传》《论语》。唐代有"九经"，立于学官，用以取士，包括《易》《诗》《书》《周礼》《仪礼》《礼记》和《春秋》三传；唐文宗开成年间于国子学刻石，所镌内容除"九经"外，又益以《论语》《尔雅》《孝经》，于是成"十二经"。五代时蜀主孟昶刻"十一经"，排除《孝经》《尔雅》而收入《孟子》。南宋朱熹将《礼记》中的《大学》《中庸》与《论语》《孟子》并列，合为"四书"，为官方所认可，《孟子》正式上升为"经"书。至此，儒家的十三部文献确立了它的经典地位（参见《汉书·艺文志》《白虎通·五经篇》《后汉书·儒林传》《新唐书·艺文志》《十三经注疏校勘记》等）。"十三经"以其丰富博大的内容，深植于人们的思想意识和社会生活观念中，对中华文明产生着巨大影响。

---

① （南朝齐梁）刘勰：《文心雕龙》，范文澜注，21页，北京，人民文学出版社，1962。
② （宋）范晔：《后汉书》，（唐）李贤等注，1196页，北京，中华书局，1997。

从汉代到今天,人们为"十三经"做了很多注解工作,精华总成为《十三经注疏》。今通行版本有:中华书局,1980 年版;上海古籍出版社,1997 年版;北京大学出版社,1999 年版(横排标点本)。

一、《周易》

《周易》,原只称《易》。今传本分为"经"和"传"两部分,"经"包括 64 卦卦象符号、卦辞和 386 爻的爻辞;"传"包括《彖》上下、《象》上下、《文言》、《系辞》上下、《说卦》、《序卦》、《杂卦》,共计 7 种、10 篇,因其阐发经文大义,如本经之羽翼,故汉人称之为"十翼"。据《周易·系辞》和司马迁《史记·孔子世家》《报任安书》的说法,伏羲作八卦,周文王重卦,最终由孔子编修,而说解卦象、卦辞、爻辞的文字由孔子及其后学递相述作。自东汉始,注解家们把《彖》《象》《文言》分附于各经之下,而《系辞》上下、《说卦》《序卦》《杂卦》则一并附于 64 卦之后。

《易·系辞上》:"一阴一阳之谓道。""书不尽言,言不尽意……圣人立象以尽意,设卦以尽情伪。"①《易》之"八卦"是由"阴""阳"二爻三叠而成,"阴""阳"分别呈中断的与相连的线条形状,即"--"与"—"。古人用阴阳范畴来表现寒暑、日月、男女、昼夜、奇偶等众多概念,即"一阴一阳之谓道";用八卦符号来象征万事万物,充分表达心意,探究万物变化的真(本质)与假(表象)。"八卦"的卦象、卦名、象征物及象征意义如下:

卦象	卦名	象征物	象征意义
☰	乾	天	健
☷	坤	地	顺
☱	兑	泽	悦
☲	离	火	丽
☴	巽	风	入
☶	艮	山	止
☵	坎	水	陷
☳	震	雷	动

---

① (魏晋)王弼注,(唐)孔颖达疏:《周易正义》,见《十三经注疏》,整理委员会整理,李学勤主编,268 页,291 页,北京,北京大学出版社,1999。

《易·系辞下》："八卦成列，象在其中矣；因而重之，爻在其中矣；刚柔相推，变在其中矣。"①将"八卦"两两相叠，构成六十四个不同的六划组合体，即"六十四卦"。六十四卦每卦共有六个线条，称为"爻"。《说文·爻部》云："爻，交也"；《易·系辞上》："爻者，言乎变者也。"②"爻"的原意指阴阳之交变。"阴爻"用"六"表示，"阳爻"用"九"表示。六爻自下而上分别称为"初爻""爻二""爻三""爻四""爻五""上爻"。所谓的卦爻辞，即系于卦形符号下的文辞，其中卦辞每卦一则，总括全卦大意，爻辞每爻一则，分指各爻旨趣。如乾卦：

☰乾

元，亨，利，贞。

初九：潜龙，勿用。

九二：见龙在田，利见大人。

九三：君子终日乾乾，夕惕若厉，无咎。

……

《彖》曰：大哉乾元！万物资始，乃统天。云行雨施，品物流形，大明终始，六位时成，时乘六龙，以御天。乾道变化，各正性命。保合大和，乃利贞。首出庶物，万国咸宁。

《象》曰：天行健，君子以自强不息……

《文言》曰：元者善之长也，亨者嘉之会也，利者义之和也，贞者事之干也。君子体仁足以长人，嘉会足以合礼，利物足以和义，贞固足以干事。君子行此四德者，故曰："乾，元、亨、利、贞。"……③

依次为卦象、卦名、卦辞、爻辞、《彖》《象》《文言》。卦辞"元，亨，利，贞"是说"乾卦"象征着"天"，有开始、亨通、利物、正大的品性。爻辞"初九：潜龙，勿用"是说"龙"潜在深渊之中时，不适合发挥自己的作用；"龙"是比喻义，按陆德明《经典释文》和孔颖达《周易正义》的解说，

---

① （魏晋）王弼注，（唐）孔颖达疏：《周易正义》，见《十三经注疏》，整理委员会整理，李学勤主编，294页，北京，北京大学出版社，1999。
② 同上书，264页。
③ 同上书，1~23页。

"龙"比喻阴阳之气或圣人。《彖》辞是论断卦义的文字,"《彖》曰:大哉乾元!万物资始,乃统天",意为:伟大的上天!万物依赖你的阳气而生息,世间一切都统属于天道。《象》辞是阐释卦象、爻象之象征意义的言辞,"《象》曰:天行健,君子以自强不息",意为:天体运行,刚健有力,昼夜不停,君子也应当像天体运行一样自强不息。《文言》仅"乾""坤"两卦具有,他卦没有,是文饰"乾""坤"二卦义理的言辞。孔颖达《正义》:"以乾、坤其《易》之门户邪,其余诸卦及爻,皆从乾、坤而出,义理深奥,故特作《文言》以开释之。庄氏云:'文谓文饰,以乾、坤德大,故特文饰,以为《文言》。'"①

《易》是用八卦符号来象征世界的变化规律。易:甲骨文 ⟦⟧ ⟦⟧,金文 ⟦⟧ ⟦⟧。《说文·易部》:"《秘书》说,日月为易,象阴阳也。""易"字是日月交互运行的会意。从《易》书名用字可窥,《易》是反映万事万物变化发展规律的一本哲学著作。《周易》以高度抽象的六十四卦的形式表征普遍存在的双边关系中可能发生的各种各样的变化,是中国传统思想文化中自然哲学与伦理实践的根源,对中国文化产生了巨大的影响。在古代,它是帝王之学,也是政治家、军事家、商家的必修之术。《周易》含盖万有,纲纪群伦,是中华民智与文化的结晶,被誉为"群经之首,大道之源"。

当然,也有不少学者认为《周易》是卜筮之书。因为《周易·系辞上》具体介绍大衍之数的卜筮法,卦爻辞中有大量的吉凶占语,《易经》免遭秦火是因其为卜筮书等。朱熹《周易本义》、近人郭沫若《中国古代社会研究》、高亨《周易古经今注》、李镜池《周易探源》等持此说。应该说,《周易》含有卜筮、哲学、历史、科学等多种成分,但其主要内容是以八卦、六十四卦、象数为模型,以占筮为形式,模拟演绎、预测宇宙万物的起源、结构、运动变化的规律。其卦爻象符号和卦爻辞文字相互补充,构成"任何数目都可以套进去"的"宇宙代数学"(冯友兰《中国周易学术讨论会代祝词》)。

二、《诗经》

《诗经》是中国第一部诗歌总集,原称《诗》。收录了殷商至春秋中期的

---

① (魏晋)王弼注,(唐)孔颖达疏:《周易正义》,见李学勤主编:《十三经注疏》,12页,北京,北京大学出版社,1999。

诗歌作品305篇;① 另有6篇有题无辞,传统称为"六笙诗"。

从内容上看,《诗经》分为"风、雅、颂"三块。《风》又称《国风》,包括15个地方的民歌160篇:《周南》11篇、《召南》14篇、《邶(bèi)风》19篇、《鄘风》10篇、《卫风》10篇、《王风》10篇、《郑风》21篇、《齐风》11篇、《魏风》7篇、《唐风》10篇、《秦风》10篇、《陈风》10篇、《桧风》4篇(桧即"郐"kuài)、《曹风》4篇、《豳(bīn)风》7篇,等等。《国风》是《诗经》中思想内容最丰富、艺术价值最高的篇章,《周南》的《关雎》《桃夭》,《魏风》的《伐檀》《硕鼠》,《秦风》的《蒹葭》《黄鸟》等都是脍炙人口的名篇。《雅》是周人所作的正声雅乐,分为《大雅》和《小雅》;《大雅》31篇是诸侯朝会的乐歌,《小雅》74篇,大部分是贵族宴飨时的乐歌,小部分是民间歌谣。《颂》分为《周颂》31篇、《鲁颂》4篇和《商颂》5篇,都是贵族宗庙祭祖的诗歌。305篇诗广泛地反映了当时的社会生活、典章制度、风俗习惯以及各阶级、阶层的精神风貌等。

在艺术上,《诗经》也表现了古代人民的伟大创造,汉儒总结为"赋、比、兴"手法。赋,是直接描写和铺叙;比,是打比方,作比喻;兴,就是起兴、发端,引发联想。对此,宋儒朱熹有比较精辟的解说:"兴者,先言他物以引起所咏之词也";"赋者,敷陈其事而直言之者也";"比者,以彼物比此物也。"②(分见《诗集传》之《关雎》《葛覃》《螽斯羽》)

《诗经》的社会价值一直被推崇备至。孔子说:"小子何莫学夫《诗》?《诗》,可以兴,可以观,可以群,可以怨。迩之事父,远之事君,多识于鸟兽草木之名。"③(《论语·阳货》)因为《诗》是先民心灵的自由表现,是对上古社会现实的婉曲折射,有什么样的社会人情、政风民俗就产生了什么样的诗篇。正如《毛诗注疏》卷第一所言:"诗者,志之所之也。在心为志,发言为诗。情动于中而形于言,言之不足故嗟叹之,嗟叹之不足故永歌之,永歌之不足不知手之舞之足之蹈之也。情发于声,声成文谓之音。治世之音,安以乐,其政和。乱世之音,怨以怒,其政乖。亡国之音,哀以思,其民困。故正

---

① 通常说《诗经》收录的是西周初年至春秋中期的作品,但是《商颂·那》等诗篇的存在,表明不少诗歌早在商朝就在民间流传,直至采集整理。
② (宋)朱熹注:《诗集传》,1页、3页、4页,北京,中华书局,1958。
③ (魏)何晏注,(宋)邢昺疏:《论语注疏》,见《十三经注疏》,整理委员会整理,李学勤主编,237页,北京,北京大学出版社,1999。

得失，动天地，感鬼神，莫近于诗。先王以是经夫妇，成孝敬，厚人伦，美教化，移风俗。"①

西汉有所谓的"齐、鲁、韩、毛"四家传《诗》，毛亨、毛苌作《诗故训传》，与齐人辕固、鲁人申培、燕人韩婴的解诗之作并称"四家诗"。毛氏说诗，多联系《左传》故实，训诂多同于《尔雅》。东汉郑玄为毛诗作笺注，郑注以毛为主而兼采三家诗说，于是三家诗废惟毛诗流传。唐贞观年间，孔颖达等受命注疏《毛诗郑笺》，汇集魏晋、南北朝学者研究《诗经》的成果为《毛诗正义》。

三、"三礼"

礼是人区别于动物、超越自然的本质属性。《孟子·滕文公上》说："人之有道也，饱食、暖衣、逸居而无教，则近于禽兽。圣人有忧之，使契为司徒，教以人伦：父子有亲，君臣有义，夫妇有别，长幼有叙，朋友有信。"② 这就产生并形成了"礼"。礼的内容集中凝结在儒家经典"三礼"中——《周礼》《仪礼》《礼记》。孔子所纂六艺之一的"礼"是今所谓《仪礼》，战国至秦汉间儒家学者解说经书《仪礼》的文章结集是为今传《礼记》，另有战国至秦所纂的《周官》即今传《周礼》。

《仪礼》是中国春秋战国时期一部汉族礼制汇编，共17篇。内容记载周代的冠、婚、丧、祭、乡饮酒、射、朝、聘等各种礼仪，以记载士大夫的礼仪为主。

《礼记》内容主要是记载和论述先秦的礼制、礼仪，解释《仪礼》，记录孔子和弟子等的问答，记述修身做人的准则。汉代把孔子编定的典籍称为"经"，对"经"的解说称为"传"或"记"，《礼记》因此得名。相传到西汉前期《礼记》共有131篇，戴德选编其中85篇称为《大戴礼记》，戴圣选编其中49篇称为《小戴礼记》。东汉末年，著名学者郑玄为《小戴礼记》作了出色的注解，后来这个本子便盛行不衰，并由解说经文的著作逐渐成为经典，

---

① （汉）毛亨传，（汉）郑玄笺，（唐）孔颖达疏：《毛诗正义》（上中下），见《十三经注疏》，整理委员会整理，李学勤主编，6~10页，北京，北京大学出版社，1999。
② （汉）赵岐注、（宋）孙奭疏：《孟子注疏》，见《十三经注疏》，整理委员会整理，李学勤主编，146页，北京，北京大学出版社，1999。

到唐代被列为"九经"之一。郑玄将49篇分为通论、制度、祭祀、丧服、吉事等八类；近代梁启超则分为五类：一通论礼仪和学术，有《礼运》《经解》《乐记》《学记》《大学》《中庸》《儒行》《坊记》《表记》《缁衣》等篇；二解释《仪礼》17篇，有《冠义》《昏义》《乡饮酒义》《射义》《燕义》《聘义》《丧服四制》等篇；三记孔子言行或孔门弟子及时人杂事，有《孔子闲居》《孔子燕居》《檀弓》《曾子问》等；四记古代制度礼节，并加考辨，有《王制》《曲礼》《玉藻》《明堂位》《月令》《礼器》《郊特牲》《祭统》《祭法》《大传》《丧大记》《丧服大记》《奔丧》《问丧》《文王世子》《内则》《少仪》等篇；五为《曲礼》《少仪》《儒行》等篇的格言、名句。

《周礼》原名《周官》，是西汉景、武之际河间献王刘德从民间征得的先秦古书之一。《周官》直到刘向、刘歆父子校理秘府文献才被发现，并加以著录。王莽时，因刘歆奏请，《周官》被列入学官，更名为《周礼》。《周礼》分叙周代六类职官，《天官·大宰》谓之"六典"、《天官·小宰》谓之"六属"。其分工为：

① 天官冢宰，大宰及以下共有 63 种职官，负责宫廷事务；
② 地官司徒，大司徒及以下共 78 种职官，负责民政事务；
③ 春官宗伯，大宗伯及以下共 70 种职官，负责宗族事务；
④ 夏官司马，大司马及以下共 70 种职官，负责军事事务；
⑤ 秋官司寇，大司寇及以下共 66 种职官，负责刑罚事务；
⑥ 冬官百工，涉及制作方面共 30 种职官，负责营造事务。

"礼"几乎包罗了社会生活的各项内容，成为了制衡人事的制度规范。但经过春秋战国的社会动乱，礼崩乐坏。汉儒们存亡继绝，必须重建出一套囊括天地、统摄人神的行为规范，作为治国理政、为人处事、衣食住行等的依据和标尺。"礼"深烙着历史时代的印痕，其内容有精华、有糟粕，我们当与时俱进，批判继承。

四、《春秋》"三传"及其他

孔子以鲁国的历史为主线，辐射编修出了春秋时期的中国历史，是为《春秋》。

《春秋》以鲁国在位的 12 位君主（依次为隐、桓、庄、闵、僖、文、宣、成、襄、昭、定、哀）编年叙事，记事的语言极为简约。因此就产生了解释和补充《春秋》的三种书籍，《春秋左氏传》《春秋公羊传》《春秋谷梁传》，合称"《春秋》三传"。

《左传》原名《左氏春秋》，汉代改称《春秋左氏传》，简称《左传》。相传是春秋末年左丘明为解释孔子的《春秋》而作，是我国第一部叙事详细的历史著作。到了晋代，杜预把它分年附编在《春秋》的后边。《公羊传》也称《春秋公羊传》《公羊春秋》，此书采用问答的方式解经，释史比较简略，侧重于阐释《春秋》所谓的"微言大义"。旧题战国时齐人公羊高著，是子夏门人。《谷梁传》又称《谷梁春秋》《春秋谷梁传》。相传为孔子的弟子子夏口头传给谷梁赤（一名谷梁俶，字元始），谷梁赤将它写成书记录下来，与《左传》主记事有别，《谷梁传》以语录体和对话文体为主。

其余五种儒家经典是：

①《尚书》，"尚"通"上"，即上古之书，是对远古中国历史的记叙，包括《虞书》《夏书》《商书》《周书》四部分，有《古文尚书》和《今文尚书》两种版本。

②《论语》，是记录孔子及其弟子言论的一部语录体著作，《汉书·艺文志》说："《论语》者，孔子应答弟子、时人及弟子相与言而接闻于夫子之语也。当时弟子各有所记。夫子既卒，门人相与辑而论篹，故谓之《论语》。"[1]

③《尔雅》，是战国至秦汉时期的儒生们解读儒家经典积累而成的一部训诂辞书，是中国第一部类义词典。

④《孝经》，成书于秦汉之际，是一部以"孝"为中心集中地阐述儒家孝道伦理思想的著作。

⑤《孟子》，是孟轲"述仲尼之意"体现人生修养、王道思想的哲学著作。

此五种限于篇幅，不再一一介绍。

儒家"十三经"是研究我国先秦文化的重要文献。清人钱泰吉统计，经文本身除去篇名，共有 647 500 多字[2]，64 万余字，字字珠玑；而汉代以来的注疏文字，更是散金碎玉处处可见。今读"十三经"，可一边披阅经书原文，一边对读古人注疏，一边参阅蒋伯潜所著《十三经概论》等书籍，融会贯通。

---

[1] （汉）班固：《汉书》，（唐）颜师古注，1717 页，北京，中华书局，1997。
[2] 王恩保：《〈十三经注〉的卷数和字数》，载《文献》，1982（2）。

第三节　中国古代重要历史典籍

本节主要介绍"史"部著作。

在《史记》之前,就有很多历史著作,如《战国策》,"经"部的《尚书》与《春秋》"三传"就是上古历史书。《隋书·经籍志》对史书类别进行了比较详细的划分:正史、古史、杂史、霸史、起居注、旧事、职官、仪注、刑法、杂传、地理、谱系、簿录13类。而史书体例主要有以下六种:①编年体:以年代为线索编排有关历史事件,如《左传》。②国别体:以国家为单位记叙历史,如《战国策》。③纪传体:通过记叙人物活动反映历史事件,如《史记》。④纪事本末体:以事件为主线,将有关专题材料集中在一起。首创为南宋袁枢的《通鉴纪事本末》。⑤通史:不间断地记叙自古及今的历史事件,如《史记》。⑥断代史:记录某一时期或某一朝代的历史,如《汉书》。

关于中国的历史著作,一般称为"二十四史",是记载中国古代社会的二十四部正史的总称。即《史记》(汉·司马迁)、《汉书》(汉·班固)、《后汉书》(南朝宋·范晔)、《三国志》(晋·陈寿)、《晋书》(唐·房玄龄等)、《宋书》(南朝梁·沈约)、《南齐书》(南朝梁·萧子显)、《梁书》(唐·姚思廉)、《陈书》(唐·姚思廉)、《魏书》(北齐·魏收)、《北齐书》(唐·李百药)、《周书》(唐·令狐德棻等)、《隋书》(唐·魏征等)、《南史》(唐·李延寿)、《北史》(唐·李延寿)、《旧唐书》(后晋·刘昫等)、《新唐书》(宋·欧阳修、宋祁)、《旧五代史》(宋·薛居正等)、《新五代史》(宋·欧阳修)、《宋史》(元·脱脱等)、《辽史》(元·脱脱等)、《金史》(元·脱脱等)、《元史》(明·宋濂、王袆等)、《明史》(清·张廷玉等)。"二十四史"总共3 249卷,约有4 000万字。它记事的时间,从第一部《史记》记录传说中的黄帝算起,到最后一部《明史》记录到明崇祯十七年(1644)止,前后历时5 000多年,用统一的本纪、列传的纪传体编写。记载了历代经济、政治、文化艺术和科学技术等各方面的事情。

今天,将民国修撰的《清史稿》与"二十四史"一起合称"二十五史"。《清史稿》是中华民国初年由北洋政府设馆编修的记载清朝历史的正史——"清史"的未定稿。主编赵尔巽、柯劭忞等。全书536卷,所记之事上起1616

年努尔哈赤在赫图阿拉建国称汗，下至 1912 年清朝灭亡，共 296 年的历史。1921 年，中华民国大总统徐世昌曾下令将柯劭忞独编的《新元史》列入正史，与"二十四史"合称为"二十五史"，但多数地方不将《新元史》列入，而改将《清史稿》列为"二十五史"之一，如果将两书都列入正史，则形成了"二十六史"。

"二十四史"分为以下两个系统。

① "百衲本"《二十四史》，由张元济（1867—1959）主持下的商务印书馆斥巨资广搜博采各史善本，采用当时最先进的摄影制版技术，花费十余年时间始告竣工。"百衲本"《二十四史》选用的各种珍稀版本因年代久远而残缺不全，编校者通过许多版本相互参校、补缀，如僧人之"百衲衣"，故而得名。

② "点校本"《二十四史》，是毛泽东指示，周恩来亲自部署，由中华书局组织全国百余位文史专家，学术界、出版界通力合作，历时 20 年完成的新中国最宏大的古籍整理出版工程，是代表新中国古籍整理出版事业最高成就的标志性成果。

二十四史中，被称为"前四史"的四部史书堪为后世史书典范，在此略作介绍。

一、《史记》

《史记》原名《太史公书》，作者司马迁，是中国历史上第一部纪传体通史。被列为"二十四史"之首，与后来的《汉书》《后汉书》《三国志》合称"前四史"。

全书共 130 卷，分十表、八书、十二本纪、三十世家、七十列传，共约 526 500 字，记载了上起中国上古传说中的黄帝时代（约前 3000）下至汉武帝元狩元年（前 122）共 3 000 多年的历史。"本纪"记历代帝王政绩，"世家"记诸侯国和汉代诸侯、勋贵兴亡，"列传"记重要人物的言行事迹，最后一篇为自序，"表"为大事年表，"书"记各种典章制度及礼、乐、音律、历法、天文、封禅、水利、财用等。详实地记录了上古时期举凡政治、经济、军事、文化等各个方面的发展状况，是"王迹所兴，原始察终，见盛观衰，论考之行"（《太史公自序》）的大书，是"究天人之际，通古今之变，成一家之言"

(《报任安书》)的巨制。

司马迁死后,《史记》在流传过程中散失了10篇,仅存目录。《汉书·司马迁传》云:"而十篇缺,有录无书。"颜师古注:"张晏曰:'迁没之后,亡《景纪》……元成之间,褚先生补缺。'"① 褚少孙做了补充、修葺工作。《史记》最初没有固定书名,称"太史公书"或"太史公记",也省称"太史公"。"史记"是古代史书的通称,从三国开始"史记"由通称逐渐成为"太史公书"的专名。《史记》对后世史学和文学的发展都产生了深远影响。其首创的纪传体编史方法为后来历代"正史"所秉承,鲁迅称誉之为"史家之绝唱,无韵之《离骚》"。②

二、《汉书》

《汉书》又称《前汉书》,作者班固,是中国第一部纪传体断代史。

《汉书》沿用《史记》的体例而略有变更,改"书"为"志",改"列传"为"传",改"本纪"为"纪",无"世家"。全书包括:纪12篇,表8篇,志10篇,传70篇,共100篇,计80万字。记载了上自汉高祖六年,下至王莽地皇四年,共230年历史。

《汉书》记载的时代与《史记》有交叉,汉武帝中期以前的西汉历史,两书都有记述。《汉书》新增加了《刑法志》《五行志》《地理志》《艺文志》。《刑法志》第一次系统地叙述了法律制度的沿革和一些具体的律令规定。《地理志》记录了当时的郡国行政区划、历史沿革和户口数字,以及各地物产、经济发展状况和民情风俗。《艺文志》考证了各种学术派别的源流,记录了存世的书籍,它是我国现存最早的图书目录。《食货志》是由《平准书》演变来的,但内容更加丰富了;分上下两卷,上卷谈"食",即农业经济状况;下卷论"货",即商业和货币的情况。《汉书》八表中的《百官公卿表》颇受后人推崇,其讲述了秦汉分官设职的情况,各种官职的权限和俸禄的数量,记录汉代公卿大臣的升降迁免,把当时的官僚制度和官僚的变迁史清清楚楚地呈现给后人。

---

① (汉)班固:《汉书》,(唐)颜师古注,2724~2725页,北京,中华书局,1997。
② 鲁迅:《汉文学史纲要》(第十篇司马相如与司马迁),顾农讲评,73页,南京,凤凰出版社,2009。

三、《后汉书》

《后汉书》的作者是南朝宋范晔,它是一部记载东汉历史的纪传体史书。

全书分十纪、八十列传和八志(八志由司马彪《续汉书》补入),记载了上起东汉光武帝刘秀生年(前5),下至汉献帝建安二十五年(220),共195年的史事。

《后汉书》大部分沿袭《史记》《汉书》的现成体例,但在成书过程中,范晔根据东汉一代历史的具体特点有所创新。如八十列传,大体是按照时代的先后进行排列的。

四、《三国志》

《三国志》的作者是西晋陈寿,它是记载三国时代的断代史。

《三国志》最早以《魏书》《蜀书》《吴书》三书单独流传,直到北宋咸平六年(1003)三书才合为一书。全书共65卷,《魏书》30卷,《蜀书》15卷,《吴书》20卷。《三国志》名为志其实无志,魏志有本纪、列传,蜀吴二志只有列传。陈寿是晋臣,晋承魏而得天下,所以《三国志》尊魏为正统;为曹操、曹丕、曹睿分别写了武帝纪、文帝纪、明帝纪;记刘备、刘禅为先主传、后主传;记孙权称吴主传,记孙亮、孙休、孙皓为三嗣主传。

《三国志》记史相对简约,南北朝时裴松之撰《三国志注》,对《三国志》史实进行了增补和考订,裴松之《三国志注》达到36.7万余字,比陈寿正文的32万余字多出八分之一,弥补了《三国志》的缺陷。

历史著作,实录过去人们曾经走过的历程、经历的事件,为今人理解过去提供真实可靠的资源,作为未来行事的参考借鉴。梁启超在讲"史之意义"《三国志注》时说:"史者何?记述人类社会赓续活动之体相,校其总成绩,求得其因果关系,以为现代一般人活动之资鉴也。"[①] 读史使人明智,是古今中外人们的共识。

限于篇幅,其他历史著作此处不一一介绍。

---

① 梁启超:《中国历史研究法》,汤志钧导读,1页,上海,上海古籍出版社,1998。

第四节　中国古代其他重要典籍

本节主要简介子部和集部书籍以及有代表性的丛书和类书。

一、先秦诸子

诸子，中国春秋战国时期学术流派的代表人物及其著作。《汉书·艺文志·诸子略》说："凡诸子百八十九家，四千三百二十四篇。诸子十家，其可观者九家而已，皆起于王道既微，诸侯力政，时君世主，好恶殊方。是以九家之说，蜂出并作，各引一端，崇其所善，以此驰说，取合诸侯。其言虽殊，辟犹水火，相灭亦相生也；仁之与义，敬之与和，相反而相成也。《易》曰：'天下同归而殊涂，一致而百虑。'今异家者，各推所长，穷知究虑，以明其指，虽有蔽短，合其要归，亦六经之支与流裔。"① 班固叙列诸子189家，著作4 324篇，具体评骘了10家——儒家、墨家、道家、法家、名家、阴阳家、农家、杂家、纵横家、小说家——其可观者9家。刘勰《文心雕龙·诸子》云："《诸子》者，人道见志之书。太上立德，其次立言。"② 意思是说，《诸子》是阐述理论、表达主张的书籍。古人的追求最高是树立品德，其次是著书立说。

1. 老子和《老子》

老子，春秋时楚国人老聃，生卒年月不详，大约和孔子同时而年长于孔子（《史记·老子韩非列传》）。李唐王朝尊奉老子为始祖，于乾封元年二月追号为"太上玄元皇帝"（《旧唐书·高宗纪下》及《礼仪志四》）。

《老子》又称《道德经》，全书共81章，五千余言。老子哲学的核心命题是"道"，《老子》即言道之书。这是老子阅人间无数之后，历记成败、存亡、祸福、古今之道的精妙玄远之书。

---

① （汉）班固：《汉书》，（唐）颜师古注：1745～1746页，北京，中华书局，1997。
② （南朝齐梁）刘勰：《文心雕龙》，范文澜注，307页，北京，人民文学出版社，1962。

2. 庄子和《庄子》

庄子，名周，战国时蒙（在今河南商丘县）人，生卒年月不详，大约和孟子同时或稍后。庄子曾做过蒙地漆园吏，一生穷苦。他继承并发展了老子的思想，和老子同是道家学派的代表人物，世称"老庄"。《旧唐书·玄宗本纪下》载，天宝元年二月号庄子为"南华真人"，称其所著书为"真经"。

《庄子》一书共33篇，分为内篇7篇、外篇15篇、杂篇11篇。其中内篇7篇一般定为庄子亲笔；外篇、杂篇可能掺杂有庄子门人和后来道家的作品。内篇依次为《逍遥游》《齐物论》《养生主》《人间世》《德充符》《大宗师》《应帝王》，表达了天人合一、万物齐一、顺乎自然、清净无为等思想。庄子的文章想象力很强，文笔变化多端，具有浓厚的浪漫主义色彩，并采用寓言故事形式，富有幽默讽刺的意味，对后世文学语言有很大影响。其超常的想象和变幻莫测的寓言故事，构成了庄子特有的奇特的形象世界。清人刘熙载在《艺概·文概》中说："庄子寓真于诞，寓实于玄，于此见寓言之妙。""意出尘外，怪生笔端。庄子之文，可以是评之。"①

3. 墨子和《墨子》

墨子（前479—前393），名翟，战国初鲁国人，是一位出身于劳动民众阶层的哲学家，墨家学派的创始人。《史记·孟子荀卿列传》："盖墨翟，宋之大夫，善守御，为节用。或曰并孔子时，或曰在其后。"②

《墨子》一书是墨翟的门徒根据他的遗教编纂而成的，现存53篇。墨子认为人类一切纷乱的根源是"不相爱"，因而提倡"兼爱"。"圣人以治天下为事者也，必知乱之所自起，焉能治之……当察乱何自起，起不相爱。……故天下兼相爱则治，交相恶则乱。"（《墨子·兼爱》）③ 墨子同情人民的疾苦，他认为，给人民带来灾难的莫过于统治者为了争权夺利而发动的战争。因此他反对不义的战争，提倡"非攻"。他还反对统治者挥霍浪费，提出"节用""节葬""非乐"等主张，希望限制王公贵族的奢侈，减轻人民的负担。他还有"尚贤""尚同"等主张。这些思想主张无疑都是进步的。

---

① （清）刘熙载：《艺概》，7页、8页，上海，上海古籍出版社，1978。
② （汉）司马迁：《史记》，（宋）裴骃集解，（唐）司马贞索隐，（唐）张守节正义，2350页，北京，中华书局，1997。
③ （清）孙诒让：《墨子间诂》，99~101页，北京，中华书局，2001。

4. 荀子和《荀子》

荀子（约前313—前238），名况，字卿，后避西汉宣帝刘询讳，改称孙卿（"荀"与"孙"二字古音相通），战国末期赵国猗氏（今山西安泽）人。《史记·孟子荀卿列传》："荀卿，赵人。年五十始来游学于齐。……而荀卿最为老师。……李斯尝为弟子，已而相秦。荀卿嫉浊世之政，亡国乱君相属，不遂大道而营于巫祝，信機祥，鄙儒小拘，如庄周等又猾稽乱俗，于是推儒、墨、道德之行事兴坏，序列著数万言而卒。"①

《荀子》一书现存32篇，其中大多数是他亲手所写，小部分出于门人之手。荀子特别重视后天的学习和终身教育，在《劝学》篇说："学不可以已。青，取之于蓝而青于蓝。"荀子有专篇讨论"礼"的文章，《礼论》谈到了"礼"的起源、本质等，在《非相》中也说"人道莫不有辨。辨莫大于分，分莫大于礼"。在世界观上，荀子认为："天行有常，不为尧存，不为桀亡。应之以治则吉，应之以乱则凶……明于天人相分……制天命而用之。"（《天论》）②在政治上，主张法后王而用礼、法和术来维持社会秩序。荀子其实不是一个纯粹的儒家学者，而是一个兼具法家思想的学者，所以后人也以"儒法家"指称他，其著名的弟子韩非子、李斯就是法家代表人物。

5. 韩非与《韩非子》

韩非（前281？—前233），韩王歇之子，是战国法家思想的集大成者。韩非之前，法家分三派：一派以慎到为首，主张在政治与治国方略中"势"最重要；一派以申不害为首，强调"术"；一派以商鞅为首，主张用法治代替礼治。韩非在总结三者的基础上，吸收了荀子的某些思想，构建了一个以法治为中心的一整套法、术、势三结合的君主集权理论。

韩非因口吃而不擅言语，但文章出众，连李斯也自叹不如。其著作主要收集在《韩非子》一书中（《汉书·艺文志》著录作《韩子》）。韩非目睹战国后期的韩国积贫积弱，多次上书韩王，希望改变当时治国不务法制、养非所用、用非所养的情况，但其主张始终得不到采纳。便退而著书，作《孤愤》《五蠹》《内外储》《说林》《说难》等十万余言（司马迁《史记·老子韩非列

---

① （汉）司马迁：《史记》，（宋）裴骃集解，（唐）司马贞索隐，（唐）张守节正义，2348页，北京，中华书局，1997。
② （清）王先谦：《荀子集解》，306~317页，北京，中华书局，1988。

传》)。西汉刘向校书，加入了几篇他人著作，如《初见秦》《有度》和《存韩》的后半篇，定《韩子》为 55 篇。其中《解老》《喻老》两篇，用法家的观点解释《老子》，集中表述了韩非的哲学观点；《五蠹》把历史发展分为上古、中古、近古三个阶段，认为时代不断发展进步，社会生活和政治制度都要发生变化，复古的主张是行不通的；《显学》则记述了先秦儒、墨显学分化斗争的情况，认为"杂反之学不两立而治"，主张禁止一切互相矛盾的学说，定法家的学说于一尊。

先秦诸子及其著作，限于篇幅，只介绍上面几家。

二、总集别集

总集是汇集许多人的作品而成的诗文集。著名的总集如《楚辞》《昭明文选》《玉台新咏》等。别集即收录个人诗文的集子。古人别集，汗牛充栋，灿如星汉。这里仅简介两种总集。

1.《楚辞》

楚辞，亦作"楚词"。战国楚人屈原吸取楚国地方民谣的营养，创作出《离骚》等巨制鸿篇，后人仿效，名篇继出，成为一种有特点的文学样式。西汉刘向编辑成集为《楚辞》，东汉王逸又有所增益，分章加注成《楚辞章句》。刘向编《楚辞》计 16 篇，东汉王逸增入己作《九思》成 17 篇，分别是《离骚》《九歌》《天问》《九章》《远游》《卜居》《渔父》《九辩》《招魂》《大招》《惜誓》《招隐士》《七谏》《哀时命》《九怀》《九叹》《九思》。其中，屈原的作品，根据刘向、刘歆父子的校定和王逸的注本是《离骚》《天问》《九歌》《九章》《远游》《卜居》《渔父》；据《史记·屈原列传》还有《招魂》。有些学者认为《大招》也是屈原的作品；但也有学者怀疑《远游》以下诸篇及《九章》中若干篇章并非屈原手笔。

《楚辞》是中国最早的浪漫主义诗歌总集及浪漫主义文学的源头。屈原的《离骚》最具代表性。《楚辞》后人注释良多，其中王逸《楚辞章句》、朱熹《楚辞集注》、洪兴祖《楚辞补注》较具学术价值。

2.《昭明文选》

《昭明文选》是由南朝梁武帝长子萧统组织文人共同编选的文章选集，萧统死后谥"昭明",故称《昭明文选》。《昭明文选》是中国现存最早的诗、赋、文总集,收录了先秦至梁代130余名作家761篇作品,历来被视为总集之首、文章渊薮,对中国文学、文人的发展影响深巨。在这部总集里,萧统把我国先秦两汉以来文史哲不分的现象作了梳理和区分,他认为经史诸子都以立意纪事为本,不属辞章之作,只有符合"事出于沈思,义归乎翰藻"标准的文章才能入选。

《文选》无体不备,有美必收。萧统把761篇诗赋文分为39种文体(参周贞亮、李庆富、黄侃、骆鸿凯、穆克宏、傅刚、褚斌杰等研究)模式——赋、诗、骚、七、诏、册、令、教、策文、表、上书、启、弹事、笺、奏记、书、移、檄、难、对问、设论、辞、序、颂、赞、符命、史论、史述赞、论、连珠、箴、铭、诔、哀、碑文、墓志、行状、吊文、祭文。较之《文心雕龙》论及的三十四体要完备,其选文体现出来的行文套路、布局模式是后人学习写作的范式。故唐宋文人有所谓"《文选》烂,秀才半"的谚语。

三、丛书类书

丛书即丛聚书籍。根据一定目的和使用对象,选择若干种书编为一套,在一个总名称下刊印。有综合性的,如《四库全书》《万有文库》;也有专科性或专题性的,如《音韵学丛书》《中国方志丛书》。

类书是辑录各门类或某一门类的资料,并依内容或字、韵分门别类编排以供寻检、征引的工具书。类书又可分两类:兼收各类的,如《艺文类聚》《太平御览》等;专收一类的,如《小名录》《职官分记》等。

1. 丛书

丛书的编纂,一般认为开端于南宋俞鼎孙、俞经辑刊的《儒学警悟》。《四库全书》是丛书的代表,全称《钦定四库全书》,是在乾隆皇帝的主持下,由纪昀等360多位高官、学者共同编撰,3 800多人抄写,耗时13年编成的丛书,分经、史、子、集四部分房陈列,故名四库。乾隆下令手抄七部,分藏于全国各地。先抄好的四部分储紫禁城文渊阁、辽宁沈阳文溯阁、圆明园文源阁、河北承德文津阁珍藏,这就是所谓的"北四阁"。后抄好的三部分储扬州文汇阁、镇江文宗阁和杭州文澜阁珍藏,这就是所谓的"南三阁"。与之匹配的是永瑢、纪昀等编纂的《钦定四库全书总目提要》(也称《四库全书总目》)

200卷，为《四库全书》收录的3 461种以及未收入《四库全书》的6 793种书籍作内容提要。《四库全书总目·凡例》有："每书先列作者之爵里，以论世知人；次考本书之得失，权众说之异同；以及文字增删、篇帙分合，皆详为定辨，巨细不遗。"①

《四库全书》现在通行的本子是，1983—1985年，台北商务印书馆影印出版的文渊阁本《四库全书》，上海古籍出版社据商务本缩印；收书3 461种，79 309卷，约8亿字。1999年，香港迪志文化出版有限公司分别与上海人民出版社、香港中文大学在中国大陆及香港出版发行文渊阁本《四库全书》电子版。具体收录如下：

经部收录儒家"十三经"及相关著作，包括易类、书类、诗类、礼类、春秋类、孝经类、五经总义类、四书类、乐类、小学类等10个大类，其中礼类又分周礼、仪礼、礼记、三礼总义、通礼、杂礼书6属，小学类又分训诂、字书、韵书3属。

史部收录史书，包括正史类、编年类、纪事本末类、杂史类、别史类、诏令奏议类、传记类、史钞类、载记类、时令类、地理类、职官类、政书类、目录类、史评类等15个大类，其中诏令奏议类又分诏令、奏议2属，传记类又分圣贤、名人、总录、杂录、别录5属，地理类又分宫殿疏、总志、都会郡县、河渠、边防、山川、古迹、杂记、游记、外纪10属，职官类又分官制、官箴2属，政书类又分通制、典礼、邦计、军政、法令、考工6属，目录类又分经籍、金石2属。

子部收录诸子百家著作和类书，包括儒家类、兵家类、法家类、农家类、医家类、天文算法类、术数类、艺术类、谱录类、杂家类、类书类、小说家类、释家类、道家类等14大类，其中天文算法类又分推步、算书2属，术数类又分数学、占候、相宅相墓、占卜、命书相书、阴阳五行、杂技术7属，艺术类又分书画、琴谱、篆刻、杂技4属，谱录类又分器物、食谱、草木鸟兽虫鱼3属，杂家类又分杂学、杂考、杂说、杂品、杂纂、杂编6属，小说家类又分杂事、异闻、琐语3属。

集部收录诗文词总集和别集等，包括楚辞、别集、总集、诗文评、词曲等

---

① 永瑢等：《钦定四库全书总目》，影印《文渊阁四库全书》，第1册，36页，台北，台湾商务印书馆，1983—1985。

5个大类，其中词曲类又分词集、词选、词话、词谱词韵、南北曲5属。除了章回小说、戏剧著作之外，以上门类基本上包括了社会上流布的各种图书。就著者而言，包括妇女、僧人、道家、宦官、军人、帝王、外国人等在内的各类人物的著作。

2. 类书

类书编纂开端于三国魏《皇览》，唐代有《艺文类聚》《北堂书钞》等；宋代类书编纂规模空前，产出有《太平御览》《册府元龟》等大型类书；明清两代官修和私辑的类书繁花似锦，以《永乐大典》和《古今图书集成》为代表。类书可用于查找史料、择用辞藻、校订古书、辑佚古籍。

《太平御览》，1 000卷。宋太平兴国二年（977）北宋君主宋太宗下诏命李昉等人编修，太平兴国八年（983）修成。初名《太平总类》，太宗令人日进三卷阅览，一年读遍，故赐名《太平御览》。这是一部百科知识型的范围极广的类书，依《周易·系辞》"凡天地之数五十有五"分为55部，以示包罗万象之意。各部之下又分若干类，有些类下又有子目；抄引上自古代、下至隋唐五代的经史百家之言，按时代先后排列，先列书名，次录原文，仅引用书籍就达1 690余种；在类书中堪称"空前"，所以被誉为"类书之冠"。更由于《御览》中所引录之书，十之八九已经失传，是保存古代佚书最为丰富的类书之一，所以学术资料价值极高，备受人们珍视。

《永乐大典》，22 937卷（其中目录60卷），11 095册，字数37 000万左右。明成祖永乐元年（1403）诏令大臣解缙等编纂，永乐六年（1408）修成；先后编纂两次，初名《文献大成》，定名《永乐大典》。《永乐大典》集汇明以前图书八千余种，依洪武正韵分类整编相关资料。体例是"用韵以统字，用字以系事"，即以洪武正韵为纲，按韵分列单字。每一单字下详注音韵训释，录有篆、隶、楷、草各种字体，字下将有关人物事件、制度名物、山川河流、天文地理、诗词歌赋、诏令文章，随字所含之类收载。《永乐大典》篇幅浩繁，内容十分丰富，保留了很多古籍。可惜正本毁于明末，副本也在八国联军侵入北京时被洗劫，今仅存800余卷且散落于世界各地。《不列颠百科全书》在"百科全书"条目中称："明初编成的《永乐大典》，可能是有史以来世界最大的百科全书。"[①]

[①] 《不列颠百科全书》（国际中文版），第6册，63页，北京，中国大百科全书出版社，1999。

《古今图书集成》，陈梦雷等编，成书于康熙四十五年（1706），赐名《古今图书集成》。雍正时复命蒋廷锡等重新增删润色，并为之作序。原书分六编、三十四志、6 109 部，修订后改为 32 典，共 1 万卷（目录 40 卷），一亿六千多万字。全书体例以六汇编为总纲（历象、方舆、明伦、博物、理学、经济），各编下分典，计 32 典。典下分部，凡六千余部。部下又分别列有汇考、总论、图、表、列传、艺文、选句、纪事、杂录、外篇等细目。所引图书资料，一律注明出处。《古今图书集成》的主要版本有：雍正四年（1726）首次用铜活字排印了 64 部；光绪十年（1884）用铅字排印 1 500 部；1934 年上海中华书局，依康有为所藏的铜活字原印本缩小印刷。论卷数，《古今图书集成》是《太平御览》的 10 倍；论字数，是《太平御览》的 33 倍多；只有《永乐大典》的篇幅（3.7 亿字）超过它，但《永乐大典》仅残存 3%。所以，《古今图书集成》就成为现存最大的类书，它集清朝以前图书之大成，是各学科研究人员治学的一大宝库。

本 讲 小 结

本讲介绍了中国古代典籍的积累和分类模式，并按照四部分类法，分别介绍了经、史、子、集四类典籍中最重要的一些典籍。古代典籍是中华文化的重要结晶、无上珍宝。数千年的华夏文明，亿万古人的实践经验，记录在大约 20 万种古籍里，实堪珍惜。

【复习与练习】

| 复习
1. 中国古代典籍的积累过程。
2. 中国古代典籍分类模式的发展过程。
3. 中国古代经、史、子、集四部重要典籍的基本构成。

思考与练习

1. 简述中国古代图书分类之"六分"和"四分"法。
2. 什么是"经书"？列叙儒家"十三经"书名及其注疏人。
3. 简述《周易》这本书籍的性质。
4. 简说《史记》和《汉书》的内容体例。
5. 举例说明总集、别集。
6. 阅读一部史书，开列出该史书的注释和研究书目。

课外阅读文献

1. 梁启超：《中国历史研究法》，汤志钧导读，上海，上海古籍出版社，1998。
2. 张舜徽：《中国文献学》，武汉，华中师范大学出版社，2004。
3. 裘锡圭：《中国出土古文献十讲》，上海，复旦大学出版社，2004。
4. 朱自清：《经典常谈》，上海，上海古籍出版社，2006。
5. 章太炎：《章太炎国学讲义》，北京，海潮出版社，2007。
6. 蒋伯潜：《十三经概论》，上海，上海古籍出版社，2010。

第九讲 中国古代儒家文化

在中国古代精神文化中，儒家文化是最有影响的系统。2 000 年间，它持久而深入地影响着中国社会制度的设置，人们的行为世界、生活方式和生活原则，深入到中国人普遍的文化心理结构之中。古代社会，儒家文化不仅深刻地影响和塑造着中国社会和中国人，还影响到中国周边一些国家，从而形成一个儒家文化圈，其中尤其是日本、朝鲜、越南等国家，都深受儒家文化的影响。本讲将概要介绍儒家思想的发展简况，儒家代表人物及核心思想，儒家思想对中国古代社会的影响等几个基本方面。

第一节　儒家思想发展简况

中国古代精神文化是个体人物面对环境与群体生活时，在自觉状态下促成的精神产物。有一种情形在中国传统精神文化中特别突出，即某些精神个体有意识地为群体指引出某种精神方向，试图为未来的政治环境、社会环境绘制理想的蓝图，借此安顿群体的生命、精神与生活。这类情形突出地表现在儒家思想人物身上。儒家思想堪称与中国传统文化血肉相连、互为表里，它深远地引导甚至规范着中国古代人们的精神生活和社会生活。何以能如此？不妨从两个划时代的方向来看，这两大方向既象征着时代的新氛围，同时也指引着儒家思想"重人文、求安定"的理想特质。

一、儒家产生的源头

据《礼记·表记》称："殷人尊神，率民以事神，先鬼而后礼。""周人尊礼尚施，事鬼神而远之，近人而忠焉。"[1] 自武王伐纣功成，周人回顾这段新旧政权交替的历史，省思殷人崇尚鬼神的精神实不足以力保朝代的永垂不朽。

---

[1]　（汉）郑玄注，（唐）孔颖达正义：《礼记正义》（上中下），见《十三经注疏》，整理委员会整理，李学勤主编，1485～1486 页，北京，北京大学出版社，1999。

殷商文化夹带浓厚的神秘色彩，对鬼神崇拜与依赖的核心信仰，使殷王朝深信鬼神庇护之力，但最后竟出人意料地败给武王。是故，周人对殷人崇拜鬼神、不问人事的行为有所反思，转而将朝代兴衰存亡的关键扣紧"人"自身的作为，认为天下治乱的肇端诚然取决于人，无涉乎鬼神或占卜。周代立朝之初，目睹殷人虽然敬神尚鬼，最终却因为商纣的无道缺德而使得朝代覆亡的结局。周人见证了这段历史经验，知所警惕与忧患，也使得周代的人文意识与人本精神皆较商代提升许多。

　　由殷到周的历史推演，示现着人们从崇拜鬼神、信仰超自然力量的神秘领域，转向思索人的本位价值，醒觉事在人为的道理，进而领略出道德之于人的重要性。例如，《诗经·烝民》称："天生烝民，有物有则，民之秉彝，好是懿德。"①《诗经·维天之命》称："维天之命，於穆不已。於乎不显，文王之德纯。"②《尚书·泰誓》称："天视自我民视，天听自我民听。"③《尚书·召诰》称："我不敢知曰，有殷受天命，惟有历年；我不敢知曰，不其延；惟不敬厥德，乃早坠厥命。"④ 文王爱民之德、武王伐恶之义，周公制礼作乐，皆使得西周礼乐灿烂、宗法稳健，从殷商过渡到西周的历史特征，人文的地位提升，鬼神信仰的影响力降低，人类诸多特质当中最被强调与重视的，最具资格与天地并立同参的部分，就是所谓的"道德"。无论是社稷稳固的基础，还是国祚延续的保证，站在一名君主的立场，往外关照处必须是"人民"，向内自省处必须是"道德"。人们由殷入周后的思维与信仰上的莫大转变，就是淡化了以"鬼神"为本位的惯性，强化了以"人文""道德"为本位的信念，儒家一贯秉持"以人为本""以道为高"的学说特征，最初正是奠基于这样的时代思潮上，充实其学说内涵、完备其思想体系，由先圣先贤殚思竭虑地加以发扬光大。

---

① （汉）毛亨传，（汉）郑玄笺，（唐）孔颖达疏：《毛诗正义》（上中下），见《十三经注疏》，整理委员会整理，李学勤主编，1218 页，北京，北京大学出版社，1999。
② 同上书，1284 页。
③ （汉）孔安国传，孔颖达疏：《尚书正义》，见《十三经注疏》，整理委员会整理，李学勤主编，277 页，北京，北京大学出版社，1999。
④ 同上书，399 页。

二、儒家学说的创立

西周没落,平王东迁后,周天子实权为各方霸主削弱,礼乐制度僵化、宗法组织动摇,随着周王朝的倾颓,历史走向了周文疲弊的阶段,旧体制崩坏,新体制未完成,百家思想簇拥,众说纷纭,莫衷一是。先秦诸子们为弭平周文疲弊后的时代动荡,纷纷提出各具特色的学说进路,儒家思想也是在这样的时代背景中脱颖而出的。

孔子(前551—前479)是春秋时期儒家思想的开创人物,公元前551年诞生于鲁国,先世是殷商王室,十五世祖为宋国第二任国君微仲。父亲叔梁纥,母亲颜征在,颜征在曾至尼丘山祭祀山神以求子,故取名丘,字仲尼。另一说,孔子生而首上圩顶,故名"丘"。孔子早年生活艰辛"少也贱,故多能鄙事"[①]。三岁时,叔梁纥去世,颜氏移居曲阜阙里,将其抚养成人。孔子幼年常将祭祀用的礼器(俎豆)摆设起来,练习行礼演礼,作为游戏。

鲁定公九年,孔子仕鲁,初为中都宰,一年后为司空、大司寇。后与齐景公会于夹谷,孔子"文功武备",取得外交上的胜利,使齐归还侵占鲁的汶阳等地。鲁定公十三年,为重新确立鲁公室的权威,孔子策划实施了"隳三都"的政治军事行动,希望削减三桓实力,但也因此举得罪鲁国权贵,进而走向周游列国的道路。离开鲁国以后,孔子率众弟子周游列国,辗转于多国,均未获重用。其间,在匡、宋、蒲等地,多次被困遇险。

孔子颠沛流离凡十四年,年近七十岁时被季康子迎回鲁国尊为国老,但未受鲁哀公的任用。这期间孔子专注于教育和古籍整理。孔鲤先孔子而死,颜回先孔子而去,孔子有所感慨:"昔从我于陈蔡者,皆不及门也。"公元前479年,孔子逝世,终年七十三岁,葬于曲阜城北的泗水岸边。[②]

孔子怀抱淑世理想周游列国,他的学说虽然未见用于政坛,却仍旧不改初衷地聚徒讲学以待来者。孔子被后世尊为万世师表,他阐扬仁义、教授六艺,先有七十子承其学,复有孟子(前372—前289)、荀子(前313—前238)等硕儒传承儒家学说。儒家思想所关注的范畴,诚然在于可闻、可见的真实世

---

① (宋)朱熹:《四书章句集注》之《论语·子罕》,110页,北京,中华书局,1983。
② (汉)司马迁:《史记》之《孔子世家》,1905~1947页,北京,中华书局,2016。

界，聚焦在人的世界，在乎人所面临的疑难，子曰："务民之义，敬鬼神而远之，可谓知矣。"①"未能事人、焉能事鬼""未知生，焉知死？"② 强调从个人品德的树立为起步，最终达到群体秩序的和谐，儒家视政治与教育为移风易俗的管道，视王道美政为长治久安的保证。

儒家思想重心坐落在"人"，人除却当认识自己身为"人"的存在价值，涵养自身道德品性之外，还须与群体相处、互助、分工，毕竟人无法离群索居以独自生存，一己与群体间必有联系互动，个体间的互动良善，将有助于为彼此建立互信的基础，适切的礼敬往来则催化乡里间的敦厚情感，甚至足以巩固国族之间的邦交关系。儒家认知到世间治乱与否着实取决于人，因此特别重视人伦秩序的和谐。孔子讲究"君君、臣臣、父父、子子"③的名实关系，汉司马谈（前约165—前110）《论六家要旨》称儒家为："其序君臣父子之礼，列夫妇长幼之别，不可易也。"④根本原因亦关系到孔子对周代宗法礼制的仰慕及有意识地维护，钱穆称："孔子之所谓礼者，不出当时社会组织之制度及人羣生活方式之二者。大则为国家维系之法制，小则为人民交接之仪文。"⑤宗法组织的稳健与否，这与家族各成员间是否能和睦共处，着实存有相当程度的关联，是故人伦、礼制两者之间亦可说是唇齿相依的存在。家庭成员之间，倘若不以和睦作为互动与沟通的基础，唯恐难以践履人伦之道。儒家思想颇欲以和谐的人伦关系作为基础，进一步推展至宗法上的君臣互动；以父子慈孝的家庭和谐，进一步扩充至君臣礼敬的政治平衡。孔子曰："周监于二代，郁郁乎文哉！吾从周。"⑥面临周文的疲弊，儒家仍旧把礼乐制度与宗法组织当成理想的政治蓝图，认为礼乐僵化、邦国板荡的源头，其近因虽在于为人君者不知举直错枉、礼遇贤良；为人臣者未能尽心辅弼君主、进谏雅言。然其远因恐须归咎于人与人之间的情感日益淡薄，彼此间的互信基础动摇，最终造成人伦秩序的瓦解。为了挽救时代弊端，儒家思想实欲唤醒人们最真挚的良知良能，重建人伦秩序，落实于具体行动，始于家族里头的慈爱、孝悌，终乎朝廷之中的君臣礼敬，为岌岌可危的礼乐制度注入新血，重现活力。

---

① （宋）朱熹：《四书章句集注》，89页，北京，中华书局，1983。
② 同上书，125页。
③ 同上书，136页。
④ （汉）司马迁：《史记》之《太史公自序》，3289页，北京，中华书局，2016。
⑤ 钱穆：《四书释义》，76页，北京，九州出版社，2010。
⑥ （宋）朱熹：《四书章句集注》，65页，北京，中华书局，1983。

儒家思想的内涵与核心概念大抵是"仁""义""礼""忠""孝""君子""性善""四端",等等,出自孔子与孟子本人的思想言论,先是从授课讲学时的言语问答自然展开,最后经由其弟子或再传弟子抄录成书籍,至于后世思想家对儒家思想进行的扩充与转进,不外乎也都是基于孔孟学说的思想精髓,再加以定义与诠释。据汉班固(32—92)《汉书·艺文志诸子略序》所称:"儒家者流,盖出于司徒之官,助人君,顺阴阳,明教化者也。游文于六经之中,留意于仁义之际,祖述尧舜,宪章文武,宗师仲尼,以重其言,于道最为高。"① 儒家思想博大精深,宛如万仞宫墙,《诸子略序》寥寥数语虽无法尽述儒家思想全貌,但至少指出儒家思想所涵盖的几个方向,其中包括教育、政治、知识、道德,儒家思想涉及的层面如此宽广深远,它对整个中国传统的政治环境、学术环境、教育环境,皆产生直接或间接的影响力。儒家思想既然能源远流长,自然有其饶富旨趣、值得被探究的文化底蕴。

三、儒家学说的发展

从中国历史看儒家思想的发展脉络,几乎和政治、学术息息相关,而儒学的规模大小、发展盛衰、传经或传道数千年来几经变迁,儒家思想在各个历史阶段之中,被强调与凸显的层面也不尽相同。儒家肇始于孔子的聚徒讲学与教育,孔子以周文作为自身研读学习的重心,并且当作教材面向门徒教育,这从《庄子·天运》中的"丘治诗、书、礼、乐、易、春秋六经,自以为久矣"② 便可窥知崖略,这是属于孔子"宗周"行动中"述"的部分,儒家对古文献的保存与对中华文化的延续,可谓是功不可没。因此缘故,历代儒生与经学关系可谓密切,他们承担着注经、解经的工作,在"传经"事业上贡献不凡。儒家思想的义理核心,也就是"作"的部分,主要见载于《论语》《孟子》等经典,孔子开创性地建构仁、义、礼、君子等概念。孟子扩而充之,提出性善四端,提揭"人禽之辨""义利之辨""夷夏之辨""知言养气"等观点。荀子虽是儒家人物,但其著作《荀子》中《性恶篇》的人性论,法后王等观点,不完全契合儒家的主流思想,加诸强调外在礼法胜过内在心性,又其弟子李

---

① (汉)班固:《汉书》,1193页,上海,上海古籍出版社,2003。
② (清)王先谦:《庄子集解》,130页,北京,中华书局,2008。

斯、韩非都成了法家人物，因此荀子学说被视为儒家思想之歧出。然而，如《劝学篇》之中劝人勤勉向学的主张，则是符合儒家所肯定的孜孜不倦的学习精神，《天论篇》《解蔽篇》等，其间亦不乏精辟的思想。

汉代武帝朝，董仲舒（前179—前104）奏请尊崇儒术，称之曰："今师异道，人异论，百家殊方，指意不同，是以上亡以持一统，法制数变，下不知所守。臣愚以为诸不在六艺之科、孔子之术者，皆绝其道，勿使并进。邪辟之说灭息，然后统纪可一，而法度可明，民知所从矣。"① 武帝器用儒臣，对儒臣的进谏大抵能以较开阔的心胸对待，对崇儒、兴儒的举措也乐观其成，设立博士学官，等等。班固称："自武帝初立，魏其、武安侯为相而隆儒矣。及仲舒对册，推明孔氏，抑黜百家，立学校之官，州郡举茂材孝廉，皆自仲舒发之。"② 武帝此番态度，对儒学的维护与开展诚然不无贡献。

汉、唐、宋等各代朝廷对孔庙祀典制度的完备亦颇多建树，孔庙祀典的规模逐渐壮大，入祀配享的儒家人物有四配、十哲、先贤先儒③，历代朝廷对配享人物或有增添更动，相关情况散见正史中的《礼乐志》《儒学传》。崇儒风气之盛，如段成己《河中府重修庙学碑》云："隋唐以来，学遍天下。虽荒服郡县皆有学，学必立庙，以礼孔先圣先师。"④ 又如，清顾炎武（1613—1682）非常称赞将颜、曾、思、孟配享孔庙的举措，《日知录·配享》称："自此之后，国无异论，士无异习，历胡元至于我朝，中国之统亡，而先王之道存。"⑤是以儒家思想的蓬勃发展，与朝廷的维护与推崇着实是相得益彰。

儒家思想的发展在中国历史上的另一高峰则推宋明理学，当时理学的兴盛与书院的经营互为表里，学习风气蔚然有成。理学是一门强调心性理气的学说，源于儒家思想，与孔孟学说虽有诸多若合符节的贯通之处，然而也略有思路上的差异，较之以往以《论语》《孟子》为思想主轴的儒学进路，理学家其实大幅吸取《大学》《中庸》《易传》等书的养分，特别注意形上领域：心、

---

① （汉）班固：《汉书》，1778 页，上海，上海古籍出版社，2003。
② 同上书，1778 页。
③ 四配：《宋史》载："（咸淳三年）帝（度宗）诣太学谒孔子，行舍菜礼，以颜渊、曾参、孔伋、孟轲配享。"详见（元）脱脱等：《宋史》，897 页，北京，中华书局，1977。十哲：《论语·先进》："子曰：'从我于陈、蔡者，皆不及门也。' 德行：颜渊、闵子骞、冉伯牛、仲弓；言语：宰我、子贡；政事：冉有、季路；文学：子游、子夏。"《四书章句集注》，123 页。
④ 翁聘之辑：《山右石刻丛编》，10 页，台北，新文丰出版公司，1977。
⑤ （清）顾炎武：《日知录集释》，黄汝成集释，334 页，上海，上海古籍出版社，2014。

性、理、气等观念,为儒家思想另辟蹊径。具代表性的理学人物如宋代的周敦颐(1017—1073)、张载(1020—1077)、程颢(1032—1085)、程颐(1033—1107),以及集大成的朱熹(1130—1200),明代的王阳明(1472—1529),等等。

近现代儒学开展,则有熊十力(1885—1968)、钱穆(1895—1990)、冯友兰(1895—1990)、余英时(1930—)一脉学者,从学术史的视域研究儒学。如唐君毅(1909—1978)、牟宗三(1909—1995)等新儒家的学者,则采用中西哲学会通的方式研究儒学,亦各擅胜场、各有千秋,此儒家思想发展脉络之概略。

儒学对中国周边国家也产生了深远的影响。汉唐以来,儒学先后传入朝鲜、越南、日本等国,深刻地影响了这些国家的文化、社会与政治,从而形成了一个以中国为中心的儒家文化圈,这个儒家文化圈至今仍然存在。

第二节 儒家重要思想家及其主要思想

一、孔子

孔子学说的创生固然在某种程度上为因应时代的动乱,但观察其同时的诸子百家思想,在中国数千年的历史长河里,对政治、对教育、对人群生活所产生的影响力,显然仍不足以和儒家思想相提并论,孔子所提出的思想主张乃是相当务实甚至是优越的,这门学说思想塑造了中国传统文化的基本精神与特质。孔子目睹东周末年的礼崩乐坏,接踵而至的是人臣僭越、世衰道微,僵化的"礼"对维系社会和谐的功效日趋松动,孔子怀念以往周代礼乐灿然的文制,以从周复古为己任,意欲继承与发扬周代的人文精神,所谓"周监于二代,郁郁乎文哉!吾从周"[①]。但自从周代封建制度崩溃,礼乐文制濒临瓦解,孔子思考到徒具外在形式与约束的礼乐,太容易僵化而难以行之久远,真正具有实质效用的礼乐,它必须有更深化的思想内涵及底蕴,必须饶富道德与教化

---

① (宋)朱熹:《四书章句集注》之《论语·八佾》,65页,北京,中华书局,1983。

的坚韧生命，因此孔子提出了"仁"作为活化周代礼乐制度的精神内涵。

1. 仁

孔子毅然提出了"仁"的概念，来活化"礼"的功能，"仁"既是儒家学说的核心所在，也是最具开创性、最具人文关怀的，此思想内涵影响中华传统文化至深至远。在儒家的思想体系之中，"仁"所代表的是众德之首，是人类德性的总称与全貌，仁不受局限而足以统摄众德。唐君毅先生说道："仁为一种德性，与忠、信、礼、敬、智、勇等相对，自古已有之；而以仁统贯诸德，则自孔子始。"① 仁是一种最为理想完美的道德境界。仁作为指引人们完成道德人格、圆满理想人生的价值指针，是一种内蕴的道德自律与道德自觉，是具体的实践，也是终极的关怀，它既属于个体，同时也属于群众。历代注家对"仁"的理解各有千秋，东汉郑玄（127—200）称"仁"为"人也。读如相人偶之人"②。魏何晏（195—249）称："仁者，行之盛也。"③ 宋朱熹称："仁者，爱之理，心之德也。"④ 郑玄所言，侧重于"仁"必须在人与人之间的互动相处，予以领略体现。何晏认为"仁"是行为之美盛者。朱熹则以为"仁"是爱人的道理，心中的德性。就现代意义而论，我们亦可从下列几个方向进一步地认识"仁"的思想内容。

其一，提升自我，成全人群。此孔子所谓"夫仁者，己欲立而立人，己欲达而达人"⑤。人除了端立自己，成就自己，还必须关爱人群，救济人群，博施济众，把个体生命的成就贡献到群体生命。儒家的"仁"不单是个人的品德修养工夫与境界，同时必须借由个人去影响与援助他人，透过关怀、教育、救济，人并非是离群索居的存在，群体的生命、群体的生活，互助、助人都是不可或缺的一环。

其二，众德之首，统摄众德。孔子说道："能行五者于天下，为仁矣。……恭、宽、信、敏、惠。恭则不侮，宽则得众，信则人任焉，敏则有功，惠则足以使人。"⑥ 如此段，恭、宽、信、敏、惠此五者皆是德目，五者兼备

---

① 唐君毅：《中国哲学原论·原道篇一》，71页，香港，新亚研究所，1973。
② （汉）郑玄注，（唐）孔颖达正义：《礼记正义》（上中下），见《十三经注疏》，整理委员会整理，李学勤主编，1440页，北京，北京大学出版社，1999。
③ （晋）何晏：《论语注疏》，128页，北京，中国致公出版社，2016。
④ （宋）朱熹：《四书章句集注》，48页，北京，中华书局，1983。
⑤ 同上书，92页。
⑥ 同上书，177页。

方可为仁,由此可知仁乃众德的汇成,是一切良好德性的总汇,成就个别的德性未必达到仁的境界,但达到仁的境界则等同成就了所有品德。又如,有子曰:"其为人也孝弟而好犯上者,鲜矣!不好犯上,而好作乱者,未之有也。君子务本,本立而道生。孝弟也者,其为仁之本与!"① 则从"孝弟"处理解"仁",强调人对于最亲近的父母兄弟都不懂得善待了,如何能不犯上作乱,是故仁者不违背"孝弟"之道。

其三,心安理得,宁静理智。子曰:"不仁者,不可以久处约,不可以长处乐。仁者安仁,知者利仁。"② "知者乐水,仁者乐山;知者动,仁者静;知者乐,仁者寿。"③

其四,仁虽难行,却是必行。原宪问说:"克、伐、怨、欲不行焉,可以为仁矣?"孔子答曰:"可以为难矣,仁则吾不知也。"④ 足见为仁不易。孔子又说道:"我未见好仁者,恶不仁者。好仁者,无以尚之;恶不仁者,其为仁矣,不使不仁者加乎其身。有能一日用其力于仁矣乎?我未见力不足者。盖有之矣,我未之见也。"⑤ 据孔子所称,为仁的难度极高,正因为仁已然涵蕴一切良好德性,一旦达到仁的境界,也就等同于符合众德,成为道德的完人,如此卓越超凡的境界自然有其难度,绝非一蹴可成。然而孔子又强调:"君子无终食之间违仁,造次必于是,颠沛必于是。"⑥ "仁远乎哉?我欲仁,斯仁至矣!"⑦ 仁之所以必行,在于它的作用在儒家思想的定义下是无远弗届的,小至涵养个人品德,大至维系宗法伦理与邦国和谐,非为仁、行仁不可,儒者虽明知为仁不易,却必须勤勉行之,有志于以一己之仁扩充至邦国天下,此为淑世济众的必然途径。

2. 义

朱熹注《论语》云:"义者,事之宜也。"⑧ "义"以现代的话语加以理解,相当于"应该""正当""适宜"的意义,譬如"义无反顾""义不容辞"等

---

① (宋)朱熹:《四书章句集注》,47-48页,北京,中华书局,1983。
② 同上书,69页。
③ 同上书,90页。
④ 同上书,149页。
⑤⑥ 同上书,70页。
⑦ 同上书,100页。
⑧ 同上书,52页。

成语。孔子曰："行义以达其道。"① 因此"义"引申可作"道义"来理解亦无违和。孔子说："夫达也者，质直而好义，察言而观色，虑以下人。"② 换言之，人若要立身而通达，就不能忽略"正直"与"道义"等环节。又曰："上好义，则民莫敢不服。"③ 说明在上位者治理百姓，本身立场与施为皆正当的话，就能使人民信服。有子则说道："信近于义，言可复也；恭近于礼，远耻辱也；因不失其亲，亦可宗也。"④ 表现出信诺接近于义，信亦为人立身所必须。归纳上述儒家人物对"义"的理解与示现，较之"仁"的内在性，"义"偏重的是付诸行动的行为层面，只不过这样的行为必须合乎道、合乎信、合乎正当。"义"是正正当当的行为，要合乎义需要配合积极的行动力，孔子说道："主忠信，徙义，崇德也。"⑤ 徙义即一种积极的行动力，由不义到知义，再由知义到行义。从犯过错误之事，到知其不正当而痛改前非，不为不义之事，这就是崇尚道德的前提，义的根源处仍然在于"仁"，所谓由仁行义，摄义归仁。义是君子所追求的方向，行动的指标，孔子说道："君子喻于义，小人喻于利。"⑥ 子张也说道："士见危致命，见得思义。"⑦ 义为有利于群体之事，未必有利于个体私我。利为有利于个体私我之事，未必有利于群体。利于群体近乎道，只利于个体远乎道。所以君子面对义与利两者有所冲突时，应当以义为优先的抉择，符合正当性，图利于群体而非谋利于个人。

3. 礼

礼所包含的范围甚广，有指涉礼内在意义的礼义，有代表礼外在仪节的礼仪，有记载文献文字的礼文。礼是人感性与理性的折中，欲念与秩序的协调，礼可以将情的尺度控制得宜，一方面既能借以表现内在情感，另一方面也能符合外在体制。礼乐原本是属于上层贵族的典雅文化，也就是周王朝的礼乐制度，孔子以礼教化育弟子，使礼乐普及庶民。子曰："殷因于夏礼，所损益可知也；周因于殷礼，所损益可知也；其或继周者，虽百世可知也。"⑧ 礼的作用除了可调适人们性情，积极而言，更在于促进社会的和谐。所以，有子说：

---

① （宋）朱熹：《四书章句集注》，173 页，北京，中华书局，1983。
②⑤ 同上书，136 页。
③ 同上书，142 页。
④ 同上书，52 页。
⑥ 同上书，73 页。
⑦ 同上书，188 页。
⑧ 同上书，59 页。

"礼之用，和为贵。先王之道斯为美，小大由之。有所不行，知和而和，不以礼节之，亦不可行也。"① 礼贵在和谐，先有和谐的心态才有和谐的行动，台面上的和谐或是不立基于双方具有默契的和谐，则欠缺实质意义，难以让人心悦诚服。以礼取得共识，进退有据，才是真正的和谐。

孔子目睹周朝的礼崩乐坏，乃系此礼已失去灵性，徒具外在的仪节形式，只存在形式而丧失内涵的礼是无法行之久远的，所以孔子强调礼乐的根源处坐落在"仁"，孔子说道："人而不仁，如礼何？人而不仁，如乐何？"② 正是以仁的道德精神和礼乐相嵌合，使礼饶富实质上的意义，而后再度活络起来。孔子定义下的礼，内涵必须重于形式，所以孔子说道："礼，与其奢也，宁俭；丧，与其易也，宁戚。"③ 礼的真谛不重在外在的摆设排场，而重在内心真挚的情感。孔子又说道："克己复礼为仁。一日克己复礼，天下归仁焉。为仁由己，而由人乎哉？……非礼勿视，非礼勿听，非礼勿言，非礼勿动。"④ "知及之，仁不能守之，虽得之，必失之。知及之，仁能守之，不庄以莅之，则民不敬。知及之，仁能守之，庄以莅之，动之不以礼，未善也。"⑤ 有子曰："恭近于礼，远耻辱也。"⑥ 是故，儒家思想里头，仁与礼时常是并行不悖的，以仁作为内蕴的道德宗旨，以礼作为外显的仪节行动，摄礼归仁，执礼的同时心存仁德，那么所行之礼便能虔敬恭谨、真切笃实、无所虚妄，君子对礼节仪文亦须熟悉，如此入境问俗，无论居庙堂乡党皆能文质彬彬、进退有据。

二、孟子

孟子（前372—前289），名轲，字子舆，又字子车、子居。父名激，母仇氏，本鲁公族孟孙之后。后迁居邹地。孟子之弟子万章、公孙丑，或再传弟子著有《孟子》一书。赵岐《孟子题辞》则持此书为孟子自著的说法。孟子继承并发扬了孔子思想，中国历史对孟子的评价甚高，孟子可谓是仅次于孔子的

---

① （宋）朱熹：《四书章句集注》，51页，北京，中华书局，1983。
② 同上书，61页。
③ 同上书，62页。
④ 同上书，131~132页。
⑤ 同上书，167页。
⑥ 同上书，52页。

一代儒学大家，有"亚圣"之称，与孔子合称为"孔孟"①。孟子是继孔子之后，发扬儒家思想最不遗余力的人物，孟子学说大抵奠定在孔子学说的基础上，强调仁义的根源是在人心之中本有的性善，进而提出了"四端"。中国传统文化的心性论主要有三派，孟子的性善论，荀子的性恶论，以及告子的人性中性论。其中影响中华民族最深远，最符合我民族性的，首推孟子的性善论学说。孟子的性善论正面肯定人性里头的具备道德之端倪，此说法凸显出人皆有积极为善的可能性，遥契孔子所主张的仁德。以下从人禽之辨、义利之辨、夷夏之辨来介绍孟子思想梗概。

1. 人禽之辨

孟子学说中发扬孔子仁德最具力道的部分就是所谓性善论，他正面肯定人所以为万物之灵，异于飞禽走兽，正在于人类有文明、有道德、有善性，孟子将仁义道德的根源处指向人类心性本有之善。孟子曰："人之所以异于禽兽者几希，庶民去之，君子存之。舜明于庶物，察于人伦；由仁义行，非行仁义也。"② 孟子在孔子所主张的"仁"的基础之上，挖掘仁的根源处，进而认定仁其实根植于吾人心性之中，不假外求，人们只要操存善性，自然就有为仁行义的驱动力。孟子又说道："人皆有不忍人之心。先王有不忍人之心，斯有不忍人之政矣。以不忍人之心，行不忍人之政，治天下可运之掌上。所以谓人皆有不忍人之心者，今人乍见孺子将入于井，皆有怵惕恻隐之心；非所以内交于孺子之父母也，非所以要誉于乡党朋友也，非恶其声而然也。"③ "怵惕恻隐之心"指的就是性善，换言之也就是仁心，仁心扩充外显而为义行，即由仁行义，孟子以孺子将入于井之事例，证明人类拥有先天属性的良善，行善不求回报，不带功利色彩，是与生俱来最纯粹的善性仁心。孟子又将恻隐之心、羞恶之心、辞让之心、是非之心合称为仁之端、义之端、礼之端、智之端，把这四端譬喻为人的四体，缺一不可。四端性善之说的提出，一来正面肯定了人类异于禽兽的高度道德文明；二来乐观地定义了人类天性上就具有倾向仁义性善的宝贵特质，无疑一并提升了中华民族的道德文明，此乃孟子性善论优越于告子、荀子，且更容易为历代思想家所接受之处。

---

① （汉）司马迁：《史记》，2343 页，北京，中华书局，2016。
② （宋）朱熹：《四书章句集注》，293～294 页，北京，中华书局，1983。
③ 同上书，237 页。

2. 义利之辨

关于义与利的分辨，孔子提过君子倾向"义"，而小人倾向"利"。孟子贴切地以鱼与熊掌来说解义、利两难时的情境。孟子曰："鱼，我所欲也；熊掌，亦我所欲也。二者不可得兼，舍鱼而取熊掌者也。生，亦我所欲也；义，亦我所欲也。二者不可得兼，舍生而取义者也。生亦我所欲，所欲有甚于生者，故不为苟得也。死亦我所恶，所恶有甚于死者，故患有所不辟也。……是故所欲有甚于生者，所恶有甚于死者，非独贤者有是心也，人皆有之，贤者能勿丧耳。"[1] 生存通常是人生最大的利益所在，在面临生存与道义的互相冲突时，君子宁愿选择道义而放弃生存，象征着喜爱道义的程度超越了自己的生命。死亡通常是人生最大危害之所在，但为了生存而违背仁义道德，那么君子不愿在损害道德的情况下苟且偷生。孟子所举出的义、利的生死抉择议题固然是较极端情况，通常在大时代的巨变之中获得验证，譬如文天祥（1236—1283）殉节前所说的"孔曰成仁，孟曰取义""惟其义尽，所以仁至""人生自古谁无死"[2] 等义理内涵的根源，即儒家思想的义利之辨。文天祥的牺牲，就是为了道德原则，甘愿舍弃宝贵的生命，此为义利抉择的议题中"舍生取义"的一段真实历史。

3. 夷夏之辨

夷夏之辨始于中原礼乐文化与四方异族文化的差异性，孔子当时即称："管仲相桓公，霸诸侯，一匡天下，民到于今受其赐。微管仲，吾其被发左衽矣。"[3] 孟子曰："吾闻用夏变夷者，未闻变于夷者也。陈良，楚产也；悦周公、仲尼之道，北学于中国，北方之学者，未能或之先也。彼所谓豪杰之士也。子之兄弟事之数十年，师死而遂倍之。"又称："今也南蛮鴃舌之人，非先王之道，子倍子之师而学之，亦异于曾子矣。吾闻出于幽谷、迁于乔木者，未闻下乔木而入于幽谷者。"[4] 孔子、孟子刻意区分夷与夏、中原文化与异邦文化，并非是种族上的优越感，而是对华夏衣冠礼乐有意识地维护，外邦犹停留在被发左衽的低层次文化，大幅落后于中原民族的衣冠楚楚、礼乐灿然，孔子

---

[1] （宋）朱熹：《四书章句集注》，332~333页，北京，中华书局，1983。
[2] （宋）文天祥：《文文山全集》，349页，台北，河洛图书公司，1975。
[3] （宋）朱熹：《四书章句集注》，153页，北京，中华书局，1983。
[4] 同上书，260~261页。

盛赞管仲治国有方，称霸天下，中原的礼乐文化才得以被妥善保护，不受外邦侵扰。孟子延续孔子从周尚礼的观点，积极肯定礼乐文明的优越性，他认为只有外夷之人倾慕华夏文明，虚心向中原民族学习礼乐文化的道理，没有中原民族自甘堕落，不懂得竭力维护固有的礼乐文化，反倒使文明趋向退化的道理。

4. 其他

孟子有所谓"知言养气"的思想，孟子说道："我知言，我善养吾浩然之气。……其为气也至大至刚，以直养而无害，则塞于天地之间。其为气也配义与道，无是馁也。是集义所生者，非义袭而取之也。……诐辞知其所蔽，淫辞知其所陷，邪辞知其所离，遁辞知其所穷。"① 孟子以一股浩然充沛、集义所生的"正气"作为修养道德的工夫，中国以往的思想家虽然有提出"气"的概念，但多属于不带道德意志的自然之气，孟子此说别出心裁地赋予"气"道德的内涵而成"正气"，这在中国传统思想界所谈"气论"的范畴当中诚然是前无古人的创见。而"知言"相当于察言观色的推理，也就是一种由言知人、由果推因的观人方法。此外，孟子有所谓的"民贵君轻说"，此思路开民本思想之先声，孟子曰："民为贵，社稷次之，君为轻。是故得乎丘民而为天子；得乎天子为诸侯；得乎诸侯为大夫。诸侯危社稷，则变置。"② 甚至说道："君之视臣如手足，则臣视君如腹心；君之视臣如犬马，则臣视君如国人；君之视臣如土芥，则臣视君如寇雠。"③ 孟子学说之所以被后世当作抑制君权的代表，乃因为在孟子的思路之中没有绝对忠君的必然性，他认为国君并非无缘无故就能得到臣民的尊崇，国君是否能得到臣民的爱戴与追随，端由本身如何看待以及爱护自己臣民的情况而定，孟子这样的思路，在数千年前封建帝制的政治环境之中，可说是颇为前卫且具开创性的示现。

三、荀子

荀子（前313—前238），名况，字卿，战国末期赵国人，著名思想家、文学家、政治家，时人尊称荀卿。西汉时因避汉宣帝刘询讳，"荀"与"孙"二

---

① （宋）朱熹：《四书章句集注》，231~233 页，北京，中华书局，1983。
② 同上书，367 页。
③ 同上书，290 页。

字古音相通，故又称孙卿。曾三次出任齐国稷下学宫的祭酒，后为楚兰陵令。荀子对儒家思想的发展，是在人性问题上提倡性恶论，主张人性有恶，否认天赋的道德观念，强调后天环境和教育对人的影响。其学说常被后人拿来跟孟子的性善论作比较，然而荀子对重新整理儒家典籍，着实具有显著的贡献。① 虽属于儒家人物，荀子学说所侧重的方向和孟子所侧重的着实大相径庭，孟子谈道德强调心性，谈政治则主张效法先王（尧、舜），荀子谈道德强调礼法，谈政治主张效法后王（当代君主）。蔡仁厚说道："孔子之后，孟荀继起，先后成为先秦儒学大师。孟子顺承孔子之仁而发挥，开出心性之学的义理规模。荀子则顺承孔子外王礼宪之绪，彰显礼义之统。"② 荀子特别注重客观理性的求知精神，也因此，学说中有许多观点实乃发前人所未发之语，其《劝学》《天论》《解蔽》等篇，仍有精彩而值得潜心钻研之处。以下列举若干荀子思想梗概加以介绍。

1.《劝学》

荀子本身学问渊博，学富五车，他阐扬为学、勤学的必然性，并作《劝学》勉人砥砺向学，其言曰："学不可以已。青，取之于蓝，而青于蓝；冰，水为之，而寒于水。"③ 天下未有知识是不学而知，未有技能是不学而能，故要日益长进，精益求精，唯一的途径就是勤勉学习。荀子又说道："不积跬步，无以至千里；不积小流，无以成江海。骐骥一跃，不能十步；驽马十驾，功在不舍。锲而舍之，朽木不折；锲而不舍，金石可镂。"④ 为学没有快捷方式，贵在脚踏实地层层累进，日积月累地持之以恒，勤勉不懈地培养扎实的功底，不宜期待一蹴即成，不可好高骛远。在荀子之前的儒家人物，无论是孔子所说的"好仁不好学，其蔽也愚；好知不好学，其蔽也荡；好信不好学，其蔽也贼；好直不好学，其蔽也绞；好勇不好学，其蔽也乱；好刚不好学，其蔽也狂"⑤，或是子夏所说的"博学而笃志，切问而近思，仁在其中矣"⑥，无一不是强调通过学习，一方面能提升自我的学问智虑；另一方面能改善自我的气质

---

① （汉）司马迁：《史记》之《孟子荀卿列传》，2348 页，北京，中华书局，2016。
② 蔡仁厚：《孔孟荀哲学》，362 页，台北，台湾学生书局，1984。
③ （清）王先谦：《荀子集解》，沈啸寰、王星贤点校，1 页，北京，中华书局，2007。
④ 同上书，8 页。
⑤ （宋）朱熹：《四书章句集注》之《论语·阳货》，178 页，北京，中华书局，1983。
⑥ 同上书，189 页。

素养。是故荀子劝学的立场与态度，完全符合儒家重视学习的思想底蕴。

2.《天论》

荀子认识的"天"属于自然意义，这和民俗信仰中把天当成神灵一般的存在，存有很大的差异。荀子曰："天行有常，不为尧存，不为桀亡。应之以治则吉，应之以乱则凶。强本而节用，则天不能贫；养备而动时，则天不能病；修道而不贰，则天不能祸。""天有其时，地有其财，人有其治，夫是之谓能参。舍其所以参，而愿其所参，则惑矣。"[①] 中国传统自殷商以来对天的信仰具备宗教义的色彩，孔子、孟子对天的概念谈得不多，但未曾把"天"确切地定义为不存在意志的自然义的天，至荀子当时，把天的定义论述得最透彻，他完全剥离天的宗教义，否定了天有干涉人类世界的能力，否定了天有赏善罚恶的人格特质。天只负责天的事，好比日月交替、气候变迁、四季代序，人类世界的祸福吉凶皆关系到人类本身的行为，和天一点关系都没有，是故求天无用，怨天无益。然而，就整个中国传统文化数千年的演变观之，群众心理对"天"仍然有某种宗教义方面的期待与想象，期盼着"天"有天理昭彰、报应不爽的具体施为，所以荀子的"天论观"在广大群众惯性的信仰基础下，其实并未跃升为主流思想。

3.《解蔽》

荀子提出人常犯的毛病在于"蔽于一曲，而闇于大理"[②]，意即人时常坚持某一端而以为那就是全部，顾此失彼，见树不见林，欠缺通盘的理解，因此极容易产生盲点与局限。荀子列举出一些"蔽"的类型而说道："欲为蔽，恶为蔽，始为蔽，终为蔽，远为蔽，近为蔽，博为蔽，浅为蔽，古为蔽，今为蔽，凡万物异则莫不相为蔽，此心术之公患也。"[③] 人的主观好恶之间容易有局限，处事过程之间容易有局限，范畴之间、深浅之间、古今之间都容易有所局限。荀子提出"虚壹而静"的方法，使得人无论在论事或析理上都能达到客观持平、面面俱到的境界。荀子解释"虚壹而静"的概念如下："心未尝不臧也，然而有所谓虚；心未尝不满也，然有所谓一；心未尝不动也，然而有所

---

① （清）王先谦：《荀子集解》之《天论》，沈啸寰、王星贤点校，306～308 页，北京，中华书局，2007。
② 同上书，386 页。
③ 同上书，388 页。

谓静。"① 荀子这里所说的"心"是人的"认知能力",是用来学习思考的,这与孟子所说怵惕恻隐之"心"的"仁心"大不相同。荀子主张人们学习前必须架空自己以往累积的主观认识,清理掉以往既定的刻板印象,使心思宁静虚空,方能平等客观地习得新的知识、接收新的事物。这样的立论和《老子》第十六章所提出的"致虚极,守静笃"②的工夫确实神似,是故荀子解蔽的观点在某种程度上,已经偏往道家思想的方向去了。儒家思想的体系大抵在孔子、孟子时期就已建构完成,荀子在传经、劝学方面对儒家学说的传承亦功不可没。

四、董仲舒

董仲舒(前179—前104),西汉儒学家,以治《春秋公羊传》闻名,有感于百家殊方,师异道、人异论,故向汉武帝上奏《贤良对策》,以尊崇儒术为宗旨,推举孔门思想与六艺经典有功,此举着实替汉初的黄老治术至武帝后的儒法并行,树立了滑转的关键。董仲舒的思想特色是以阴阳家的阴阳概念结合儒家的人伦观,强调君臣、父子、夫妇三纲,各有阴阳相生相融之体系,又有"贵阳贱阴"之主张,定义了三纲人伦内的主从差异。③ 董仲舒的学说不全然扣合先秦孔孟儒学的脉络,原因是他本身对阴阳家的阴阳五行思想颇为热衷,习惯以阴阳五行的那套理论和社会秩序联结成一体,以往孔孟学说对"天"谈得极少,荀子虽谈"天"的概念,荀学却不存在"天道"有丝毫与"人事"相应的阴阳家观点,但董仲舒对阴阳五行思想怀有高度的兴致,因此他在汉儒之中,可说是相当独特的思想家。

董仲舒的《五行相生》记载:"天地之气,合而为一,分为阴阳,判为四时,列为五行。行者行也,其行不同,故谓之五行。五行者,五官也,比相生而间相胜也。故为治,逆之则乱,顺之则治。"④ 他又说道:"天意难见也,其道难理。是故明阳阴、入出、虚实之处,所以观天之志。辨五行之本末顺逆、

---

① (清)王先谦:《荀子集解》之《天论》,沈啸寰、王星贤点校,395页,北京,中华书局,2007。
② 朱谦之:《老子校释》,64页,北京,中华书局,2008。
③ (汉)班固:《汉书》之《董仲舒传》,1756~1781页,上海,上海古籍出版社,2003。
④ (清)苏舆:《春秋繁露义证》,钟哲点校,355页,北京,中华书局,2015。

小大广狭,所以观天道也。"① 董仲舒笃信阴阳五行的思想,并认为天道是以阴阳跟五行等结构体系存在,并按照必然的规律运行不已,这套天道规律同时也联结了人间的伦理及秩序,人群所在的社会与政治皆必须顺从这套法则行动,顺从就能开创天下太平的局面,倘若违逆这套运行模式,必将使得天下动乱不安。董仲舒举出了木、火、土、金、水等五行,定义五行具有相生、相胜的循环性,就五行相生而论,木能生火、火能生土、土能生金、金能生水、水能生木。就五行相胜而论,金能胜木、木能胜土、土能胜水、水能胜火、火能胜金。五行各依相生、相胜的必然秩序轮转,自成体系,就是天道运行的常轨。他透过五行运转,界定自然界和人群社会的紧密联结,自然与人文都必须在这套阴阳五行的流转中活动,一切吉凶祸福得失利弊,都和是否遵循阴阳五行的运转息息相关,处处以阴阳五行观念扣合人事社会,甚至扣合朝廷政治与邦国存亡。他说道:"阴终岁四移,而阳常居实,非亲阳而疏阴,任德而远刑与? 天之志,常置阴空处,稍取之以为助。故刑者德之辅,阴者阳之助也,阳者岁之主也。"② 先秦儒家所强调的"德",其根源是发自仁心,发自善性的自律,任刑而治只是治标,不能完全治本的他律。但董仲舒凭借"天"领域的阳与阴,来谈论"人"领域的德与刑,称阳为德、阴为刑,又因为"天"是尊阳卑阴,所以"人"也应当任德而远刑,这是典型的"天人相应"论调,是董仲舒思想中极其鲜明的特质,而这样的思想倾向和孔子专注于谈仁义、孟子专注于谈四端性善,便存在了殊异性。

董仲舒虽谈阴阳相互搭配运行,成为流行不已的造化力,但此阴与阳的地位不是齐同平等的,他认为阳势必比阴来得尊贵,阴比阳来得卑下,因此流动造化的主力总在于阳,阴的存在有时只是一种对阳的辅助与支持。董仲舒说道:"天下之昆虫随阳而出入,天下之草木随阳而生落,天下之三王随阳而改正,天下之尊卑随阳而序位。幼者居阳之所少,老者居阳之所老,贵者居阳之所盛,贱者居阳之所衰。藏者,言其不得当阳。"③ 意思是天下万事万物皆以阳为主位,若得其阳则通则盛,除了自然界的昆虫、草木被董仲舒规范在阳尊阴卑、贵阳贱阴的理论之中,社会人伦的关系也同样如此,同样是以阳为遵循的核心,对君臣、父子、夫妇等"三纲",他这么说道:"君臣、父子、夫妇之

---

① (清)苏舆:《春秋繁露义证》,钟哲点校,361~362 页,北京,中华书局,2015。
② (清)苏舆:《春秋繁露义证》之《天辨在人》,钟哲点校,328 页,北京,中华书局,2015。
③ 同上书,328~329 页。

义,皆取诸阴阳之道。君为阳,臣为阴;父为阳,子为阴;夫为阳,妻为阴。"① 这是董仲舒拿着阴阳家的思想去搭配儒家原有的伦常观念所发展出的崭新论调,对后世存有不小的影响,君尊臣卑、父尊子卑、夫尊妇卑的印象也普遍地深植于民间。

五、朱熹

朱熹(1130—1200),字元晦,后人或称之为考亭先生,明嘉靖年间,祀称"先儒朱子"。朱子为宋代硕儒,远绍周濂溪(1017—1073)、张横渠(1020—1077)、程颐(1033—1107)、程颢(1032—1085),集宋代理学之大成,虽尝"出入佛老",然尔后独尊儒家思想、承传伊洛渊源,并为闽学宗祖。朱子毕生勤勉好学、思辨邃密、著述丰硕,曾与陆象山(1139—1192)辩于鹅湖,亦与事功派陈亮(1143—1194)论王霸,朱子思想与著述除了直接影响到当代学风以外,对于后世儒学之启迪亦颇为深远。汉宋以来的儒学脉络,初以"周孔"并称,至于后世多以"孔孟"并称,察其源由,着实与二程、朱子等儒之学术特质息息相关。朱子之学:一者,承传"伊洛道统"渊源,阐论"性理""格物穷理""持敬涵养",集宋代周濂溪、张横渠、程颢、程颐等理学家之大成;二者,毕生勤于撰述立教,故其传世文本质优而量丰,注经以及著作量皆为可观,尤其以《四书章句集注》对元明清三代科举取士影响之深,足见朱子之学对于儒学具有举足轻重的关联性。②

朱熹主要延续并阐扬程颐"性即理"的思想,《朱子语类·性理》记载:"程子'性即理也',此说最好。今且以理言之,毕竟却无形影,只是这一个道理。在人,仁义礼智,性也。然四者有何形状,亦只是有如此道理。有如此道理,便做得许多事出来,所以能恻隐、羞恶、辞逊、是非也。"③ 所谓"理"的概念,换言之就是道德,理的根源则是"性",换言之就是仁义礼智,仁义礼智在于人,人依照仁义礼智之性而能为道德。性跟理是道德的本体,道德是在人的身上实践的,所以人是性跟理的载体。他又说道:"性即理也。当然之理,无有不善者。故孟子之言性,指性之本而言。然必有所依而立,故气质之

---

① (清)苏舆:《春秋繁露义证》之《天辨在人》,钟哲点校,342页,北京,中华书局,2015。
② (元)脱脱等:《宋史》,12751~12770页,北京,中华书局,1977。
③ (宋)黎靖德编,王星贤点校:《朱子语类》,第一卷,63~64页,北京,中华书局,2004。

禀不能无浅深厚薄之别。"① 气质之禀是情而非性,就情而言,人各有殊异,并非全然地良善,所以不宜凭借,性则是当然之理,纯粹至善,是人们动机行事所当凭借的道德准则。

宋代儒者如张载、程颐,当时皆善于吸收《大学》《中庸》之中的思想养分,自成崭新的学说体系。朱熹则把《礼记》当中的《大学》《中庸》,和《论语》《孟子》两书合编成为《四书章句集注》,借以阐释"格物致知""致中和"等论点,尤其勉力深切。他在《大学章句》中解释格物致知之意为:"言欲致吾之知,在即物而穷其理也。盖人心之灵莫不有知,而天下之物莫不有理,为于理有未穷,故其知有不尽也。是以《大学》始教,必使学者即凡天下之物,莫不因其已知之理而益穷之,以求至乎其极。"② 他又说道:"大要在致知,致知在穷理,理穷自然知至。要验学问工夫,只看所知至与不至,不是要逐件知过,因一事研磨一理,久久自然光明。"③ 这就是程朱学说"格物穷理"的精要,强调借由人与生俱来的认识能力去追寻理解存在于宇宙天地间的万事万物之理,层层深掘、层层递进,就一事一理仔细、耐心地认识研磨,直至达到极限为止。

若说"格物穷理"是程朱学说里头的"道问学"工夫,那么"持敬涵养"便是程朱学说里头的"尊德性"修养。《中庸》的"致中和"之道便是修养工夫,朱熹高度尊崇《中庸》,甚至称其为"孔门传授心法",阐释致中和之道曰:"喜、怒、哀、乐,情也。其未发,则性也,无所偏倚,故谓之中。发皆中节,情之正也,无所乖戾,故谓之和。"④ 朱熹以性与情作区分,性是喜怒哀乐的未发的状态,必然无所偏颇失当,情是喜怒哀乐的已发的状态,控制得当则无缺失,让情之发动皆能中节,无所缺失,就是达到致中和的境界。此外,朱熹也相当强调"持敬"的工夫,他如此说道:"学莫要于持敬,故伊川谓:'敬则无己可克,省多少事。'然此事甚大,亦甚难。须是造次颠沛必于是,不可须臾间断,如此方有功。……伊川只说个'敬'字,教人只就这'敬'字上捱去,庶几执捉得定,有个下手处。纵不得,亦不至失。"⑤ 程朱所

---

① (宋)黎靖德编,王星贤点校:《朱子语类》,第一卷,63~64页,北京,中华书局,2004。
② (宋)朱熹:《四书章句集注》,6~7页,北京,中华书局,1983。
③ (宋)黎靖德编,王星贤点校:《朱子语类》之《性理》,92~93页,北京,中华书局,2004。
④ (宋)朱熹:《四书章句集注》之《中庸章句》,18页,北京,中华书局,1983。
⑤ (宋)黎靖德编,王星贤点校:《朱子语类》,208~209页,北京,中华书局,2004。

主张的"持敬"和"致中和"实有雷同之处，都是一种自我内在修持的态度，既是情绪的自我管控，亦是温良虔心的态度涵养。

朱熹钻研儒学之初，是秉持兼容佛老的态度，对释道两家并未多加排斥，到了晚期学说则一反先前，转而主张崇儒学、排佛老。他这么说道："禅学最害道。庄老于义理绝灭犹未尽。佛则人伦已坏。至禅，则又从头将许多义理埽灭无余……佛老之学，不待深辨而明。只是废三纲五常，这一事已是极大罪名！"① 朱熹力排佛老的原因，一来批评佛教出家不婚之举和纲常伦理违背，无法实现夫妇、父子等人伦关系；二来指责佛老思想是"异端虚无寂灭之教，其高过于大学而无实"②。

六、王守仁

王守仁（1472—1529），字伯安，号阳明子。明代著名儒学家、思想家、军事家，王守仁集"心学"之大成，继程朱理学后另辟陆王心学之蹊径。原初为实践朱熹"格物致知"之理，下决心格知"竹"理，七天七夜后仍无所得，因此自觉对程朱理学"穷理""性即理"等说法颇难遥契，转而服膺心即理之说。另一方面则对"知行"关系尤感兴趣，阐发"知行合一"的重要性，认为知中必须有行，行中必须有知，二者互为表里，不可失衡，不可分离。③

有别于程颐、朱熹主张的"性即理"，王守仁所提出的是和宋代陆九渊（1139—1193）相同路数的"心即理"思想，王守仁《传习录上》称："心即理也。天下又有心外之事，心外之理乎？……且如事父母，不成去父上求个孝的理，事君，不成去君上求个忠的理？交友治民，不成去友上、民上求个信与仁的理？都只在此心，心即理也。"④ 王守仁认为道德之理是向内发觉，不是由外索求，道德义理只存一己之心，蕴藏心中、不假外求，道德之理不在于自身外的人事物，而是内心自然所发，所以吾心即理。他认为朱熹"性即理"的思想，即是在外事外物上求善求理，流于在心外追求，并不符合"理"的真谛。他认为人们施行仁义道德不该忧心不明事理而去穷理致知，只需要担心本

---

① （宋）黎靖德编，王星贤点校：《朱子语类》，3014 页，北京，中华书局，2004。
② （宋）朱熹：《四书章句集注》之《大学章句序》，2 页，北京，中华书局，1983。
③ （清）张廷玉：《明史》之《王守仁传》，5159～5170 页，北京，中华书局，1974。
④ （明）王守仁：《王阳明集》（上卷），王晓昕、赵平略点校，2 页，北京，中华书局，2016。

心被私欲蒙蔽后，无法发挥其本来的功效。

王守仁顺着"心即理"的思想脉络，阐发心的本体即良知，而格物致知的精髓乃在于"致良知"，他这么说道："知是心之本体，心自然会知：见父自然知孝，见兄自然知弟，见孺子入井自然知恻隐，此便是良知，不假外求。……即心之良知更无障碍，得以充塞流行，便是致其知。知致则意诚。"① 王守仁认为良知是心体的本质，也是能实践道德的根源与动力，所谓的格物目的不是在穷理致知，而是在致良知，其工夫全坐落在诚意，也因此王守仁对《大学》八德目中的诚意、正心工夫颇为强调，主张格物致知的宗旨乃系"致良知"，而非程朱所言的穷理，穷理便已假外求，诚意方是朝向本心发觉。王守仁阐发致良知思想之时，几乎把良知心体的造化作用推向无穷无尽，他说："良知是造化的精灵。这些精灵，生天生地，成鬼成帝，皆从此出。"② 又有"四句教"之名言作为学说宗旨称："无善无恶是心之体，有善有恶是意之动，知善知恶的是良知，为善去恶是格物。"③ 主张吾人一旦致良知，便可以洞见全体，可以造化天地，可以超凡入圣。

王守仁还提出了"知行合一"的思想观点，此说与朱熹的格物穷理、穷理致知的路数相异，朱熹所言道德行动的开展依据是仁义礼智之性，性是一种理，人们需要先识得此理，然后身体力行地实践此理，王守仁认为这样的取径具有知先于行的特质，而识得道理又需要凭借智虑与认知能力，而王守仁对仁义道德来源的取径不在认知与穷理，而是发显良知本心，是一种即良知、即实践的路数。王守仁说道："未有知而不行者。知而不行，只是未知。圣贤教人知行，正是要复那本体，不是着你只恁便罢。故《大学》指个真知行与人看，说：'如好好色，如恶恶臭。'见好色属知，好好色属行。只见那好色时已自好了，不是见了后又立个心去好。"④ 所以，知行合一的开展是由心不由理，是将道德理论与道德实践融合为整体，理论与实践之间不存在先后、主从、轻重等疑难，是一门即认识即实践的工夫。

---

① （明）王守仁：《王阳明集》（上卷），王晓昕、赵平略点校，6页，北京，中华书局，2016。
② 同上书，97页。
③ 同上书，109页。
④ 同上书，4页。

第三节　儒家思想对中国古代社会的影响

一、精神与人伦

儒家思想属于精神文化层次，换言之，这样的精神就是道与德。在孔门当中，精神向来是被重视的，物质向来是被看淡的，君子对自我的要求是"志于道，据于德，依于仁，游于艺"①。孔子的学说重心坐落在培养门徒的道德修养，教人做人，教人品德高尚，教人进退应对必须根据仁德，勉励学生成为君子，勿当小人，因此我们可以明确地认识到，儒家思想是一门以道德仁义为首要的思想，几乎是一门纯粹精神层次的学说。孔子说道："君子食无求饱，居无求安"②"士志于道，而耻恶衣恶食者，未足与议也！"③ 甚至是赞誉颜渊的"一箪食，一瓢饮，在陋巷"④。诸如上述，足以得到一个结论，儒家人物着重仁义道德等精神层次的程度，远远超越对屋宇、房舍、衣物、饮食等物质对象的留心与讲究。这样的学说特性，为宋儒开出了"孔颜乐处"的议题，二程称："昔受学于周茂叔，每令寻颜子、仲尼乐处，所乐何事？"⑤ 答案是，孔颜所乐者，只在道德精神，而非服饰饮食等生活物质。其次，《诗》《书》《礼》等这些固有的文献典籍，在孔子的定义下，也成了立身言行的根据，换言之，仍旧是往仁、德等方向进行引导，结果仍旧是近于精神层次而远乎物质层次，这现象从子夏以"礼后乎？"来理解《诗经》中的"绘事后素"⑥ 便可窥知一二，原本属于绘画范畴的叙述，却被儒家人物对礼制文化的企盼所建构而成的概念给完全地取而代之了！

儒家思想重人伦，人伦是人与人的关系及关联，尤其讲究人与人之间的情感与关怀，人除却认知身为人的存在价值，涵养自身德性之外，还须与群体相处、互助、分工，毕竟人无法离群索居以独自生存，一己与群体间必透过互动

---

① （宋）朱熹：《四书章句集注》之《论语》，94 页，北京，中华书局，1983。
② 同上书，52 页。
③ 同上书，71 页。
④ 同上书，87 页。
⑤ （宋）程颢、程颐：《二程集》，王孝鱼点校，16 页，北京，中华书局，1981。
⑥ （宋）朱熹：《四书章句集注》，63 页，北京，中华书局，1983。

进而有所联系，而个体间的互动良善将有助于建立彼此互信的基础，适恰的礼敬往来亦催化着乡里间的敦厚情感，甚者足以巩固国族之间的邦交关系。儒家认知到世间治乱与否着实取决于人，因此缘故儒家特别重视人伦秩序的和谐与稳健。伴随着对人伦关系的重视，儒家的宗族与家庭观念浓厚，包括对孝悌、丧祭的提倡也可视为人伦观念的延伸。毕竟，人与人之间的互动方式，缘其身份与辈分而有所殊别，虽说长幼之节、君臣礼敬未可偏废，但亲属之间与职属之间的互动方式不尽相同。

儒家思想大抵存有"绝对尊亲"的观念。以亲子关系来讲，孔子尝称："事父母几谏。见志不从，又敬不违，劳而不怨。""三年无改于父之道，可谓孝矣。"① "父为子隐，子为父隐，直在其中矣。"② 儒家对君臣关系的界定，却没有蕴含"绝对尊君"的观念，孔子称："所谓大臣者：以道事君，不可则止。"③ 孟子称："君之视臣如手足，则臣视君如腹心；君之视臣如犬马，则臣视君如国人；君之视臣如土芥，则臣视君如寇雠。"④ 据上述，不管是处在哪一种伦常关系，或是处在任何类型的人伦秩序里头，至少皆必须于两者或两者以上互相往来的场域，此无论是在君与臣、父与子的关系，或者是夫与妇、兄与弟的关系。它的共同目标乃在于"君君，臣臣，父父，子子"⑤ 的名实相称，希冀人伦秩序能在此中圆满。个人的行动必须配合家族与宗亲，个人独立意识大抵只能在家族群体意识的框架里作有限度的发挥，这在传统中华文化之中是常见的事实，中国传统社会中的年轻男女，甚至是恋爱婚姻都必须顾虑到尊长及家族的意向，父母对子女的约束力坚强，子女鲜少展现个体的独立与自由。例如，《孔雀东南飞》《牡丹亭》《红楼梦》，甚至张爱玲的《金锁记》等文学作品，无不指出中国传统社会之中，家族、尊长力量或对个体未来的操控与左右，传统华人文化中，家庭成员间关系过于紧密造成互相纠葛的情况，这和西洋人重个体生活与独立思维的风气可说是大相径庭。

---

① （宋）朱熹：《四书章句集注》，73 页，北京，中华书局，1983。
② 同上书，146 页。
③ 同上书，128 页。
④ 同上书，290 页。
⑤ （宋）朱熹：《四书章句集注》，136 页，北京，中华书局，1983。

二、品德与教育

孔子是诲人不倦的教育家,据《礼记·檀弓上》记载:"曾子曰:'吾与女事夫子于洙泗之闲。'"① 孔夫子聚徒讲学于洙泗,孔子从事的就是一种教育行动,孔子所运用的教材是《诗》《书》《礼》等文献典籍,孔子对这些教材的编整与授受,对后代产生鲜明的影响。例如,《汉书·孝宣帝纪》记载:"(宣帝)诏诸儒讲《五经》同异,太子太傅萧望之等平奏其议,上亲称制临决焉。乃立梁丘《易》,大小夏侯《尚书》,谷梁《春秋》博士。"② 汉代所立的经学博士,博士所治之学,所授受的知识,其实大抵不与孔子当时所治之学脱节,博士所师承,也每每可追溯至孔门所传弟子。孔子开创道德教育、经学教育,汉朝廷继承此一传统,由政治力领头使规模扩而充之。此外,黄宗羲(1610—1695)尝阐述古圣王建设学校的美意,其谓:"学校所以养士也,然古之圣王其意不仅此也,必使治天下之具皆出于学校,而后设学校之意始备。"③ 实则,学校亦是传递儒学的场域。

在古时候,教育的功能被看得很重,而教育的特点或多或少也受儒家的主张所左右,孔子教化的方式是"道之以德,齐之以礼"④,既是一种道德式的教育,又是一种礼乐式的教育,培养文质彬彬、温柔敦厚的君子儒,是儒家教育所擅长,然有所偏重,就难免有所舍弃。其一,譬如樊迟请学稼时,孔子就心有不悦地说:"吾不如老农。"甚至说:"小人哉,樊须也!"⑤ 子路遇到过的荷蓧丈人,也曾取笑孔子是"四体不勤,五谷不分"⑥ 之人。从这些例子可以知道孔子对农稼之事兴致缺缺,甚至流露出某种程度的轻蔑,倘若站在农业生产者或是农家的角度来论,和儒家思想重知识、轻劳动的特点,仍然具有立场上的冲突。其二,据顾颉刚(1893—1980)考称:"观《论语》记孔子言曰:'君子无所争,必也射乎'又曰:'吾何执?执御乎,执射乎?吾执御矣'

---

① (汉)郑玄注,(唐)孔颖达正义:《礼记正义》(上中下),见《十三经注疏》,整理委员会整理,李学勤主编,202页,北京,北京大学出版社,1999。
② (汉)司马迁:《史记》,179页,北京,中华书局,2016。
③ (清)黄宗羲:《明夷待访录》,37页,北京,中华书局,2011。
④ (宋)朱熹:《四书章句集注》之《论语》,54页,北京,中华书局,1983。
⑤ 同上书,142页。
⑥ 同上书,184~185页。

……知孔子于射、御之事俱优为之。……孔子答子路问成人,其条件之一曰:'卞庄子之勇';又言其次焉者,曰:'见危授命'。足见其时士皆有勇,国有戎事则奋身而起,不避危难,文、武人才初未尝界而为二也。"① 孔子在射、御两方面皆表现优异,才华之中未尝不包含武略,可惜在孔门的教育体系当中,记载射、御武略的比重着实太轻了些。其三,儒家思想之中提倡"行有余力,则以学文"②的观点,使得儒家在纯道德式的思路方向的引导下,对文艺的态度是消极的,对纯文学的兴致恐怕也是趋于淡薄。

三、尊孔与道统

尊敬孔子与弘扬儒学是中国传统文化的特点,儒学与中国文化数千年来宛如血肉相连,由来已久,中国人尊称孔子为至圣先师、万世师表,尊孔子、重儒教普遍是历代朝廷治理天下的莫敢偏废的核心指标。儒学在中国传统文化当中备受尊崇恐非偶然,帝制时代里,打天下要借助军事武力,但治天下必须仰赖诗书礼制,比如,汉初陆贾与刘邦的对话,《史记·郦生陆贾列传》记载:"陆生时时前说称诗书,高帝骂之曰:'乃公居马上而得之,安事诗书!'陆生曰:'居马上得之,宁可马上治之乎?且汤、武逆取而以顺守之。……乡使秦已并天下,行仁义、法先圣,陛下安得而有之?'高帝不怿,而有惭色。"③《后汉书·显宗孝明帝纪》记载:"(明帝)还幸孔子宅,祠仲尼及七十二弟子。亲御讲堂,命皇太子、诸王说经。"④ 清·皮锡瑞(1850—1908)说道:"后之为人君者,必遵孔子之教,乃足以治一国。……后之为士大夫者,亦必遵孔子之教,乃足以治一身。"⑤ 儒家谈礼乐、谈王政、谈仁义、谈君臣,正如陆贾所说,是一种务实可行的顺守之道,换言之,儒家思想指引一种实质而文明的生活态度,且是一门能和政治、教育接榫的思想学说。清康有为(1858—1927)又把孔子的地位推向巅峰,康氏以《孔子改制考》称:"自战国至后汉八百年间,天下学者无不以孔子为王者,靡有异论也。……今遍考

---

① 顾颉刚编:《史林杂识初编》,86~87 页,北京,中华书局,1963。
② (宋)朱熹:《四书章句集注》,49 页,北京,中华书局,1983。
③ (汉)司马迁:《史记》,2699 页,北京,中华书局,2016。
④ (清)王先谦注:《后汉书集解》,35 页,扬州,广陵书社,2006。
⑤ 皮锡瑞:《经学历史》,6 页,北京,中华书局,2012。

秦、汉之说，证明素王之义。庶几改制教主，尊号威力，日光复荧，而教亦再明尔。"① 夷考其实，《诗》《书》《礼》乃孔子所述已是公论，孔子本身复古从周，对人臣僭越逾礼的弊端颇为诟病，尊孔固然必须，乃系对孔子崇高人格的效仿与景仰，然奉孔子为素王与教主唯恐过当，有失之公允之嫌。

儒家的思想脉络中有所谓的"道统"说，始自唐韩愈（768—824）《原道》所揭示："吾所谓道也，……尧以是传之舜，舜以是传之禹，禹以是传之汤，汤以是传之文武周公，文武周公传之孔子，孔子传之孟轲。轲之死，不得其传焉。"② 宋黄榦（1152—1221）乃称："道之正统待人而后传，自周以来，任传道之责者不过数人，……由孔子而后，曾子、子思继其微，至孟子而始著。由孟子而后，周、程、张子继其绝，至熹而始著。"③ 儒家道统由尧舜禹汤传至文武周公，传至孔孟，再传至濂洛关闽等说法，在宋明理学家的思维里虽津津乐道，但清代汉宋之争时，部分汉学派学者却颇不以为然，章学诚（1738—1801）《文史通义·原道中》就曾说道："人自率道而行，道非人之所能据而有也。自人各谓其道，而各行其所谓，而道始得为人所矣。墨者之道，许子之道，其类皆是也。"④ 言下之意，道是多元而非一元，是多家并列，不当定于一尊，儒学不应全盘占据道的尊贵位置，墨家的道亦是道，农家的道亦是道，诸子百家学说的价值是等齐的。

儒家思想是一门"仁义"的道德学说，"淑世"的政治学说，"六艺"的教育学说。它规模庞大、体系驳杂，经年累月下来，难免暴露出儒学内部的矛盾性，汉司马谈说它"博而寡要，劳而少功"⑤。梁启超（1873—1929）称："言性理则争道统；各自以为孔教，而排斥他人以为非孔教……寖假而孔子变为马季长郑康成矣，寖假而孔子变为韩退之欧阳永叔矣，寖假而孔子变为程伊川朱晦庵矣，寖假孔子变为陆象山王阳明矣。"⑥ 儒家思想固然绵延不绝，然儒学内部的矛盾也同时存在，思想之间互有抵触，思想家之间互有冲突，孟子的重心性与荀子的重礼法有争端，汉代今古文经学有争端，道统派与传经派有争端，严重者甚至各持己端，争于意气，党同伐异，这些情况在中国儒学发展

---

① 康有为：《康有为全集》，第三集，101页，北京，中国人民大学出版社，2007。
② （唐）韩愈：《韩昌黎文集校注》，第8卷，马其昶校注，10页，上海，古典文学出版社，1957。
③ （元）脱脱等：《宋史》之《朱熹传》，12769~12770页，北京，中华书局，1977。
④ 章学诚：《文史通义校注》，叶瑛校注，133页，北京，中华书局，1985。
⑤ （汉）司马迁：《史记》之《论六家要旨》，3289页，北京，中华书局，2016。
⑥ 梁启超：《清代学术概论》，143~144页，台北，台湾商务印书馆，1994。

的历史脉络下经常上演。儒家思想的发展是持续的，孔孟学说的精华也有赖于历代学问家潜心钻研，从旧传统中探索出新元素。要之，儒家思想终究存在着瑕不掩瑜的文化价值。

儒家思想在动乱的春秋战国时期难以得到列国君主的青睐，原因在于，就打天下的立场而言，儒家能给予邦国或君主的援助与建设性是相当局限的，论防御不如墨家，论军事攻守不如兵家，论统驭号令不如法家，论策划谋略又不如纵横家，是故孔孟思想虽有其精湛的哲思，可惜并不相应于战乱时期的局势与潮流，此为儒家思想在打天下方面之所短，在治天下方面方为所长。儒家思想对中华民族的影响深远，尤其在政治、家庭、品格等方面表现鲜明。在政治方面，儒者充满淑世的使命感，以天下邦国兴亡为己任，怀抱忧以天下、乐以天下的胸怀，是借由政治教化博施济众、推己及人的积极展现。在家庭方面，儒家特重人伦关系，恪遵父子、夫妇、兄弟之道，父慈子孝、夫唱妇随、亲亲敬长，家庭是知仁行义最初逢遇的场域，孝悌是人之所以为人的根本原则。在品格方面，儒家思想尤其重视与讲究对人格的培养，并影响中华历史对善恶忠奸观感的敏锐，时常以仁义道德作为立身规范，最重视的是人的品格修养，至于成败胜负反倒居于其次。要成为"君子""圣贤"，勿当"小人"这类观念，在我国历史文化上几乎是众所周知的，这无非也是受儒家思想的熏陶及潜移默化。

本 讲 小 结

儒家的创始，乃系孔子因应东周时期的礼崩乐坏，他一方面为维护礼乐粲然、宗法稳固，竭力对礼乐加以活化，对仁义诠释及定义，赋予新的价值。另一方面则根据自身所学，向门徒传递六艺知识，灌输品德观念。孔子以后，孟子扬道继统，荀子劝学传经，汉儒、唐儒的注经有功，汉代有董仲舒上奏武帝独尊儒术，唐代有韩愈作《原道》推尊儒统，宋代有濂、洛、关、闽四家，朱熹集周张二程子理学之大成，又作《四书章句集注》，后为元明清三代科举应试儒生之必读范本。明代有王阳明为首的心学，以及他所提出的知行合一说，等等。儒家文化宽泛地从《诗》《书》《易》《礼》《春秋》等文献知识面向，从博施济众、王道仁政等政治面向，四端性善等道德面向，亲亲、敬长等家庭伦理面向，和中国数千年历史发展、社会风俗紧密结合，对中华民族的生活行为、思想观念产生了潜移默化的影响。又在历代儒学家有意识地维护与发扬下，世代传承、绵延不辍。

【复习与练习】

复习

1. 孔子学说中仁、义、礼的概念。
2. 孟子学说中的人禽之辨（性善四端）、义利之辨、夷夏之辨。
3. 荀子被视为儒家思想之歧出的主要原因。

思考与练习

1. 试论孔子思想中"仁"与"礼"的关联性。
2. 儒家思想当中的群体意识与人我关系为何？
3. 孟子的性善论与荀子的性恶论二者，你较支持何者？请说明原因。
4. 从五四运动高喊"打倒孔家店！"的口号以后一直到20世纪80年代，中国社会对儒家思想总体上是否定批判的，认为它是中国接受现代科学民主思想的障碍。你认为是这样吗？就此话题举行一场课外或课堂辩论。
5. 儒家"仁礼"学说在当代社会文化建设中还有价值吗？价值何在？
6. 儒家经典《尚书》塑造了上古圣君"尧舜禹"的理想政治时代，尧舜禹之间权力更替的原则不是血缘关系，而是选贤任能。谈谈这种政治理想在中国和世界政治历史中的超时代性。

课外阅读文献

1. 习近平：《高举中国特色社会主义伟大旗帜　为全面建设社会主义现代化国家而团结奋斗——在中国共产党第二十次全国代表大会上的报告》，载《求是》，2022年第21期。
2. 蔡仁厚：《孔孟荀哲学》，台北，台湾学生书局，1984。
3. 徐复观：《中国人性论史先秦篇》，台北，台湾商务印书馆，1977。
4. 钱穆：《中国学术通义》，北京，九州出版社，2011。
5. 钱穆：《四书释义》，北京，九州出版社，2010。
6. 李泽厚：《中国古代思想史论》，北京，人民出版社，1985。

第十讲　中国古代道家文化

在中国古代，最有影响的精神文化现象除了儒家文化之外，就是道家文化了。它涉及宗教、哲学、科学技术、人们的生活态度和价值追求等多个方面，深刻地影响了中国文化史和中国人的生活历史。本讲将介绍道家思想的基本构成和发展历史。

第一节　道家思想的产生与发展

有学者认为，道家思想主要来源于四个方面，一是黄、老学术；二是老、庄思想；三是隐士思想；四是方士学术。①《淮南子·修务训》中说："世俗之人，多贵古而贱今，故为道者，皆托之于神农、黄帝，而后能入说。"② 应该说，道家思想的创立者是老子，战国时代出现的黄老学说是在老子思想基础之上衍生的结果。战国时田氏统治齐国，为了抬高自己的出身祖源，视自己为黄帝后裔。当时东方文化中心的临淄遂有一批学者结合老子思想假托黄帝之名创立黄老学说，这也成了稷下学派的核心构成。黄老学说思想中，既有老子的成分，也有超出老子的成分，但老子成分还是核心构成。汉初统治者用道家思想来治国安邦，常把黄老并称。但到武帝时代，黄老思想在国家意识形态层面被边缘化。汉代学人如司马谈《论六家要旨》、司马迁《史记》、刘歆《七略》，到东汉班固的《汉书·艺文志》等，谈道家都只论老子而不论黄帝，原因即在此。魏晋以后的道家列出了一个思想谱系，由老子、关尹子到庚桑子，庚桑子传壶子，壶子传列子，列子传庄子等，无论如何编织道家谱系，老子都是道家思想的创立者和主要来源。

秦汉道家也与隐士生活方式有关。隐士是中国文化的一个特殊群体，春秋战国时流行的传说和文献记载，上古三代时期，就有像许由、巢父、卞随、务光等著名隐士。他们大多"视富贵如浮云"，学问、道德、人品样样都超出常

---

① 南怀瑾：《禅宗与道家》，137~138页，上海，复旦大学出版社，1991。
② （汉）刘安：《淮南子》，641页，开封，河南大学出版社，2010。

人水平，那些帝王达人都常常向他们学习。即使孔子也极力称赞像伯夷、叔齐、吴太伯这样的人，认为他们高蹈的人格、出世的精神，不仅值得儒士们学习，在不得志的时候也可以效仿。秦汉以后，司马迁作《史记》，特别为隐士列传，突出他们的谦让高风，培养起中国文化和中国文人高尚其志的风尚。后来，有的隐士被称为"神仙"，唐宋时代又被称为"高士"与"处士"等。至宋代有些"处士"，以"半隐士"的姿态一举成名，遂招来他人"功名捷径在烟霞"的讽刺。其实，老、庄代表的道家"隐士"思想，与孔、孟代表的儒家思想，在最高目标和最初动机并无两样，都在于现实人生的成功顺利。所不同的主要在于，它们采用的方法与态度。孔、孟等儒士，采取积极入世的态度，力图挽救世道人心；道家"隐士"们，则要因势利导，喜欢用"柔"、用"弱"的方法来处理矛盾纠纷，但也因为太过用弱，结果往往至柔弱不堪，不再用世了。

战国时庄子曾提出"方术"，秦汉以后，"方士"之名逐渐通行。《史记》对方士的记载，多集中在了秦始皇迷信"方士"去求长生不老，汉武帝受"方士"们欺骗去海上求仙等故事，更重点描述了"方士"们各种欺诈骗钱的丑态，使得"方士"在后世人的印象中，都成了丑陋可鄙、不学无术的代名词。不过，中国古代有些"方士"，有点类似于近代的科学家。他们利用物理原理，研究心物一元的控制方术，探求修炼成仙的法术。他们综合物理学和化学等的研究，又发展出炼丹术、医药学。按照他们的说法，只要方法得当，再辅之以一些药物的刺激，终究可以改变人的自然生长规律，实现人类自我控制的目的。这些实践和研究为中国古代生理学、医学、药物学、养生学、物理治疗学等学术的发展奠定了基础。

在千百年的发展过程中，老子无可争议是道家最主要的思想源泉，也被视为道家当之无愧的开创者。他总结了古代先贤圣人的智慧，发展出道法自然、无为无不为等的重要思想，标志着道家思想基本成型。战国时期，当时出现了诸多学派，如杨朱学派、黄老学派、彭蒙田骈慎到派以及庄子学说，都与老子学说有某种关系。杨朱发挥了老学中贵身防患思想，形成了"为我"之论。孟子说："杨子取为我，拔一毛而利天下不为也。"[①] 田骈、慎到、彭蒙都是稷下先生，他们公而不党，易而无私，实现了道家向法家的转化。按照《庄子·

---

① （战国）孟轲：《孟子》，杨伯峻、杨逢彬注译，235页，长沙，岳麓书社，2000。

天下》和《吕氏春秋·不二》的说法，老学之外还应有关尹、列子。关尹的思想要旨是虚己接物、独立清静，但关于他的资料过少。有关列子的记录也较少，《列子》一书晚出，多所假托。庄周是战国中期人，对老学的发展功不可没。他对老学创造性的继承和整体性的超越，使老学真正发展成为一个大的学派，可以与儒、墨齐驱。庄学以"道"为最高概念，崇尚自然无为，反对宗法制度，主张顺任自然，倡导纯真、超脱、虚静。庄子后学与庄周的思想同中有异，但没有根本的改变。战国末期，楚文化的老学与北方中原的黄帝崇拜结合形成了黄老之学。黄老之学是借黄帝之名，宗老子之学，兼取儒、法、阴阳各家建立起来的。从广义上讲，秦汉时期的道家思想，皆可称为黄老之学。秦朝时，秦始皇倾心于法家思想，对包括道家在内的其他学说都采取了抑制发展的政策。汉朝建立初期，由于长期战乱，民生凋敝，黄老之学主张"清静无为"，崇尚政治简易，与民休息，迎合了汉朝统治者的治国理念，也符合了当时社会政治的需要，遂大行其道，造就了一个"文景之治"的盛世。

汉末时期，黄老之学逐渐演化出黄老崇拜等祭祀活动，与神仙长生、民间巫术结合，孕育出民间道教。道教在一定程度和基础上发展了道家学说中某些思想，但对道家思想的一些主旨作出了异化的解释，可以视为道家思想发展的一个旁支。魏晋南北朝时期，谈玄之风兴起，他们对老庄学说进行了多方的重新阐释，并发展出各自的一套理论，形成了影响深远的魏晋玄学。他们奉《老子》《庄子》《周易》为经，称为"三玄"，并以《老子》《庄子》为"玄宗"，以老庄思想注《周易》。此后老庄学说成为道家正统，一直延续到今天。魏晋南北朝后，虽然道家思想屡被视作大乱之后治国的急救包，士大夫失意之后的精神家园，但更多时候它是作为道教的思想资源之一而继续存活下来的。到了唐宋时期，道家成为思想文化的一个重要力量。同时，道家思想与佛教紧密结合，最终发展出一个中国式的佛教形式——禅宗。此外，道家对宋明理学和阳明心学也发挥过重要作用。

到了晚清时期，西方思想对当时以儒家思想建立起来的统治秩序造成了强烈冲击，道家思想却与西方自由民主等观念有某些相合之处。20世纪90年代，随着中华文化复兴命题的提出，道家思想也得到重视和重新发掘，一些学者如董光璧提出了当代新道家的概念，得到了陈鼓应等人的热烈响应，后来又出现了唯道论、道商、天道自由主义、自化论等新的理论，有些思想还在实际生活中得到应用和推广。

第二节 道家的主要思想和著作

道家是中国古代哲学的主要流派之一，道家的老庄学派和黄老学派最为著名，构成了道家思想的主流，提出了许多非常重要的思想和观念。前者以《老子》《庄子》《列子》为代表，后者以《管子》中的《心术上》《心术下》《白心》《内业》4篇以及《淮南子》为代表。

一、道家的主要思想

1."道"之本源

"道"是中国古代哲学的重要范畴之一，多用来指称世界的本原、本体、规律或原理。道的原义指道路、坦途，后来发展出道理的意思，用来表达事物的内在原理和规律。春秋后期，老子大大发展了道的内涵，把它视作宇宙的本原、动力以及事物变化发展的普遍规律。

"道"是老子思想的核心概念。他说："有物混成，先天地生。寂兮寥兮，独立而不改，周行而不殆，可以为天下母。吾不知其名，字之曰'道'，强为之名曰'大'。"①（《老子》第二十五章）在他看来，天地万物的本源是道，道不停地运转，永不止息，同时创生了万物，即"道生一，一生二，二生三，三生万物"②（《老子》第四十二章）。他还提出，"道"的变化规律，是"反者，道之动"③（《老子》第四十章）。天地万物始终存在着两个相互对立的力量，如有无，难易，长短，高下，美丑，祸福，强弱，大小，智愚，巧拙，生死，进退等，二者相互依存，相互促进，又相互转化，即"有无相生，难易相成，长短相形，高下相倾，音声相和，前后相随"④（《老子》第二章）。而

---

① （魏晋）王弼、郭象注，（唐）陆德明音义：《老子庄子》之《老子》，13～14页，上海，上海古籍出版社，1995。
② 同上书，25页。
③ 同上书，24页。
④ 同上书，2页。

"道"有一个最基本的特征，那就是"贵柔"。道的作用方式多表现为柔弱，即"弱者，道之用"①（《老子》第四十章）。他说："天下之至柔，驰骋天下之至坚。"②（《老子》第四十三章）"以其不争，故天下莫能与之争。"③（《老子》第二十二章）柔转化为刚，弱转化为强，静转化为动，一切事物的性质都会随着外界境况和时间的变化而变化，以致转变成它相反的样子，所以老子提倡以柔克刚、以弱胜强、以静制动，预想达到以弱胜强、以少胜多的目的。同时，"道可道，非常道"④（《老子》第一章），"道"是个总名，不同地方、不同人群对道的含义的解释都会不同，我们很难从固定、静止的角度来真正把握住道的实义。

庄子继承了老子有关"道"的学说，也认为道是世界的终极根源和主宰。他说："夫道，有情有信，无为无形，可传而不可受，可得而不可见；自本自根，未有天地，自古以固存；神鬼神帝，生天生地，在太极之先而不为高，在六极之下而不为深，先天地生而不为久，长于上古而不为老。"⑤（《庄子·大宗师》）道确实存在，但没有固有的形状，又没有固定的作为，我们只能感知到它，看到它的作用。而最困难的是，道很难言说，"道不可闻，闻而非也；道不可见，见而非也；道不可言，言而非也"⑥（《庄子·知北游》）。我们不可能给"道"一个明确的规定，即"道不当名"⑦（《庄子·知北游》），即使取名为道，也是所假而行。在"道"和"物"的关系上，庄子发展了老子思想中即气言道的思想，说"通天下一气耳"⑧（《庄子·知北游》），将道直接看作气，可是气可以捉摸，而道不可捉摸。庄子进一步说："道无终始，物有死生，不恃其成。一虚一满，不位乎其形。"⑨（《庄子·秋水》）事物每时每刻都在变化，形态从未固定，所以任何事物都没有一个固定的样子，也就没有一个固定的性状，我们对事物也就无法形成一个固定的认识。他举例说："故

---

① （魏晋）王弼、郭象注，（唐）陆德明音义：《老子庄子》之《老子》，24页，上海，上海古籍出版社，1995。
② 同上书，25页。
③ 同上书，12页。
④ 同上书，1页。
⑤ 同上书，82页。
⑥⑦ 同上书，242页。
⑧ 同上书，234页。
⑨ 同上书，188页。

为是举：楚与楹，厉与西施，恢、恑、憰、怪，道通为一。"①（《庄子·齐物论》）小草茎与大屋柱、丑人与美人以及各种怪异的现象都是道的产物，我们怎么能将它们视作完全不同的物质，找到它们什么本质的区别呢？"道未始有封，言未始有常"②（《庄子·齐物论》），道不可能自我封闭，我们对道的理解和规定也就不能固定下来。人们常常"囿于物"，受到外物的牵引，对事物和自我生出各种"成心"，有了这些"成心"，就拿着它们去作出各种判断，却不知道这样的判断多是错误的判断，是对事物扭曲的认识，如若每个人都自以为是，最终必然生出越来越多的矛盾和冲突。从"道"的角度来说，"彼亦一是非，此亦一是非"③（《庄子·齐物论》），我们又怎么能找到一个固定不变的标准呢？没有这个标准，我们又怎么能判断是非对错呢？于是，庄子提出了著名的齐物论思想，并发展为庄子哲学的核心理念。人们对齐物论等思想无法形成一个比较科学的认识，便无法深入到庄子的其他思想。这成为解开庄子诡异思想的一个方便法门。

黄老学说用气一元论继承和改造了老子关于"道"的思想，战国时期稷下学派又提出精气合一的论断，发挥了老子哲学中道中有物有精的思想。《淮南子》认为道是阴阳二气的统一物，提出道含阴阳的说法。这些都在一定程度上丰富和发展了道家中"道"的思想和含义。

2."有""无"之态

"有"与"无"是中国哲学的一对重要概念。历代以来，人们对"有"和"无"提出了各种各样的说明，直到今天，意见仍旧不能统一。大体来说，"有"指具体的实有，"无"指实有的虚无。

老子首先提出了"无"的范畴，说："无名，天地之始。有名，万物之母。"④（《老子》第一章）又说："天下之物生于有，有生于无。"（《老子》第四十章）⑤无是世界本源的样子，而有是万物得道而生的样子，从现象上来看，好像是"有生于无"。老子曾说："道生一，一生二，二生三，三生万物。"道，无有无生，然后创生出来一个"一"。"一"是有，但相对于"二"来说，

---

① （魏晋）王弼、郭象注，陆德明音义：《老子庄子》之《老子》，25页，上海，上海古籍出版社，1995。
② 同上书，30页。
③⑤ 同上书，24页。
④ 同上书，1页。

它或许又是个"无","有""无"之间不能截然分开。他又说:"有之以为利,无之以为用。"①(《老子》第十一章)人们常说,"有"才有用,可离开了"无","有"便无法发挥作用,"有""无"是互相依存的,又是可以互相转化的。老子的这些思想成为后来崇尚虚无思想的直接源头。

庄子进一步发挥了老子的虚无思想,认为天地创造之初,没有名字也没有所谓"有",将"无"看作宇宙的本原,同时无和有又处在瞬息万变的发展过程中,有或是无,无或是有,所以可以称万物为"有",那一切都是有,如果称其为"无",那一切都是无,有和无根本不能分开。魏晋玄学家们对"有无"问题作了一些新的开拓,如何晏、王弼提出了"贵无说",裴頠提出了"崇有论",最后郭象提出了"独化论"。何晏、王弼认为,"无"不仅是事物的本源,而且构成了事物的本体,是一切"有"的根据和基础。王弼认为天下之物,皆以有为生,以无为本,万物看起来都是有,但一定不能舍无以为体。裴頠反对这种说法,认为从虚无中去推求事物的根源,是无法解释事物变化发展的道理的,无不能生有。于是,他提出了著名的"自生"论。《崇有论》提出,如果有生于无,那么无又由谁来生呢?显然这个道理说不通,所以万物应该都是自生,虚无仅是有的一个状态而已。郭象则接续他的思想,进一步提出了"独化论"思想。他认为,无不是有,何以见无?有能生有,生有的有又从何而来?所以他认为,有皆独化自生。他说:"天之所生者,独化也。"②(《庄子注》)"有"是独立存在的,自己就是自己存在发展的根据,没有一个"无",也不需要一个"无"。当然,这些论断与当时的社会、政治紧密相连,而且从思想文化的发展来看,又有调和儒道二家主体思想的思想倾向,总体来说,是要为西晋以来形成的门阀制度寻找根据。

由东晋僧肇发展起来的佛教玄学,最后完成了魏晋玄学有无思想三段论式的发展,从贵无到崇有再到合二为一。僧肇写下了著名的《不真空论》与《物不迁论》等文,对魏晋玄学和当时的佛学作出了总结。他认为,虽有而不有,虽无而非无,有无异称,其致一也,真谛应当是合有无为一,贵无与崇有都有偏颇。同时,他又指出"真谛"为无,"俗谛"为有,从根本上说,这并

---

① (魏晋)王弼、郭象注,(唐)陆德明音义:《老子庄子》之《老子》,6页,上海,上海古籍出版社,1995。
② 同上书,80页。

没有解决有无问题。这些思想对隋唐时期发展出三论宗的创始人吉藏影响巨大。

3. "无为而无不为"

无为相对有为而言。老子最先提出"道常无为而无不为"①（《老子》第三十七章）的观点，说明天道自然无为，但从生成万事万物的角度来说，又是无不为的道理。于是，他又提出了"道法自然"的思想，说明道本身自然而然，创生万物也是自然而然，万物生长变化也是自然而然，不会因为创生了万物就将其据为己有，也不会认为自己很有功德，更不会作为万物的主宰而控制一切。因此，他认为，作为万物的一分子——人也是如此，应该遵从道的原则，绝圣弃智，无为而治。作为拥有最高权力的统治者，更应该效法自然、顺应自然，奉行"我无为而民自化，我好静而民自正，我无事而民自富，我无欲而民自朴"②（《老子》第五十七章）的政策主张，实现"为无为，则无不治"的政治境界。老子尊重自然规律，强调无为而作，客观上能有效遏制强权者和世俗者无限膨胀的邪心野心，同时，对有为弊端的绝对化界定忽略了有为的益处，使得信奉者失去了进取之心，变得过于消极避世，反而于事无补了。

庄子提出了"至人"与"逍遥"观念，发展了老子的自然无为思想。所谓"逍遥"，就是指一个人的身心达到了绝对自由的境界。而要达到这种境界，就一定要做到无待。所谓无待，就是人不再受到任何外在和内在的约束和限制。他举例说，像小鸠、大鹏以至御风而行的列子，虽能各成其就，实现了极大的自由，但仍旧各有所待，未能达到绝对的逍遥。"若夫乘天地之正，而御六气之辩，以游无穷者"（《庄子·逍遥游》）③，这种境界才算真正实现了逍遥。而这样的境界并不需要很多条件、很多功夫，只要每个人恢复到自然状态，顺应而无为就能达到。无为，自然顺应天道，有为，劳累自身，却违反天道。所以，在他看来，"至人无己，神人无功，圣人无名"（《庄子·逍遥游》）④，我们把自己忘记，把作为忘记，把心念忘记，只凭借着自然天地的风雨、明晦生气流转，就自然达到了无待逍遥的境地。与天道一体，与万物齐

---

① （魏晋）王弼、郭象注，陆德明音义：《老子庄子》之《老子》，20 页，上海，上海古籍出版社，1995。
② 同上书，33 页。
③④ 同上书，9 页。

一,这便是庄子最理想的人生与人格。

汉初黄老学派继承了道家的无为思想,在政治实践上作出了很多发挥。他们认为上层贵族清静无为,老百姓自然能够安定乐业,力主君道无为、臣道有为,要求君主无须过多干涉国政事务,省苛事,薄赋敛,不要侵夺民众从事农业生产的时令,让百姓休养生息。同时,作为补充,他们把法家的法治思想、儒家的礼义仁爱思想、墨家的兼爱思想、名家的形名思想等兼容并蓄,并提出了一系列具体的治国方针和措施,如刑德并举,恩威并施,循名责实,赏罚必信等。《淮南子》对"无为"提出了一些新的认识,认为"所谓无为者,不先物为也;所谓无不为者,因物之所为"[1],将为和不为放在了自然的天平上,无为,是自然无为,有为,是依自然而为,这样就把有为融汇到了自然无为的思想里面,使老庄的"无为"思想更为圆通、成熟。

二、道家的主要著作

《道德经》又称《道德真经》《老子》等,是中国历史上第一部较为完整的哲学著作,也是道家思想最具标志性的典籍。全篇分上道、下德两篇,共81章,五千多言。通行本为王弼本,近些年通过考古又发现了马王堆帛书本和郭店竹简本以及北京大学藏西汉竹书《老子》本。根据1993年出土的郭店楚简"老子"的年代推算,《道德经》至少在战国中前期成书。作者老子,根据《史记》记载,姓李,名耳,谥曰聃,字伯阳,楚国苦县(今涡阳县)人。大概生活在公元前571—前471年,做过周朝的守藏史。

《庄子》又名《南华经》,是战国中期著名思想家庄周和他的门人以及后学创作。全书分内、外、杂篇,原有52篇,通行本为郭象本,仅33篇。其中,内篇传为庄子所作,表达了庄子的思想核心,共7篇;十五外篇;十一杂篇。该书包罗万象,对宇宙、自然、人以及生命价值等重要问题都有较为深入的探讨。全书想象奇特,构思巧妙,汪洋恣肆,变化无端,还善用寓言,对后世道家思想和中国文学艺术都产生了很大影响。庄子,名周,宋国蒙(今安徽蒙城县,一说今河南商丘东北)人,生活年代大致在公元前369—前286年,与梁惠王、齐宣王同时。

---

[1] (汉)刘安:《淮南子》,136页,开封,河南大学出版社,2010。

《管子》大约成书于春秋战国至秦汉时期，基本上是稷下道家对管仲言论的集结，大概是稷下之学的管子学派的典籍。汉初有86篇，今本实存76篇，其余10篇仅存目录。内容庞杂，不仅有道家、法家、儒家思想，还存有兵家、阴阳家、名家等思想，《汉书·艺文志》将其列入子部道家类，《隋书·经籍志》列入法家类，《四库全书》列入法家类。管仲，大约生活在公元前723—前645年，姬姓，管氏，名夷吾，字仲，谥号敬，春秋时期著名的政治家、军事家等。齐桓公时期，管仲任丞相，任内大兴改革，富国强兵，帮助齐国成为春秋霸主，曾九合诸侯。

《黄帝四经》主要代表了道家黄老学派的思想。1973年年底，长沙马王堆3号汉墓出土了4篇古佚书，分别是《经法》《十六经》《称》《道原》，与《老子》乙本合抄在同一卷上。很多学者认为，这4篇从内容上看应是一本书，从思想上看，大体上继承了老子学说并加以发挥，应该就是传说的《黄帝四经》。

《阴符经》又称《黄帝阴符经》，旧题黄帝撰，其实作者不明，具体成书年代也不详。经文很短，共有400余字，又说仅300字。它的内容丰富，主要是道家修养内容，又有谈"道"和谈"丹"之分，还谈到权谋术数，以及一些兵家的内容。前期道教并没有关注这本书，直到唐五代杜光庭注《阴符经》，才被道教吸纳，后来逐步成为道家及道教十分重要的一部典籍。

《鹖冠子》，先秦著名道家和兵家著作，《汉书·艺文志》认为作者为"楚人"。本书以黄老思想为主，又杂以刑名，其中包含道家易学与道家数术学等学术思想，十分可贵。全书行文古奥典雅，用词古雅含蕴。鹖冠子，大致生活在战国时期，终生不仕，以大隐著称。

《吕氏春秋》又名《吕览》，是战国末期（前221前后）秦国丞相吕不韦组织门客集体编纂而成。内容驳杂，有儒、道、墨、法、兵、农、纵横、阴阳家等各家思想，又以黄老道学思想为主。全书共26卷，分为十二纪、八览、六论，160篇，20余万字。吕不韦，大约生活在公元前292—前235年，姜姓，吕氏，名不韦，卫国濮阳（今河南省安阳市滑县）人，战国末期著名商人、政治家、思想家，官至秦国丞相。

《文子》又名《通玄真经》，《汉书·艺文志》道家类著录《文子》9篇，传为老子弟子文子所作，主要解说老子之言，阐发老子思想，同时兼采百家之言，从《老子》的无为、尚虚、贵柔等宗旨出发，阐发一些治世之道。前人认为，这是一部伪书，或是抄袭《淮南子》的作品。但是 1973 年河北定县汉墓曾出土《文子》的残简，确认《文子》应是西汉时的古书。文子，大致与孔子同时而年龄小于孔子，学道早通，游学于楚，后到齐国，彭蒙、田骈、慎到、环渊等大体都受其影响，形成了齐国的黄老之学。后来文子到南方的吴越游历，隐居起来，不知所终。

《淮南子》又名《淮南鸿烈》《刘安子》，是西汉初年淮南王刘安及门客集体编撰的一部著作。《汉书·艺文志》将其列为杂家，不过，该书继承了先秦道家思想，又融合了阴阳、墨、法和一部分儒家思想，是汉初黄老学派的代表作。原书内篇 21 卷，中篇 8 卷，外篇 33 卷，现今存世的只有内篇。

《列子》又名《冲虚经》，《汉书·艺文志》著录 8 卷，今存 8 篇，其余篇章均已失传。此书内容丰富，记载了夏末至周初和春秋战国时期的哲学、神话、音乐、军事、文化以及世态人情、民俗风习，等等，是极为珍贵的先秦史料。其中寓言故事百余篇。列子，姓列，名御寇，郑国圃田（今河南省郑州市）人，战国时期哲学家、思想家等，曾师从关尹子、壶丘子等，终生清静修道，不求名利，聚徒讲学，弟子甚众。列子先后著书 20 篇，10 万多字。

《道藏》是道教书籍的总称，包括周秦以下道家子书及六朝以来道教经典。道教开创之初，经书不多。魏晋以后，随着道教的传播渐广，道书日益增多。据《抱朴子内篇·遐览》记载约 670 卷，另有符 500 余卷，共约 1 200 卷。南北朝时，宋陆修静又广为搜访，在《三洞经书目录》中说："道家经书，并方药、符图等，总一千二百二十八卷。其一千九十卷已行于世，一百三十八卷犹在天宫。"唐代较为尊崇道教，《道藏》的编撰经久不衰。现存《道藏》是由明成祖永乐四年，第四十三代天师张宇初及其弟张宇清奉诏主持编修。明英宗正统九年又下诏通妙真人邵以正校正增补，共计 5 305 卷。1996 年起，由中国道教协会副会长张继禹道长主持编修《中华道藏》，是以明代正统、续《道藏》为底本，仍旧保持了三洞四辅的基本框架，并对三洞四辅以外的经书进行了相应的归类，共分七大部类，各部类所收经书，按道派源流和时代先后编排次序，历经数载，终于在 2004 年正式出版发行。

第三节 道家思想对社会文化的影响

道家以"道"为核心，主张道法自然，强调无为而治、以柔克刚等思想，对中国古代的政治、军事、文化、思想等领域产生了非常深远的影响。

一、对传统政治社会的影响

春秋战国时期，社会竞争加剧，黄老学派的道家融合其他各家思想，提出了因天循道、清静无为、休养生息、宽刑简政、刑德并用等一系列的政治统治策略，使学术思想与现实政治真正结合起来，如齐威王治理下的齐国、吕不韦辅佐时期的秦国，以及后来的文景之治，都充分说明了道家实际的治国安邦的效用。民间流传着"治世道，乱世佛，由治到乱是儒家"的口头谚语。道家中的老庄思想，混合了杨朱学派的一些思想，为中国古代的知识分子开辟了一条与儒家思想大异其趣的人生道路。他们大多具有了超世离尘的洒脱和自由特性，人生格局也多了一份从容和淡定。同时，道家提倡道法自然，为法律制度的建设也贡献出很多有益的思想和原则，例如，无道之法和有道之法，以法治国和无为理政，"法贵精当"和"宽严适中"等。在军事方面，道家思想也贡献良多。《老子》《鹖冠子》《吕氏春秋》等典籍均包含大量的军事思想，例如，"柔弱胜刚强""不得已而战""以奇用兵"等军事原则，在历代军事的策略和作战技巧方面都发挥过积极的作用。

二、对传统科学技术的影响

道家思想以天地和道为最终的认识对象，后来又把主要的精力放在了人的养生和长生不老上，虽说杂糅了一些古代迷信和骗人的把戏，但在很大程度上继承和发展了中国古代朴素的科学实践，有力地促进了养生学、物理、化学、矿物学、医药等的发展。从科学原则来说，道家始终以自然天道为最高追求目标，强调以自然为宗旨，发展出道、元气、阴阳、有无等主要概念，对中国传统的科学思维和体系都产生了深远影响。从科学技术上来说，道教在长期的炼丹过程中获得了大量的化学知识，并在不断实践的过程中找到了火药的配方，发明了火药。陶弘景《名医别录》曾记述云母砂、马齿砂、豆砂、末砂等不同品质丹砂的性状和产地；《盘天经》记载了道教为行法求雨、观测天象而涉及的气象预测等知识；《玄真子外篇》中记载了关于光的反射现象等问题；《道藏》中记载的"五岳真形图"，说明当时已用不同颜色和等高线来表示不同的地形和地貌；许多道士直接参与了国家历法的制定，道家经典《道藏》中《通占大象历星经》详细记载的星宿、星官名达161个，星图162幅；道教出于祛病延年、修炼成仙的目的，努力研究了人体内部的经脉穴窍、气血运行、脏腑生理、阴阳生克等生理医学知识。而隋唐之际的孙思邈在继承前人的基础上，完成了不朽医药著作《千金要方》等。后来的中医学和养生学，以调阴阳、和气血、保精神为原则，以望闻问切为诊断手段，发展出调神、导引吐纳、四时调摄、风水环境、茶养、食养、药养、节欲、辟谷、食气等多种方法，疏通气血、锻炼筋骨、调理肌肤，达到身心和谐、健康的目的。至于中华武术，基本是以道家思想为核心发展而来。武术汲取了道家思想关于"道论""气论"及"天人合一"等的观念，又利用道家"物极必反""以静制动""以柔克刚""后发制人""师法自然"等思想，发展出各种武学和武术搏击技巧，并逐渐发展出各种武术套路，其中最具代表性的就是太极拳。

三、对文学艺术的影响

在中国思想史上，儒、道是互补的，儒、道、释也常常合流。儒、道相同的一面，如两者都求其身心内外协调的价值观及以"人生至道"为重心的结构体系，都影响了中国文学的总体风格。二者相异和对立的一面，又分别给予中国文学以不同侧面的影响，如在中国文人身上，积极入世和消极避世的思想往往是相反相成、此起彼伏的，在文学作品中也有着极为鲜明的表现。例如，"大音希声，大象无形"（《老子》第四十章）的观点，揭示了艺术中"虚"与"实"、"无"与"有"的辩证关系，对中国文艺含蓄、精炼的艺术追求产生了重要影响。这种从"无"来表现"有"的方法，在中国的文学、艺术创作中普遍用到。"大制不割"强调一种自然的完整性，强调自然的素朴，"道法自然"表明了一切事物的基本原则，它们最终的指向，就是要求保持事物的完整性、纯一性，自然性。中国的文学艺术家向来把刻苦的技巧训练与不露斧痕的境界塑造结合起来，所谓"看似寻常最奇崛，成如容易却艰辛"。这样，就形成了中国文学崇尚委婉曲折、含蓄深沉的艺术风格，倾向于追求绵里藏针的微妙机巧。道家思想对现当代许多文学艺术家，如鲁迅、郭沫若、林语堂、沈从文、汪曾祺、韩少功、阎连科、高行健等，也产生了重要影响。他们的作品中多饱含了道家思想的意境和精神。

总体来说，道家对中国文学艺术的影响可以概括为三个方面。在审美观念上，道家主张道法自然，提出一种"清水出芙蓉，天然去雕饰"的自然美，将"自然"提升为中国文学艺术的最高境界，如在绘画中追求水墨画的简淡含蓄、形神兼备风格，在建筑上追求园林的"虽由人做，宛自天开"意境，在音乐上追求古琴"清和淡雅"的艺术品格。而在艺术形式上，道家主张有无相生，得意忘言，所以表现在文学艺术上就形成了虚实相生的艺术追求和效果。如亭台楼阁，要做到"惟有此亭无一物，坐观万景得天全"，诗词绝句要做到"无字处皆其意"，中国画要做到"以一管之笔，拟太虚之体""无画处皆成妙境"，书法上讲求"潜虚半腹""笔不周而意已周"等。最后，在结构技巧上，道家主张高下相随、正反相倚，如楷书的"逆锋落笔"；园林建筑的欲直而曲、欲放先收；小说戏曲的先合到分、中间宛曲，终由分到合的大团圆结局等，都在深层与道家哲学有某种关联。

四、对东亚及西方社会的影响

越南在公元 2 世纪至 10 世纪一直都是中国的附属国，所以深受中国文化的影响。普通人都比较尊奉老子"柔弱胜刚强"的思想，那些文人多研习老庄思想，拿它作为安顿自己身心的精神源泉。越南历代统治者也多依照老子"以无事取天下"的思想来治理国家。只是进入近代，道家思想在越南的影响才逐渐减弱。相反，韩国在古代对道家不感兴趣，进入 20 世纪，研究道家思想的韩国学者却不断增多，道家思想对韩国的影响也日益加深。而日本，对道家思想一直比较推崇。可以说，道家思想已经成为日本思想、文化不可或缺的一部分。据说早在 6 世纪中叶，老庄思想就和汉译佛经一起传入日本，江户时代开始普及，不仅产生了一批研究成果，出版了一批通俗读物，而且直接影响到当时一些著名的思想家如本居宣长、安藤昌益等。维新变法后，日本学者大量借用道家术语翻译西方著作，使得道家文化更为普及。当下的日本对道家思想仍旧非常推崇，很多日本学者和企业家都把《道德经》作为必读书，还把道家思想运用到了更为广阔的领域。在西方，据不完全统计，从1816年至今，各种西文版的《道德经》已经出版有250多种。联合国教科文组织的统计更表明，《道德经》已经成为被译成外国文字发行量世界第二的书籍。同时，西方人对道家思想还作出了许多非常有创见的开拓。如德国学者冯·布兰切勒《老子〈道德经〉：美德之道》认为老子如同基督教的上帝，具有博爱与宽容的精神；德国学者萨冯·施特劳用严密的德国唯心主义的逻辑体系重构了《老子》的结构图式；美国卡普拉《物理学之道》认为《老子》的某些思想与西方近代物理学有着相似性，而哈佛知名讲师泰勒更用《道德经》来诠释"幸福学"。被认为在西方2 000年哲学史上具有转折性地位的存在主义哲学大师海德格尔，创立自己哲学的启示性来源之一就是老子哲学。我们还可以看到西方女权运动者用《老子》里面讲到的"雌""母"的隐喻来为他们的斗争服务，还有很多当代思想及行动者，如环保主义、和平主义者，他们从《老子》那里寻找思想源泉和智慧的启示。《老子》提倡的自然无为、知足不争、贵柔守雌等观念，在文明高度发展的今天，将会越来越展现它的现实力量。

本 讲 小 结

本讲简介了道家思想的主要来源和发展脉络，老庄道家思想的主要构成，道家思想对中国社会的影响，以及对东亚和西方社会的影响。道家思想表达的哲思和智慧影响了无数中国人，也不断带给当代人以丰富的启示，是中国传统文化中最重要的精神财富之一。

【复习与练习】

复习

1. 道家思想的来源和发展脉络。
2. 道家主要经典。

3. 老庄主要思想。

思考与练习

1. 你觉得道家的思想来源主要有哪些？
2. 你能说出老庄学派与黄老学派的区别与联系吗？如果没有十足的把握，不妨去查查资料。
3. 你认同郭象提出的"独化论"吗？你认为，天地万物从何而来，能说出理由吗？
4. 现在很多人都在谈论老庄、道家，你觉得今天我们该如何继承和发展道家思想？
5. 你认同道教的炼丹术、养生术吗？你能谈谈道教这些"鬼把戏"里面有多少科学，有多少迷信吗？
6. 老庄哲学崇尚自然，这种态度和价值观念在建设当代中国生态和谐型社会中有意义吗？对人类现代社会建设有什么意义吗？就此写一篇小文章表达看法。
7. 老子《道德经》对哲学宇宙论的思考与当代西方一些著名哲学家如海德格尔对世界的思考有相当的吻合度，并对后者也有实质性启示，从这一案例中应能领悟到中国古代哲学对人类现代哲学和文化的价值，你还能找到一些其他案例吗？

课外阅读文献

1. 习近平：《决胜全面建成小康社会　夺取新时代中国特色社会主义伟大胜利——在中国共产党第十九次全国代表大会上的报告》，中国政府网，2017年10月27日，http://www.gov.cn/zhuanti/19thcpc/baogao.html。
2. 陈鼓应主编：《道家文化研究》，北京，生活·读书·新知三联书店，2009。
3. 盖建民：《道教科学思想发凡》，北京，社会科学文献出版社，2005。
4. 徐克谦：《庄子哲学新探：道、言、自由与美》，北京，中华书局，2006。
5. ［法］安娜·塞德尔：《西方道教研究史》，蒋见元、刘凌译，上海，上海古籍出版社，2000。
6. 宫哲兵：《当代道家与道教》，武汉，湖北人民出版社，2005。
7. 王弼、郭象注，陆德明音义：《老子　庄子》，上海，上海古籍出版社，1995。
8. 刘安：《淮南子》，开封，河南大学出版社，2010。

第十一讲　中国古代佛教文化

佛教是中国古代最重要的宗教之一，自东汉中晚期由印度传入中土后，经过漫长时间与中国本土文化的磨合与对话，成为具有中国特征的宗教，并对南北朝以来的中国古代社会生活和精神文化发展产生深远影响。本讲将对中国古代佛教进行简要介绍。

第一节　佛教的产生和在中国的传播

一、佛教的产生

公元前 2000 年前后，雅利安人开始进入印度河流域，到公元前 1000 多年基本征服了印度河和恒河流域的本土文明，建立了雅利安人的统治。他们实行了严格的种姓制度，将所有人按照等级分为婆罗门、刹帝力、吠舍、首陀罗四个种姓。婆罗门种姓主要掌管宗教，称自己是梵天在人间的代表，从神权那里获得人间的政权。刹帝力则世代为武士（军事贵族），行使世俗的各种权力，但要受婆罗门的控制。吠舍则是自由民，他们从事各种生产和经营活动。最下层的则是首陀罗，大部分都是土著居民，身为奴隶。这四个种姓代代世袭，不可变更。不过，随着时间推移、社会变迁，这些种姓之间的力量不断发生着变化，其地位也随之发生改变，刹帝力和吠舍种姓地位逐渐上升，首陀罗纷纷起来反抗，固化的种姓制度经常受到挑战。

一位名叫乔达摩·悉达多的人属于刹帝力种姓，是古印度迦毗罗卫国（今尼泊尔境内）净饭王的太子。因为他是释迦族人，所以人们又称他为"释迦牟尼"。他从小聪颖好思，少年时接受过婆罗门教的教育，修习吠陀经和五明（即：声明，音韵训诂之学；工巧明，工艺技术之学；因明，逻辑论理之学；内明，宗教信仰之学；医方明，医药之学），并且向武士学习了各种兵法和武艺，逐渐成长为一名学识渊博、文武兼备的人。释迦牟尼从小就有一颗慈悲心。少年时，农夫在烈日下辛勤劳作，耕田的牛颈上套着绳索，田里的小虫被飞鸟啄食，他见到后感到十分悲伤，自问道，世间为什么有那么多苦痛？有一个傍晚，他被王宫主管偷偷带出王宫，在王城四处行走察看，他看到了痛苦不堪的老人，看到即将死去的病人，还有冰冷僵硬的尸体，更对人生的苦痛和无常充满了悲悯。如何才能摆脱这种命运呢？于是他决定出家修行。净饭王恳请他改变这种想法，早早把他立为太子，并为他娶了觉善王的女儿耶输陀罗为妻。婚后他们生了一个儿子，名叫罗睺罗。可是，这一切并没能消除他出家修道的心，大概29岁时，释迦牟尼抛弃了王子地位和富贵生活，离开了家人，剃发走上了修行求法的道路。

释迦牟尼曾拜阿罗陀·迦罗摩和郁头迦·罗摩弗为师，跟随他们修习禅定和戒律。但几个月后，他认为禅定虽对修行有帮助，但无法让人真正解脱，于是他决定修习苦行。他逐渐减少饮食，渐至每日只吃一粒谷，到后来7天只吃一餐，穿着树皮，躺在杂草粪便上，这样连续生活了6年。他变得越来越消瘦，精神萎靡，而且没有找到任何真理。释迦牟尼觉得，苦行也不是寻求真理和解脱的正确道路。于是，经过一段时间调养后，释迦牟尼渡过尼连禅河，来到伽耶（今菩提伽耶）地，在一棵荜钵罗树（后称菩提树）下交足盘坐，静心思虑，并发下大愿，哪怕血液干涸、身体腐烂，未觉正道，绝不起坐。经过七昼夜的思索体悟（一说为49天），释迦牟尼终于超越了自身视听的限制，打破了时空障碍，洞彻了古往今来，体悟到了宇宙人生的真谛，获得了彻底的觉悟和解脱。据后来经典说，这一天是农历十二月八日。此后，他吸取了一些婆罗门教的义理，同时对婆罗门教也作了较多否定，创立起了佛教，并建立了一套僧侣制度来。随后的45年间，他大部分时间都在印度的恒河流域传业布道，他的信徒也逐渐增多，几乎达到了上万人。80岁时，释迦牟尼涅槃，其后遗体被火化，所得舍利（火化后骨头的剩余物，梵文叫saria，意即"死人的骨头"，中译为"舍利子"）被分成八份，由八个地区和国家分别建塔，永世纪念。

释迦牟尼得道后，被信徒称为"佛陀"。"佛陀"是梵文"buddha"的音译，简称为"佛"，意为"觉悟者"。佛教门徒又尊称他为"世尊"，意为佛举世独尊。佛陀认为，人的一生是短暂多变的，追求的一切东西也都是虚幻的，在这个过程中生出的各种贪、嗔、痴念，造成了人最根本的痛苦。苦缘于生，生缘于业，业缘于"无明"。"无明"就是对宇宙、人生真相的无知。这种无知不是天生具有的，而是后天人性的贪欲逐渐蒙蔽了我们的灵魂和智慧，每个人便无法真正了解到自己的命运，把握到人生的真谛，陷入永无止息的六道轮回，无法解脱。所以，他认为，众生平等，只要人人通过修行解除了人性贪欲，消除了"无明"，所谓"放下屠刀，立地成佛"，都可以悟到人生的真谛，即"佛"。

释迦牟尼觉悟的思想都是通过口头传授给他的弟子和信徒的，当时没有形成文字，弟子们秉持传扬的也都是各据所闻。为了统一佛法，防止外道异说渗入，佛教徒们在佛祖灭后400年间对他的教义先后进行了四次结集。第一次是佛灭后45日，大弟子摩诃迦叶召集近千人，在王舍城附近让多闻有道的佛徒背诵佛在世时所传之法，再经过众人讨论认定。虽然这次结集没有用文字记录下来，但后来的经典写本大多是以这次的口诵成果为基础写成。此后，佛教徒又进行过三次结集，逐渐形成了浩瀚的佛学经典著作。同时，因为佛法经典并非一人口诵、记录，而是由不同历史时期的众多僧人集体创作完成，所以即使经典中都有"如是我闻"这样的语句，不同的经典对佛的说明也是不同的，再加之人们对文字的理解存在差异，冲突和争议是在所难免的。现在的佛教经典，由"经（指佛教弟子在佛灭后，根据佛陀布道时的言说，最终整理记录而成的经典著作）""律（即戒律）""论（指佛教徒对佛经的阐释）"三部分构成，统称为"三藏"。经过2 000多年的积累，现存佛教典籍浩瀚繁杂，仅汉文系统的《大正藏》就收录了3 497部，13 520卷之多。

佛教在印度产生后几百年间，在整个恒河流域传播，影响渐大。但因为它是产生于印度边缘地域的宗教（尼泊尔在古代印度处于边远地区），并且其宗教内涵与印度传统的婆罗门教多有抵牾，因此，它产生后的几百年间一直在印度全境没有压倒性的影响。佛教在印度具有全国性影响得益于孔雀王朝（约前324—约前188）的第三代君王阿育王。孔雀王朝到阿育王这里，已经成为控制印度绝大部分地区的政权了。只有羯陵伽等少数地区小王国尚未臣服。阿育王即位后，约在公元前261年发动了印度历史上最大的一场战争，征服了羯陵伽王国，统一了南亚次大陆以及阿富汗部分地区。在这场战争中，羯陵伽王国10万人被杀，还有若干倍于此的人死亡，15万人（畜）被掳走。据说阿育王在目睹了这场战争中悲惨的大屠杀后，心生悲悯，立志不再发动扩张性战争，于是他放下屠刀，转向和平建设。他开始尊崇佛教，将之确定为国教，并在其统治区域内大力推广。他广建寺庙（据说建了84 000座供奉舍利的佛塔），邀请著名高僧目犍连子帝须长老召集1 000比丘，在华氏城举行佛教史上第三次大结集，驱除外道，整理佛教经典，编撰《论事》等重要佛典，将佛教推向全印度，对佛教发展作出了巨大贡献。在他统治时期，还派出许多王子和公主率领的佛教使团向周边各国（如阿富汗、埃及、叙利亚、斯里兰卡等地）宣传佛教，使佛教第一次获得了超越印度国界的国际性影响。

阿育王之后，孔雀王朝走向分裂衰落，最后一代国王被大臣刺杀后王朝终结。随着孔雀王朝的终结，佛教在印度的全盛时期也结束了。尽管在以后的贵霜王朝和笈多王朝，佛教仍然在印度存在，并且某些方面有所发展（如大乘佛教出现在贵霜帝国时期），但再也不具有至高无上的地位了。在那以后，佛教在印度因为多种历史原因逐渐萎缩和丧失影响力，到了11世纪以后，因为伊斯兰教在印度占据统治地位，佛教受到排斥和压制，最后几乎在印度成了无足轻重的宗教了。

与佛教在印度的衰落不同的是，从阿育王开始的佛教向印度之外传播的历史步伐却一直未有停息。尤其是中南半岛，佛教曾经成为那里信奉者最多、影响最广泛的宗教。佛教在公元1世纪前后传播到中国后，在中国扎根，最后成为中国最有影响的宗教之一。其后又从中国向朝鲜、日本等地传播，成为东亚最大的宗教，也成为世界三大宗教之一，拥有广大信众。

二、佛教在中国的传播

1. 佛教在汉代初传

佛教传入我国的年代，一般认为是汉明帝时期。依史料记载，东汉永平七年（64），汉明帝刘庄（刘秀之子）在南宫睡觉时，梦见一个身高六丈、头顶闪光的金人从西方来，在殿庭上飞。第二天早晨，汉明帝把这个梦告诉给大臣，博士傅毅说，西方有个神称为佛，与您梦中梦到的一样。于是，汉明帝派大臣蔡愔、秦景等十余人出使西域，拜求佛经。他们在路上刚好碰到了迦叶摩腾和竺法兰二梵僧，就一同回到了洛阳，把用白马驮着的佛经和佛像也带到了洛阳。明帝为纪念白马驮经，将二僧所住的鸿胪寺改名为"白马寺"，成了我国第一座佛寺。此后，凡僧尼所住的地方都称为"寺"，白马寺也被后世佛弟子尊称为"祖源"和"释源"，而二僧合译的《四十二章经》，被视为我国汉译佛经的鼻祖。

佛教最初传入我国，因文化差异较大遇到了很大的阻碍。起初佛教被认为是与黄老神仙方术同类的学说，仅被少数上层的王公贵族接受。后来，东汉政权更迭，天灾时起，社会动荡，民不聊生，人们急欲找到一个精神寄托来疏解当下的困惑和焦虑。此时的两汉儒家，只在"经学考据""谶纬合流"之间徘徊，道家思想还未得到新的发展，佛教的世事无常和因果报应等思想正好符合了人们的心理欲求和期待，所以人们纷纷投入佛门。魏晋时期，时局仍旧动荡，政治形式更为严峻，当时名士多弃儒避世，以老庄"无为为本"发展出一套崇尚清谈的"玄学"。而佛教般若"性空"学也主要谈"空"论"无"，在性理上与玄学相合，于是得到诸多名士的喜爱和讨论。博学多识的道安大师及其弟子慧远等对儒、道、释思想进行了深入而系统的研究，使得谈玄名士也常借用"般若性空"之学来谈玄说理。随着佛教义理逐渐深入人心，佛教也逐渐从上层社会普及到民间，弘化地区由洛阳、长安也逐渐往南方扩展。

继摩腾和竺法兰之后，更多梵僧由丝路陆续来华，带来和翻译的佛经不断增多。据《开元释教录》记载，从东汉桓帝到献帝的40年间，佛教经典已译出187部、379卷。其中安世高和支娄迦谶对译经贡献最大。二人的译经功业形成了我国佛教初期译经的两大系，一为安世高小乘禅数阿毗昙系，二为支娄迦谶大乘方等般若系。当时印度正处于大小乘兼畅之世，他们便成了印度佛教两大系统在我国的代表。由此也可看出，我国一开始便接受了大小乘佛学，也形成了我国后期佛学发展的一大特色。

2. 佛教在魏晋时期的播散

汉末三国时期，僧人因避战祸，多从北方来到南方，为吴地带去了佛学思想。支谦汉文造诣很高，发扬支谶般若一系，译经甚多。其中，《大明度无极经》乃是《道行般若经》的同本异译，有力促进了两晋般若学的出现，对六朝玄风也起了非常大的推动作用。另外康僧会、竺法护、道安、鸠摩罗什等高僧在魏晋至南北朝期间都从多种途径来到中国，翻译大量佛经，对推动佛教在中国的传播起了很大作用。鸠摩罗什（344—413），梵语 Kumarajiva，祖籍天竺，出生在古代西域的龟兹国（今新疆库车），家世显赫，曾游学天竺诸国，遍访名师大德，既通梵语又熟通汉文，在后秦姚兴的护持下大兴译经事业，南北名僧多会于此，门生弟子多达三千，其中以道生、僧肇、僧叡、道融最为杰出，称为"什门四杰"。所译经典极为广泛，主要是般若系的大乘经典和龙树、提婆一系的中观派论书，内容翔实，文妙义精，其中《大品般若经》《中论》《百论》《十二门论》《大智度论》对龙树般若性空学阐述尤善；《成实论》《阿弥陀经》《十住毗婆沙论》《金刚经》《法华经》《维摩经》等，文精义明，被古今佛教界推崇。他的译经事业开创了整个中国佛教史的新纪元，他也被认定为我国佛教四大翻译家之首。

西晋王室南迁，建立东晋，中原流行的玄学和般若学随之南下。与道安同时的南方传教者竺道潜和支道林皆擅长般若学，受到当地贵族们的崇仰。其后，庐山因慧远的长期住持，逐渐成为南方佛教的传译中心。慧远博通六经，对老庄学参悟尤精，闻听道安讲般若学后出家，因避战乱最终来到庐山东林寺。慧远持戒谨严，曾迎佛陀跋陀罗、僧伽提婆等印度高僧到庐山译经，开启了南方译经的先河。为了回应江州刺史桓玄的提问，他写下了《沙门不敬王者论》，公开表示出家法与在家法的不同，很好地化解了当时佛教规仪和我国礼法之间的矛盾。他又集僧俗 123 人结成白莲社，以《般舟三昧经》的禅观理念修行，愿往西方净土，发展出禅净共修的理论和方法，后世尊他为净土宗初祖。

两晋时期，因玄学盛行，般若学的研究极为兴盛，"般若"丰富了"玄学"的内涵，"玄学"也成为传播佛教教义的重要媒介，史称"格义佛教"。加之鸠摩罗什、僧肇等师徒的努力，我国佛教的正统风格终于形成。同时，当时政治对思想的控制较为松弛，译经又受到当朝政府的推崇，到南北朝时期，佛教已经出现了宗派竞相发展的格局。另外，佛教的发展还推动了佛教石刻的兴盛，此时就出现了几大著名的石窟，如山西大同云冈石窟，河南洛阳龙门石窟，甘肃天水麦积山石窟等。

3. 佛教在隋唐时期的兴盛

隋唐两朝，是我国历史上政治、经济、文化等诸多方面极为强盛的时期，也是我国佛教译经事业、宗派林立的黄金时期。佛教不仅传播至我国各个阶层、各个地区，而且远播至高丽、百济、新罗、日本、越南等地，促进了各国佛教的新发展。

隋文帝即位后，废止了北周毁佛政策，下诏修建寺院，重整经像，还专门设立了"五众"及"二十五众"宣讲佛理，并以大兴善寺为译经中心，致力于佛教的传播。唐朝高祖、太宗、高宗、武后、玄宗及以后大多数君王的时代，均对佛教持相当支持态度，在他们的时代，佛教经典大量翻译，多种佛教宗派得以创立，从王公贵族到普通百姓都有大量佛教信众。同时出现了玄奘、义净、不空、菩提流志、实叉难陀、般若三藏、善无畏、金刚智等多位著名译经高僧，尤以前三位最为突出，他们同被列入我国"四大翻译家"。同时，佛家与儒家和道家在唐代三教并立，互相交流对话，互相影响提升，形成了三教彬彬大盛的局面，为宋代在此基础上创立理学创造了思想基础。隋唐佛教的兴盛也引来了韩、日等国的仰慕。前来学习观摩的各国学僧逐渐增多，如韩国著名的入唐学僧就有义湘、太贤、惠日、法朗等，日本则有道照、智通、玄昉、空海等，各国的佛教因此也进入到一个快速发展时期。

唐武宗时，因个人偏好道教又有道士赵归真、宰相李德裕的反佛建议，促使当政者采取了一系列毁佛措施，造成了"会昌法难"，废毁寺院4 600多所，小寺4万余座，迫使僧尼还俗26 500余人，没收寺田数万顷。随着唐王朝的没落，佛教发展的鼎盛时期也宣告结束。

4. 佛教在宋元后的流播

唐朝灭亡，五代十国分治北、南二地，动乱频仍。版图最大的后周在世宗当政时期（955）又进行了一次毁佛，佛教经过这次摧残，再加之战火的毁坏，发展极为困顿。直到宋代国势稳定，佛教才出现了一定的复苏迹象。宋元之后至盛清800年的佛教，因国运不兴，佛教虽绵延不绝，然已不如隋唐时代弘盛。自此，佛教一改传统发展态势，更多选择了生活修行与宗派调和的路线。从弥陀信仰的结社念佛、禅院农林的寺院经济生活，到与儒、道二家的调和及禅、净、教、戒的融和，佛教进一步融入到了我国的社会生活文化中。

禅宗以"不立文字、教外别传"的特殊教法幸免于唐末五代战乱，北宋时法纲益振，形成"五家七宗"之势，成为宋代佛教的一大特色。宋代理学发达，其思想受禅宗影响甚大，其间或有排佛之论，然而禅学促发了理学精神特色，所以排佛后又皈依佛者甚众，自宋迄清皆呈如此态势。

元朝佛教与朝廷的关系密切，其能以一蒙古外族而统治华夏100多年，可以说多得力于佛化政治。太祖建国之初，重用禅宗行者耶律楚材制定典章，令剽悍好战的蒙古百姓摄化于佛教。其后诸帝承袭此风，皆倚重僧信以协助国政。藏教虽受元朝帝室的崇信，然而终究不合民情，所以仅能在宫廷中流行。民间则以禅、净二宗最为流行。

明太祖朱元璋，初为皇觉寺僧，宰相宋濂亦出身寺院，故对佛教礼敬，也力图整顿佛教。因此，朱元璋即位后即颁布了一系列新的佛教政策，如立僧官、定考试、制度牒、刻藏经（南藏），整理僧籍，分寺院僧为禅、讲、教三类。成祖永乐帝以临济僧道衍为宰相，刻北藏，并作《赞佛偈》《金刚经解》，力护佛教。此后，诸帝王无不奉佛，禅、净二宗与喇嘛教并行。

清末印经事业发达，属于官方开雕的有《龙藏》，以及汉、满、蒙、藏、梵五译本对照的佛典出版，民间则有《百衲藏》《频伽藏》。由于洪、杨等人以信仰上帝教为号召，十余年间，东南大部分地区都处于太平天国的控制之下，军行所至，佛寺、经像焚毁殆尽。其后国运衰微，也使佛教的发展一再受阻。

总体而言，近 2 000 年间佛教在中国的传播发展，尽管经历多次起起落落，但已经成为中华文化的重要组成部分，对中国社会和文化具有深远影响和重要意义。

第二节　佛教的基本知识

一、佛教的核心义理

佛教的教义十分复杂，但大体可分为原始佛教、小乘佛教和大乘佛教三大类。原始佛教乃指释迦牟尼本人所讲的根本教训，一直持续到他去世后的 100 年为止。根据《佛教纲要》所写，原始佛教的教义主要包含以下几个方面。

1. 四圣谛

圣谛即真实不虚的意思，"四谛"就是佛教中四种最基本的道理或真理。四圣谛为苦谛、集谛、道谛和灭谛。

苦谛说，人来到这个世界时时处处充满痛苦，必须安忍十恶、忍受三毒以及种种烦恼痛苦才能生存下来。在佛教中，最常说的则是"八苦"：生苦、老苦、病苦、死苦、爱别离苦、怨憎会苦、求不得苦和五取蕴苦。佛教从"苦"入手来建构自己的教义，说明人生问题应是佛教关注的中心。

集谛中的"集"是招聚、集合的意思，集谛主要探讨苦的原因。佛教认为，人生而痛苦，主要的原因是人们对人生真理的无知（即无明 Avija），错误地把人生当作一种真实的存在，就会产生种种欲望和追求，譬如生存欲、爱情欲、繁荣欲、成名欲、权力欲等。由于各种欲望的驱使，就导致了贪、嗔、痴等烦恼。因烦恼而迷于事、迷于理，这叫迷事惑、迷理惑。有了"惑"，就使身、口、意作不善之业，因此就有了三界轮回之苦。

道谛主要讲人如何才能脱离因缘的束缚而超脱轮回之苦。释迦讲了修行的三十七道品，其中主要是八正道：正见（对佛教有正确的认识）、正思惟（化正见为求道的理想）、正语（不妄言）、正业（不杀、不偷、不奸淫）、正命（过有规律的佛教生活）、正精进（断恶念）、正念（立志修道）和正定（虔修禅定）。通过修行，可产生"六神通"：天眼通（能见生、死轮回）、天耳通（听远近一切声音）、他心通（知他人的心思意念）、宿命通（知过去、未来事）、神足通（自由分身往来于梵天界和世俗之间）和漏尽通（漏尽一切，使心灵解脱）。

四圣谛的最后一谛是灭谛。灭谛说，人道修成功后，即可灭除烦恼，获得解脱，死了便可进入"涅槃"境界。涅槃（梵文为 Nirvana，意为"被吹去"）是佛教徒最后的理想去处，是一个没有再生再死的极乐世界。佛祖的死被尊称为"大般涅槃"，一般佛教僧尼、信徒去世则称为"圆寂""涅槃"等。

2. 六道轮回说

释迦把婆罗门教的三道轮回扩充成为六道轮回，人要按其前世的作为，分别在天道、阿修罗道、人间道、畜生道、饿鬼道、地狱道中轮回。

3. 业力说

业力（Karma，意为"行为"）分身业、口业和意业三种。人及牲畜都要根据其生前业力的善恶好坏，死后轮回，重新投胎。业力说也源于婆罗门教。

4. 五蕴说

"蕴"（Shandhas）是"集合"之意，认为人由物质（色蕴）和精神部分（受蕴、想蕴、行蕴和识蕴）组成。色，就是一般所说的物质，以"变碍"为其内涵；受，就是感受，以"领纳"为义；想，就是想象，指善恶、憎爱境界中造成的概念及表象；行，就是行为或造作，由意念而行动去造作种种善恶业；识，就是了别，即"意识"对外境的分别、记忆等意识活动。五蕴中，除色蕴外，其余都是心法，即人的感性、知觉、理性、意识等精神活动。众生执着于自己的身体以及内心的精神活动，便有了生、老、病、死等苦。

5. 须弥山说

释迦继承婆罗门教的信仰，认为宇宙间有一座须弥山（Sumeru），由七山和七海围绕，由风轮、火轮和金轮托住。须弥山住有四大天主，越过须弥山到空中，经欲界六天，色界十八天，最后到达无色界四天（空无边处天，识无边处天，无所有处天，非想非非想处天）。这二十八天又称"三界"，即"欲界""色界"和"无色界"。1 000个须弥山世界成为一个"小千世界"，1 000个小千世界构成一个"中千世界"，1 000个中千世界成为一个"大千世界"。

6. 三法印

这是用来检验一部经典或者私信是否是佛说、是否是佛法的三个主要标志。其一为"诸行无常"，一切现象都在变迁转化，无常不定。其二是"诸法无我"，"我"指"常一主宰"，万事皆由因缘所生，本无实体，是空，众生都是依缘而存在。其三是"涅槃静寂"，不再生、不再死的涅槃境界极其静寂。佛教主张，若与三法印相违，则为假冒之说；相反，不论是谁讲的教义，只有与三法印相符，即真佛说。所以，佛教有"依法不依人"之说。

二、佛教义理的基本法则

佛教的教义精深高妙，浩繁广大，但都贯彻了一些基本原则或法则。这些法则大致可以概括为以下六点。

1. 缘起法则

缘起论是佛法的代表，是佛教与世界上其他宗教或古今任何哲学流派相区别的根本特征。"缘"是结果所赖以生起的关系或条件；"起"是生起、缘起，即诸法由因缘而起。缘起论说大千世界，森罗万象，无不由因缘条件和合而成。所有现象互相联系、互相依存，彼此互为因缘。佛陀说，诸法因缘生，诸法因缘灭。内因和外缘的和合便产生了万事万物，内因和外缘一旦离散，万事万物便消亡。

2. 因果法则

因果或称因果律，一切事物皆由因果法则支配，有因必有果，有果必有因，"已作不失，未作不得"。众生的行为能引生异时之因果，善之业因有善之果报，恶之业因有恶之果报，此称善因善果、恶因恶果。又有所谓三世因果，现在之罪福苦乐，乃是过去所造善恶诸业的果报；现在之善恶行为，亦必将影响未来的罪福报应。《因果经》云："欲知过去因者，见其现在果；欲知未来果者，见其现在因。"

3. 业报法则

业，梵语曰羯磨，译义曰造作，即行动、作业，与因缘果报密切相关。凡做事或说话必先考虑思维，然后决定行动，因此一般造业都一定会具备身、口、意的综合活动，有所谓身、口、意三业之说。具体作业时，先由意识来考虑，然后用"思"审虑作出决定，这就是佛法中说的"审决二思"的"意业"，然后是"动身思"的"身业"，发出言语，表达情志，"发语思"的"语业"。同时，人的行为动作可以养成一种习惯，这种习惯就叫作业习气。业习气，也就是常说的各种业的种子，它可以转化为一种潜势力，到了后来遇缘便会发生作用，即感受果报。可是，体性不同，时间不同，感果也会出现差异。如果我们经过一段修炼，把业力熏成种子，使将来遇缘时必然生出那样的果业。造什么业、得什么果，业由自心作、果由自心变，如此而自由自在地掌握自己的命运，就是要在人生中不断止恶行善，转染成净，必定能实现圆满人生。

4. 空的法则

空或者无相乃是多部佛教经典中反复宣讲的义理法则，被看作佛法的心髓，佛教因而有"空门"之称。"空"的含义就是缘起无自性，一切事物都因缘而起，有什么样的因就有什么样的果，任何事物并没有一个恒常不变的本性存在。从时间上来说，一切事物每时每刻都在运动变化，静止只是暂时的，运动才是永恒的，存在只是暂时的，不存在才是永恒的。所以，"空"才是宇宙的本质，但是潜在的、隐性的，外在的、显性的表象世界，却是"有"。本质的显化即表象，故称"有乃空现"；表象的内涵则是本质，故称"空在有中"，所以佛法有"空有不二""空有同时"的提法。《心经》上更有四句名言："空即是色，色即是空；空不异色，色不异空。""色"，狭义指物质，广义指万有，因万有存本质的空，故称"空即是色"；而表象都是本质的显现，故称"色即是空"；本质与表象表里统一，故称"空不异色，色不异空"。世俗认为外界一切和人都是实有，便认为世界的本质是"有"，从而产生执着，生出法执、我执，我们必须加以破除，证得法空、我空。《金刚经》说："一切有为法，如梦幻泡影，如露亦如电，应作如是观。"佛法还讲"三空"——"我空""法空""空空"。所谓"我空"，就是将"我"（主观世界）看空；所谓"法空"，就是将"法"（客观世界）看空；所谓"空空"，就是将"空"也看空，也就是空而不空。

5. 无常、无我法则

一切事物因缘而成，变化无穷；一切事物本性皆空，无法恒常；自然界的沧海桑田，人类的生老病死，一切都在生住坏灭中，存在是暂时的，变化和运动才是永恒，无常形，无常性。那么，有我吗？如果有我，就可以自我主宰，我们要不病、不死、入地，但做不到，我们无法把握自己。我们只是某种意识和元素的因缘合成，因缘一散，我们就不存在了。我们所讲的我，是假我，只是假名，称呼而已。由此可知，诸法无我。无我，也就无主宰。自我尚且不能主宰，如何主宰别人、他物，可见，这世间也没有主宰者。

6. 心性自立法则

佛家所言的心性就是指众生的本性或心的本性，具体有种种不同的含义。大体来说，它可分为"缘虑心"，指心的认知功能；"真心"，指心所具有的常恒不变的清静性质，前者可称为心用，后者可称为心体。佛学的目标就是为众生找到成佛的依据，此根据必然落实到众生的心上。关于心性认识，有两个命题——心性本净与心性本不净。若认为众生的本性是"净"，则须回答其"妄染"性的来源；若认定众生的本性是"妄"，则须对如何可能转染为净作出解释。佛教认为，众生之心是万物意义的给予者，并且是将此意义确定的执持者。"心"既是众生解脱成佛的主体、根据，也是世间"诸法"所以生起、存在的最终根据。对世的解脱即对心的解脱、证悟，对佛的觉悟，即对心的觉悟。禅宗的"即心即佛""非心非佛"观念，既是众生是佛的根据，又是众生成佛的依据。脱离苦海，证得佛性本心，便终能达到自性圆满。

三、佛教的主要修行方式

佛教认为，要获得证悟，就要有适当的方法修行，修行就是为改变命运而斗争。修行方法很多，重要的就是要实践六度、八正道。八正道，已如前文所说；六度，则指布施、持戒、忍辱、精进、禅定、般若（智慧）。①布施：又称"施度"，分为三种，以物质利益施与大众的叫作"财施"，包括身外的财物和自身的头目手足和生命；凡保护大众的安全使他们没有怖畏的叫作"无畏施"；凡以真理告知大众的叫作"法施"。②持戒：或曰"戒度"，就是严守戒律，以使身、口、意清净，不犯恶业。持戒所遵守的戒律有五，即不杀生、不偷盗、不邪淫、不妄语、不饮酒。③忍辱：锻炼坚韧不拔毅力的做法，又被称为"忍度"。忍辱同样有三种形式，"耐怨害忍"就是忍受众生的毁谤、欺辱等；"安受苦忍"是要求修行者能够忍受寒热、饥渴、病痛等；"谛察法忍"是对于深奥难懂的佛法教礼，要能够用坚定的信念和意志去思考、探究，并且能够承受悟得的深义而不惊慌疑惧。④精进：不懈努力于自度度他、自觉觉他的事业，也分三类：一曰"被甲精进"，二曰"摄善法精进"，三曰"饶益有情精进"。⑤禅定：或称"禅度"，要求修行者摄心一处，止息妄念，寂然安住，饶益众生。禅定亦分三种，一则"安住静虑"；二则"引发静虑"；三则"办事静虑"。⑥般若（智慧）：也称"慧度"，一为"缘世俗谛慧"；二为"缘胜义谛慧"；三为"缘饶益有情慧"。六度的修习必须以"般若为导"，"般若如目，五度如足"。

同时，佛教教义认为，学佛者必须修持三种基本学业，即戒、定、慧。

1. 戒

戒亦称增上（卓越）戒学，指戒律，即防止行为、语言、思想三方面的过失。由于大小乘的分别，其对戒律的规定又有不同，但所有戒律最基本的内容就是五戒。①不杀生。任何生命皆有佛性，皆可成佛，皆有生存的权利，不可加害。不杀生的核心是培养仁慈之心。②不偷盗。即不予不取。③不邪淫。即不婚外性关系，包括与动物、意淫等。④不妄语。即不说假话，不说艳词等。佛教说，说假话，就如逆风举火，烧的是自己；又如朝天吐痰，脏的会是自己。⑤不饮酒。佛教说，喝酒伤身、伤智、伤财、伤后代。当然，对五戒。也有破例的时候，比如，为了当药用，就可饮酒，此是方便法门。

2. 定

定亦称增上心学，指禅定，即摒除杂念，专心致志，观悟四谛。小乘有四禅，大乘有九种大禅、百八三昧等。小乘四禅为：①初禅。即禅定的初级阶段，这时沉思于专一，摒除情欲、消除不善心，这就是"离"。由此渐进而生喜乐，即欣喜与慰安。但此时尚有思虑，尚未达到表象的沉静，故称初禅。②二禅。由初禅进而安住一想，达到表象的沉静，获得一种更高的喜乐。③三禅。由二禅进而舍离喜乐而达到完全安静境地，获得轻安的妙乐。这时已产生了智慧，达到了正念和正智的阶段。但此时尚有身体上妙乐的感觉，所以对涅槃境地来说还有一段距离。④四禅。由三禅再进一步，完全超脱苦、乐，连自身的存在都已忘却，达到舍念清净的境界，即涅槃境界。

3. 慧

慧又称增上慧学，亦即智慧。慧就是有厌、无欲、见真。摒除一切欲望和烦恼，专思四谛、十二因缘，以窥见法，获得智慧解脱。

三学概括了全部佛教教义。慧是根本，戒、定是方便。依止于戒，心乃得定，依止于定，智慧乃生。佛教倡导"诸恶莫作，众善奉行，自净其意"，其中诸恶莫作即戒，众善奉行即定，自净其意即慧。这三者又分别对应着众生的"贪、嗔、痴"三毒。三学中以慧最重要，戒和定都是获得慧的手段。只有获得慧，才能达到最终解脱的涅槃境界。

第三节　佛教对中国社会文化的影响

如何看待宗教和文化的关系，这是每一个民族在发展文化过程中必然遇到的问题。佛教传入我国经历了萌芽、发展、繁荣、衰落几个阶段，对我国文化产生了无可估量的影响，在我国历史上也留下了灿烂辉煌的佛教文化遗产。对此，我们就从以下几个方面作一些简要介绍。

一、佛教对中国古代思想和宗教的影响

佛教哲学本身蕴藏着深邃的智慧，它对宇宙人生的洞察，对人类理性的反省，对概念的细致分析，都对我国固有文化起到了很好的推动作用。魏晋南北朝时期的玄学，起初对佛教般若学的传播发挥了很大作用，其后与般若学交融汇合，也使得自身在思想和论辩领域获得了长足进步。隋唐二代，儒释道思想相互融合、相互促发，共同成就了当时灿烂辉煌的思想文化。唐末宋初，禅宗独盛，更成为引导当时思想发展的主要潮流。至于宋明理学，在"理一分殊"的本体论建构方式、"明心见性"的修行方式等方面，都明显吸收了佛教的思想成果。我国近代哲学开端于资产阶级改良派（维新派），正如梁启超所言，

"晚清所谓新学家者,殆无一不与佛学有关系"①。可以说,不懂佛教哲学,很难理解魏晋以后我国哲学的发展形态。

我国自主发展起来的道教与佛教在许多方面都颇为相似,而且在互相影响中共同进步和发展。在翻译佛教著作的过程中,译者大量使用了道教的名词,而道教的众神亦为佛教所接受。公元3—7世纪,道教发展出一种礼拜仪式、教会的组织及宗教性著作的规范等,多是仿照佛教的组织和寺庙来建构和成就的。先秦至汉,儒家的学问基本限于文字上的订正和文学著作的评注。自南北朝以及唐代以来,受佛学影响,儒家学问也越发重视文字内在的哲学意义。宋朝产生的新儒学——理学,就是大体受此风气影响而发展起来的。宋代的儒家学者无不深研佛学,使得他们能以一种新的眼光来重新审视和阐释儒学。佛教与儒教混合交融的典型产物就是我国所谓的"居士"。宋代的著名学者苏轼首先以此名词自称,号"东坡居士",自他以后,许多著名的学者都曾研究佛学,过着苏轼式的亦儒亦佛的居士生活。

佛教信仰能在思想和精神上带给普通民众很多启示和安慰。人们认为虔诚礼佛就能得到好的结果,如消病去灾等。佛教信仰逐渐与我国本土宗教信仰结合,佛教所尊奉的神人偶像,如送子观音像、弥勒佛像等,也早已跻身于民间崇拜的行列之中。同时,佛教信仰的系统性、完整性以及崇高感,大大加深了普通民众对神灵和信仰的认识,使他们在世俗的世界里更感受到了超验世界的神圣和美好。

二、佛教对中国古代文学的影响

自六朝至两宋,佛学盛行,许多诗人涉足佛教,与僧侣结交,诗歌创作亦受到佛教很深的影响,著名诗人王维、白居易、柳宗元等人就崇信佛教,许多诗人还以禅入诗,他们的很多作品寓佛理禅意于其中。同时,佛家也出现了一些以诗讲佛理的诗僧,他们的诗自然洒脱、言浅意深,对当时的诗风亦产生了不小影响,如唐代的王梵志、拾得以及宋代的佛印就是著名的诗僧。魏晋时期,文学历史上出现了很多佛教感应、报应志怪小说,如刘义庆的《幽冥录》等。后来宋元时期出现了完全以佛教为题材的章回体小说,

---

① 梁启超:《清代学术概论》,102页,上海,商务印书馆,1930。

在题材、人物和情节等方面都受到了佛教的影响，如《西游记》《济公传》等，《水浒传》《红楼梦》等也带有浓厚的佛教色彩。而且，很多佛教经典本身就可以称得上为典雅的文学作品，有些学者称"为文学计，《法华经》《华严经》不可不读"。佛教主张对自然人事多作细致观察，从而获得契悟。佛教中很多超时空、超现实的想象等，为我国文学带来了新的意境、新的文体、新的命意遣词方法，使我国文学的内容、形式等诸多方面都发生了重大变化。《法华经》《维摩诘经》《百喻经》等促进了晋唐小说的创作。敦煌莫高窟发现的各种变文、俗讲对后世的平话、小说、戏曲都产生了直接影响。此外，历代禅师们的开示和法语的记录所产生的朴素、活泼、自由的"语录体"，也被宋明理学家所仿效。另外，在我国民间，以佛教为题材的传说和故事更是比比皆是。

三、佛教对中国古代语言文字的影响

一些佛教作品如古代用来解释佛经音义的《一切经音义》《续一切经音义》等，本身就是重要的语言学著作。其中《慧琳音义》在我国语言学史上的地位尤为突出，目前学术界对它的研究十分重视，已出版研究专著数部。同时，佛教对我国的音韵学发展产生了巨大影响。从汉末开始，梵学传入中土，开阔了我国音韵学的视野，反切的广泛使用、四声的发现等韵学的建立，都多少受到了佛教的影响。而我国藏族使用的藏文，据记载是7世纪时由图弥三菩扎参照当时的印度字母创制的，共有30个辅音字母和4个元音符号。最后，佛教大大丰富了汉语词汇。佛教的专门用语很多，一些早已进入民众的日常生活，如佛、禅、寺、庵、塔、菩萨、罗汉、三藏、居士、法名、受戒、沙门、沙弥、行者、方丈、主持、禅杖、衣钵、施主、化缘、忏悔、地狱、阎罗、涅槃、刹那、僧多粥少、大吹法螺、大慈大悲、菩萨心肠、清规戒律、丈六金身，"苦海无边，回头是岸""放下屠刀，立地成佛"，等等。源于佛教的常用典故也很多，如三千世界、天龙八部、千手千眼、天女散花、天花乱坠、当头棒喝、醍醐灌顶、极乐世界、拈花微笑、泥牛入海、口吸西江、借花献佛、呵祖骂佛、痴人说梦、蒸沙成饭，等等。

四、佛教对中国古代绘画、雕刻艺术的影响

许多我国著名的画家，如晋代的顾恺之，南朝宋的陆探微，隋代的郑法士，唐代的阎立本、吴道子等，都曾潜心于佛画的制作。今天我们所引以为傲的石窟雕刻艺术，如敦煌莫高窟、大同云冈石窟、洛阳龙门石窟及辽宁义县万佛堂、四川大足石窟等等大小石窟造像，就是在北魏至隋唐时期佛法在我国最兴隆的时期产生的。凿窟造像，是印度各种宗教共有的习俗。受印度的犍陀罗艺术的影响，我国前期石窟佛像雕塑大都具有高鼻、深目、大眼、肥硕等特点。隋唐以后的石窟造像（包括泥塑），在人物的形貌、体态、服饰、背景等方面，更加赋予了我国的民族特点，改"肥硕婉丽"为"瘦骨清像"，逐渐完成了佛教雕刻艺术的本地化。另外，我国古代建筑保存最多的就是佛教塔寺，现存的河南嵩山嵩岳寺砖塔，山西五台山南禅寺、佛光寺的唐代木构建筑，应县大木塔，福建泉州开元寺的石造东、西塔等，都是研究我国古代建筑史的宝贵实物。许多佛教建筑也已成为我国各地风景名胜显要的标志。在音乐方面，公元3世纪，我国已有梵呗的流行，相传陈思王曹植曾制山梵呗，唐代音乐又吸收了天竺乐、龟兹乐、安国乐等来自佛教国家的音乐，逐渐形成了汉地特有的佛教音乐传统。

由于佛教中的轮回思想和一些具有迷信色彩的宗教仪式，以及大部分民众对佛教简单肤浅的认识，佛教也给我国社会和民众带来了一些较为消极的影响。

佛教讲求的是因果轮回。前世所作的"业"，就会导致后世的"果"，若是前世造孽，来世必将得到处罚。这种思想本是引导人们向善，可也向人们传达了一个观念：若是此生受苦，应是前世所种之"因"，不可改变。这种消极思想在人的一生里，可能会导致人无上进心，挫败一个人的意志力，更有可能导致消极避世，对民间社会不公不平的事听之任之，对作恶多端的人逆来顺受，得过且过，或是走向另一个极端，极力追求享乐主义，肆意挥霍。另外，大部分民众对佛教教义认识有限，往往只是借助佛教某些仪式、民间说法来理解佛教，所以更多从消灾祈福、神异奇迹等方面来崇信佛教，有些更形成了大肆铺张浪费、崇鬼信神等不良风俗。

早期的佛教寺院，大多数都有可耕种的田地。出家的僧人可以自食其力养

活自己。佛教发展到后期，由于种种原因如社会动乱、官府灭佛、天灾，等等，流离失所或丧失土地的僧人越来越多，他们不愿再回家务农或返依民间，就四处游走，拜门乞讨，而这种"化斋""化缘"的行为又被人们普遍认同，有些出家的僧人就渐渐演变成社会上的"寄食"阶层。在某些时候，僧人、寺庙贪污腐化，与官府和权贵勾结占据了大量田产，他们不去周济穷人，广施善缘，反而为虎作伥，坑害百姓，给民众和社会造成了巨大伤害，更加剧了社会动荡。

在多数情况下，宗教还是社会各种势力争相利用的对象。一些权势者往往利用宗教的神圣感、神秘感，利用广大普通民众对宗教的狂热信仰，以宗教的名义来推行自己的政治意图和主张，以期满足个人的私欲。在当今世界，这种状况并未消减。如果民众对其不加辨别，盲目信奉宗教，反而会给自身和他人带来诸多痛苦，造就更多社会悲剧。

因此，我们应该尽量广泛和深入地了解佛教，努力学习佛教中符合科学、人性的思想和智慧，积极吸收佛教带来的有益思想、文化、艺术等，发挥佛教的积极因素，抑制消极因素，使佛教真正成为人类智慧和思想文化的推动力和发源地。

本 讲 小 结

本讲介绍了佛教在印度的产生、兴起和衰落，佛教在亚洲传播的概况，尤其着重介绍了佛教在中国的传播和转化过程。介绍了佛教的一些基本义理，修行的基本要求，以及佛教对中国社会方面的广泛影响。佛教传入中国近 2 000 年，已经高度中国化，并对中国的文化、政治、社会产生了深远影响。

【复习与练习】

复习
1. 佛教在印度兴衰的过程。

2. 佛教在中国传播发展的大体脉络。
3. 佛教基本的义理和修行方式。
4. 佛教对中国文化和文学艺术的影响。

| 思考与练习

1. 佛教初祖释迦牟尼为什么要出家？他觉悟的中心问题是什么？觉悟到的结果又是什么？请简单说说你的认识。
2. 你觉得佛教能传入我国，主要的原因是什么？
3. 大家一定对"唐僧"很熟悉了，那么你能说说历史上真正的"唐僧"——玄奘西行求法的几个故事吗？
4. 中国化的佛教宗派——禅宗，你了解多少？你能说说它的佛学理念、修行方法等与其他宗派的区别与联系吗？
5. 佛教是有神论宗教还是无神论宗教？今天，我们该如何对待它及其文化？
6. 佛教文化在今天如何为社会主义文化建设服务？
7. 佛教对中国思想文化和艺术发展起了极大推动作用，成为中国唐宋文化大繁荣的重要构成，并成为中国传统文化的内容之一，显示出中国文化强大的包容性和融化能力，这对我们认识当代中外文化交融对话的现实有什么启示吗？

| 课外阅读文献

1. 张志刚：《宗教学是什么?》，北京，北京大学出版社，2002。
2. 麦克斯·缪勒：《宗教的起源与发展》，金泽译，上海，上海人民出版社，2010。
3. 杨庆堃：《我国社会中的宗教——宗教的现代社会功能与其历史因素之研究》，范丽珠等译，上海，上海人民出版社，2007。
4. 严耀中：《佛教戒律与中国社会》，上海，上海古籍出版社，2007。
5. 慧皎：《高僧传》，汤用彤校注，北京，中华书局，1992。
6. 普济：《五灯会元》，苏渊雷点校，北京，中华书局，1984。

第十二讲　其他诸家思想

先秦时期可以说是中国思想发展的巅峰时期，百家争鸣的诸子学说不约而同产生于此一历史阶段，最主要的因素，一来是人们的精神层次提升，不再如殷商时期那样凡事诉诸鬼神宗教与神秘力量，更倾向于直接将人类的历史经验、社会环境作为观察与思考的对象。二来与周朝封建制度的僵化瓦解有关。从西周到东周，周天子的实权削弱，群雄并起争霸，天下陷入纷争与战乱。因此诸多思想家纷纷提出自己的学说观点与对应之道，意欲使天下的纷争弭平，就最终目的而言，许多思想是殊途同归的，只不过关注的面向与认定的方式却各自不同。如法家讲究号令的统一与立竿见影的效益，墨家是一门理想的和平主义学说，兵家最重视强兵之道与军事策略，阴阳家精通天文数术，名家侧重于名实关联与逻辑辨识。诸子学说各有所长，也各有局限，以下就先秦时期极具代表性的诸子思想逐一陈述，以见其特质与优劣。

第一节 法　　家

一、法家概况与代表人物

法家在当时有派别之区分，虽说法家必以富国强兵为切要任务，但最高统御的对象有差别，法家的两大派系，先为齐法家，后为秦法家。齐法家是以齐国丞相管仲作为代表人物，齐法家的特色是以"法"为最高指导原则，而此"法"是君、臣、民所共同遵守，客观性较强，所以这样的"法"也较无关乎君主一己之意志。及至商鞅赴秦的变法，手段趋于激进，为讲求速效与速成，演变成无所转圜的刚性之法，刑罚严峻远胜过齐法家，又影响其后申不害、慎到、韩非子等法家人物。法家最成熟也是最集大成的人物为韩非子，此时的法已融入术、势二者，成为缜密的学说体系，申、韩之法与管仲之法差距更远，几乎已成为君主统驭臣子的利器，独断程度也提高太多，成了为当权者量身打造的主观之法。以下介绍法家的代表人物。

1. 管仲

管仲，名夷吾，齐国颍上人，生年不详，卒于公元前 645 年，自幼贫困，与鲍叔牙为旧交，受鲍叔牙举荐任政于齐，后为齐相，辅佐桓公成就霸业。行富国强兵之道，成效卓越。在礼崩乐坏的年代中，号召尊王攘夷，对内制衡各方诸侯势力，对外抵御外侮。《史记·管晏列传》称："管仲既任政相齐，以区区之齐在海滨，通货积财，富国强兵，与俗同好恶。"① 孔子也称赞他说："桓公九合诸侯，不以兵车，管仲之力也。如其仁！""管仲相桓公，霸诸侯，一匡天下，民到于今受其赐。微管仲，吾其被发左衽矣。"② 管仲虽为法家，《管子》书中虽有《法法》《任法》等篇申明法治，却不重严刑峻法，不好谈势术，有别于商鞅、申不害、韩非子等战国时期的法家思想。管仲施政方式，虽重法责实，却不废礼义廉耻等道德教化，有其刚柔并济的面貌。

2. 商鞅

商鞅（前390—前338），卫国人，本姓公孙，秦给予的封邑为商，故称商鞅。商鞅入秦后受到孝公器用为秦相，厉行变法，使秦国达到了"道不拾遗，山无盗贼，家给人足，民勇于公战，怯于私斗，乡邑大治"③ 的强盛境界，及孝公卒，秦朝旧势力诬告商鞅图谋不轨，最终被判车裂而亡。中国传统文化中的法治观，虽可远推至管仲，然法家思想的转型与渐趋严峻则首推商鞅，商鞅说过："行刑重其轻者，轻者不至，重者不来，是谓以刑去刑。"④ 这是一种以重刑惩罚轻罪的严峻手段，商鞅思想对韩非子的影响颇大，后世施行法家思想者多为严苛寡恩，泰半近于商鞅而远乎管仲。

3. 申不害

申不害（？—前337），是郑国京人，汉司马迁（约前 145—前 90）说他"学术以干韩昭侯，昭侯用为相，内修政教，外应诸侯，十五年，终申子之身，国治兵强，无侵韩者"⑤。申不害是"重术派"的代表，有别于商鞅的重"法治"，申不害更注重的是"术治"，更讲究君主驭臣、窥臣的手段。从《韩

---

① （汉）司马迁：《史记》，2132 页，北京，中华书局，2016。
② （宋）朱熹：《四书章句集注》，153 页，北京，中华书局，1983。
③ （汉）司马迁：《史记》之《商君列传》，2231 页，北京，中华书局，2016。
④ （清）王先慎：《韩非子集解》，钟哲点校，225 页，北京，中华书局，2007。
⑤ （汉）司马迁：《史记》之《申不害传》，2146 页，北京，中华书局，2016。

非子》书中大量引用申不害的言论思想，可知申不害所提出的理论，对韩非子的学说产生了深刻影响。然而，申不害重术轻法的情况，使得法、术二者失去了平衡，不免造成了弊端。《韩非子·定法》称："申不害不擅其法，不一其宪令，则奸多。""申不害虽十使昭侯用术，而奸臣犹有所谲其辞矣。"① 申不害思想的局限在于顾此失彼，使得"术"离开"法"而独行，大幅削弱了法治的客观性，纯粹的"术治"恐难行之久远。

4. 慎到

慎到（约前390—前315），赵国人，曾经为齐国稷下先生。《汉书·艺文志》列为法家人物。《荀子·非十二子》批判慎到为"尚法而无法，下修而好作，上则取听于上，下则取从于俗"②。《荀子·解蔽》则称："慎子蔽于法而不知贤。"③ 慎到在法家思想中的地位最主要还是奠定在他"重势"的立场上，《韩非子·难势》引慎到之语曰："尧教于隶属而民不听，至于南面而王天下，令则行，禁则止。词此观之，贤智未足以服众，而势位足以任贤者也。"④ "势"，换言之就是指君主的威权、权力、权柄，这立场也影响了集"法""术""势"之大成的韩非子。

5. 韩非

韩非（前280—前233），战国时期韩人，生而有口吃，和李斯同为荀子弟子。他综观天下之变，立论著书，秦王见其书赞叹说道："嗟呼！寡人得见此人与之游，死不恨矣。"⑤ 韩非出使秦国时，李斯妒嫉其才，构陷杀害之。韩非为法家集大成之人物，从他的思路之中，吾人可以观察到几项特点：其一，重经验，《韩非子·五蠹》称："仁义用于古而不用于今也。""上古竞于道德，中世逐于智谋，当今争于气力。"⑥ 乃是一种对历史变迁的观察，认为在上古，儒家之说可行，在中世则纵横之说显达，当今是以法家思想为政的时机。其二，重权变，《韩非子·五蠹》称："圣人不期修古，不法常可，论世之事，因

---

① （清）王先慎：《韩非子集解》，钟哲点校，397~398页，北京，中华书局，2007。
② （清）王先谦：《荀子集解》，沈啸寰、王星贤点校，93页，北京，中华书局，2007。
③ 同上书，392页。
④ （清）王先慎：《韩非子集解》，钟哲点校，388页，北京，中华书局，2007。
⑤ （汉）司马迁：《史记》之《老子韩非列传》，838页，北京，中华书局，2016。
⑥ （清）王先慎：《韩非子集解》，钟哲点校，445页，北京，中华书局，2007。

为之备。"① 韩非子有别于儒家人物那样追求周文礼乐的"经",他讲究因时制宜,与时俱进的"权"。其三,重实证,《韩非子·显学》称:"无参验而必之者,愚也;弗能必而据之者,诬也。"② 韩非立论大抵建构于可验证的基础上,展现着务实作风。其四,重功用,《韩非子·八经》称:"凡治天下必因人情,人情者有好恶,故赏罚可用;赏罚可用,则禁令可立,而治道具矣。"③ 从人爱赏惧罚,便以赏罚辅助法令治国,皆因考虑其实效。韩非子的地位来自于集商鞅、申不害、慎到等人的法术势之大成,建构出一套缜密的政治逻辑系统。

二、法家核心思想

1. 法

管仲有一套对"法"的剖析与阐述,《韩非子·五蠹》说:"藏商、管之法者家有之。"④ 管仲对"法"的定义其实比起后来的法家人物来得客观。管仲强调"法"的客观性与重要性,《管子·法法》曰:"不法法则事毋常,法不法则令不行。"⑤ 法的超越性俨然在一切之上,一切皆由法定、由令出,甚至有"仁义礼乐者,皆出于法"⑥ 这样的观点。管子一派的法家思想之中主张"法者,天下之至道也,圣君之实用也"⑦。示现出"法"一方面虽为"君"所运用,但从另一方面来看,"法"的位置其实是高过"君"的,所谓"君臣上下贵贱皆从法,此谓为大治"。"不为君欲变其令,令尊于君。"⑧ 管仲所主张的"法"涵盖的范围深广,有"六柄四位"之说,《管子·任法》曰:"明王之所操者六:生之、杀之、富之、贫之、贵之、贱之。此六柄者,主之所操也。主之所处者四:一曰文,二曰武,三曰威,四曰德。此四位者,主之所处也。"⑨ 六柄四位之中有文教德性、爵禄经济等层面,涉及部分均衡,至韩非子时唯独强调"生杀"大权的刑德二柄,便把六柄的均衡性给化约了。

---

① (清)王先慎:《韩非子集解》,钟哲点校,442 页,北京,中华书局,2007。
② 同上书,457 页。
③ 同上书,430~431 页。
④ 同上书,451 页。
⑤ (唐)房玄龄注,刘绩补注:《管子》,97 页,上海,上海古籍出版社,2015。
⑥ 同上书,313 页。
⑦ 同上书,314 页。
⑧ 同上书,106 页。
⑨ 同上书,315 页。

商鞅、韩非子此派的法家思想有着通盘抛弃礼乐仁义的独断特征，完全以明赏罚、别利害的方式取代道德教化，是一种对人性非善，只知趋利避害的基本预设。到了韩非子之时，对"法"定义上的建构更趋缜密，集结以往法家思想之精髓，法能施用的范畴愈为深广，思想体系也愈为庞大。《韩非子·难三》曰："法者，编着之图籍，设之于官府，而布之于百姓者也。"① 韩非所论的"法"远乎管仲，纯粹崇尚刑罚而摒弃仁义道德，轻忽贤治。《韩非子·定法》曰："法者，宪令着于官府，刑罚必于民心，赏存乎慎法，而罚加乎奸令者也。"② 他又化约了以往的"六柄"提出了"二柄"之说，《韩非子·二柄》称："二柄者，刑、德也。何谓刑德？曰：杀戮之谓刑，庆赏之谓德。"③《韩非子·外储说右上》曰："赏之誉之不劝，罚之毁之不畏，四者加焉不变，则除之。"④ 二柄概念的提出，一方面使得法的概念变成一任生杀刑罚，教化与道德的成分全盘弃置；另一方面，二柄既为君主所独占，"法"难免演变成为君主的私器，法的客观性恐怕随君主的想法而减弱。

2. 术

申不害为重"术"派的代表，《韩非子·外储说右上》记载："慎尔言也，人且和女；慎尔行也，人且随女。尔有知现也，人且匿女；尔无知现也，人且意女。女有知也，人且臧女；女无知也，人且行女。故曰：惟无为可以规之。"⑤ 正是阐扬人君的窥臣之术，主张人主虚静无为，意向不形于外，防止人臣的揣度与施为。申不害本身也擅长运使"术"，言行机巧，见风使舵，从某种程度来说已然破坏"法"的规范性，据《韩非子·定法》记载："申不害不擅其法，不一其宪令，则奸多。故利在故法前令，则道之；利在新法后令，则道之；利在故新相反，前后相悖，则申不害虽十使昭侯用术，而奸臣犹有所谲其辞矣。"⑥ 申不害重术轻法，唯利是趋，他以术循利不惜抵触法令，对旧令新法摇摆不定，造成宪令难以一统，奸谲也难以平息。"术"若不以客观的"法"为前提，易演变为"治"因人而异，"法"循利而改，标准不一、立场

---

① （清）王先慎：《韩非子集解》，钟哲点校，380 页，北京，中华书局，2007。
② 同上书，397 页。
③ 同上书，39 页。
④ 同上书，311 页。
⑤ 同上书，318 页。
⑥ 同上书，398 页。

松动，难以树立出普遍客观的依循标准。术是君主暗中驾驭臣子，使之尽忠效尤的一种观人之术，同时也是一种谋略与城府，《韩非子·难三》曰："术者，藏之于胸中，以偶众端，而潜御群臣者也。"① 《韩非子·定法》曰："术者，因任而授官，循名而责实，操杀生之柄，课群臣之能者也，此人主之所执也。"② 相对于法的施为对象为臣与民，术较倾向专为君主量身定做，术讲究虚静，而这虚静带有机巧的目的，乃教君主一方面防止臣子对君上的窥探与揣度；另一方面，君主却能充分地掌握臣子的言行动静，以防范其私心与谋逆。

3. 势

法家所谓的"势"指的是在上位者的权势，君权天授的自然之势，长久的帝制环境下，君尊臣卑的常态形势，也是君主基于世袭制度承接了帝位，所伴随而来的威势与权柄。管仲当时已提及势的概念，《管子·明法解》曰："尊君卑臣，非计亲也，以势胜也。""人主者，擅生杀，处威势，操令行禁止之柄，以御其群臣，此主道也。"③ 又曰："人主之所以制臣下者，威势也。故威势在下则主制于臣，威势在上则臣制于主。"④ 这样的势指的是既定的政治体制里头，君臣自然之势。慎到的时候更加强调势的地位，《韩非子·难势》引慎到之语曰："尧教于隶属而民不听，至于南面而王天下，令则行，禁则止。词此观之，贤智未足以服众，而势位足以任贤者也。"⑤ 这时所论述的势，已经俨然把"势"的价值抬升到"贤"的上头，认为人的贤与智并非治理天下的凭借，尧能治天下，不是根据他的贤智，而是他处在人君之势的位置。这和儒家思想"崇德"或墨家思想"尚贤"的观念恰恰相左。

韩非吸收慎到对势的定义而加以发扬光大，他也认为治乱的凭据除了"法"以外，和"势"存有莫大的关联，以《韩非子·难势》曰："抱法处势则治，背法去势则乱。"⑥ 韩非并且在慎到尚势不尚贤的前提下，进一步地阐释，《韩非子·难势》称："客曰：'必待贤乃治'，则不然矣。夫势者，名一而变无数者也。""夫贤势之不相容亦明矣。……今废势背法而待尧、舜，尧、

---

① （清）王先慎：《韩非子集解》，钟哲点校，380 页，北京，中华书局，2007。
② 同上书，397 页。
③ （唐）房玄龄注，刘绩补注：《管子》，409～410 页，上海，上海古籍出版社，2015。
④ 同上书，412 页。
⑤ （清）王先慎：《韩非子集解》，钟哲点校，388 页，北京，中华书局，2007。
⑥ 同上书，392 页。

舜至乃治，是千世乱而一治也。抱法处势而待桀、纣，桀、纣至乃乱，是千世治而一乱也。"① 韩非言下之意，尧舜是贤的极端，以个人贤德而使天下治，必待尧舜为君，是万中选一的概率，非是政治环境的常态。桀纣是不肖的极端，以个人暴虐为天下乱，然桀纣为君也非是政治环境的常态。韩非子所提出的"势"，不诉诸贤智或不肖的极端，乃适用于大部分资质寻常的君主，其立意在于，就事实经验来看，政治环境里头"依势"的普遍性其实是高过"待贤"的。然而，韩非所言的势与管仲、慎到又有所差异，韩非所说的势范围更广，不单指世袭帝制、君尊臣卑的"自然之势"，他还提出了"人设之势"的概念，《韩非子·难势》称："势必于自然，则无为言于势矣；吾所为言势者，言人之所设也。"② 人设之势指的是人对"势"具有操控驾驭的可能，可透过人为的手段建构或强化自身的权势、威权，这和自然之势相较，显现出更高的主动性，此韩非对"势"概念所提出的开创性的崭新意义。

法家擅长循名责实的实证精神，信赏必罚的客观性与普遍性，这和现当代的法治观念有几分若合符节的衔接处，也可作为建立法治观念的参考。健全的法制比起德治或礼治，看似能更客观公允，平等无阶级，然而法家思想却不无弊端，它严重地忽略了人性的光辉面，轻忽教化，一任刑罚，纯粹把法家思想提供给君主作为执政的利器，尚法治国，使术驭臣，依势尊君，凡事站在君主的立场设想，治理效果虽显著，然严刑峻法、刻薄寡恩，只追求速效与成果。百姓流于苟且地避免，唯利是趋，唯害是避，培养不出情操与耻德。

再者，法家的思路里强调"罚薄不为慈，诛严不为戾"③ "誉辅其赏，毁随其罚"④ 一切是非与价值的标准都用法来断定，都用刑罚来管束。一来这样的是非价值容易趋于特定方面的立场，思路趋于僵固；二来肃杀之气重，泯灭人性当中的光明面，每每为史家所诟病。汉司马谈（约前165—前110）《论六家要旨》称其："严而少恩。"⑤ 东汉班固（32—92）的《汉书·艺文志诸子略序》称："刻者为之，则无教化，去仁爱，专任刑法而欲以治，至于残害至亲，伤恩薄厚。"⑥ 峻法严刑之前，无仁爱温厚，无至亲情感，唯法唯势是从，

---

① （清）王先慎：《韩非子集解》，钟哲点校，391~392页，北京，中华书局，2007。
② 同上书，391页。
③ 同上书，445页。
④ 同上书，448页。
⑤ （汉）司马迁：《史记》之《太史公自序》，3291页，北京，中华书局，2016。
⑥ （汉）班固：《汉书》，1198页，上海，上海古籍出版社，2003。

在管束方面固然能迅速奏效。但在品德方面，则难免显得薄弱；人伦孝慈方面，难免过于无情与冷漠，忽略温厚与泯灭人之情感，都是法家的缺点。就历史事实来看，秦朝采取残酷无情的法家思想，不屑诗书礼乐的顺守之道，最终却是适得其反，导致朝代迅速覆灭。

第二节 墨　　家

一、墨家概况与代表人物

墨家是一群厌恶战争、倡导和平的理想主义者。墨家思想的理论一方面相当地务实，譬如"非攻"，强调战争违反人类生存利益，是天下之大害；但另一方面其理论上又有曲高和寡，想法过于简化的面向，譬如"兼爱"。先秦时期，儒家与墨家的知名度都不低，墨家独具特色的是，它不只是一套学说，墨家人物也不只是单纯的思想家，而是会亲力亲为执行"非攻"的宗旨，主动前往被侵略的邦国协助防卫，也因此墨家的军事技艺与策略颇为时人所津津乐道。以下介绍墨家的代表人物。

墨子，姓墨名翟，生卒年不详，概略推测在公元（前480—前390）之间。著名弟子有禽滑厘、高石子、公尚过、耕柱子等人。墨子学说在先秦时期，已与儒家学说并列为显学，据《韩非子·外储说左上》记载："楚王谓田鸠曰：'墨子者，显学也。'"[1]《韩非子·显学》曰："世之显学，儒、墨也。儒之所至，孔丘也。墨之所至，墨翟也。"[2] 墨子生平事迹大抵根据《墨子》书中记载，较为著名者，如墨子"止楚攻宋"之事，据《墨子·公输》记载："公输盘为楚造云梯之械成，将以攻宋。墨子闻之，起于齐，行十日十夜而至于郢，见公输盘。……墨子解带为城，以牒为械，公输盘九设攻城之机变，墨子九拒之。公输盘之攻械尽，而墨子之守御有余。"[3] 此为墨家落实其非攻思想，把军事长才实际运用在纷乱的战事之中，以守御姿态抵制攻伐争战。此外，书中

---

[1] （清）王先慎：《韩非子集解》，钟哲点校，266页，北京，中华书局，2007。
[2] 同上书，456页。
[3] （清）孙诒让：《墨子闲诂》，孙启治点校，482~487页，北京，中华书局，2007。

颇多与儒家之徒争辩的例子，如《墨子·耕柱》记载："巫马子谓子墨子曰：'我与子异，我不能兼爱。我爱邹人于越人，爱鲁人于邹人，爱我乡人于鲁人，爱我家人于乡人，爱我亲于我家人，爱我身于吾亲，以为近我也。'"① 墨家与儒家悬殊的差异在于，一为兼爱、薄葬、非乐；一为等差的爱、厚葬、礼乐。《荀子·解蔽》称墨家为"蔽于用而不知文"②，显示出墨家虽崇尚简朴务实，但若论其文化知识层次，则远不如儒家思想来得厚实。

二、墨家核心思想

1. 兼爱非攻

墨子面对先秦时代强凌弱、众暴寡的情况层出不穷，省思乱源所在？就行为层面而言是起源于相互攻伐，造成的损害与毁灭等天下之大不利。《墨子·天志中》称："处大国则攻小国，处大家则乱小家，强劫弱，众暴寡，诈谋愚，贵傲贱。观其事，上不利乎天，中不利乎鬼，下不利乎人，三不利无所利，是谓天贼。"③ 免除侵略攻伐，止息纷争，有百利而无一害，所以墨子提出"非攻"主张，反侵略、反攻伐。他认为行为层面上的相互攻伐，肇始于动机层面上的"互不相爱""有区别的爱"，而以《墨子·兼爱上》称："圣人以治天下为事者也，不可不察乱之所自起。当察乱何自起？起不相爱。……父自爱也不爱子，故亏子而自利；兄自爱也不爱弟，故亏弟而自利；君自爱也不爱臣，故亏臣而自利。是何也？皆起不相爱。"④ 墨子认为人们的爱通常只局限在私爱，无法视对方如己方，如此的爱范围是狭隘、自私的，利我不利他，也是无法避免彼此攻伐的原因。

《墨子·兼爱中》又称："今诸侯独知爱其国，不爱人之国，是以不惮举其国以攻人之国。今家主独知爱其家，而不爱人之家，是以不惮举其家以篡人之家。今人独知爱其身，不爱人之身，是以不惮举其身以贼人之身。"⑤ 既然爱己不爱他，爱此不爱彼，就不在乎他人的利益或感受，战乱施加于他人也就不

---

① （清）王先慎：《韩非子集解》，钟哲点校，435 页，北京，中华书局，2007。
② （清）王先谦：《荀子集解》，沈啸寰、王星贤点校，392 页，北京，中华书局，2007。
③ （清）孙诒让：《墨子闲诂》，孙启治点校，205～206 页，北京，中华书局，2007。
④ 同上书，99～100 页。
⑤ 同上书，102 页。

痛不痒，这都是因为爱有了区别、有了等差，所以要能达到"非攻"的和平境界，墨子提出了"兼爱"的理想。《墨子·兼爱中》称："视人之国若视其国，视人之家若视其家，视人之身若视其身。是故诸侯相爱则不野战，家主相爱则不相篡，人与人相爱则不相贼，君臣相爱则惠忠，父子相爱则慈孝，兄弟相爱则和调。"① 墨家兼爱思想把和平的理想建立在无等差、无区别的情感基础上，墨子阐扬把他人视为自己，把他家视如己家，把他国视若己国的观念，认为心态若调整至此，则断然不会去攻伐侵略自己所爱的对象。兼爱思想的立意虽说和平而理想，但实际上，先天上与生俱来的亲疏远近关系，都会造成彼此情感浓淡有别的结果，这不能用后天的学说思想就加以扭转与改变。人的爱自然会有层次与等差，终归是人际相处的现实与常态。

2. 天志明鬼

墨家面对当时的政治社会乱象，意欲重建的人间秩序的凭借，不是如儒家般仰赖礼乐，也不是如法家般诉诸君主，墨家思想试图以他律的"天"作为万事万物的主宰者，天为所有思想行为的依循，天为一切人间秩序的规范。《墨子·法仪》称："天下从事者不可以无法仪，无法仪而其事能成者，无有也。虽至士之为将相者皆有法，虽至百工从事者亦有法。"② 墨子所说的"法仪"和法家的"法"迥异，指的不是法令而是一种指导原则、行事依据。人应该以何为立身行事的凭借呢？《墨子·法仪》称："父母、学、君三者，莫可以为治法。然则奚以为治法而可？故曰莫若法天。天之行广而无私，其施厚而不德，其明久而不衰，故圣王法之。"③ 指导人的行事施为，规范人间秩序者是天，天为超越的力量，胜过父母、知识、君主，它本身带有意志谓之天志。《墨子·天志中》提到："吾所以知天之贵且知于天子者有矣。曰：天子为善，天能赏之；天子为暴，天能罚之；天子有疾病祸祟，必斋戒沐浴，洁为酒醴粢盛，以祭祀天鬼，则天能除去之，然吾未知天之祈福于天子也。此吾所以知天之贵且知于天子者。"④ 墨子强调天的力量之大，甚至能超越君王。

天的最高意志是"欲人相爱""恶人相贼"，墨子把兼爱思想的依据完全诉诸天的意志。《墨子·法仪》称："既以天为法，动作有为必度于天，天之所

---

① （清）孙诒让：《墨子闲诂》，孙启治点校，103页，北京，中华书局，2007。
② 同上书，20页。
③ 同上书，22页。
④ 同上书，198页。

欲则为之，天所不欲则止。然而天何欲何恶者也？天必欲人之相爱相利，而不欲人之相恶相贼也。"① 《墨子·天志中》称："既以天之意以为不可不慎已，然则天之将何欲何憎？"子墨子曰："天之意不欲大国之攻小国也，大家之乱小家也，强之暴寡，诈之谋愚，贵之傲贱，此天之所不欲也。不止此而已，欲人之有力相营，有道相教，有财相分也。"② "爱人利人，顺天之意，得天之赏者有之；憎人贼人，反天之意，得天之罚者亦有矣。"③ 主张兼爱，反对攻伐，本是利益社会与群众的优越思想，是种提倡和平的前瞻思维，然而搭配上天志思想，那么人间秩序的主导权就变成不在人而在天，人只为了好赏惧罚而敬天畏天，而服从天的兼爱意志，原本能自律的行为转变成为他律，人类的意志化积极为消极，化主动为被动，全然服从于宗教义带有赏罚作用的"天"。

"明鬼"的概念则是阐明鬼神的真实存在，对于若有似无，难以征验的鬼神，倘若以儒家思想的界定，通常是存而不论，也不把"天""鬼神"当成立身行事的凭借，墨子却是积极肯定鬼神的真实性。班固《汉书·艺文志》称："墨家者流，盖出于清庙之守。"④ 也注意到墨家思想里头所具有的宗教义色彩，观察出墨家相信及仰赖鬼神的面貌。《墨子·明鬼下》称："古今之为鬼，非他也，有天鬼，亦有山水鬼神者，亦有人死而为鬼者。"⑤ 墨子认为鬼神同样具有对人间施加赏罚的能力，人就是疑惑鬼神的存在，轻忽鬼神的力量才胆敢恣意作乱，《墨子·明鬼下》又称："疑惑鬼神之有与无之别，不明乎鬼神之能赏贤而罚暴也。今若使天下之人偕若信鬼神之能赏贤而罚暴也，则夫天下岂乱哉！"⑥ 墨子的定义下，鬼神带有意志，能干预人间，进行赏罚的情况，与天志的概念约略等同，差别在于"天"的层级比"鬼神"更上一层，但二者的意念无异，赏的对象都是相爱互利者，罚的对象都是施暴互攻者。要之，天志与明鬼背地里所联结的都是兼爱非攻的观点。

3. 节用节葬

墨子贵"俭"的提出，讲求一切朴拙务实，节省用度，降低财务成本的

---

① （清）孙诒让：《墨子闲诂》，孙启治点校，22页，北京，中华书局，2007。
② 同上书，199页。
③ 同上书，204页。
④ （汉）班固：《汉书》，444页，上海，上海古籍出版社，2003。
⑤ （清）孙诒让：《墨子闲诂》，孙启治点校，249页，北京，中华书局，2007。
⑥ 同上书，222页。

支出。他认为许多的花费非属必须之花费，且花费的财源每每是取自征敛百姓，徒使人民劳苦困穷。诸如《墨子·辞过》所称："必厚作敛于百姓，暴夺民衣食之财以为宫室台榭曲直之望、青黄刻镂之饰。""必厚作敛于百姓，暴夺民衣食之财，以为锦绣文采靡曼之衣，铸金以为钩，珠玉以为佩，女工作文采，男工作刻镂，以为身服。""必厚作敛于百姓，以饰舟车，饰车以文采，饰舟以刻镂。"① 墨子认为在上位者所享有的物质，华丽的宫室、服饰、舟车，皆劳民伤财所得，此类花费却非属必须，对于人民与邦国是有害无利，墨子理想中的政治人物是尽可能不动用到民力或是人民的财货。《墨子·辞过》称："可以任重致远，其为用财少，而为利多，是以民乐而利之。"②《墨子·七患》曰："故虽上世之圣王，岂能使五谷常收，而旱水不至哉？然而无冻饿之民者何也？其力时急，而自养俭也。故《夏书》曰：'禹七年水'，《殷书》曰：'汤五年旱'，此其离凶饿甚矣，然而民不冻饿者何也？其生财密，其用之节也。"③ 在墨家的观点之中，圣王明君要如夏禹商汤一般俭朴节约，除了自身节俭，更要懂得节省民力与民财，俭约于己，降低宫室、服饰、舟车的生产成本，尽可能图利于民，使人民安乐，则邦国可治。

此外，墨子还提倡"节葬"，这与儒家重"厚葬"的情况恰恰相反，《淮南子·要略》称："墨子学儒者之业，受孔子之术，以其礼烦扰而不悦，厚葬靡财而贫民，久服丧生而害事，故背周道而用夏政。"④ "节葬"的立意与"节用"如出一辙，墨子认为隆重烦琐的丧葬，其实是耗费不必要的资源与时间，依此观点，厚葬被视作一种耗竭财力的陋习。《墨子·节葬下》称："衣食者，人之生利也，然且犹尚有节；葬埋者，人之死利也，夫何独无节于此乎。子墨子制为葬埋之法曰：棺三寸，足以朽骨；衣三领，足以朽肉；掘地之深，下无菹漏，气无发泄于上，垄足以期其所，则止矣。"⑤ 强调活人的花费尚且需要节约，那么耗费于死者身上的丧葬成本就必须更加节制才行。《墨子·节葬下》又称："细计厚葬为多埋赋之财者也，计久丧为久禁从事者也。"⑥ 也就是说，墨子是站在以财物成本与人事成本作衡量的立场而主张"节葬"，反对

---

① （清）孙诒让：《墨子闲诂》，孙启治点校，31~36 页，北京，中华书局，2007。
② 同上书，36 页。
③ 同上书，28 页。
④ （汉）刘安：《淮南子》，陈静注译，339 页，郑州，中州古籍出版社，2010。
⑤ （清）孙诒让：《墨子闲诂》，孙启治点校，189 页，北京，中华书局，2007。
⑥ 同上书，175 页。

"厚葬"所剥削的劳动力与久丧所耗费掉的时间。墨家之所以"非乐""非儒",其原由皆与"节葬""节用"等同,儒者所讲究的"厚葬""礼乐"皆离不开财物、人事、时间等耗费,亦皆墨家之所谓有损人民利益的行为。

4. 尚同尚贤

据墨子的观点,人人言殊,思想歧异无法齐同,绝非是良好的政治局面,思想不齐同后果便是"一人一义,十人十义,百人百义,千人千义,逮至人之众不可胜计也,则其所谓义者亦不可胜计。此皆是其义而非人之义,是以厚者有斗而薄者有争"①。正因为人人的定义与价值观都不尽相同,人往往坚持自己的观点为是,批评他人的观点为非,轻者争执,重者互斗,纷乱也就难以平息,所以墨子提出了"尚同"的政治观点,《墨子·尚同下》称:"唯能以尚同一义为政,然后可矣。"②《墨子·尚同中》称:"唯以其能一同天下之义,是以天下治。"③ 墨子认为的政治理想是把人群的观点全数齐一成同样的方法,作为行事的依据,那么该向哪种观点与意志齐一呢?"尚同"是要和"谁"同呢?《墨子·尚同中》称:"夫既尚同乎天子,而未上同乎天者,则天菑将犹未止也。故当若天降寒热不节,雪霜雨露不时,五谷不孰,六畜不遂,疾菑戾疫、飘风苦雨,荐臻而至者,此天之降罚也,将以罚下人之不尚同乎天者也。"④尚同的方式是层层往上齐同,人民同乎诸侯,诸侯同乎天子,天子同乎天。

既然以尚同为治世的要领,群众必须齐同于在上位者的决策,那么领导者的施为便攸关民命,领导者的才能与睿智也定得到达一定的水平,方有资格作为群众的指导,由上到下"尚同"的贯通也才能彻底地奏效,是故与"尚同"观点相配合的就是"尚贤"的概念。《墨子·尚贤上》称:"是故国有贤良之士众,则国家之治厚,贤良之士寡,则国家之治薄。故大人之务,将在于众贤而已。"⑤"得意贤士不可不举,不得意贤士不可不举,尚欲祖述尧、舜、禹、汤之道,将不可以不尚贤。夫尚贤者,政之本也。"⑥ 倘若执政者没有相应的才能与睿智,一旦群众"尚同"于他们,他们无法作出适当与正确的政治决策,那么仍旧无法使政局安定稳固,仍旧无法使百姓受惠,是故"尚同"的

---

①② (清)孙诒让:《墨子闲诂》,孙启治点校,91页,北京,中华书局,2007。
③④ 同上书,82页。
⑤ 同上书,44页。
⑥ 同上书,48~49页。

理想万一欠缺了"尚贤",终究会遗留瑕疵,唯有相辅相成才能达到最完善的政治理想。

墨家独具特色的,非但是它的思想理论,还有它的实践精神,墨家不但提出"兼爱""非攻",还以实际的防御行动来协助被侵略的邦国,墨子"止楚攻宋"之事就是鲜明的例子。墨家所提出的"节用""节葬"等,也都不是纯粹理论性的思想,必须身体力行,以身作则,墨家崇尚节约,向来以克勤克俭著称,墨家人物不讲究优渥的物质生活,能把节省用度的观念贯彻在实际的生活之中。中国传统文化的"勤俭持家"与墨家的主张是谋合的,尤其在古代以男耕女织的农业生活为主体的社会结构,生产力的加强,以及生产结果的节约显得愈为重要,墨家思想于是乎具有一定程度的建设性。

墨家的"兼爱""非攻"思想,一来先是不敌战国时代强凌弱的兼并局势;二来在秦汉等大一统帝国建立之后,天下局势与多国并立时迥然不同,几乎没有需要墨者前往协助防御的被侵略方,墨家"非攻"方面的实践精神便无所着落。人之常情,兼爱又过于理想化,有等差的爱仍是人为所能及的常态,《汉书·艺文志》称:"及蔽者为之,见俭之利,因以非礼,推兼爱之意,而不知别亲疏。"[①] 儒家思想谈的人伦先由自己的家庭亲属谈起,先讲求父子、夫妇、兄弟的亲爱,由家庭扩充至家族与社会,有远近亲疏区别的爱,确实比兼爱之说更符合实情。此外,《庄子·天下》则称:"以自苦为极,曰:'不能如此,非禹之道也,不足谓之墨。'"[②] 墨家节俭节约,生活刻苦,以此为原则。然过于严苛的俭朴,使得人们必须恪守劳苦的生活、粗衣粗食之外,亦无权经验"礼乐"等艺术文化的生活,日子过得务实却过于乏善枯竭,几乎完全忽略了人类性情需要被艺术陶冶的面向。对艺术文化领域过度地轻视抹杀,这样极端自苦的要求非是常人所能够承受,于人之性情也颇有违反,因此墨家思想立意虽高、初衷虽好,但终究造成曲高和寡的结局。

---

① (汉)班固:《汉书》,1199 页,上海,上海古籍出版社,2003。
② (清)王先谦:《庄子集解》,290 页,北京,中华书局,2008。

第三节 兵　　家

一、兵家概况与代表人物

兵家，换言之，就是现在所谓的军事家，擅长军事策略，强兵之道，确保攻击、防御的有效性，作战时精准评估敌我能力，掌控各种情势，以稳操军事上的胜算。当时最著名的兵家为孙子。孙子（约前545—前470），名武，字长卿，春秋末期齐国人，后以兵法仕于吴王阖闾，吴王任为吴将，孙武以兵法攻略见长，屡建战功，西破强楚而北威齐晋，一时间使吴国称霸群雄，声名大噪。[①] 孙武之所以能战无不胜，这与他以一套缜密而具系统性的军事原则来指挥作战有关，他非但以强兵政策为施政要诀，并且将具体的军事演练、攻击要领、防御要领、行军要领、形势考虑悉数纳入兵家的范畴之中，巨细靡遗，他不但是中国首位军事理论建构者，更亲身用多场战役行动来证明，这些兵家理论确实是有效可行的，绝非纸上谈兵。

二、兵家核心思想

东周时期周室宗法动摇，封建势力凌驾于周天子之上，邦国之间兼并风气大盛，战争频繁，战事规模也越来越庞大，攻防在所难免，这样的时代背景无疑为兵家思想的促成增添助力。孙子为兵家思想最具代表性的人物，同时也是兵家理论核心的建构者，他将军事行动与策略视为必然联系于政治、经济的有机整体，并且他有一部完整的著作来贯彻与展现他的军事理论，这部《孙子兵法》通过数次的军事实战经验、历经层层考验来证明了它的有效性，战争理论与实战的搭配无间，取得战无不胜的结果，每每令众多军事人物折服。孙子的兵家思想认识到战争的重要性与严重性，战争关系到国家社稷的存亡、个人生命的存殁，不可轻忽。《孙子兵法·计篇》称："兵者，国之大事，死生之

[①] （汉）司马迁：《史记》之《孙子吴起列传》，2161~2164页，北京，中华书局，2016。

地，存亡之道，不可不察也。"① 体认到战争的事关重大，以及所付出的代价的沉重，于是孙武对战争的定义可说是通盘而全面的。他列出了掌握一场战事胜负的五大因素，《孙子兵法·计篇》称："故经之以五事，校之以计，而索其情：一曰道，二曰天，三曰地，四曰将，五曰法。道者，令民与上同意也，故可以与之死，可以与之生，而民不畏危。天者，阴阳、寒暑、时制也。地者，远近、险易、广狭、死生也。将者，智、信、仁、勇、严也。法者，曲制、官道、主用也。凡此五者，将莫不闻。知之者胜，不知者不胜。"② "道"指的是最高指导原则，"天"指的是天时、天候，"地"指的是地理、地势，"将"指的是领导统御的人才将领，"法"指的是管理军队的要领。对于以上五者愈能通盘掌握，就愈能取得军事上的优势。军事行动不能是孤立的，它必须配合天时地利人和，战争也不能是心存侥幸的，战前必须透过巨细靡遗的估算和未雨绸缪，必须预先分析、评估敌我双方的情势，以及推测己方取得胜算的概率。所以《孙子兵法·谋攻》称："知彼知己者，百战不殆；不知彼而知己，一胜一负；不知彼不知己，每战必殆。"③ 审慎评估，巧妙计算敌我双方的情势，增加我方优势，减低我方劣势；反之，增加敌方劣势，贬损敌方优势，此为战前所做的必然准备工作，亦为提高战争胜算所不可省略的步骤。

孙子的军事策略具有相当务实的色彩，重谋略胜过重勇力，行动根据轻重缓急加以权衡，不过度乐观，不迷信鬼神，不逞一时之快，不凭借意气之勇。《孙子兵法·谋攻》称："故用兵之法，十则围之，五则攻之，倍则分之，敌则能战之，少则能逃之，不若则能避之。"④《孙子兵法·用间》称："故明君贤将，所以动而胜人，成功出于众者，先知也。先知者不可取于鬼神，不可象于事，不可验于度，必取于人，知敌之情者也。"⑤ 两军对阵，首要任务就是先掌握军情，评估敌我情势之优劣，有把握获胜的仗则攻之取之，没把握获胜的仗宁可逃之避之，保留住我方的资源与战力，不轻易牺牲。

两军实际交战时，孙子提出把战争成本减到最低的概念，是所谓"不战而屈人之兵"⑥ 为最上策。两军非战不可，已经进入攻防状态时，则必采取

---

① 孙武：《孙子兵法》，吴如嵩、吴显林校释，2 页，北京，军事科学出版社，2009。
② 同上书，2~4 页。
③ 同上书，30 页。
④ 同上书，24~26 页。
⑤ 同上书，148~150 页。
⑥ 同上书，20~22 页。

"其疾如风,其徐如林,侵掠如火,不动如山,难知如阴,动如雷震"① 的优势战略以保障我方的胜算。两军实际交战后,除了军力的强弱、军队的多寡外,孙子强调还必须擅长兵不厌诈的"诡道"。《孙子兵法·计篇》称:"兵者,诡道也。故能而示之不能,用而示之不用,近而示之远,远而示之近。利而诱之,乱而取之,实而备之,强而避之,怒而挠之,卑而骄之,佚而劳之,亲而离之。攻其无备,出其不意。此兵家之胜,不可先传也。"② 孙子所谓的"诡道",换言之就是各种欺敌战术的总称,设法找出、针对敌方的盲点,而己方的军队调度、进攻路线、兵员多寡等,都必须避免被敌军所掌握,如此一来一往间,胜算就能大幅提升。

孙子的兵家思想及著作,无疑为中华传统文化提供了许多优异的军事理论,以及宝贵的作战谋略与指导原则,为先秦以后的军事家提供饶富实效性的战略知识。甚至,即使是身在太平无战事的局势下,仍然有商界人士把孙子思想运用在商场的竞争环境之中,也取得了不凡的成就。

第四节 阴 阳 家

一、阴阳家概况与代表人物

阴阳家学说起于人类对自然界的观察领略与详细记录,范围扩及天文、气候、地理、地貌,以数千年前的科技与知识而言,先人对自然界的认识其实仍属有限,因此阴阳家的论点有些确实是不失公允,但也有些难免属于似是而非的谬论。先秦时期阴阳家的代表人物为邹衍。邹衍(约前305—前240),战国末年齐国人,据称著书"十余万言",是阴阳家的代表人物,时人称邹衍为"谈天衍",他对于天文范畴的知识阅历丰富,尤其擅长"深观阴阳消息,而作怪迂之变"。邹衍认为中国应该是占全世界的其中一个区域,这样的地理观念相较于以往人们对世界地理的认识,已经向上超越了一层,他对中国地理概

---

① 孙武:《孙子兵法》,吴如嵩、吴显林校释,2页,北京,军事科学出版社,2009。
② 同上书,6~8页。

念的建构是采取"先列中国名山、大川、通谷、禽兽,水土所殖,物类所珍,因而推之,及海外人之所不能睹"。换言之,就是从已知的地理物类等现象进一步推往对未知辽阔世界的设想,他对中国的地理提出:"中国名曰赤县神州,赤县神州内自有九州岛,……中国外如赤县神州者九,乃所谓九州岛也,于是有裨海环之。"邹衍除了定义了中国的地理概念,他还提出"五德转移"的论调,说道:"天地剖判以来,五德转移,治各有宜,而符应若兹。"以五行之德的消长解释朝代的盛衰,这是彻底将五行观念应用在政治与政权上的表现。[①]上述这些观念,对后世影响深远,例如,汉初的董仲舒(前179—前104)虽是儒者,但其学说中含有浓厚的阴阳五行观念。

二、阴阳家核心思想

阴阳五行、天人感应等观念,是以同属性的事物能互相感应作为基础,意图将自然现象和社会现象贯通,说明天与人是置身在同一处秩序规范的圈子里,换言之,这也等同是宇宙论观点的提出。另外,如《礼记·月令》里头所记载的"某日立夏,盛德在火"[②] "是月也,日长至,阴阳争"[③] "孟秋行冬令,则阴气大胜"[④],等等,也都表现出浓厚的阴阳五行观念,以阴阳作用的强弱拉锯,四时所搭配的不同方位,等等,来定义天时天候的变迁。五行的观念早在商周之际就已经粗具雏形,《尚书·洪范》称:"五行:一曰水,二曰火,三曰木,四曰金,五曰土。水曰润下,火曰炎上,木曰曲直,金曰从革,土爰稼穑。"[⑤] 五行就是金、木、水、火、土五种自然元素,这五种自然元素与人群的生活息息相关,尤其关系到农业生产,可以说是先民从日常生活与农耕生活中对自然界的观察与认识,他们把阴阳五行定义为构成这世界的一些重要的物质与作用,五行观念从最早的一种自然体系逐渐演变成社会体系。此外,从《尚书·洪范》里头也能隐约看到"天人感应"概念的形成,提出一种天时天候能与人类行为相互感通的概念。《尚书·洪范》所称:"曰肃,时雨

[①] (汉)司马迁:《史记》之《孟子荀卿列传》,2344~2346页,北京,中华书局,2016。
[②] (汉)郑玄注,(唐)孔颖达正义:《礼记正义》(上中下),493页,北京,北京大学出版社,1999。
[③] 同上书,505页。
[④] 同上书,522页。
[⑤] (汉)孔安国传,孔颖达疏:《尚书正义》,301页,北京,北京大学出版社,1999。

若；曰乂，时旸若；曰晢，时燠若；曰谋，时寒若；曰圣，时风若。"① 就是贯通了天与人的境遇，天候的风雨、气温的寒暖，皆受人类行为的牵引而有相对应的呈现。

阴阳五行、天人感应等观念滥觞于商周，历经先秦，到了汉代时，可说已经是颇具规模、体系完备。例如，《史记·天官书》就记载了这样的概念，说道："仰则观象于天，俯则法类于地。天则有日月，地则有阴阳。天有五星，地有五行。天则有列宿，地则有州城。三光者，阴阳之精，气本在地，而圣人统理之。"② 天之上有日月五星，地之表有阴阳五行，这都是属于自然现象的范畴，但圣人能统理之，表现出天人之间有感通的可能，人类的行为活动能对自然现象造成干涉与产生影响。阴阳五行家把五行搭配四时五方，以木在东方属于春，火在南方属于夏，金在西方属于秋，水在北方属于冬，土居中央属于夏秋之交。又以五行之中有种"相胜相生"的循环规则，木生火，火生土，土生金，金生水，水生木。五行循环的观念后来又被拿来解释政权迭起的原因，有所谓"五德终始""符应"等说法，据唐李善（630—689）注《文选》的《魏都赋》时引《七略》之说："邹子终始五德，从所不胜，土德后木德继之，金德次之，火德次之，水德次之。"③ 也就是以五行的消长来对应与解释"德"的盛衰，某"德"盛时，象征某个朝代的政权将兴，某"德"衰时，则象征着某个朝代的政权将亡。

阴阳家的阴阳五行概念深入中国传统文化里头的天文、历法、医学、身体观，等等，如《黄帝内经·金匮真言论》就提到"夫言人之阴阳，则外为阳，内为阴。言人身之阴阳，则背为阳，腹为阴。言人身之藏府中阴阳，则藏者为阴，府者为阳。肝心脾肺肾五藏皆为阴，胆胃大肠小肠膀胱三焦六府皆为阳。"④ 中国传统医学讲究的阴阳调和，人体的器官各有其阴阳属性，等等，无非受到阴阳家思想的浸润，由此可知，阴阳五行思想在民间的影响力，其实也是广泛而普及的。阴阳家思想甚至影响了汉初著名思想家董仲舒，董仲舒以阴阳家思想扣紧儒家思想的人伦观念，《春秋繁露·基义》称："阳兼于阴，阴兼于阳，夫兼于妻，妻兼于夫，父兼于子，子兼于父，君兼于臣，臣兼于君。君臣、父子、夫妇

---

① （汉）孔安国传，孔颖达疏：《尚书正义》，320 页，北京，北京大学出版社，1999。
② （汉）司马迁：《史记》之《天官书》，1342 页，北京，中华书局，2016。
③ 萧统编，李善注：《文选》，287 页，上海，上海古籍出版社，1986。
④ 饶宗颐等编译：《黄帝内经》，52 页，香港，中华书局，2012。

之义，皆取诸阴阳之道。""天为君而覆露之，地为臣而持载之，阳为夫而生之，阴为妇而助之。"① 又以五行相生相胜作为治乱的凭借，《春秋繁露·五行相生》称："天地之气，合而为一，分为阴阳，判为四时，列为五行。行者行也，其行不同，故谓之五行。五行者，五官也，比相生而间相胜也。故为治，逆之则乱，顺之则治。"② 阴阳五行之说从原本的自然循环秩序，被董仲舒对应到父子、君臣、夫妇等人伦秩序上头，甚至连对政权的看法也延续着"五德终始"那套互为兴衰消长的独特理论，这使得董仲舒的学说思想和孟荀等儒家人物存有莫大的差异性，阴阳家的色彩几乎弥漫在董仲舒的言论思想里头。

关于阴阳家的缺点，汉司马谈《论六家要旨》称其为："大祥而众忌讳，使人拘而多所畏。"③ 东汉班固《汉书·艺文志》称："及拘者为之，则牵于禁忌，泥于小数，舍人事而任鬼神。"④ 阴阳家所谓的"忌讳""禁忌"，就是根据五行本身的系统来定义何时该做何事，何时不该做何事，哪个时机、哪个方位有不祥之征兆，等等。然夷考其实，这些定义中免不了许多穿凿附会的成分，也免不了许多缺乏实证经验与学理基础，却用这套系统定义了伦常关系，甚至是政权转移等人间秩序的事情，此为阴阳家思想的迷信层面，以及使人感到拘束畏惧之处。此外，完全用自然界运行之道来附会人类秩序，也无必然且可说服人的合理根据。

除上面介绍的诸子学说外，还有名家、农家、医家等，此处不一一介绍了。《汉书·艺文志》对先秦诸子进行总结，将其归为十家，可见这个时代思想之繁荣，学派之众多。

本 讲 小 结

本讲介绍了儒释道之外法家、墨家、兵家、阴阳家的核心思想。中国先秦是思想大爆发的时代，诸子各展其志、各申其说，互相竞争对话，形成了百家

---

① （清）苏舆：《春秋繁露义证》，钟哲点校，350~351页，北京，中华书局，2007。
② 同上书，362页。
③ （汉）司马迁：《史记》之《太史公自序》，3290页，北京，中华书局，2016。
④ （汉）班固：《汉书》，1197页，上海，上海古籍出版社，2003。

争鸣的景观，作为中国文化的奠基时代，他们的学说都对中国后世文化的发展产生了深远影响。

【复习与练习】

复习
1. 法家法、术、势等概念。
2. 墨家兼爱非攻、天志明鬼、节葬节用、尚同尚贤等概念。
3. 阴阳、五行、五德终始等概念。
4. 兵家军事思想。

思考与练习
1. 管仲时的法家，商鞅、慎到、申不害时的法家，韩非子时的法家，彼此差异之处在哪里？
2. 墨家的兼爱思想与儒家人伦思想的冲突点在哪里？墨家思想中的兼爱主张与西方人道主义思想有相近之处，为什么汉以后未能彰显？
3. 请从诸子思想当中举出自己最感兴趣的流派，并说明原因。
4. 先秦诸子百家争鸣造就了中国文化最繁荣辉煌的一个时代，这对今天繁荣社会主义文化事业有何启示？
5. 法家思想对今天社会主义法治建设还有启示和借鉴意义吗？如果有，哪些思想具有启示和借鉴意义？
6. 阴阳五行的核心是对宇宙和人类社会的循环论认知，这种循环论认知在今天对我们文化和文学艺术创造有启示吗？

课外阅读文献
1. 习近平：《高举中国特色社会主义伟大旗帜　为全面建设社会主义现代化国家而团结奋斗——在中国共产党第二十次全国代表大会上的报告》，载《求是》，2022 年第 21 期。
2. 孔德立：《先秦诸子》，南京，南京大学出版社，2009。
3. 杜国庠：《先秦诸子思想概要》，北京，生活·读书·新知三联书店，1955。

第十三讲　中国古代文学

中国古代文学的发展彰显出传统文化的历史感。作为传统文化的表现形式之一，古代文学以厚重饱满的语言文字给予不同时代的人们以心灵温暖，从《论语》"三人行，必有我师焉"[1]到《牡丹亭》"原来姹紫嫣红开遍，似这般都付与断井颓垣"[2]，从《诗经》"窈窕淑女，君子好逑"[3]到词作"林花谢了春红，太匆匆"[4]，从女娲补天神话到《红楼梦》，中国古代的散文、戏剧、诗词、小说等文学作品丰富了不同时期人们的精神世界，给予世俗生活中的我们去感知生命、感悟生活的无形力量。在现代社会生活中，中国古代文学经久弥新、芳香四溢，尤以其独特魅力愈加彰显出我国传统文化的精深奥妙。

本章首先概述中国古代文学的发展脉络和文体特点，介绍优秀作品和代表作家，再从抒情文学与叙事文学两大角度切入，解读中国各体文学的基本文学特征。

第一节　中国古代文学发展简况

一、先秦两汉文学

我国文学的发展最早可追溯至先秦。先秦时期指的是从传说中的三皇五帝到战国时期，经历了夏商周以及春秋战国等历史阶段。这个时期主要的文学范式有诗和文两种，文就是散文，包括历史散文和诸子散文。历史散文主要包括《左传》《战国策》《春秋》等。《春秋》是孔子根据鲁国历史资料编写而成的历史大纲，是中国现存第一部编年体史书，它以鲁国的纪年为线索，记录春秋时期的大事，是编年体史书之祖。战国时期，左、公、谷根据孔子的《春秋》分别作了展开性传记，其中，左丘明的传记被认为最有历史和文学价值。《战

---

[1] （明）毛起：《论语章句》，71页，南京，南京大学出版社，2009。
[2] （明）汤显祖：《牡丹亭》，徐朔方、杨笑梅校注，53页，北京，人民文学出版社，2005。
[3] 程俊英译注：《诗经译注》，3页，上海，上海古籍出版社，2016。
[4] （五代）李璟、李煜：《南唐二主词笺注》，王仲闻校订，68页，北京，中华书局，2013。

国策》是一部国别体史书，记事年代起于战国初年，至于秦灭六国，主要记述战国时期游说之士的政治主张和策略。诸子散文与历史散文不同，是春秋战国时期各个学派阐述学说的作品，是百家争鸣的产物。《老子》《论语》《庄子》《孟子》等都是诸子散文中的杰出代表作。《论语》和《孟子》是儒家学派的经典著作，《老子》和《庄子》是道家学派的经典著作。

先秦诗以《诗经》和《楚辞》为代表。《诗经》是中国最早的诗歌选集，共收入作品305篇。其中最早的诗作于西周初期，最晚的作品成于春秋中。《诗经》在内容上分为风、雅、颂三个部分。风是《诗经》中的精华部分，一共15组，包括周南、召南、邶、鄘、卫、王、郑、桧、齐、魏、唐、秦、豳、陈、曹十五个地区的乐曲，共160篇，地方色彩浓郁，内容丰富，有爱情诗、有战争诗、有徭役诗等。雅为朝廷乐歌，分为大雅和小雅，共105篇。颂则是宗庙祭祀时的诗歌，分为周颂、鲁颂和商颂，共40篇。《诗经》关注现实，抒发现实生活触发的真情实感，是我国现实主义文学的源头，赋比兴是诗经的主要表现手法。楚辞是以楚文化为背景而创造的一种新诗体，以屈原、宋玉等为代表诗人，屈原的伟大诗篇如《离骚》《九章》《九歌》等突破了《诗经》四言诗的形式限制，句式较活泼，更能体现南方语言的特点，在节奏和韵律上独具特色，更适合表现丰富复杂的思想感情，楚辞是我国最早的浪漫主义诗歌文学的源头。

除此之外，上古神话是原始先民在社会实践中创造出来的，内容涉及自然环境和社会生活的各个方面，上古时期的神话传说深深影响到我国叙事文学的发展。比如，《女娲补天》和《精卫填海》给后世小说创作以巨大启迪。《庄子》《韩非子》《淮南子》等作品中，保存了一些神话传说。《山海经》《穆天子传》记载的都是神话传说，《山海经》记述的有名山大泽、奇花异草、珍禽异兽以及鬼神灵怪；《穆天子传》记载了周穆王游猎中所见的种种。《山海经》和《穆天子传》是后世志怪小说的发端。

两汉文学中最主要的文体是赋，这是一种新兴的文体，介于诗歌和散文之间，韵散兼行，是诗的散文化，散文的诗化。汉大赋又叫散体大赋，气势恢宏，语言华丽，往往用长篇巨幅酣畅淋漓地表现汉代强盛的国运、富饶的物产，其代表作家司马相如、扬雄、枚乘等都是汉大赋的行家，枚乘的《七发》是汉大赋正式形成的标志，司马相如的大赋是汉赋的顶峰，他的《子虚赋》《上林赋》最为著名。《子虚赋》假设楚国的子虚和齐国的乌有先生展开对话。

司马相如在两个人物的对答之中，运用华丽辞藻作了铺陈夸张的描写，光华璀璨，令人如临其境。司马相如的赋想象丰富、描写细腻、辞藻华丽，建立了汉大赋固定的模式，卓绝汉代。汉代的抒情小赋则细腻感人，扬弃了大赋篇幅冗长、辞藻堆砌的缺陷，篇幅较小、文采清丽，讽刺时事，如张衡《归田小赋》感人至深，开启抒情小赋的先河。同时，汉代也是文人五言诗的发展时期，文人五言诗的代表是《古诗十九首》，诗歌以描述世俗之情为主，包括对人生无常之感叹，对离别相思之牵挂等。如《行行重行行》写一女子思念远行异乡的爱人，给读者留下深刻印象。《古诗十九首》是文人五言诗中最杰出的代表，多数学者认为这组诗歌并非一人所作，产生的时代大致在东汉后期。此外，汉代的史传文学也取得突出成绩，尤以司马迁《史记》为代表，全书由本纪、表、书、世家、列传五种体例构成，通过这五种不同体例相互配合和补充，是我国历史上第一部纪传体通史，记载了上至上古传说中的黄帝时代，下至汉武帝太初四年间共3 000多年的历史。《史记》被称为"二十四史"之首，与后来的《汉书》《后汉书》《三国志》合称"前四史"，对后世史学和文学的发展都产生了深远影响。《史记》被鲁迅誉为"史家之绝唱，无韵之《离骚》"①，有很高的文学价值。

另外，汉乐府是继《诗经》之后，中国古代民歌的又一次辉煌。汉乐府民歌中女性题材作品占重要位置，语言通俗，由杂言渐趋向五言，是我国五言诗发展的一个重要阶段。《陌上桑》和《孔雀东南飞》都是汉乐府民歌中的佳作，合称"乐府双璧"。汉乐府中"少壮不努力，老大徒伤悲"②也是千古流传的名句。汉乐府民歌多数是现实主义的作品，但也有一些作品具有不同程度的浪漫主义色彩，运用浪漫主义的表现手法。如《上邪》："上邪，我欲与君相知，长命无绝衰。山无陵，江水为竭，冬雷震震夏雨雪，天地合，乃敢与君绝。"③用语奇警，别开生面，显示了作品的浪漫主义特色。

二、六朝文学

魏晋南北朝时期是动荡不安的时代，同时也是一个思想活跃，文学艺术极

---

① 鲁迅：《汉文学史纲要》，顾农讲评，73页，南京，凤凰出版社，2009。
② 周秉高编著：《全先秦两汉诗》，34页，呼和浩特，内蒙古大学出版社，2011。
③ 同上书，17页。

为活跃、极富创造性的重要阶段。三曹的出现给予中国文学一种力量。曹操乐府诗《短歌行》"对酒当歌，人生几何"① 千年传唱。曹丕《燕歌行》"秋风萧瑟天气凉，草木摇落露为霜"② 是我国现存第一首成熟的七言体诗歌，句句入韵，语浅情深。三曹中的曹植在诗歌和辞赋创作方面皆有杰出成就。《洛神赋》为曹植辞赋中最杰出的作品，作者以浪漫主义手法，通过梦幻境界描写人神之间的真挚爱情，但终因"人神殊道"而惆怅分离。

西晋之初"竹林七贤"给后人留下的不仅仅是对封建礼教的蔑视，更有乱世中贤人的呐喊。"夜中不能寐，起坐弹鸣琴"③，八十二首《咏怀诗》是阮籍在约束和冲撞中生命的挣扎。嵇康的四言《幽愤诗》成就最高，诗末"采薇山阿，散发岩岫，永啸常吟，颐性养寿"④，可见嵇康对自由生活的无限向往。晋自中朝贵玄言，江左尤盛，文变染乎世情。唯陶渊明自致旷达，开我国田园诗之先。陶潜诗歌情真、景真、事真、意真，用清水芙蓉之语道心中之意。"结庐在人境，而无车马喧。问君何能尔，心远地自偏。采菊东篱下，悠然见南山。山气日夕佳，飞鸟相与还。此中有真意，欲辨已忘言。"⑤ 历来得到很高的称誉。陶渊明作为田园诗的开创者，为中国诗坛开辟了新天地，并直接影响到唐代田园诗派。另外，陶渊明的散文和辞赋，特别是《桃花源记》《归去来兮辞》和《五柳先生传》三篇最为著名。刘宋之世，"永嘉三家"颜延之、谢灵运、鲍照尤为突出，其中谢灵运的山水诗佳句，如"池塘生春草，园柳变鸣禽"⑥ 句意象清新，浑然天成，深得后人激赏。降自梁陈，诗歌趋于专工对仗，边幅狭窄，尤以永明体和宫体诗为代表。谢朓的"天际识归舟，云中辨江树"⑦ "余霞散成绮，澄江静如练"⑧ 等诗句清新隽永，体现了永明体诗人的特点。与此同时，南北朝时期民歌取得了突出成绩。南朝民歌多收录于《乐府诗集·清商曲辞》，可分为吴歌和西曲。其中《西洲曲》是南朝乐府民歌中最长的五言抒情诗，达到南朝民歌最高的艺术成就。北朝民歌内容较南朝丰富，艺

---

① 曹道衡、俞绍初：《魏晋南北朝诗选评》，3 页，西安，三秦出版社，2004。
② （汉）曹丕：《曹丕集校注》，魏宏灿校注，11 页，合肥，安徽大学出版社，2009。
③ （晋）阮籍：《阮籍集校注》，陈伯君校注，210 页，北京，中华书局，1987。
④ 嵇康：《嵇康集注》，殷翔、郭全芝注，22 页，安徽，黄山书社，1986。
⑤ 陶渊明：《陶渊明诗集》，徐正英、阮素雯注评，157 页，郑州，中州古籍出版社，2012。
⑥ 杜晓勤选注：《谢朓庾信诗选》，57 页，北京，中华书局，2006。
⑦ 同上书，59 页。
⑧ 杜晓勤选注：《谢朓庾信诗选》，59 页，北京，中华书局，2006。

术上最大特点是直抒胸臆、快人快语。《木兰诗》是北朝民歌优秀的长篇叙事诗。

魏晋南北朝时期小说孕育而生，是我国小说的最早形态，魏晋小说大致分为志怪小说和志人小说两大类，以干宝《搜神记》和刘义庆《世说新语》为代表。《搜神记》保存了许多古代优秀神话传说，成为我国优秀文化遗产的一个部分，也为唐传奇的出现准备了条件。其中《干将莫邪》《韩凭妻》等是人们所熟知的作品。魏晋以后，士大夫好清谈，讲究言行举止，品评人物的风气极盛，因此，就有人把一些知名人士的清谈内容、风度、影响等记录下来，编写成志人小说，刘义庆的《世说新语》就是志人小说的代表作。这类作品以精炼含蓄之言生动表现六朝时期人物的精神风貌，通过生活中的某一场面、一次精彩的对话等艺术描写，以只言片语勾勒人物性格。志人小说基本上记真人实事，志怪小说则是虚构的，有丰富的想象和幻想。

三、唐宋文学

唐朝是我国古典诗歌发展的黄金时期，出现了李白、杜甫等一批伟大诗人。与此同时，这一时期词、散文和传奇的发展也不容忽略。

唐代自公元618年立国，到公元907年亡国，在近300年时间内，诗人诗作灿若群星。初唐诗坛上，上官仪、沈佺期和宋之问等人推动了律诗形式的确立；"初唐四杰"王勃、杨炯、骆宾王、卢照邻，由于四人才高位卑的生活经历，其诗歌创作较宫廷诗人而言，内容广泛，扩大了初唐诗歌的创作题材；陈子昂从诗歌理论和实践上开了一代新风，他提倡"汉魏风骨"，为盛唐诗坛推开一扇色彩绚丽的门。盛唐诗人都是在诗歌领域的一些巨星，像"李杜""王孟""高岑"等在后世如雷贯耳的名字、人物都出现在盛唐。其中最为著名的就是李白和杜甫。李白诗歌感情奔放，想象瑰丽，意境奇妙。李白以浪漫、自信和豪放的情怀创作出大量容纳自己自由心灵、大气磅礴的诗歌。杜甫诗歌则素有"诗史"之称，《三吏》《三别》《北征》《自京赴奉先县咏怀五百字》是这类诗歌的典型代表。除此之外，杜甫还倾注全力在格律诗的创作上，特别是七言律诗，律诗在杜甫手中达到炉火纯青的高度。白居易是杜甫之后又一位伟大的诗人，他提出"文章合为时而著，歌诗合为事而作"[①]的文学主张，创作

---

① 周勋初、严杰选注：《白居易选集》，356~357页，北京，人民文学出版社，2002。

了《新乐府》50首和《秦中吟》10首，代表作品如《卖炭翁》《新丰折臂翁》等。白居易叙事长诗《琵琶行》和《长恨歌》历来脍炙人口，"同是天涯沦落人，相逢何必曾相识"①"玉容寂寞泪阑干，梨花一枝春带雨"②给人美不胜收之感。中唐时期的韩愈、柳宗元、刘禹锡、孟郊等声名显赫的诗人同样光耀千古。韩孟诗派的"奇崛"之气和元白诗派"浅切"之风，构建出中唐诗坛的多样化。从唐敬宗和唐文宗时期开始，唐王朝危机进一步加深。诗歌适应时代变迁，有了新的内容和艺术表现形式。晚唐诗歌大多具有浓厚的感伤气氛，代表诗人有杜牧和李商隐。杜牧以七绝见长，借古讽今，意味深长，《过华清宫》《泊秦淮》等是他的代表作。李商隐诗歌多精巧缜密，旨趣深微，尤以《无题》诗见长。诗人向心灵世界深入探究，李商隐将诗歌的艺术表现力提升到一个新高度。

唐诗取得辉煌成绩的同时，词作为一种新的诗体，也有一定程度的发展，其中尤以唐末温庭筠、南唐词人李煜成就最高。温庭筠是词史上第一位大力作词的文人，词这种文学形式，到了温庭筠手里才真正被人们重视起来，唐人中他的词最多，温庭筠也是花间派的鼻祖。温庭筠的词多以写艳情为主。李煜词在内容上，以亡国为界分为两个时期，前期作品主要反映宫廷生活和儿女情长；后期作品多反映亡国之痛，哀婉凄凉，意境深远，有极强的艺术感染力。另外，李璟、冯延巳、韦庄等人也是这一时期的代表词人。

唐传奇源自六朝志怪，也以搜奇记逸为能，但唐传奇更重视文采和意象，具有文辞华艳、叙述宛转、篇幅较长的特点。传奇始于初唐，盛于中唐，主要有志怪、爱情、历史和侠义四种类型。志怪题材的《枕中记》和《南柯太守传》，以鬼神或冥界为寄托，虚构黄粱美梦和南柯一梦的故事，在讽刺士人心态的同时，也无情揭露了官场的黑暗。爱情题材的《李娃传》《莺莺传》和《霍小玉传》讲述青年男女之间的爱情横遭社会家庭干涉的故事，带有鲜明的批判封建门第制度、主张恋爱婚姻自由的思想倾向。历史题材的《长恨歌传》叙述了安史之乱背景下的李杨爱情故事，虽立意惩劝，却饶富情韵。在时局动荡的晚唐，又出现了侠义题材的《虬髯客传》和《聂隐娘》等作品。鲁迅在《中国小说史略》中说："小说亦如诗，至唐代而一变，虽尚不离于搜奇记逸，

---

① 王汝弼选注：《白居易选集》，177 页，上海，上海古籍出版社，2002。
② 周勋初、严杰选注：《白居易选集》，11 页，北京，人民文学出版社，2002。

然叙述宛转，文辞华艳，与六朝之粗陈梗概者较，演进之迹甚明，而尤显者乃在是时则始有意味小说。"① 唐传奇的艺术手法在发展中逐渐提高，给中国文言小说注入了新生机，传奇体成为文言小说的主要形式，唐传奇对后代戏曲及讲唱文学也有较大影响。

宋朝文学是继唐朝文学之后的又一座高峰。不仅作家作品的数量上发展了，而且词和文的成就超过前朝，尤其是词代表了宋朝文学的最新成就。作为宋代文学之胜的是宋词。在词史上，宋代是词无与伦比的黄金时代。词起于唐，在初盛唐已在民间和部分文人中开始创作，中唐词体基本建立，白居易《忆江南》、韦应物《调笑令》表现不凡。晚唐五代词的文人化程度加强，温庭筠、李煜、冯延巳等的词作艺术已趋于成熟。李煜《虞美人》（春花秋月何时了）、《浪淘沙》（帘外雨潺潺），温庭筠《菩萨蛮》（小山重叠金明灭）等艺术成就很高。词到宋代进入鼎盛时期，名家辈出。如晏殊、晏几道、欧阳修、张先、柳永、苏轼、秦观、周邦彦、李清照、辛弃疾、陆游、蒋捷等人，都取得了独特的艺术成就。他们在题材内容和风格上，开拓了宋词的领域。尤其是经过柳永、苏轼、辛弃疾的努力，宋词的题材范围可谓琳琅满目，有咏物词、咏史词、山水词、田园词、爱情词、爱国词、赠答词，应有尽有。柳永的《雨霖铃》（寒蝉凄切）、《八声甘州》（对潇潇暮雨洒江天），苏轼的《江城子》（十年生死两茫茫）、《水调歌头》（明月几时有）、《念奴娇·赤壁怀古》都是北宋词作中的佳品。南宋词人多以抗金爱国为主题，张孝祥《六州歌头》（长淮望断）、岳飞《满江红》（怒发冲冠）、陆游《诉衷情》（当年万里觅封侯）是爱国词的杰作。

宋诗有其独特的风格和美学价值。宋初对唐诗的态度多是学习和模仿。仰望唐诗，犹如一座高峰，宋代诗人从中发现宝藏。因此，宋人先后选择贾岛、白居易、李商隐做典范，出现晚唐体、白体和西昆体诗人，其中西昆体诗人影响最大。与此同时，宋诗好议论的倾向也日趋明显，在苏轼和王安石诗中多有体现，王安石的精致、苏轼的畅达，都可视为宋诗的创新。江西诗派是北宋后期形成的一个以杜甫为祖，黄庭坚、陈师道、陈与义为宗（即"一祖三宗"）的诗歌流派。黄庭坚是江西诗派的开派宗师，江西诗派崇尚黄庭坚的点铁成金、脱胎换骨之说，作诗风格以吟咏书斋生活为主，重视文字的推敲技巧。南

---

① 鲁迅：《中国小说史略》，郭豫适导读，44 页，上海，上海古籍出版社，2011。

宋诗人中以陆游、杨万里、范成大、尤袤四人最著名，被称为"中兴四大诗人"。其中陆游是宋代最杰出的爱国诗人，留下诗作近万首。

通俗文学在宋代的发展是以市井文学为基础的。入宋以来，城市商品经济成为社会发展的重要推动力量。宋代城市遍布全国，尤以北宋都城汴京和南宋行在临安为最，由于宋代通俗文学娱乐、消遣的对象大都是市民阶层，于是中国古代小说发展到宋代，白话通俗小说占据主导地位。现存的宋代话本共有《错斩崔宁》等40种。这些话本着重表现的是市民群众中大多数人都感兴趣的群体情趣，如对荣华富贵的钦羡渴慕，对人情世俗的津津玩味，对风流艳遇的企望欲求，对公案、神怪的广泛兴趣，等等。

四、元明清文学

元代文学中最主要的文体是元曲，我国历史上第一次出现成熟的戏剧形式是元杂剧。它是在金院本和诸宫调基础之上，融合各种表演艺术形成的。元杂剧将歌曲、舞蹈和宾白有机融合，是一种综合性的艺术。从结构上看，一般是一本四折演出一个完整故事。关汉卿、马致远、白朴、郑光祖代表了元代不同时期不同流派杂剧创作的成就，被称为"元曲四大家"，主要代表作有《窦娥冤》《汉宫秋》《梧桐雨》《倩女离魂》等。内容主要以揭露社会黑暗、反映人民疾苦为主，现实主义和浪漫主义相结合，主线明确，人物鲜明。元杂剧一般是一人主唱或男、女主角唱，主唱的角色不是正末就是正旦。正旦主唱的称旦本，如关汉卿《窦娥冤》，窦娥主唱。正末主唱的称为末本，如《汉宫秋》，汉元帝主唱。元杂剧的发展可分为前、后两期。前期是元杂剧的鼎盛期，此时杂剧以大都为中心，优秀作家有关汉卿、白朴、马致远、王实甫、高文秀、康进之、纪君祥等。王实甫《西厢记》是我国古典戏剧的杰作，曲辞华艳优美，富有诗的意境，是我国家传户诵的古典戏剧名著，它以愿天下有情人终成眷属为主题思想，描述了崔莺莺和张君瑞的爱情故事，对后来以爱情为题材的小说、戏剧创作影响很大。后期杂剧南移到杭州，剧作家以郑光祖为代表，他是南方戏剧圈中的巨擘，所作杂剧在当时名闻天下，声振闺阁，其《倩女离魂》最著名。散曲是金元时期产生的，在元朝很兴盛。散曲发展大体与杂剧同步，也分前、后两期，同样是前期成就高于后期。散曲分为小令和套曲两种形式，每首散曲都有曲牌，且属于一定的宫调。各自曲牌在字数、句数、平仄用韵等方面都有自己的规定。代表作小令如马致远《天净沙·秋思》，套数如关汉卿《不伏老》套数。

明代小说代表了明代文学的最高成就，呈现出万紫千红的繁荣景象，明代小说为清代小说艺术高峰的形成准备了充分的条件。明代小说的繁荣，首先表现为作品数量多，规模大，反映社会生活面广。明代初期较有特色的文言小说创作以瞿佑《剪灯新话》、李昌祺《剪灯余话》为代表。明代后期短篇小说创作的兴盛主要体现在拟话本的繁荣，这类小说主要模拟宋话本的形式进行创作，代表作品有冯梦龙的"三言"(《喻世明言》《警世通言》《醒世恒言》)和凌濛初的"二拍"(《初刻拍案惊奇》《二刻拍案惊奇》)。明代初期诗歌方面最有影响的是以杨士奇、杨荣、杨溥为代表的台阁体和以李东阳为代表的茶陵诗派。戏剧方面，是以朱权、朱有燉、和邱浚、邵灿为代表的戏剧创作。无论是诗文还是戏剧，都致力于歌舞升平，缺乏真情实感和创造性。中期文学复苏，出现了由祝允明、唐寅为首的吴中四才子和以李梦阳、何景明为首的前七子。以袁宏道、袁宗道、袁中道为首的公安派提倡"独抒性灵，不拘格套"，反对文学的复古，主张创新，并以他们的创作实践扫清复古派在文坛上的影响，成为晚明诗文革新运动中的一支主力。其后的竟陵派在学习公安派的同时，试图补救公安派的肤浅之弊端。到了明末，以陈子龙、夏完淳为代表的一批爱国作家忧患时事，并亲身参加斗争，他们的诗文创作具有强烈的现实意义和慷慨之风。值得一提的是晚明小品文，出现了诸如袁宏道、张岱、王思任等一批小品文名家。

生活于明末清初的金圣叹对戏曲小说的推广有很大影响，他的"六才子书"把《西厢记》《水浒传》与《庄子》《离骚》《史记》及杜甫诗歌相提并论，引申了李梦阳、李贽等人的文学观点。戏剧方面，明末清初的李渔在《闲情偶寄》中提出了一系列戏剧理论，更系统总结了戏剧艺术的特点和要求。康熙时期，洪升《长生殿》、孔尚任《桃花扇》通过写历史故事，抒发国家兴亡之感，是这一时期最杰出的戏剧作品。小说方面，蒲松龄《聊斋志异》以谈狐说鬼的方式，揭露封建官吏制度和科举制度的不公，表达了人民对美好爱情和生活的追求。在白话小说方面，金圣叹对《水浒传》、毛宗刚对《三国演义》、张竹坡对《金瓶梅》的评点，使我国小说美学开始形成自己的体系。同时，英雄传奇小说出现《水浒后传》《说岳全传》等。清代中叶是清朝的鼎盛时期，这个时期的戏剧表现出一种新趋势，除杨潮观、蒋士铨等人的作品略有可观外，剧坛沉寂。代之而起的是各种地方戏曲。讲唱文学如评书、鼓词、弹词、民间小调也活跃发展起来。清代中期，出现了中国小说史上两部伟大作品《儒林外史》和《红楼梦》。《儒林外史》对封建科举制度的批评和深刻剖析，使它成为我国古典讽刺小说里程碑式的作品。《红楼梦》在艺术上取得的成就是前所未有的。清代后期文学就艺术成就而言，比前期和中期反而显得逊色。小说是清后期最为兴盛的文学样式，在晚清小说论中，影响最大的也最具代表的是梁启超的"小说界革命"说。清代后期也出现了许多文学批评和研究性质的著作。小说理论如王国维《宋元戏曲考》《人间词话》和《红楼梦评论》，运用西方美学思想分析中国文学，具有一定开创性。

第二节 中国古代抒情文学的主要体裁与特征

中国古代文学文体繁多，不同文体表情达意的方式各有特点，中国的文学传统从整体而言是一种抒情传统。

古希腊人认为艺术的本质是模仿，亚里士多德在《诗学》中说："史诗和悲剧、喜剧和酒神颂以及大部分双管箫乐和竖琴乐——这一切实际上是摹仿。"[1] 西方文学最早成熟的史诗和戏剧都是叙事文学，其描写手法是逼真地再现生活，而中国古人则认为艺术的本质是抒情。文学发乎情的观念造成了中国古代文学重抒情、重写意的传统。

一、中国古代抒情文学的主要体裁

1. 诗

中国古代文学的抒情特征在诗歌中表现得最为清晰。

中国古代诗歌没有产生古希腊那种长篇叙事史诗，最早的诗歌总集《诗经》是以抒情为主的，中国诗歌的另一奠基之作《离骚》也是抒情诗。魏晋以后进入文学的自觉时代，陆机《文赋》明确提出，"诗缘情而绮靡"，肯定

---

[1] 亚里士多德：《〈诗学〉集注》，梁鹏译注，3页，北京，中译出版社，2017。

了抒情是诗的本质功能。我国文学中的"诗"具有多类别特征，它包含四言、五言、七言诗，也包括词和散曲。我们可以说诗、词、散曲是中国古代抒情文学的主要体裁。

中国古代诗歌从句式长短来看，可分为四言诗、五言诗、七言诗以及杂言诗。如《诗经》《古诗十九首》《燕歌行》（曹丕）等；从格律来分，可分为古体诗和近体诗，古体诗是依照古代的诗体来写的，如汉乐府民歌，近体诗以律诗、绝句为代表。近体诗的韵、平仄、对仗都有许多讲究。在古体诗向近体诗发展时，六朝时期的永明体诗起到了过渡作用。唐代是古代诗体发展的高峰时期，各类诗体基本定型，艺术形式也趋向成熟。格律诗可分绝句、律诗、长律三大类，五言绝句、七言绝句、五言律诗、七言律诗、五言长律、七言长律六小类。律诗每两句为一联，依次称为"首联""颔联""颈联"和"尾联"。

2. 词

词又称为曲词或曲子词、长短句。词原本是配以燕乐曲调用来歌唱的歌词，后渐渐与音乐分离，成为宋代的"一代之文学"。形式上每首词都有一个词牌，如《浣溪沙》《虞美人》《浪淘沙》《八声甘州》，各个词牌都是调有定句、句有定字、字有定声，并且各不相同。词一般分两段，叫作上下片或上下阕。词一般按字数可分为小令、中调和长调三种。慢词长调的开创者当属宋代词人柳永。早期词为"应歌"而作，词人往往以女子口吻作代言的创作，如温庭筠的词作便是如此。南唐冯延巳和李煜将自己的生活经历和身世之感写入词中，晏殊、苏东坡、柳永、辛弃疾等人也在词中融入个人的人生体验，在词作中书写自己的个性和性情，宋词的抒情也更加深入细致。

3. 散曲

散曲最早源于民间，宋金时期逐步形成一种新的诗歌形式。在语言形式上，散曲要遵守一定格律，同时吸收了口语自由灵活的特点，呈现出口语化趋向；在艺术表现上，它比近体诗和词更多采用了"赋"的方法，铺陈叙述；在音韵方面，散曲的押韵比较灵活，可以平仄通押，句中还可以加入衬字。散曲有小令和套数两种主要形式。散曲中的小令指单支的曲子，如马致远《天净沙·秋思》。套数是由同一宫调的若干曲子组成，且一韵到底，如睢景臣的《高祖还乡》。元代散曲的抒情不同于宋词的婉转含蓄，而以直接抒情为主，散曲在早期也有代言体作品，后期张可久等文人作家把它雅化和词化，散曲回到文人自我抒情的道路上来。

二、中国古代抒情文学的特征

中国古代抒情文学加强了作品以情动人的力量和诗情画意的美感。从整体来看,我国古代抒情文学具有以下几个方面的特征。

1. 韵味无穷的意境

作为抒情文学的主要形式,中国古代诗词有许多富有意境的作品。意境是指一种能令人感受领悟、意味无穷却又难以用言语阐明的意蕴和境界。它是形神情理的统一、虚实有无的协调,既生于意外又蕴于象内。比如,陶渊明诗句"采菊东篱下,悠然见南山"[1] 便富有韵味无穷的意境。王国维认为:"境非独谓景物也,喜怒哀乐,亦人心中之一境界。故能写真景物,真感情者,谓之有境界,否则谓之无境界。"[2] 钟嵘提出的"滋味"说,晚唐司空图提出的"韵味"说,认为意境的审美效果有一种绵绵不尽的韵味。作品中除去直接描写的景、形、境之外,还有由这些直接描写开拓出来的审美想象空间,也就是不尽之意、韵味无穷的意境是中国古代诗词的基本特征之一。

2. 多层的联想性

诗歌所描写的形象并不是生活的实录,即使是实录,也经过了作者的选择、提炼、加工。诗歌中的形象往往代表着更深、更广的生活内容,发展为艺术典型。诗歌语言往往利用汉语的模糊性、多层性,又巧妙地运用情景相生、动静结合以及比兴、白描等手法,共同构筑出词约义丰、韵味无穷的美感,所以在品读诗歌的过程中,我们除了体味诗歌的语言美、结构美外,还要借助联想和想象,补白诗歌的言外之意、韵外之致,才能真正体会到诗的意旨,领略诗的情韵美、形象美、意趣美。故此,读者在阅读诗词时,要多关注自己作为接受者的主观再创造环节。"甚且作者之用心未必然,而读者之用心何必不然。"[3] 结合自身经历品读诗词,更会回味无穷。

---

[1] (晋)陶渊明:《陶渊明诗集》,徐正英、阮素雯注评,157 页,郑州,中州古籍出版社,2012。
[2] (清)王国维:《人间词话》,上海,上海古籍出版社,2002。
[3] 谭献:《复堂词》,58 页,上海,华东师范大学出版社,2010。

3. 语言的音乐美

诗歌语言特别要求富有音乐性，音乐美是增强诗歌艺术感染力的重要方面。诗歌语言的音乐性因素，包括节奏、音调、韵律等。诗歌的感情起伏跌宕，便可以通过一定的韵律表现出来。诗句节奏鲜明、音调和谐，符合一定的韵律，吟诵动听感人，自然能唤起听者的情感波澜和丰富联想。中国诗歌历来都讲究音韵之美，从《诗经》开始到《汉乐府》和宋词散曲，文学都和音韵的关系异常紧密。自六朝时期的永明体开始，诗人们更注重诗歌创作中要从诗歌技巧方面注意的问题，唐诗中运用声调的平仄、汉字的声韵来构建诗句节奏的例子举不胜举。如"江间波浪兼天涌，塞上风云接地阴"①"凤凰台上凤凰游，凤去台空江自流"②等诗句，诗句优美的同时也加强了诗歌的抒情效果。

4. 丰富的抒情性

诗歌是人们心中"情"的表现，是由"情动"而引起的。如果看到自然界的青山碧水、绿草红花，只是记叙其外表，没有内心的感动，是没法写出好诗的。"诗者，志之所之也，在心为志，发言为诗。情动于中而形于言，言之不足故嗟叹之，嗟叹之不足故永歌之，永歌之不足，不知手之舞之，足之蹈之也。"③由此可见，"情""志""意"实为一体，所谓"诗言志"，就是诗歌要表达思想、抒发感情。"诗者，根情，苗言，华声，实义"④，抒情性是诗歌第一要义。中国古代诗歌的抒情方式也是多样的，有直接抒情和间接抒情两大类。间接抒情又包括借景抒情、借事抒情、托物言志、用典抒情、借古讽今等不同方式。

第三节　中国古代叙事文学的主要体裁与特征

叙事类文学侧重于以客观世界和虚拟世界的事件、人物和环境景物为题材内容，以模仿、虚构为构思方式，以具体生动的叙述为主要艺术表现手法，从

---

① 张忠纲，孙微编选：《杜甫集》，270 页，南京，凤凰出版社，2006。
② 裴斐选注：《李白选集》，268 页，北京，人民文学出版社。
③ 郑伟：《〈毛诗大序〉接受史研究：儒学文论进程与士大夫心灵变迁》，60 页，北京，人民出版社，2015。
④ 周勋初、严杰选注：《白居易选集》，350 页，北京，人民文学出版社，2002。

而反映和表现创作主体对社会人生的审美把握。叙事性是叙事类文学基本的审美特征。叙事类文学包括小说、史诗、叙事诗、史传文学等。

一、中国古代叙事文学的主要体裁

中国古代叙事文学特征在小说和戏剧（本章第四节将单独介绍戏剧）中表现得最为突出。

"小说"一词最早出现于《庄子·外物》："饰小说以干县令，其于大达亦远矣。"① 庄子所谓的小说，是指琐碎的言论，与今日小说观念相差甚远。直至东汉桓谭《新论》："小说家合残丛小语，近取譬喻，以作短书，治身理家，有可观之辞。"② 班固《汉书·艺文志》将"小说家"列为十家之后，其下的定义为："小说家者流，盖出于稗官，街谈巷语，道听途说之所造也。"③ 才稍与今日小说的意义相近。

小说以刻画人物性格、塑造人物形象为中心，通过叙述故事和描写环境，反映社会生活，表达思想感情，从而发挥娱乐和教育的功能。中国文言小说从上古神话开始（神话材料保存较多的是《山海经》和《淮南子》），上古神话有简单的故事情节和有一定个性的人物形象，这正是萌芽时期的小说艺术要素。经过六朝志怪、志人小说和唐代传奇，体式完备，代有创制。六朝志怪、志人小说语言简约质朴，不施藻饰。唐代传奇的出现标志着我国古典小说的成熟，唐人小说有长足的进步，从鬼神灵异、奇闻逸事走向现实生活，在艺术上有了很大的创造和提高。著名的唐传奇有蒋防《霍小玉传》、元稹《莺莺传》、李朝威《柳毅传》、白行简《李娃传》等，这些作品艺术上成熟，结构完整，情节曲折动人，而且唐传奇的语言兼具散文和诗赋的长处，叙述事件简洁明快，重视文采，语言华美流畅，丰富多彩。

中国的白话小说则在宋元以后兴起，并于明清达到巅峰，短篇有话本，长篇有章回。明清出现的"章回体小说"其特点是分回标目，常取一个或两个中心事件为一回，每回篇幅大致相等，情节前后衔接，开头、结尾常用"话说""且听下回分解"等口头语，中间穿插诗词韵文，结尾故设悬念吸引读者。这

---

① （战国）庄子：《庄子》，张采民、张石川注评，323 页，南京，凤凰出版社，2007。
② 鲁迅：《中国小说史略》，郭豫适导读，1 页，上海，上海古籍出版社，2011。
③ 同上书，2 页。

一时期，我国古代小说发展到顶峰，产生了一大批不朽的名著。"四大奇书"在所属的各类题材的小说中独占鳌头：《三国演义》是小说史上的第一部长篇小说，也是历史小说的典范；《水浒传》既是第一部描写农民起义的作品，也是一部英雄传奇的典范；《西游记》（吴承恩）既是第一部长篇神魔小说，也是一部神魔小说的典范；《金瓶梅》既是第一部写世情的小说，也是第一部由文人独力创作的小说。我国古代小说中文言小说和白话小说互相影响，是自成体系的两大系统。

先秦历史散文也具有浓郁的叙事特点。先秦历史散文与小说文体最为接近，都叙事写人，都有故事情节、人物形象、典型环境等叙事因素。如《左传·僖公二十三年》"重耳去齐"一事："及齐，齐桓公妻之，有马二十乘。公子安之，从者以为不可。将行，谋于桑下。蚕妾在其上，以告姜氏。姜氏杀之，而谓公子曰'子有四方之志，其闻之者，吾杀之矣！'公子曰'无之。'姜曰'行也！怀与安，实败名！'公子不可。姜与子犯谋，醉而遣之。醒，以戈逐子犯。"① 短文运用了语言描写、动作描写等艺术手法描写人物，记述事情，塑造人物形象。

另外，古代的一些笔记也具有叙事文学的特点。如宋人陆游《老学庵笔记》卷三云："僧法一、宗杲，自东都避乱渡江，各携一笠。杲笠中有黄金钗，每自检视。一伺知之。杲起奏厕，一亟探钗掷江中。杲还，亡钗，不敢言而色变。一叱之曰'与汝共学了生死大事，乃眷眷此物耶！我适已为汝投之江流矣。'杲展坐具作礼而行。"② 该段文字语言简练，叙事色彩浓厚，细节刻画到位，且人物形象活灵活现。纪晓岚《阅微草堂笔记》同样记录了不少情节丰富的生动故事。

史传文学也具有叙事特点，如司马迁《史记》开创了我国纪传体史学，它改变了以往以编年体或国别体记叙史事的传统，以人物为中心，通过人物历史性的活动来说明历史。就对小说的影响而论，除现实主义的创作方法外，还在于曲折细致地描写妙趣横生的故事场面，惟妙惟肖地表现人物的身份、性格。故事生动、人物逼真，富于戏剧性和小说意味，不仅为后来的小说提供了丰富的题材，更重要的是为小说文体的形成直接提供了编写故事情节和塑造人

---

① 袁世硕:《中国历代文学作品选》（一），51页，北京，人民文学出版社，2002。
② （宋）陆游:《老学庵笔记》，刘文忠评注，85页，北京，学苑出版社，1998。

物形象的艺术经验。《史记》中的很多传记，用一系列故事展开，如《廉颇蔺相如列传》，就是由完璧归赵、渑池相会、负荆请罪等故事构成。同时，《史记》中的故事也有不少戏剧性。如《项羽本纪》中的鸿门宴故事，塑造了众多具有鲜明个性的人物形象，剧中人物的出场、退场、神情、对话都写得如闻其声、如见其人。

当然，中国古代诗歌以情为本的同时，有的诗作也有叙事成分，比如，在《诗经》中我们也已读到具有叙事成分的作品，如《诗经·氓》；汉乐府民歌基于感于哀乐、缘事而发的创作，亦扩大了中国古代诗歌的叙事领域，长篇叙事诗《孔雀东南飞》更有比较完整的情节和人物形象、唐代诗人白居易《琵琶行》塑造了"同是天涯沦落人"[①]的琵琶女形象。不过，即便在这些叙事诗作中，也带有浓郁的抒情性，仍以抒情为主。

二、中国古代叙事文学的特征

中国古代小说发展有一个完整的生命历程，它在多祖现象中发生，并形成了丰富的文体形态。综合来看，我国古代叙事文学的特征主要表现为以下几个方面。

1. 全知视角叙事

叙事类文学作品在结构形态上是故事化的，着重用或繁或简的话语表达社会生活事件的整个过程，包括事件的起因、发展、高潮和结局。而且各个事件在时间的呈现上也都有顺承意义，在建立起一个事件与另一个事件之间的因果联系时，构成故事情节因而构成叙事类文学作品。从叙事视角来看，中国古代小说多是全知视角，叙述者比任何人物知道的都多，他是全知全觉，叙述者大于人物本身。中国古代小说的叙事多由大时空开始，作者先描述一个宏观的时间，然后定到一个具体时间。如《三国演义》从汉高祖斩白蛇起义，概述整个汉朝的历史，然后到汉桓帝、汉灵帝，之后展开详细叙述，以大时空开始，并不断给小时空定位。中国的叙事由于是从大空间开始，所以对整个事件、人物的发展和命运归宿都心中有数，作者对故事进展往往带有预示性。如《红楼梦》中的女娲补天、宝玉神游太虚幻境和红楼十二曲等内容都暗示了人物

[①] 王汝弼选注：《白居易选集》，177 页，上海，上海古籍出版社，2002。

的命运,在其后人物描述中,人物性格和命运都围绕这一中心展开述说。

中国古代经史诗文不能写尽的人物形象的智慧和情感,可在志怪、传奇、笔记、话本和章回小说中淋漓展现,作者在描述人物和事件时多是全知全能的作家。不过,在我国古代小说中,叙事者带着人物一块儿走,让读者与人物感同身受、悲欢与共,尽量做到人物看到什么就叙述什么,这种写法是限知叙事。由此可见,限知叙事在中国古代小说中也是有的。

2. 写意的人物形象

塑造人物形象是叙事文学的根本任务。通过丰满的人物表达叙事文学的主题,对世界、对人生的看法是叙事文学创作的目的之一,叙事文学的创作过程就是塑造出具有独特个性和典型意义的人物形象的过程。叙事文学中的人物形象可以是生活原型,由作者加工升华而来,也可以杂取种种,合成一个。任何一部优秀的叙事文学,总有使人难忘的典型人物。

中国古代叙事文学多呈现出丰富的人物形象。刘义庆《世说新语》全书分三十六门,包括言语、雅量、德行,等等,每一门写某一类型的人物。书中不少故事,如"曹植七步成诗""望梅止渴""谢女咏雪""子猷访戴"等都成为后世戏曲小说的素材或后世诗文常用的典故。《世说新语》多注重人物语言和动作描写,如下文"孔文举年十岁,随父到洛。时李元礼有盛名,为司隶校尉。诣门者皆俊才清称及中表亲戚乃通。文举至门,谓吏曰:'我是李府君亲。'既通,前坐。元礼问曰:'君与仆有何亲?'对曰:'昔先君仲尼与君先人伯阳有师资之尊,是仆与君奕世为通好也。'元礼及宾客莫不奇之。太中大夫陈韪后至,人以其语语之,韪曰:'小时了了,大未必佳。'文举曰:'想君小时,必当了了。'韪大踧踖"[①],全文以人物对话为切入点刻画人物形象,孔融幼时的机变聪慧跃然纸上。

中国传统小说多注意人物行动、语言和细节的刻画,而西方小说多强调挖掘人物内心的潜意识,注重人物的心理描写,这也是中西方叙事文学在刻画人物形象手法上的差别之一。另外,中国古代小说中的人物描写善于写意,常常略貌取神,如《三国演义》写孙权碧眼紫髯,张飞豹头环眼,寥寥数字,但是很传神。又如,《红楼梦》第三回"粉面含春威不露,丹唇未启笑先闻",让王熙凤这个人物鲜活灵动地呈现于读者眼前。同一回中露面的迎春、探春和

---

① (南朝)刘义庆:《世说新语校笺》,第一册,杨勇校笺,49页,北京,中华书局,2006。

惜春三姊妹，她们虽是一样的装饰，但神色气质不同。探春是俊眼修眉，顾盼神飞，文采精华，观之忘俗，这一描述为探春后来一系列不让须眉的表现做好了铺垫。

3. 典型的叙事环境

环境是人物活动的场所和人物性格赖以形成的重要因素之一。环境是叙事文学中人物生活的场所，也是人物性格形成和发展的依据。环境描写可以渲染气氛，而且还让人感受到整个时代、整个环境的生活气息，乃至作者心灵深处的思想与情感。环境包括自然环境、社会环境和人物活动的特定环境。自然环境描写用来渲染故事气氛，烘托人物形象，推动情节发展，深化作品主题。社会环境描写交代人物的生存环境，人物的社会关系，作品的时代背景。人物活动描写对刻画人物、表现主题有着不可替代的作用。我国叙事文学中的环境描写并非简单客观的细致描摹，而是具有《红楼梦》中有诸多环境的描写与人物性格浑然统一的境界，达到细致的契合。如潇湘馆中青翠欲滴的竹子，与林黛玉不事浓妆艳抹及孤傲的性格暗合，且斑竹一枝千滴泪，又映衬林黛玉对爱情的执着与以泪洗面的命运。

第四节　中国古代戏剧文学的主要体裁与特征

中国古代叙事文学在元朝走向高峰，一些具有素养的作家加入叙事性文学的创作队伍中，使文坛的格局发生重大变化。许多剧作家，如关汉卿、王实甫、马致远等人，他们有丰富的人生阅历，又擅长诗词写作，他们掌握戏剧特征，能驾驭世俗喜闻乐见的叙事体裁，写下了不朽的篇章。元代叙事性文学万紫千红，主要体裁是叙事性剧本。

一、中国古代戏剧文学的主要体裁

中国古代戏剧文学最早成熟的是元代的南戏和北杂剧。

南戏是中国的百戏之祖，南戏是在叙事性说唱文学高度成熟的基础上出现的，用南方方音演唱。南戏的故事情节较为曲折，剧本篇幅较长，往往数倍于杂剧。在结构上，它以"出"为单位，人物上下场，出而复如，叫作一"出"。一本数出，长的可达五十多出，短的也有二三十出。南戏在第一出前有"副末开场"，一般用四句诗交代创作宗旨和剧情大意，并引出正戏。第二出，正戏开始，重要角色陆续出场，情节逐步展开。南戏的形制较为灵活自由，往往根据剧情的需要调整剧本长短，没有固定的出数。另外，南戏以管乐为主，以鼓、板为节，演唱形式灵活多变，有独唱、对唱、接唱、同唱。目前，我们能看到的最古老的剧本是属于南戏系统的宋代剧本《张协状元》。在南戏发展史上，被誉为"南戏之祖"的剧目是高明的《琵琶记》。此外，戏剧史上还有"元代四大南戏"之说。它们分别是《荆钗记》《刘知远白兔记》《拜月亭》《杀狗记》，简称"荆、刘、拜、杀"。其中，《荆钗记》与《拜月亭》成就较高。

北杂剧是在金院本和诸宫调的直接影响下，融合各种表演艺术形式而成的一种完整的戏剧形式。它是在唐宋以来话本、词曲、讲唱文学的基础上创造了成熟的文学剧本。北杂剧的剧本结构体制是"四折"加"一楔子"。四折就是四个剧情段落，分别与四套曲子相对应。四折大致相当于戏剧冲突的开端、发展、高潮、结局。为了交代情节或贯穿线索，北杂剧在四折戏外，常在第一折之前或折与折之间加上一小段独立的戏，称为"楔子"。在第一折之前的称为开场楔子，作用在于交代故事情节的背景或介绍剧中主要人物及相互间的关系。位于折与折之间的称为过场楔子，作用在于在故事发展的必要处插入一段情节。楔子的本义为弥补木器接合处而楔入的小木片，楔子在北杂剧中起到的作用，正是使前后折之间更为绵密紧凑。北杂剧的一个剧本通常就是一部戏，如果情节过长，可分成多本。如王实甫的《西厢记》，共五本二十一折，但每本戏仍是四折。此外，北杂剧在剧本的结尾处还安排有"题目正名"，用两句或四句的对偶句总结全剧内容，交代剧本名称。题目正名不属于情节的组成部分，它的功能类似于广告，可由演员念出，也可写在戏报上。"题目正名"的最后一句往往就包含了剧名。如关汉卿《窦娥冤》的题目正名为："秉鉴持衡廉访法，感天动地窦娥冤"，末句"感天动地窦娥冤"为该剧全名，最后三字"窦娥冤"为该剧简名。元代杂剧作家队伍壮大，创作了数量可观的杂剧作品。其中，有不少作品故事曲折动人，至今活跃在戏剧舞台上。例如，关汉卿堪称元曲第一家，其作品题材广泛，人物类型众多，故事张弛有致，语言兼具文采与本色，在中国戏剧史上是响当当的大腕级剧作家。他一生共创作了60

多种戏剧作品，包括人们熟知的《窦娥冤》。"四大家"中白朴的《梧桐雨》、马致远的《汉宫秋》，此二剧皆以帝王家爱情为故事题材，在抒情诗歌与叙事戏剧的结合上为后人树立了很好的榜样。"四大家"中的郑光祖，以《倩女离魂》闻名于戏剧史。

中国明清时代，原先占据剧坛盟主地位的北杂剧，逐渐让位给了由南戏发展而来的戏剧新形式——传奇。虽然还有不少人继续创作杂剧剧本，但上演的机会越来越少，更多的时候是仅供阅读的案头文学。值得注意的是，明代奇才徐渭创作了一些艺术成就很高的作品，如他的《四声猿》。清代则有杨潮观的《吟风阁杂剧》。

二、中国古代戏剧文学的特征

中国古代戏剧文学主要有综合性、虚拟性、程式性艺术特征，构成了独特的中国戏剧观。它凝聚着中国传统文化的美学思想精髓，使得中国戏剧文学在世界戏剧文化的舞台上闪耀它独特的艺术光辉。

1. 综合性艺术

中国传统戏剧是文学、音乐、美术、舞蹈融于一身，融唱、念、做、打于一体的一门综合性艺术。它运用歌、舞、说、表等艺术手法，利用多种舞台手段来表现人物形象和舞台效果。戏剧综合化程度高，构成要素复杂。戏剧要求各种艺术要素紧密结合，体现和谐之美。赏戏，于视觉、听觉都对赏戏者素质有较高的要求。如赏戏时最直观的是演员的动作、身段、表情、唱腔等。除此之外，舞台的设计和布景也给人以视觉享受。戏曲吸收了各种艺术之长，塑造了各类舞台形象，反映出多彩的社会生活，表达了复杂的思想感情。

2. 虚拟性特征

戏剧可展现生活，是对生活的艺术体现，但这种艺术体现又是具有局限性的，因此需对生活进行变形，变形的手段便是虚拟。虚拟性成为中国传统戏剧反映生活的基本手法。中国传统戏剧的虚拟性体现在很多方面，有时空上的虚拟，也有自然现象、地理环境、物体、行为动作的虚拟。一出戏的演出时间只有短短数小时，但它所展现的剧情时间要超过演出时间，短则数天，长则数年。戏剧舞台只有方寸大小，却可以根据所要展现的情境，突破物理空间的局限,达到"三五步行遍天下"的效果。在舞台上直接展现自然现象并非易事,因此中国传统戏剧善于从侧面入手,通过剧中人物的反应等间接体现出来。如以发抖示寒冷,以舞袖示刮风。戏剧表演还常涉及地理环境,为了烘托舞台气氛,便需要结合简单的道具及演员的虚拟性动作来呈现。如行舟,舞台上既没有河流也没有舟,但通过演员手持船桨的一系列虚拟性动作,能将行船于水中的情景形象地展现在观众眼前。生活中的各种物体,既可无实物,而以特定的程式化动作来表现,如门,可通过开门关门的动作来表示;也可配以简单的实物予以代替,如以鞭代马。中国传统戏剧虚拟性特征的形成,从客观上看,与戏剧舞台简陋、舞美技术落后的局限性有关;从主观上讲,是追求神似、以形写神的民族传统美学思想的产物。虚拟性的追求使得作家、舞台艺术家的创造力得到了最大限度的释放,也激发了观众的艺术想象力,提高了戏剧的审美价值。

3. 程式化特征

中国传统戏剧的虚拟性给人提供了创造和想象的空间,但创造与想象要受到特定程式的制约和规范。对戏剧艺术而言,程式就是运用歌舞手段来表现生活的一种规范化形式。戏剧表演中的生活动作皆有固定的格式,舞蹈化的表演会被重复使用。此外,戏剧在剧本形式、角色行当、音乐唱腔、化妆服饰等各方面皆有一定的程式。可以说,程式是一种典范的美,也是观众欣赏和解读戏剧的途径。程式是规范化的形式,但规范不等于毫无生气,程式的产生本来就有一个从无到有、从少到多的过程,凝结着戏剧演员的创新和智慧。创新是艺术的源泉,也是艺术的生命力所在。优秀的戏剧演员能够在继承的基础上,突破某些程式的局限,创造出个性化的规范艺术。

中国传统戏剧程式化的范围非常广泛,可以说,但凡舞台上表现的一切都可程式化。其中一个重要的内容是演员的行当化。西方戏剧中,由演员直接扮演剧中人物,而中国传统戏剧则按性别、性格等对角色进行分类,即生、旦、净、末、丑等行当。每种角色下又有特定的化妆服饰、舞台动作,形象鲜明,特征突出。此外,戏剧中的唱、念、做、打等表演样式,音乐、道具等呈现形式,无一不讲究程式。这些程式化的规范使得戏剧表演更具表现力和形式美。

中国传统戏剧的特点,凝聚了中国传统文化的美学思想精髓,形成独具一格的戏剧观,使中国戏剧成为世界戏剧舞台上的一颗闪耀的明珠,大放异彩。

本讲小结

本讲简要介绍了中国古代文学的发展概况,并分别从叙事文学、抒情文学和戏剧文学三种文类角度介绍了各自的主要体裁和基本特征。中国古代文学是中国古代精神文化中最具有丰富性和复杂性的部分,有许多具有极高文学价值和精神价值的作品,深远地影响了古今中国人的阅读趣味和审美心理,同时也给世界文学以特殊的影响。

【复习与练习】

复习

1. 掌握我国古代各种文体的文学发展概貌和代表作家及其作品。
2. 掌握中国古代叙事文学与抒情文学的主要特征。

思考与练习

1. 请概述我国古代文学发展的基本情况,可从诗词、小说、戏剧、散文四个方面展开,也可从抒情文学、叙事文学两个角度展开。
2. 中国古代抒情文学的特点是什么?请结合具体例子展开分析。
3. 你的家乡有哪些戏剧剧种,有何特点,写一份调查报告。

课外阅读文献

1. 袁行霈主编:《中国古代文学史》,北京,高等教育出版社,2014。
2. 鲁迅:《中国小说史略》,桂林,广西师范大学出版社,2010。
3. 钱穆:《国史大纲》,北京,商务印书馆,1996。
4. 王国维:《人间词话》,上海,上海古籍出版社,2016。
5. 刘义庆:《世说新语》,北京,中华书局,2011。

第十四讲　中国古代艺术

艺术是人类把握世界的一种特殊方式，体现了一个民族独特的审美情趣和审美理念，根据艺术表现手段和方式的不同，可以分为表演艺术（如音乐、舞蹈等）、造型艺术（如绘画、雕塑、建筑等）、语言艺术（如文学等）和综合艺术（如戏剧、影视等）等。本章主要介绍表演艺术和造型艺术，即建筑艺术、园林艺术、工艺、书法、绘画、音乐、舞蹈等，由此体会中国古代艺术文化的独特风貌。

各种艺术门类发展演变的历史不一，比较复杂，如果对单独某一项艺术门类进行考察，当然显得集中单纯，但是失去的是与其他艺术门类共生的丰富性和多样性。因此，本章仍然以王朝更替为线索，叙述各种艺术门类的发展历史。

第一节　史前与先秦艺术

艺术的起源几乎与人类一样久远。1984—2001年，中国考古工作者在河南舞阳县贾湖遗址墓葬中，发现距今7 800～9 000年间的骨笛28支，这些骨笛都是用丹顶鹤的翅骨做成的，不同骨笛分别有6、7、8个孔，其中七孔骨笛居多。这是人类迄今最早发现的笛子，比考古发现的古代埃及的笛子要早2 000多年。现代音乐家们对这些笛子进行研究，发现它们不仅可以吹奏出现代7音阶的乐曲，还可以处理中国少数民族乐曲中的变音，可见在遥远的古代，华夏先民对乐理的把握已经达到较高水平了。古代社会诗舞乐是三位一体的，因此与发达器乐相伴随的，必然是发达的声乐和舞蹈。在没有文字的口耳相传时代，歌曲的唱词即诗歌现在是无法知晓了，但舞蹈的情形仍然会留下星星点点的痕迹。1973年秋，青海大通孙寨一座墓葬中出土了一件彩陶盆。它的内壁上所绘乐舞纹饰是迄今为止出土文物中可以确定年代最古老的一幅原始乐舞图。彩陶盆属于新石器时代马家窑类型文化，距今5 800～5 000年以前，乐舞图分3组，每组5人，拉手而舞，服饰划一整齐，头饰摆向一致，动作配合默契，说明这是一支组织严密、训练有素的乐舞队。此外，考古还发现新石器中晚期乐器有鼖、鼓、钟、磬、埙等,说明器乐已经多样化了,且音高、音色已为先民注意,有了起伏的旋律。史前音乐是先民生活中的重要组成部分,诗歌、音乐、舞蹈为一体。

随着社会的发展、阶级的出现,音乐艺术在夏商周进一步发展,音乐艺术向着专业化方向发展。殷商已经有大量的精美豪华的青铜乐器,如钟、铙、镛、钲等。重要的乐舞有《濩》《桑林》等。商朝从事音乐专业工作的主要是巫觋、音乐奴隶和瞽三种人。殷商已经有绝对的音高观念,可能已经出现十二律的实践与理论。

西周统治者建立起前所未有的完整的宫廷礼乐制度,典礼所用的音乐与舞蹈,后世通称为雅乐。雅乐主要用于祭祀、宴飨、射礼、王师大献和行军田役等场合。雅乐的黄金时代从西周开始到春秋早期。

西周为了推行礼乐制度,设置了专门机构,同时拥有大批音乐专职人员,承担在各种仪典中的表演任务,同时还具备音乐教育的职能,其长官是"大司乐"。

春秋时期,礼乐制度走向衰落,即礼崩乐坏。这时,以郑卫之音为代表的新的音乐潮流兴起了,它是一种世俗的姿态,独立审美情趣在民间出现了。

周代的乐舞作品主要有六代乐舞——黄帝的《云门大卷》、唐尧的《咸池》、虞舜的《大韶》、夏禹的《大夏》、商汤的《大濩》和周初的《大武》。这些史诗性的作品世代继承,到西周臻于完善,成为国家最高规格的经典乐舞。此外,还有《诗》、屈原的《九歌》和荀子的《成相》等。

周代的乐器种类繁多,见于记载的就有 70 种,《诗经》所记载的达 20 多种。曾侯乙墓发掘的地下音乐殿堂,不仅乐器众多,而且显示了春秋战国时期侯国乐队的恢宏建制和规模。

周朝乐学的空前成就表现在有了完整的音阶形态及其理论,奠定了中华乐律学的基础。到了春秋战国时代,出现了俞伯牙、高渐离等音乐名家。俞瑞,字伯牙,是春秋时期楚国人,春秋时的音乐家,曾担任晋国的外交官。善弹七玄琴,弹琴能手,又是作曲家,故被人尊为"琴仙"。现在的琴曲《高山》《流水》和《水仙操》都是传说中俞伯牙的作品。俞伯牙与钟子期的故事广为人知。

据《吕氏春秋·本味篇》记载,伯牙鼓琴,钟子期听之,方鼓琴而志在泰山,钟子期曰:"善哉乎鼓琴!巍巍乎若泰山。"少时而志在流水。钟子期曰:"善哉鼓琴,洋洋乎若流水。"钟子期死,伯牙摔琴绝弦,终身不复鼓琴,以为世无足复为鼓琴者。

先秦的美术有两个高峰期,一是商代后期至西周前期,代表作是后母戊鼎。这是殷王祖庚或祖甲等为祭祀其母即武丁之配偶戊而专门铸造的祭器,以其无与伦比的巨大体量、庄严的造型和神秘的纹饰,最充分体现商代青铜器艺术的时代特征。二是春秋后期至战国时代。以青铜器艺术为代表的夏商周美术是继原始社会的陶器和玉石艺术之后,中国美术史上的又一个辉煌时期。

先秦没有独立的绘画作品,主要依附于建筑和工艺美术作品,基本上是装饰性的图案。商周书法艺术的遗存主要有甲骨文、青铜器铭文、石刻、朱书、漆书文字,已经注意字的用笔、结体和行次之美。

我国是世界上用玉最早的国家,许慎《说文解字》说:"玉乃石之美者。"凡是具有坚韧的质地、晶润的光泽、致密透明的组织、舒扬致远的声音的美石都被称为玉,玉有仁、义、智、勇、洁五德,对应于玉的色泽、纹理、质地、硬度、韧性五个特性。《荀子·法行》中说:"夫玉者,君子比德焉。"[①] 君子佩玉,时时提醒自己达到仁、义、智、勇、洁的要求。

玉器有着悠久的历史,包含丰富的文化内涵。新石器时代良渚文化的玉器制作精美,有玉琮、玉璧等种类。西周时期的玉器体现了严格的宗法、礼仪制度,"六器"礼天地四方,"六瑞"表示爵位高低。春秋战国时期,玉器由礼器向装饰品转化,龙、凤玉佩之类具有浓厚的民族风味。

第二节 秦汉艺术

秦汉建立了强大的王朝,以囊括宇宙的胸怀呼唤恢宏华美的艺术风格。

王朝建立后,制礼作乐是头等大事。与此相关,音乐艺术也得到重视与发展。

秦汉时期,国家音乐的活动中心机构是乐府,为宫廷采集全国各地的俗乐,为祭祀、朝贺、巡幸、宴飨等各种场合提供仪典性或观赏性音乐歌舞

---

① (战国)荀况:《荀子校释》,王天海校释,1137页,上海,上海古籍出版社,2009。

项目。

两汉400年间，琴的艺术有了飞跃的发展，两汉早期著作《淮南鸿烈·修务训》有"山桐之琴，涧梓之腹"之句，认识到琴的画板和腹板以分别采用桐木和梓木为佳。产生了一批著名琴师，如司马相如、李延年、师中、桓谭、蔡邕、蔡文姬。其中，桓谭《新论》中涉及琴曲、琴论方面。蔡邕创作了《游春》《渌水》《幽居》《坐愁》《秋思》，即"蔡氏五弄"，蔡邕所用琴名为"焦尾琴"，他从吴人炉灶中听到火裂之声，发现了桐木良材抢着取出制成的，琴有美音，而尾犹焦，故称"焦尾琴"。他所著的《琴操》是最早的一部古代琴曲集录、解题的专著。另外，《史记》中的《乐书》《律书》是中华音乐学史的重要名著。蔡琰在汉末董卓之乱时，为胡骑所掳，归南匈奴左贤王，出胡十二年，生两子，后被曹操用重金赎回。归汉后，感伤离乱，作《悲愤诗》二首。又感笳之音，翻笳之调而入琴曲，创作了《胡笳十八拍》曲和词。全曲缠绵悱恻，令人肝肠欲断，这支琴曲，唐代还作为古典名曲被人弹奏。

两汉的舞蹈是以楚舞与中原舞蹈、中原与西域舞蹈的结合为特征的，表演性舞蹈技艺大幅度提高，出现了我国历史上第一个舞蹈艺术发展的高峰。根据汉乐舞画像砖石和文献记载，秦汉时期俗舞《巾舞》《盘鼓舞》《巴俞》《鱼龙曼延》等，雅乐舞《嘉至》《武德舞》《文始舞》《大风歌》《灵星舞》《巴渝舞》等。

秦汉时期，书法绘画取得了辉煌的成就。李斯被称为中国第一位书法家，在随同秦始皇登临名山大川的时候，拟出并手书了为秦始皇歌功颂德的一系列文辞，如《泰山刻石》《琅琊台刻石》《会稽刻石》《峄山刻石》等，总体风格庄严神圣。《泰山刻石》《琅琊刻石》，字体谨严浑厚，疏密匀停，稳重中透露出飘逸风采，实用性中有很高的审美价值。汉篆比较平稳雅正和静谧。这里有实用性与艺术性的融合。郭沫若说："篆者，掾也，掾者官也。汉代官制，大抵沿袭秦制，内官有佐治之吏曰掾属，外官有诸曹掾吏，都是职司文书的下吏。故所谓篆书，其实就是掾书，就是官书。"[①] 严谨不拘，方能以规整的书写传其"官书"的威严，篆书在很大程度上要求工稳平正。因此，艺术上的上乘之作较少。汉隶或笔力遒劲，或舒展峭拔。汉代绘画艺术出现了画像石、

---

① 郭沫若：《古代文字之辩证发展》，见《现代书法论文选》，386页，上海，上海书画出版社，1980。

画像砖，以刀代笔，线条挺拔俊逸。帛画、漆画、壁画表现出深沉宏大气魄。雕塑艺术以霍去病墓冢上的石雕群像为代表，骏马豪迈雄劲。汉玉具有雄浑豪放之美，最能体现汉代玉器特色和雕琢工艺水平的是葬玉和陈设玉。

秦代建筑以雄奇壮丽的阿房宫、规模宏大的骊山陵墓、气势恢宏的万里长城著称。汉代初步形成以木结构为主的建筑结构体系，斗拱广泛使用。园林艺术也出现了如秦始皇的上林苑，汉武帝的甘泉苑。其中甘泉苑方圆五百里，挖太液池堆造三山，象征蓬莱、方丈、瀛洲。

第三节 魏晋南北朝艺术

魏晋南北朝是"精神上极自由、极解放，最富于智慧、最浓于热情的一个时代"①，艺术各方面成就卓著。

音乐方面最值得重视的是吴歌和西曲，歌词中大多以爱情为题材。本时期琴的艺术以嵇康最为杰出，特别擅长演奏《广陵散》。《声无哀乐论》是古代音乐史上一篇著名的乐论。这一时期是各民族乐舞的交流融合时期，中原及南方广泛流行"胡舞"、《狮子舞》、《凤凰舞》。在宫廷乐舞中，以《春江花月夜》《玉树后庭花》为著名。

书法艺术脱胎于秦篆汉隶，形成书体丰富、流派纷呈的繁荣景象。上承秦汉篆隶，又开启新风的书家首推钟繇，《宣示表》为其楷书代表作。字形扁方，笔法厚重古朴，结体茂密。王羲之楷书学钟繇，草书学张芝，又临摹过李斯、曹嘉、蔡邕等著名书家的真迹，博采众长，改变了汉魏以来的朴质书风，变革创新出一种飞妍流美的新体书。王羲之《乐毅论》为楷书最终独立成新书体的代表作品。《兰亭序》体势纵逸，笔法多变，结体森严而放旷，有"天下第一行书"之称。这篇杰作体现了"晋人风神潇洒，不滞于物"②的物我契合的精神，"在'死生亦大矣，岂不痛哉'后面的，是'群籁虽参差，适我无

---

① 宗白华：《论〈世说新语〉和晋人的美》，见《中华文学评论百年精华》，90页，北京，人民文学出版社，2004。
② 见上书，94页。

非新',企图在大自然的怀抱中去找寻人生的慰藉与哲理的安息"①,在书法上表现出飘俊飞扬、逸伦超群的魏晋风度。王羲之的七个儿子都擅长书法,以第七子王献之最为杰出。王献之自视甚高,勇于创新,在章草与行书之间,创立了破体书,完成了楷书的今体化。王献之《洛神赋小楷十三行》神韵超逸,富有节奏,分间布白,深得错落自然之趣。他与其父并称"二王"。《中秋帖》行草三行,22字,是子敬第一帖。"二王"所代表的"晋人法度"铸就了南朝书法疏放妍妙的品格,与北朝"长于碑榜"的中原古法双峰对峙。王羲之与他同时代的书法家,创造了中国书法史上的高峰,高高扬起肇自老庄的"中国艺术精神":"庄子所追求的,一切伟大艺术家所追求的,正是可以完全把自己安放进去的世界,因而使自己的人生,精神上的负担,得到解放。"②书法艺术是中国所独有的,书法发展到了魏晋,书法的美被极大地提到重要地位。

北魏书法主要是石窟刻造佛像的碑文,如《比丘惠成造像记》《杨大眼造像记》等,字体大都恭谨庄严,厚实刚健,刀锋凌厉之中透出几分粗犷豪放之气。这种质朴雄强的书风,强烈地表现出北魏鲜卑民族威武强悍的精神和游牧民族的粗犷豪放性格,这与南方文人名士的飘洒秀婉不同,别有情趣。北魏书法风格的豪放中也表现出多样性。北朝造像题记的书体风格方劲如《龙门二十品》,阔大如《泰山金刚经》。有趣的是,南朝也有书体粗犷豪放风格如《瘗鹤铭》等,《瘗鹤铭》被誉为"碑中之王",点画灵动,字形开张。山谷并有"大字无过瘗鹤铭"之句,历代评价极高。《瘗鹤铭》的字连笔圆润,落笔超逸,神采脱俗。北碑书风在中国书法史上影响久远,黄山谷于此刻石得力独多,形成"中宫内敛,横竖画向四周开张"的"辐射式"的独特风貌。清朝有人力倡北碑书风,以救馆阁体之弊,康有为在《广舟艺双楫》中赞誉魏碑有"十美":"古今之中,唯南碑与魏为可宗。可宗为何?曰有十美:一曰魄力雄强,二曰气象浑穆,三曰笔法跳越,四曰点画峻厚,五曰意态奇逸,六曰精神飞动,七曰兴趣酣足,八曰骨法洞达,九曰结构天成,十曰血肉丰美,是十美者,唯魏碑南碑有之。"③

此时书论代表作有卫恒的《四体书势》、萧衍的《与陶隐者论书启》《古

---

① 李泽厚:《美的历程》,153页,天津,天津社会科学出版社,2004。
② 徐复观:《中国艺术精神》,194页,沈阳,春风文艺出版社,1987。
③ 康有为:《广艺舟双楫》,见《历代书法论文选》,826页,上海,上海书画出版社,2004。

今书人优劣论》等。

南北朝因为佛教广泛传播，佛教建筑寺、塔、石窟等大量出现。甘肃敦煌莫高窟、山西大同云冈石窟、河南洛阳龙门石窟和甘肃天水麦积山石窟为"四大石窟"。据《魏书·释老志》记载，兴安元年（452），文成帝命令以他本人为原型雕刻石佛像，借佛像宣示自己的威严和信仰："是年，诏有司为石像，令如帝身。既成，颜上足下，各有黑石，冥同帝体上下黑子。论者以为纯诚所感。兴光元年秋，敕有司于五缎大寺内，为太祖已下五帝，铸释迦立像五，各长一丈六尺，都用赤金二万五千斤。"云冈石窟著名的昙曜五窟中的五尊大佛也就是北魏太祖以下的道武帝、明元帝、太武帝、景穆帝与文成帝的象征。将教主与皇帝结合起来，对于具有务实精神的中国人来说，是皇权崇拜的必然结果，这也必然导致佛教造像的世俗化，这样，佛教造像就具有空灵恬淡的神韵美。

这一时期私家园林出现了，后燕帝慕容熙在平城（大同）筑龙腾苑，广袤十余里，起景云山于苑内。南齐文惠太子萧长懋开拓玄圃院，多取奇石。湘东王造东王苑，穿池构山，跨水有阁、斋屋。园林是山水植物和建筑相结合的休闲场所。

第四节　隋唐艺术

隋唐政治的统一，经济的繁荣，促进了艺术的进步。隋唐是艺术的盛世。

隋唐音乐多元纷呈，外族音乐龟兹乐和西凉乐融入中华音乐。从音乐体裁方面看，具有代表性的歌舞大曲的成就前无古人，极负盛名的歌舞大曲是《霓裳羽衣舞》，乐舞婉转飘逸，有清乐风格。燕乐有《秦王破阵乐》。曲子、变文说唱等民间音乐也兴盛起来。唐代最流行的诗乐是《渭城曲》。

唐代舞蹈以《胡旋舞》《胡腾舞》《柘枝舞》《剑器》《绿腰》等最为著名。民间节日歌舞娱乐中，盛行"踏歌"。唐代舞蹈作品数量多，质量高，表演刚劲、矫健、豪放，令人振奋，柔婉、轻盈、飘逸之态，让人神往，成就超越了前代。

唐代书法集前人之大成，垂后世风范。

欧阳询、虞世南两位书法家由隋入唐，虞世南书学智永，入唐后又为太宗李世民的书法老师。虞世南的代表作《孔子庙堂碑》，气力沉厚。李世民搜求王羲之墨迹不遗余力，研习披玩甚勤，他的书法英俊豪迈，代表作有《晋祠铭》和《温泉铭》。欧阳询初学王羲之，后来渐变其体，笔力雄劲。他的传世碑刻有《化度寺碑》（贞观五年）、《九成宫醴泉铭》（贞观六年），这些碑刻都是楷书，清劲秀健，遒逸冲和，体现出欧体本色。北宋徽宗宣和年间由官方主持编撰的《宣和书谱》列欧阳询为翰墨之冠。《九成宫醴泉铭》为欧阳询76岁时所书，全碑共24行，每行49字，计1 109字，一向有"楷书极则"的美誉。元朝虞集题曰："观此帖结构谨严，风神遒远，于右军之神气骨力两不相悖，实世之珍。"清朝翁方纲《苏斋题跋》则云："学欧书者，须以其中圆浑之笔为性情，而方整之笔不过是其形质，其淳古处乃直根柢篆隶。故曰：醴泉从兰亭出。而兰亭从篆出，观斯铭者，必能知此义，然后为得耳。"《九成宫醴泉铭》法度森严，神清气爽，寓险绝于平正之中，是欧阳询最著名的代表作。欧阳询把隋朝楷书遒劲方整的结构和齐整秀润的气韵加以融合改造，吸取"二王"书法的精华，追寻汉隶、章草的古韵，将结体易方为长，创造出高度洗练又富有时代精神的新书体。是学习楷书的最佳典范。

褚遂良《孟法师碑》《雁塔圣教序》集隋唐之际的书家之大成，其书体学的是王羲之、虞世南、欧阳询诸家，且能登堂入室，自成风貌。他善把虞、欧笔法融为一体，方圆兼备，舒展自如，深得唐太宗李世民的赏识。他的行书墨迹《枯树赋》是代表作。李邕的《麓山寺碑》（开元十八年）、《云麾将军李思训碑》《云麾将军李秀碑》为其行书代表作。李邕为唐朝江都（今江苏扬州）人，其父李善是著名学者，以专治《文选》而闻名。李邕在世时，即被称为"文章、书翰、正直、辞辨、义、烈皆过人，时谓六绝"。李邕更是一位以行书入碑的大书法家。李阳冰称其为"书中仙手"。李邕书法初学王羲之，后摆脱王羲之的行迹，自成风格，用笔俊爽，明快简捷，字形疏密均匀。明人董其昌说"右军如龙，北海如象"，形象地指出了李邕与王书之间的脉络联系。"象"者，形容其书法端庄凝重，稳如泰山，大气磅礴。由于李邕狂放、豪迈、任性、刚直的性格所形成的审美意识，使其行书拗峭而畅达，纵横恣肆，神采飞扬，如华岳三峰、黄河一曲。《岳麓寺碑》于开元十八年（730）立，碑现存湖南长沙岳麓山公园，传世以苏州博物馆藏北宋拓本为最精。此碑笔力苍健、浑厚、方折劲挺，有骨力洞达、气势开拓，化柔为刚之美。

唐朝的草书艺术，以孙过庭、贺知章、张旭、怀素四人为最有名，张旭、怀素有个性地发展了草书艺术，世人以"颠张狂素"誉之。孙过庭的《书谱》，笔势坚劲流畅。张旭以"草圣"名世，传世有《古诗四帖》《肚痛帖》等。张旭的草书变幻无常，有疾风骤雨之势。时人以李白歌诗、裴旻剑舞、张旭草书为"三绝"。

颜真卿拜张旭为师，他的真行诸体，结构宽博，浑厚圆劲，气度恢宏，一改初唐瘦劲书风而为雄强。传世碑刻墨迹有《多宝塔感应碑》《东方朔画赞碑》《大唐中兴颂》《颜勤礼碑》《郭氏家庙碑》《颜氏家庙碑》等真书。行书代表作有《祭侄文稿》《自书告身》等，笔法放纵。《祭侄文稿》与《祭伯文稿》《争座位稿》为颜真卿的著名"三稿"，是极尽笔底造化所谱出的生命乐章。《祭侄文稿》是颜真卿见到壮烈殁于叛贼之手的侄儿颜季明头骨之后，抑制不住悲愤之情，奋笔直书，书法气势磅礴，纵笔豪放，一泻千里，侄儿的英风烈气，书家的"巢倾卵覆"的切肤之痛，流露于字里行间。深沉的意味、奇崛的笔势、充盈的情感，被元人鲜于枢誉为"天下行书第二"。

怀素，长沙人，俗姓钱，曾经拜张旭弟子邬彤和颜真卿为师，将草书艺术提高到一个新的境界。怀素为张旭之后"一代草书之冠冕"，墨迹有《自叙帖》《论书帖》等，《自叙帖》叙述他自幼学书的经过，洒脱不拘，字字飞动，在矫健迅捷中有一种超尘出世的精神境界。晚年《小草千字文》在绚烂之后复归于平淡。怀素为了创出自家面目，达到艺术上的高峰，走了一番艰辛之路。他家境贫寒，无钱买纸练字，遂种万余株芭蕉，以叶充纸，苦练不止，芭蕉叶练完了，就在漆盘上写，漆盘居然被他磨穿了。他把用秃的笔集了几箩筐，然后埋为一个冢，名之曰"笔冢"。冰心的一首小诗说："成功之花，人们往往惊羡它现时的明艳，然而当初，它的芽儿却浸透了奋斗的泪泉，洒满了牺牲的血雨。"光荣的冠冕从来都是荆棘编成的。

柳公权精于楷书，擅长行草，书尚骨法，顿挫鲜明，较颜字瘦硬，比欧字雄厚。人称"颜筋柳骨"。楷书有《金刚经》《玄秘塔碑》《神策军碑》《回元观钟楼铭》等。行书墨迹有《蒙诏帖》。五代杨凝式承接唐代流风而卓然成家，传世遗墨有《韭花帖》《神仙起居帖》《夏热帖》等。

隋唐时代的人物画有两种风格，以阎立本为首的中原作风，用笔圆劲，赋色沉着典雅。尉迟乙僧为代表的边陲作风，描形饶于变化，用笔紧劲屈曲、设色浓厚鲜明。吴道子则将人物宗教画推进到更具表现力的"莼菜条"线，成功画出高低深浅、卷褶飘动之势。隋唐山水画有李思训、李昭道父子将青绿山水提高到新的阶段，史称"大李将军""小李将军"。水墨山水以王维为代表，诗书画融合，为文人画的鼻祖。

隋唐两朝都城建设规模空前，气魄雄伟。五台山佛光寺大雄宝殿、玄奘塔、大雁塔都很出名。宏伟严谨，浑厚大方，达到古建筑的高峰。隋唐园林有隋炀帝的西苑，唐朝长安的东苑、内苑、禁苑，王维的"辋川别业"，白居易的"庐山草堂"是诗画意境的园林。

唐朝的雕塑艺术宏大精湛，唐朝奉先寺群像的塑造，体现了各自的精神面貌，其中，奉先寺大卢舍那像是唐代雕塑最为辉煌的杰作。这群雕像为一铺九尊的形式，有主有宾、层次井然。高大的佛像四周有雕出的身光、头光层层环绕，胸前的衣纹也刻画为对称的半圆形烘托面部，异常突出了这一本尊的中心点位置。佛两旁辐射形地展开的人物的动作和表情等无一不显示出各自的陪衬地位。这与佛教中的平等观念相去甚远，而与专制王权的等级观念相似。这表明道教造像世俗化的深化，崇佛与崇儒相通，提倡佛教是为了加强世俗政权的统治。由此看来，奉先寺群雕是盛唐君王夸示国势和权威的纪念碑。

唐代莫高窟佛家人物造像在人体结构和体特征方面表现得很充分，形象刻画完美深刻，耐人寻味。四川凌云寺大佛更是稀世之作。佛像依山傍河，气势恢宏，是世界现存最大的佛像。唐朝的帝陵雕饰奢华，陵前石雕体积庞大，造型浑厚洗练，气势雄伟，充分反映唐帝国兴旺发达、强盛昌明的风貌。最有名的"昭陵六骏"，用六块高1.7米、宽2米以上的石灰岩块雕成，为高浮雕形式，富有神韵。六匹马饱满矫健，充满力量。其中的《飒露紫》表现的是该马中箭后，大将丘行恭为它拔箭的一瞬间，马头下垂显示出伤痛的情态，但是战马浑身肌肉块面清晰，神态坚毅。这件艺术珍品被汉奸卢芹斋盗卖，现藏于美国。

隋唐五代工艺美术巧夺天工，隋唐陶瓷，以六朝青瓷独尊，发展多种色釉同步并进，出现了釉下彩、唐三彩（绿、赭、蓝）等多色陶瓷。丝织工艺吸收波斯纬线显花的纬锦织法和萨珊连珠纹样。金银器和铜镜富丽精致，雄伟豪放。

第五节 宋元艺术

　　随着城市经济的高度发展，宋元的音乐与舞蹈艺术十分繁盛。市民音乐的繁荣是宋朝音乐文化最重要的特色，也是最具民族特色，至今仍有顽强的生命力的品种——说唱与戏曲，说唱与戏曲在宋代趋向成熟。市民音乐有嘌唱、叫声、小唱、缠令等形式，品种丰富多彩，远超唐代。词乐的出现趋于成熟，标志着中华民族的歌曲艺术达到空前水平，形成音乐与诗歌完美结合的新时期。民间歌舞《鲍老》《舞判》为人们喜闻乐见。宫廷歌舞依然隆重。宋朝舞蹈综合化程度不断加强，戏剧性因素注入，改变了"歌者不舞、舞者不歌"的常规。元代舞蹈继续沿着宋朝舞蹈艺术的趋势向戏曲靠拢。在宋元勾栏中，再也没有盛唐那种气势壮阔、精美绝伦的舞蹈，古代舞蹈艺术走过了黄金时代。

　　宋人书法重意。前期的李建中代表了继承唐法的最高成就，至苏轼、黄庭坚、米芾、蔡襄四大书家，打破了一味讲究法度的格局，建立了抒发个性、纵恣疏放的书风，一直统领南宋。苏东坡的《黄州寒食帖》笔势奔放不羁、跌宕恣肆，被誉为"天下第三行书"。米芾自视甚高："一扫二王恶札。"他醉心于研习古时书法，又崇尚率性任性的挥洒，同时他的书法表现出惊人的理性控制力量，尽管结体左倾右斜，同时又注意救正。《蜀素帖》《苕溪诗卷》等风规自远。元代书法家超越两宋而直承晋唐，出现了大书法家赵孟頫，他与唐朝的欧阳询、颜真卿、柳公权并称"楷书四大家"。他的代表作有《归去来兮辞》《洛神赋》《赤壁赋》等，书法风格流丽圆润，法度谨严。

　　宋代绘画可分为院体画和文人画。朝廷设立画院，院体画因此隆盛，其特点是严密精细，注重法度。宋徽宗赵佶擅长花鸟，同期的张择端《清明上河图》、王希孟《千里江山图》都是珍稀的鸿篇巨制。李唐、马远、刘松年、夏圭并称"南宋画院四大家"。文人画的重要画家有李公麟、苏轼、文同、米芾等，为以后的中国绘画主流奠定了基础。元代文人画占据画坛统治地位，将书法融入绘画，以诗歌点醒画意，注重性灵，风格各异。赵孟頫和"元四家"黄公望、倪瓒、王蒙、吴镇贡献最大。

　　两宋的造像灵活自由。河北正定隆兴寺千手千眼观音全身装金，立于莲台之上，是国内现存最大的金铜造像。北宋自真宗驾诸玉清昭应宫，上玉皇大帝圣号以来，玉皇即成为赵宋的祖神予以供祀。四川大足舒成岩玉皇大帝龛开凿于南宋绍兴十三年（1143），头戴冕旒，身穿衮服，足蹬云头高靴，双手于胸前捧圭。形象按照世间帝王塑造，代表了两宋以后道教主神像的基本样式。福建泉州北清源山老君像，由一块天然花岗石雕琢而成，高5.5米，老君身穿宽敞道袍，盘膝而坐，长髯齐胸，双眼凹陷，神情慈和而睿智，传达道教教主洞达深远的神异特点，是现存宋朝大型老君造像的杰作。

元代雕塑在中国雕塑史上处于低落时期。元代佛教雕刻艺术以杭州飞来峰石刻造像和北京昌平居庸关过街塔基座四天王等石刻浮雕最具代表，艺术风格趋于繁缛、精细。

中国陶瓷工艺发展到宋朝，达到了炉火纯青的阶段。宋朝的钧窑、哥窑、官窑、汝窑和定窑并称为五大名窑。汝窑、定窑的质地如同青玉一样润莹；钧窑天蓝釉，像天空一样湛蓝；汝窑胎质细腻，工艺考究，以名贵玛瑙入釉，色泽随光变幻；官窑瓷器釉厚如凝脂，釉面莹润如玉，光泽柔和。釉面有粉青、翠青、灰青、米黄等多种。釉面纹片是官窑器物特征之一，釉面细碎片纹，一种开较大的黑色片纹，另一种是在黑色片纹中又开细小的黄色片纹，俗称"金丝铁线"。除五大名窑外，还有浙江的龙泉青瓷、江西的景德镇青花瓷、河北磁州窑瓷、陕西的耀州窑瓷等，也精彩纷呈，尤其是景德镇瓷器"白如玉、明如镜、薄如纸、声如磬"的独特风格，以"假玉器"之美称。元代瓷器有新的发展，元朝的工艺美术融合了宋代和西亚伊斯兰工艺的优点，创造出雄伟富丽的风格。陶瓷引进了伊斯兰陶艺新材料，创造出青花、釉星红、钴釉、铜红釉、卵白釉等新品种，结束中国陶艺长达3 000年的青瓷时代，开辟了中国陶艺以彩绘、颜色釉为主的新时代。青花瓷在景德镇出现后，迅速发展，自元以后成为中国瓷器的主要品种，远销亚非诸国。

中国的陶瓷工艺发达，与中国始终是"守土敬天"的农业社会有关，历代皇帝要祭祀社稷，民间各地有土地庙。宋元以后，佛教寺院的护法四大天王也成了"风调雨顺"的守护神。所以，在中国以土为原料的陶瓷生产始终在民间占绝对重要的地位。

元朝棉纺工艺率先在长江中下游迅速发展。这与黄道婆有关，黄道婆是松江府人，早年流落崖州，元成宗时期，遇海航返回故里。

第六节 明清艺术

一、音乐文化

明清的音乐文化继承了宋元时期业已形成的市民世俗音乐主流，继续发展，尤其是明中叶以后，更为生动活泼，充满生机。明末冯梦龙辑录《山歌》《桂枝儿》为俗曲专集，篇幅前所未有，具有浓郁的地方色彩。清朝俗曲说唱出现了空前的繁荣景象，传统说唱艺术大鼓、弹词，品种交融增多，出现了最早的风格性弹词流派。明清的舞蹈艺术可称得上是满族色彩的宫廷宴乐，队舞总名《庆隆舞》，又叫《莽势舞》，包括《扬烈舞》《喜起舞》等。

二、书法艺术

明代的书法艺术主要崇尚帖学。祝允明、文征明、王宠号称"吴中三家"，表现出卓然独立的文人特色。晚明表现艺术家个人性情的书体，流宕不驯，连绵遒劲。张瑞图《行草五律诗》《前后赤壁赋》风格奇宕。黄道周《行书五律诗》《草书七言书》峭拔圆浑，紧劲连绵。倪元璐《舞鹤赋》《行草七绝诗》超逸灵秀。晚明的张瑞图、董其昌、邢侗和米万钟并称"四家"，另有"北邢南董"之说。其中，董其昌可以说是赵孟頫以后唯一书法大家，董其昌书法为中和之美，以疏朗生秀的风神，给人以新鲜的美感。传世作品很多，楷、行、草俱佳。董其昌小楷代表作《月赋》《三世诰命》，行书《天马赋》《东方朔答客难》《秋声赋》《宋词十一首》等。此外，董其昌还有大量临摹之作，如《临淳化帖》《临苏轼黄州寒食诗帖》《临十七帖》等，从中可以看到董其昌深厚的临池之功和超越时流的创造力。文彭与何震的篆刻艺术，奠定了文人画家亲手参与篆刻的格局。清人书法尚变。康熙雍正两朝专学董其昌，乾隆时期专学赵子昂，嘉庆道光年间，又习欧书，咸丰同治时期，喜欢学习北朝的碑刻。大书法家有郑燮、金农、邓石如、伊秉绶、何绍基、吴昌硕等，书学之隆，书家之众，几乎超越唐宋，有"书道中兴"之美誉。

明代画坛前期以宫廷画和浙派绘画为主导，中期以吴门画派为旗帜，晚期以董其昌为领袖。明代的宫廷绘画，特别是以边景昭、孙隆、林良、吕纪为代表的花鸟画，打破了工笔与写意的刻板分界。浙派画家以戴进、吴伟为代表，取材于民间生活，崇仰劲健阳刚的审美趣味。沈周、文征明、唐寅、仇英为代表的吴门画派四大家，"接元之萧散而不失唐宋之缜密"，作品反映吴中文人的生活与理想追求。最终把写意花鸟画推向更高峰的是明中叶的陈道复和徐渭，画史上习惯称之为"白阳青藤"。陈洪绶的人物画以《升庵簪花图》《归去来图》为著名。

清代画坛上弥漫两种风气——仿古与怪诞。前者以"四王"（王时敏、王鉴、王翚、王原祁）、吴历、恽格为代表，合称"清初六大家"；后者以遗民画家"四僧"——弘仁、髡残、朱耷、原济为代表。"四王"山水由于得到清皇室的推崇，以至被尊为"正宗"，也体现了清朝统治者的审美趣味。王时敏的代表作有《落木寒泉图》《仙山楼阁图轴》等。"四王"山水总体在笔墨功夫上经过千锤百炼，不过生活气息较少。"四僧"忠于明王朝，以诗文书画宣泄幽愤，在艺术上，髡残、弘仁尤精山水，而八大山人和石涛又兼攻花卉虫鸟，"四僧"讲究笔墨情趣，诗书画相结合，继承的是文人画传统。比如，八大山人朱耷《湖石翠禽图》中鸟的艺术形象是"白眼看他世上人"的冷漠表情，荷花则以几笔润泽的墨痕表而出之，一副孤傲不群的样子。就连他的签名也写成了"哭之笑之"那样，突出其奇特的心理状态。以金农、黄慎、郑燮、李鱓、李方膺、汪士慎、罗聘、高翔为代表的"扬州八怪"，继承了"四僧"的精神。金农的《梅花册》，花繁枝密，生机盎然，运笔遒劲有金石气，形成质朴苍劲的风格，郑燮的《兰竹石图轴》、李鱓的《花鸟图》轴等不拘成法，任情挥洒。清中叶以后，又有"海派"一些画家，如任伯年、吴昌硕继承"八怪"之风。

三、明清建筑

明清建筑成就伟大。明清故宫建筑与都城规划紧密结合，在总体布局与空间组织方面，统一中求变化，体现了明代建筑艺术的辉煌成就。紫禁城又名故宫，始建于明永乐四年（1406），到永乐十八年（1420）才基本建成，共占地72万多平方米，四周宫墙约3 400米，宫墙外围绕宽52米的护城河，共有9 000多间房屋，以殿前的五重门象征五门之制，以三大殿象征三朝之制，并套用日月、时辰、天干等概念解释建筑设计。在总体布局上，强调中轴线，突出主次，以太和殿、中和殿、保和殿为核心，利用建筑体量和庭院大小宽窄调整空间效果。帝王的威严，通过巍峨壮丽的气势、宏达雄伟的规模以及对称均衡的空间格局，得到了最充分的体现。皇家园林有"三海"（北海、中海、南海）、颐和园、圆明园、承德避暑山庄等。

明清是私家园林鼎盛时期，扬州在明代就有"扬州园林甲于天下"的美誉。城外瘦西湖（原名保障湖，清朝改名）至平山堂沿岸私家园林比肩接踵，"楼台画舫，十里不断"。苏州的拙政园、沧浪亭、狮子林、留园最负盛名，合称"苏州四大名园"。沧浪亭始建于北宋，为北宋诗人苏舜钦的私人花园，苏舜钦为京官时，在进奏院祠神之时，用鬻故纸钱宴会宾客，王拱辰乃指控其监守自盗。苏舜钦从此削职为民，于是寓居苏州，筑沧浪亭，并写下传世名文《沧浪亭记》。

欧阳修应邀作《沧浪亭》长诗，诗中以"清风明月本无价，可惜只卖四万钱"歌咏此事，自此，沧浪亭声名大作。后来明朝归有光又有《沧浪亭记》一文记述沧浪亭的沿革，清康熙三十五年巡抚宋荦重建此园。此外，扬州的瘦西湖、个园、何园等独具风貌。

北方私家园林以明米万钟的"勺园"为代表，贵自然，求素雅，建筑多临水而成，布局疏朗。明末计成不仅是造园家，而且根据自己丰富的造园实践写成《园冶》一书，成为我国最早的造园理论著作，也是世界造园学最早的名著。

明清的雕塑艺术呈现出定型化和世俗化的趋势，大型雕塑不多，失去了汉唐时代深沉雄伟的气魄，程式的限制束缚了创造力。而各种建筑装饰雕刻，则十分活跃。明清的工艺美术空前成熟，代表了民族风格，工艺美术品种完备，陶瓷、染织、漆艺、金工、家具及各种材料的雕刻工艺全面发展，是中国古代工艺美术之集大成时期。清朝的工艺美术在继承明代传统基础上，在工艺技术和艺术上有所发展。清中期以后，与西方洛可可艺术互相影响，风格上出现了烦琐堆砌的倾向。

明清景德镇官窑条件优越，用料考究，工艺高超，所产青花高贵完美，风格多样，是中国乃至世界青瓷的顶峰。明代陶艺最杰出的成就是创烧了釉上彩，这也是出自景德镇的官窑。除景德镇外，还有一些名窑，如福建德化窑、江苏宜兴窑、山西法花等。清朝景德镇的民窑青花简练生动。明代的染织以丝织工艺水平最高，丝织工艺又以织锦水平最高。此外，还有缂丝和刺绣。清朝染织工艺继续发展，刺绣工艺到了黄金时代，出现了"四大名绣"——苏绣、湘绣、蜀绣、粤绣。清朝的漆器工艺，以扬州镶嵌、福州脱胎最有名。扬州漆器主要有"百宝嵌"和"螺钿镶嵌"两种，风格精巧雅致。此外，北京雕漆也很有名。如今北京、扬州、福州是中国现代漆艺中心，这与清朝三大民间漆艺所打下的基础是分不开的。

四、明清玉器

明清时期是中国玉器的鼎盛时期，其玉质之美、琢工之精、形式的丰富多样，都是前无古人的。清朝玉器具有华丽典雅的艺术风格，最典型的是陈列在北京故宫的"大禹治水玉山子"，高约3米，径围约2米。山子是乾隆年间扬州玉工开创的玉雕品种，它将山水、人物、亭阁浓缩在玉石上，运用多种雕刻技术，表现远近、高低、上下不同层次的景物，将中国画的意境表现出来。明清民间玉肆十分兴隆，苏州专诸巷是明代的雕玉中心。所谓"良玉虽集京师，工匠则推苏郡"。

以上介绍了中国古代各个时期的造型艺术和表演艺术。由此我们可以发现，最早出现的是音乐歌舞艺术，经历了从宫廷到民间的一个过程。越到后来，民间的音乐歌舞艺术的发展繁盛，成方兴未艾之势。陶瓷、书画、雕塑等工艺美术在先秦已经出现，到后来在各个朝代都取得了辉煌的成就。建筑和园林艺术在明清的成就则到了登峰造极的地步。

古代艺术是中华民族文化的精华，充分体现了中国传统文化的原道于心的本体精神。《周易·系辞上》说："一阴一阳之谓道。"阴阳交替表现为昼夜的交替、四时的变更、兴衰成败的推衍，从而产生了天地万有的节奏与和谐。"中国人感到宇宙全体是大生命的流行，其本身就是节奏与和谐，人类社会生活里的礼和乐，是反射着天地的节奏与和谐。一切艺术境界都根基于此。"①由于这种哲学观念的影响，中国古代乐舞、书画、建筑园林都具有鲜明的节奏与和谐，并由此体现出宇宙的生命精神，又契合了艺术的本原之道。此外，中

---

① 宗白华：《艺术与中国社会》，见《宗白华全集》，第2卷，416页，合肥，安徽教育出版社，1994。

国古代艺术还有审美教育功能和认识功能。我们在引以为自豪的同时,更要注意继承发扬,创造出无愧于我们先人的成果。我们感到任重道远。

本 讲 小 结

本讲以时间为经线、以不同艺术门类为纬线,分别介绍了中国乐舞、雕塑、绘画、书法、建筑等艺术门类的发展概况和主要成就,并揭示了中国各门类艺术的特征和内在的艺术精神。古代艺术是中华民族文化的精华,充分体现了中国传统文化的原道于心的本体精神和宇宙的生命精神,又契合了艺术的本原之道,值得我们重视和阐扬。

【复习与练习】

复习

1. 中国古代艺术中器物性艺术所处的主要时代及其最重要的艺术现象。
2. 中国书法艺术经历的发展过程。
3. 中国绘画艺术在唐以后的主要艺术大家。
4. 中国建筑艺术的主要类型和特征。
5. 中国古代乐舞艺术主要的发展过程。

思考与练习

1. 唐朝楷书艺术的特征是什么?
2. 古代瓷器有哪些品种?
3. 为什么说紫禁城的布局体现了古代的礼治秩序?
4. 谈谈中国古代艺术的人文精神。
5. 谈谈古乐《高山流水》的意境及其影响。
6. 请从中国早期的乐舞谈谈孔子为何重视"乐"的作用。

推荐阅读书目

1. 宗白华：《宗白华全集》，合肥，安徽教育出版社，2008。
2. 李泽厚：《美的历程》，北京，中国社会科学出版社，1989。
3. 徐复观：《中国艺术精神》，沈阳，春风文艺出版社，1987。
4. 梁思成：《中国建筑史》，天津，百花文艺出版社，2005。
5. 欧阳中石：《书法与中国文化》，北京，人民出版社，2000。
6. 于民主编：《中国美学史资料选编》，上海，复旦大学出版社，2008。
7. 乔建中、韩锺恩、洛泰：《中国传统音乐》，上海，上海音乐学院出版社，2009。
8. 金秋：《中国传统文化与舞蹈》，北京，中国社会科学出版社，2006。
9. 丁建顺：《中华人文艺术史》，上海，上海人民出版社，2014。

第十五讲　中国古代养治与科技文化

人类古代社会各民族对个体生命的调养和医治,对自然世界的认知和利用,积累了丰富的知识与技能,前者我们称之为养治文化,后者我们称之为科技文化。中国漫长的古代社会中,积累起来的养治与科技文化知识丰富灿烂而独特,值得我们认真总结和继承。本章我们将专题介绍这些文化成果的主要方面。

第一节 中国古代养生文化与生命认知

中国养生文化源远流长,它肇自夏商,绵延至今,流播海内外,业已成为颇富民族特色的一种文化传统。在重生哲学思想影响下,中国文化中蕴含了体大思精的养生文化资源,养生的观念体现在中国古代的哲学、宗教、艺术、医学以及古人日常生活的方方面面,诸多养生的思想、方法,即便是在现代社会依然发挥着作用,并且也造福于世界更多国家的人民。

一、养生的重要性

所谓"养治",简而言之就是养生与治疗。养生又称摄生、道生,即保养生命,就是根据人类生命的发展规律,针对衰老产生的机理,采取各种方法保养身体,增强体质,预防疾病,延缓衰老,以期达到让生命处于最佳状态以及防病延衰的目的。而治疗则是通过药饵之方、针砭之术等消除疾病恢复健康。

古人有"三分治七分养"的说法,这说明养治文化体系中,养还是最重要的。某种意义上,养是根本的。传统的养治文化观念认为,按照摄生规律人根本就不会得病,能终生不得病以尽天年者,都是得道的高人。所以"人之养气践形而致中和者,医之道也;失而至于针砭、药饵,第二义矣"[1],"是故

---

[1] 韩懋:《韩氏医通》,节选自丁继华:《中医骨伤科荟萃》,137页,北京,中医古籍出版社,1986。

圣人不治已病治未病，不治已乱治未乱，此之谓也。夫病已成而后药之，乱已成而后治之，譬犹渴而穿井，斗而铸锥，不亦晚乎"①。所以，我们可以说，中国的养治文化是以养为体、以治为用。体用一源，养与治都是一个道理。也就是说，治最终是为了养，养有时候也需要治来实现。养为治之本，治为养之功。但养的地位更为根本。

在《黄帝内经》看来，养生是自古以来就存在的，更是远古圣人根据对人体生命的深刻洞察之后，对生命进行保养与延寿修炼的途径。《素问·阴阳应象大论》言："余闻上古圣人，论理人形，列别藏府，端络经脉，会通六合，各从其经。气穴所发，各有处名。溪谷属骨，皆有所起。分部逆从，各有条理。四时阴阳，尽有经纪。外内之应，皆有表里"②，这是对人的形体、脏腑、经络，以及内在的运行机理、感应方式等作了朴素的科学建构。对生命的内外体系都有着非常明确而成熟的规定，"各有条理""尽有经纪""皆有表里"，更是指出了生命的存在与运行有着内在规律可循。因此，如果想要获得健康延寿，就需要循此规律（道）而动。"上古之人，其知道者，法于阴阳，和于术数，食饮有节，起居有常，不妄作劳，故能形与神俱，而尽终其天年，度百岁乃去。"③（《素问·上古天真论》）只要遵循生命之道，大概是不会得病的，也会延缓衰老，反之，则会"半百而衰"。

二、养生的基本方式

这样一种顺自然生命之常、保养生命的观念，可以说贯彻到中国养生学的各个方面，同时也发展出丰富多样的养生术。分而言之有情志调节、运动养生、按摩推拿、饮食调养、起居调适等。

1. 情志调节

中医学里面所谓情志是指七情五志，基本可以囊括现代心理学的情绪、情感、心境等，我们常说的精神也可以包括在里面。七情，是喜、怒、忧、思、悲、恐、惊，五志是心、肝、脾、肺、肾所藏的五种精神活动，即心主喜，肺

---

① 马烈光、张湖德、曹启富主编：《黄帝内经通释》，4 页，北京，人民军医出版社，2014。
② 同上书，12 页。
③ 同上书，1 页。

主悲，脾主思，肝主怒，肾主恐。"人生而静，天之性也"①（《乐记》），人天性好静，感于物而动，摇荡性情，人的情志每时每刻都会生灭不已，因此就需要适度地表达宣导，但这表达宣导之程度就决定了是否会影响五脏的健康。所谓"喜伤心""悲伤肺""恐伤肾""怒伤肝""思伤脾"，就是情志过度，过度则胜，胜则伤。儒家养生强调"中和"性情，情志守中而不发，或发且有度而中节。这种观念可能会使民族心理趋向含蓄内敛、不事张扬。像《黄帝内经》里面提到的上古圣人调养情志的方法："恬淡虚无""精神内守""志闲而少欲""心安而不惧"。《灵枢·本神》中所言："故智者之养生也，必顺四时而适寒暑，和喜怒而安居处，节阴阳而调刚柔，如是则僻邪不至，长生久视。"② 这些情志养生法才是"德全而不危"的重中之重。这种寡思少欲重视平和的情志调养法，不仅被中医养生贯彻下来，而且也是儒家养生、道家养生中常常提到的。

2. 运动养生

传统的运动养生法是千百年来古人在养生实践中总结出的宝贵经验。它是运用导引、气功、武术、舞蹈等方式进行锻炼，以活动筋骨、调节气息、静心宁神来畅达经络，疏通气血，调和脏腑，从而达到增强体质、延年益寿的目的，这种养生方法就是运动养生法。中国养治文化认为，情志思欲要静而平，但形体则是要动。中国古代医学和养生学早就认识到了运动是生命的本质这一原理。尤其是通过运动肢体能够通利血脉，宣畅气血，舒筋活骨，祛除宣导体内淤积的风邪水湿之气。"昔陶唐之始，阴多滞伏而湛积，水道壅塞，不行其源，民气郁阏而滞着，筋骨瑟缩不达，故作为舞以宣导之。"③（《吕氏春秋·古乐》）看来运动是保持生命活力的原因。"形不动则精不流，精不流则气郁。"④（《吕氏春秋·尽数》）形体不动则精气就无法流动，精气郁结，则身体的相应部分就会生病。《荀子·天论》中指出，"养备而动时，则天不能使之病"，"养略而动罕，则天不能使之全"⑤。

运动养生是以中医的阴阳、脏腑、气血、经络等理论为基础，以养精、练

---

① 陈澔注：《礼记》，428页，上海，上海古籍出版社，2016。
② 马烈光、张湖德、曹启富主编：《黄帝内经通释》，207页，北京，人民军医出版社，2014。
③ （战国）吕不韦：《吕氏春秋》，75页，郑州，中州古籍出版社，2010。
④ 同上书，38页。
⑤ 张觉校注：《荀子校注》，201页，长沙，岳麓书社，2006。

气、调神为运动的基本要点，通过形体动作来进行锻炼，用阴阳理论指导运动的虚、实、动、静；用整体观念说明运动健身中的形、神、气、血、表、里的协调统一。在练功的时候还要做到意守、调息、动形的统一。此三者，以意守为重。意守才能神专，也才能止欲入静，呼吸均匀，气血运行顺畅。运动养生就是要外炼筋骨，内炼精神，使整个机体得以全面锻炼。

导引是通过意识的运用使身心优化的自我锻炼方法，现在一般也称为"气功"。导引，为"导气令和，引体令柔"① 之意。中国导引养生文化源远流长，早在陶唐氏之始，就有"作舞以宣导之"② 的记载。在先秦典籍《庄子·刻意》中记载："吹呴呼吸，吐故纳新，熊经鸟伸，为寿而已矣。此导引之士，养形之人，彭祖寿考者之所好也。"③ 认为导引包括了呼吸吐纳和肢体运动。从战国时期的《行气玉佩铭》，张家山汉简的《引书》，马王堆汉墓的《导引图》，及至《淮南子》中的"六禽戏"、东汉华佗的"五禽戏"、南北朝时期的"六字诀"、宋代集大成的"八段锦"、明代流传社会的"易筋经"，等等，一脉相承。导引作为强健身体、预防疾病的重要方式，渐渐融入人们的生活，成为中国传统文化中最具有特色的一朵奇葩。

诞生于明清之际的太极拳，是结合了古代导引术和吐纳术，并汲取了阴阳、五行及中医的经络学说，发展而成的一种内外兼修的新型拳种。太极拳文化是中华传统文化的瑰宝，是传统武术养生文化的精髓，它以圆转灵活、刚柔相济、阴阳相合的太极拳运动为载体，以古代哲学、医学、导引等传统文化为内涵，成为传统武术养生文化的代表和集大成者，从而使其成为诸多养生方法中的佼佼者。

太极拳一招一式、一动一跳等运动特征都淋漓尽致地体现了中医养生之道。同时，太极拳以其柔和、缓慢、轻灵的特点，符合中医理论中所要求的扶正祛邪、调节精神、平衡阴阳、疏通经络、延年益寿等对人体的保健作用。同时，太极拳又不仅仅是一种锻炼身体和养生的方法，更重要的是可以透过太极拳的一招一式的习练去体会和体认生命的本源和本质，从而达到"天人合一"之境界。正如中国武术研究院的余功宝先生所说："太极拳既是武学，也是人

---

①③ （清）王先谦：《庄子集解》，132 页，北京，中华书局，1999。
② （汉）高诱注，杨坚点校：《吕氏春秋》，101 页，上海，上海古籍出版社，2014。

学,它是关于人的健康、自然、平和、发展的学问。生命的升华是太极拳的主题。"① 因此,太极拳也被称为哲拳,其中蕴含了中国传统文化关于生命、自然、平衡的思想。

太极拳以其独特的运动路线——"圆"来表达太极之生生不息之象。太极拳从外形姿势上看是个圆,而且每一招每一式的动作都要求非圆即弧,即太极拳就是透过身体的上下、左右、前后以全身的圆之旋转运动来诠释太极之圆道之理。太极拳以其开合虚实之变化体现着太极之阴阳哲理。太极拳法中的动静、刚柔、内外、快慢、松紧、开合、虚实、升降等,实际上都是阴阳在不同角度和方法上的运用。所以,太极拳从劲力运用、技击法则无不处处体现着"一阴一阳之谓道"的思想。从根本上说,整个太极拳运动就是一套阴阳互变的运动,正如太极拳名家陈鑫在《陈氏太极拳图说》所说,"学太极拳,学阴阳开合而已"②。我们身体之中本就存在着阴阳开合,太极拳之运动是借助招式的开合动静虚实之变化,来让人体之阴阳达到平衡与和谐,并且与大宇宙之间也达到阴阳平衡与和谐。

3. 按摩推拿

按摩推拿作为中国传统重要的养治方式,源远流长,独具特色。早在殷商时代的甲骨文上就记载了按摩术主要用于治疗腹疾、骨伤疼痛和养生保健。按摩的不同称谓:抑搔,《礼记·内则》"疾痛苛痒,而敬抑搔之"③;眦搣,《庄子·外物》"静然可以补病,眦搣可以休老"④;折枝,《孟子·梁惠王上》"为长者折枝"⑤。《黄帝内经》中还有"按蹻"的说法。

《汉书·卷三十·艺文志第十》载有《黄帝岐伯按摩》10卷,被公认为我国最早的按摩推拿专著。《抱朴子内篇·遐览》记载有《按摩经》卷和《道引经》10卷,也已亡佚。《抱朴子内篇》是晋代葛洪所著的关于道家与化学技术的书,因而其书所载的《按摩经》也可能偏重于道家养生而非医疗性质。直至明代,才出现我国现存最早的按摩推拿专著《保婴神术按摩经》。

明代高濂指出:"人身流畅,皆一气之所周通。气流则形和,气塞则形病。

---

① 移山:《论太极思维对当代人类生存与发展的意义》,载《江汉石油学院学报》,2001 (3)。
② 陈鑫:《陈氏太极拳图说》,上海,上海书店出版社,1995。
③ 陈澔注:《礼记》,311页,上海,上海古籍出版社,2016。
④ (清)王先谦:《庄子集解》,243页,北京,中华书局,1999。
⑤ 杨伯峻、杨逢彬注译:《孟子》,13页,长沙,岳麓出版社,2000。

故《元道经》曰：元气难积而易散，关节易闭而难开。人身欲得摇动，则谷气易消，血脉疏利。仙家按摩导引之术，所以行血气，利关节，辟邪外干，使恶气不得入吾身中耳。传曰：户枢不蠹，流水不腐。人之形体亦犹是也。故延年却病，以按摩导引为先。"① 这里阐述的是按摩导引作为延年却病之法，其机理是"行血气，利关节，辟邪外干"。明代冯时可也说："按摩为养生之一术，劳役者资之而血不越乱，佚惰者资之而气不壅滞。"②

东汉末年，张仲景所著《金匮要略》还提出了"膏摩"一词："四肢才觉重滞，即导引、吐纳、针灸、膏摩，勿令九窍闭塞"③。膏摩是配合药物的按摩推拿方法，被广泛地应用于历史的各个时期。

推拿养生理论源于《黄帝内经》，以"精气学说""阴阳学说""藏象学说""经络学说"为理论基础，并在"天人相应""顺应自然"的养生总则指导下，参照"补养宣导""治养兼施""开达抑遏"等基本方法，遵循"扶正祛邪""调整阴阳""三因制宜"的原则来辩证施养，利用推拿的方法来颐养身心、增强体质、预防疾病，从而达到延年益寿的目的。

4. 饮食调养

民以食为天，饮食是人生存所必需的。具有数千年悠久历史的养治文化很早就十分重视饮食与养生保健的关系，《周礼·天官》中所记载的"食医"就是饮食保健医生的意思。而"药食同源"更是中医的一大特色，很多中药同时也是食物，《神农本草经》中所记载的365种药物中就有200多种可以作为食物食用。中医在治疗疾病时，往往也要借助食物的帮助，"善服药者，不若善保养"④（《饮膳正要》）正是此意。

早在《黄帝内经》中就已经提出了食养的概念。《素问·脏气法时论》曰："五谷为养，五果为助，五畜为益，五菜为充，气味合而服之，以补精益气。"⑤ 饮食养生经过几千年的发展，形成了颇有成效的经验原则。

首先是注重营养。生命需要营养来支持，饮食是供给机体营养物质的源泉。我们的祖先很早就认识到了饮食与生命营养的重要关系，中医认为饮食进

---

① （明）高濂：《遵生八笺》，273 页，兰州，甘肃文化出版社，2004。
② 方春阳主编：《中国养生大成》，753 页，长春，吉林科学技术出版社，1992。
③ （明）徐常吉辑：《古今医家经论汇编》，156 页，北京，中国中医药出版社，2016。
④ 王庆其主编：《国医养生名篇鉴赏辞典》，219 页，上海，上海辞书出版社，2013。
⑤ 马烈光、张湖德、曹启富主编：《黄帝内经通释》，60 页，北京，人民军医出版社，2014。

人体后，通过胃的消化吸收，脾的运化，然后输布全身，滋养脏腑、气血、经脉、四肢、肌肉乃至骨骼、皮毛、九窍，进而充实精气，化为精华，以养元神，起到预防疾病、延缓衰老、延长寿命的作用。中医讲五味调和，其道理是强调营养的综合平衡。食物有酸、苦、甘、辛、咸五种味道，五种味道调和得当，就能有益于健康，而五味偏失，就会引起疾病。

其次，饮食有节。这是说饮食要定时定量，孙思邈认为饮食必须定时定量，他说："不欲极饥而食，食不可过饱；不欲极渴而饮，饮不欲过多。饱食过多则结积聚，渴饮过多则成痰癖。"① 每天早、中、晚三餐，要有固定的进食时间。每次进食要定量，不能太多太少。另外，如饮食要保持良好情绪，切忌愤怒惊恐，否则食欲锐减，即使勉强进食也难以消化，甚至影响到晚上的睡眠。饮食还要不吃腐败之物。饮食要冷热适中，吃饭要细嚼慢咽，切忌狼吞虎咽。孙思邈说得好，"美食须熟嚼，生食不粗吞"②，这些都是经验之谈。

最后，谨守宜忌。自然界四时气候的变化，对人体有很大影响。自古以来，我国传统的养生法中即有"四时调摄"之说。其中，饮食的四时调节，也是一个重要的方面。比如，正月不要吃生葱，损人津血；二月减酸增辛，助肾补肝，等等，不一而足。在饮食禁忌方面，如"鸡子白共蒜食之，令人短气；鸡子共鳖肉蒸食之害人；鸡肉、獭肉共食，作遁尸，注药所不能治。食鸡子啖生葱变成短气。鸡肉犬肝肾共食害人。生葱共鸡犬肉食，令人谷道终身流血。乌鸡肉合鲤鱼肉食，生痈疽。鸡兔犬肉和食，必泄利……"③，等等。食物相生相克，说明食忌之重要。

中国饮食养生文化是中华民族的一份宝贵遗产。它的许多理论和原则都渗透了中国古代哲学天人相应、人人合同、五行相调观念的影响，在某种意义上表达了中国人的哲学思想、伦理观念和艺术思想，在指导中国人民健康生存与发展方面有着重要的意义。它渗透于原料组配、饮食结构、饮食习惯、饮食方法、饮食卫生以及丰富多彩的各类食品之中，具有丰富、深邃的科学内涵，其正确性正逐步为现代科学所证实，并将随着科学、社会和人们生活的发展而发展。

---

① （唐）孙思邈：《千金方》，刘更生等点校，379 页，北京，华夏出版社，1993。
② 同上书，381 页。
③ 同上书，376 页。

5. 起居调适

起居调适法作为中医传统养生学的常用方法之一，就是合理安排起居作息，妥善处理日常生活之细节，以保证身心健康，求得延年益寿的方法。《素问·上古天真论》说："上古之人，其知道者，法于阴阳，和于术数，食饮有节，起居有常，不妄作劳，故能形与神俱，而尽终其天年，度百岁乃去。"[1] 起居调适的主要内容包含如下几点。

（1）起居有常

正所谓"日出而作，日落而息"，起居有常主要是指起卧作息和日常生活的各个方面建立一定的规律，使其符合自然界和人体的生理常度，强调作息制度要符合人体生命节律。《素问·四气调神大论》曰："春三月……夜卧早起，披发缓形，广步于庭…… 夏三月……夜卧早起，无厌于日…… 秋三月……早卧早起，与鸡俱兴…… 冬三月…… 早卧晚起，必待日光。"[2] 这是在《内经》中明确提出的关于四时起居的原则，这样安排是为了顺应阳气的春生、夏长、秋收、冬藏。正所谓"春夏养阳，秋冬养阴"。

（2）劳逸适度

"劳"指体力、脑力劳动和体育运动，"逸"指休闲、休息。劳逸的协调统一是人体生理功能的需要。历代养生家都非常强调劳逸适度对健康的影响。中医认为，"劳则气耗，逸则气滞"，劳逸适度是保肾固精，避免五脏生理功能失调的重要措施。正如清代医家陆九芝在《逸病论》指出："世但知有劳病，不知有逸病。然而，逸之为病，正不小也。"[3] 所以，劳逸适度就成为起居调适的重要原则。

（3）服装适体

根据季节变化选择衣服的保温性、透气性、吸湿性、质地和色泽，同时在衣着样式方面，不能光考虑美感，还要照顾到人体的生理需求。在增减衣服方面，《彭祖摄生养性论》曰："先寒而后衣，先热而后解。"[4] 在汗后穿脱衣方面，要谨记大汗时忌当风脱衣；此外，汗湿之衣勿得久穿。

---

[1] 马烈光、张湖德、曹启富主编：《黄帝内经通释》，1页，北京，人民军医出版社，2014。
[2] 同上书，4页。
[3] 王新华编著：《中医历代医论选》，344页，北京，中国中医药出版社，2014。
[4] 林乾良、刘正才编著：《养生寿老集》，248页，上海，上海科学技术出版社，1983。

第二节　中国古代医治文化

中国传统的养治文化认为，人的生命平时主要靠养，并且重在"治未病"，也就是病乍起而未萌的时候，要提早察觉及时治疗。当"已病"的时候，则注重辨证施治，并要防止过度治疗。

一、病理病因的分析诊断

就病理的分析而言，中医认为疾病的产生是阴阳相对平衡的失调和破坏。升降功能失常是病理变化的基本形式。邪正斗争的对比关系是疾病虚实变化及其转归的决定因素；任何局部病变都是功能系统病理变化的反映。

在病因的分析上，中医通过"审症求因"的方法，创立了"六淫""七情"以及饮食、劳倦、外伤、虫兽所伤等病因学理论。所谓"六淫"，即风邪、寒邪、暑邪、湿邪、燥邪、火邪；"七情"就是"喜""怒""忧""思""悲""恐""惊"。中医学认为，这些情志变化属于人之常情，一般并不因此致病。但若受到突然、强烈或持续性的精神刺激，超出了人的生理机能的适应范围，就会导致脏腑气血功能紊乱，以致发生疾病。七情致病不同于六淫，六淫主要是通过口鼻或皮毛侵入人体而致病，七情是直接影响有关内脏而发病，故又称"内伤七情"。古代医家通过长期临床实践观察，不仅意识到异常的情志刺激可以致病，而且还认为特定的情志和特定脏器相关联。如《素问·阴阳应象大论篇》认为，怒伤肝、喜伤心、思伤脾、忧伤肺、恐伤肾。

精神因素既可导致疾病的发生，也可以成为调治疾病的手段。这的确是中国养治文化高明之处。《三国志·魏志》中的"华佗传"记载了名医华佗运用精神情志疗法治愈郡守病的事迹："郡守病，佗以为其人盛怒则差，乃多受其货而不加治，无何弃去，留书骂之。郡守果大怒，令人追捉杀佗。郡守子知之，属使勿逐。守嗔恚既甚，吐黑血数升而愈。"[1] 后世金元之际的名医张子

---

[1] （晋）陈寿：《三国志》（下），（南朝宋）裴松之注，740页，上海，上海古籍出版社，2011。

和更是发展了"以情胜情"的疗法,以情胜情疗法是指依据五行相胜的制约关系,用一种情志去纠正相应所胜的情志,有效地治疗这种情志所产生的疾病。情志既可致病,又可治病,这一独到见解,在医学心理学史上有着特殊的意义,它深化了医学科学关于情志活动对人体影响的认识。

在疾病的诊断上,望闻问切毫无疑问是最富有特色的诊断方法。中医通过望闻问切四诊,可以把机体外一切可以观察到的征象,都无所不包地进行考察、观察和分析。中医的诊断注重整体、系统,力戒只见树木不见森林。

二、疾病的治疗

在疾病的治疗上,中医其实是非常谨慎的。在中医看来,通过日常的养生调理,人能尽量不得病。有病时则病未成就要治好(治未病),这样对身体就会伤害很少。如果人不及时察觉身体变化,不注意保养身体,生小疾而不觉,导致病已成,那就不得不动用外在的药饵、针砭等手段去治了。然而药物常带毒性,针砭也是刺伤身体,如果不谨慎行之,则不仅不能治病,还会加重病情,甚至伤害性命。因此,治病的原则就很重要了。

1. 辨明标本,相应而治

所谓标本,其实就是指疾病的先后、主次、内外和邪正的相互关系。先病为本,后病为标。主要病症为本,次要病症为标。内部病症为本,外部病症为标。正气为本,邪气为标。只有辨清标本,才能更好地进行治疗。懂得了这一道理,就知道百病为害之根了。

2. 辨明逆从,相机用药

所谓逆从,是指疾病的本质和它所反映于外的症状关系,以及针对这种关系所采取的"正治"和"反治"的两种治疗方法。像热症用寒药,寒症用热药,实症用祛邪药,虚症用补益药,这叫正治法。

而如果有的病症症状与本质不一样,比如,性质属寒的疾病,却出现了某种假热的症状,此时应该以热药治其真寒。在运用这些反治法时,必须先弄清楚病因,掌握其主要病机所在。

3. 因时、因地、因人

《黄帝内经》认为,同样的疾病,不同季节,不同环境,不同体质,要有

不同的治法。"圣人之治病也,必知天地阴阳,四时经纪,五脏六腑,雌雄表里。"①(《素问·疏五过论》)

4. 未病要先防,已病则早治

早治的目的就是以最少的代价,微刺皮毛而得愈,减少对生命元气的损伤,等到病入脏腑,就丧失了治病良机。"善治者,治皮毛,其次治肌肤,其次治筋脉,其次治六腑,其次治五脏。治五脏者,半死半生也。"②(素问·阴阳应象大论篇)

三、古代养治文化内含的生命认知

养与治各自的功能与实施方式虽然不一样,但养治文化有着共同的目的,即保养与维护生命的健康长寿。中国传统文化一直都十分重视修身养性,提倡重生贵生,关注人的生命与健康,故中国古代典籍中蕴含有丰富的生命科学思想。中国养治文化所体现的生命认知观念,应该是在传统文化中颇具有代表性的。我们认为中国养治文化对生命的认知体现为以下几点。

1. 气化论

"气"在中医中是一个重要概念。而"气"本是先秦时期,诸子百家广泛使用的一个哲学范畴,用以建构宇宙论体系,说明宇宙本原。中国养治文化在发展中吸收了这一概念用以说明生命体。《黄帝内经》中认为生命本身是由气组成的,气是构成生命体最基本的物质原料。同时也是生命赖以生存的供养,生命的活动也就是气的活动。《素问·宝命全形论》说:"天复地载,万物悉备,莫贵于人。人以天地之气生,四时之法成。"③ 不啻于此,生命的维持同样依赖于天地之气。《素问·六节藏象论》指出:"天食人以五气,地食人以五味……气和而生,津液相成,神乃自生。"④ 显然,人体的生长、功能活动、甚至精神活动的产生无一不依赖于气。离开了气化论的生命观,传统的养治文化就不可能具有延续至今的基本面貌。

---

① 马烈光、张湖德、曹启富主编:《黄帝内经通释》,163 页,北京,人民军医出版社,2014。
② 同上书,13 页。
③ 同上书,65 页。
④ 同上书,24 页。

2. 阴阳五行观

《黄帝内经》理论体系对生命的认识除了气化论外，还有阴阳五行说。如果说气化论比较笼统甚至神秘的话，那么阴阳五行说则是气化论在养治文化理论中的延伸。换句话说，传统养治文化之所以有自身独特的阴阳五行说，正是气化论为中医所接受的产物。就阴阳在中医理论中而言，阴阳是生命乃至生命疾病发生、发展、变化、消亡的根本原因。正如《黄帝内经》里说，"阴阳者，天地之道也，万物之纲纪，变化之父母，生杀之本始，神明之府也"，病变的生命体临床表现虽然千变万化，但均离不开阴阳两方面的范围。五行学说认为世界上任何事物均可根据其特性归属五行，生命体亦然。养治文化体系中，以五行配人的脏腑、五官乃至情志，用以解释脏腑的生理功能。五脏中心、肝、脾、肺、肾与五行相对，相生相克、相辅相成，形成了一个动态的稳定生命系统。

3. 天人合一

从养治文化的气化论中就提出"人以天地之气生，四时之法成"置生命于天地之间的观念。在以后的观念中，养治文化的研究对象把人作为主体，但又不是把人当作孤立的生物体。生命个体的产生、生存、健康、疾病的防治都处于天人相应的主客关系当中。正是在这一思想的指导下，养治文化应用气、阴阳、五行等学说，论述了生命起源、生命本质等，建立了独特的"气-阴阳-五行"养治文化理论体系。

第三节 中国古代生产技术

古代中国生产技术在世界古代科学技术史上有较为光辉的篇章，主要表现在农业生产技术、矿冶开采和冶炼技术、器物制造技术、工程与建筑技术、自然观测与计算技术等。许多生产技术在古代世界处于领先地位。

一、农业生产技术

中国古代社会是以农业经济为基础的，故在农业技术改进方面积累了丰富的经验，并有了较快较大的发展，与农业相关的植物学与动物学也随之成就斐然。

农业的发展程度往往是受农具的发明与改进决定的。石器时代的农业工具主要是石头制作的，加工成不同生产功能的农耕工具，如石斧、磨盘、石镰、石刀等。到了夏商周时代，铜石并用，农具的数量和种类变多，耒耜是最重要、最能代表此时农业生产力水平的农具。后世很多其他农具包括耕犁都是由耒耜改进而来。耒耜是我国最古老的垦耕工具，是由耒与耜发展而来，它综合了耒便于用力和耜尖端锋利的优点，大大提高了翻地效果。耒耜的使用，对疏松土壤以便于作物生长和提高产量具有很大作用。西周末年，铁农具广泛使用和牛耕的推行，意味着农业生产力发生了根本变革。

铁农具有用于垦耕的犁和耙、用于种耕的锄和铲、用于收割的镰，此外还有斧、凿、夷、铫等。这些农具经过锻化退火，刃口锋利，坚硬耐磨。为开发山林、荒地、兴修水利、深耕细作提供了高效率工具。到了春秋战国时期，铁器牛耕开始推广，犁的构造有了巨大改进。犁架结构、犁辕、犁柄的发明提高了耕地效率。战国时期出现了铁犁铧，尽管形制比较原始，没有犁壁，但由于铁铧刃锋利而耐磨，且是利用耕牛的畜力来牵引，具有其他耕具不可比拟的优势。

汉代铁制农具得到广泛推广，汉武帝时发明了适合在平原耕作的耦犁，东汉时犁辕则既能在平原耕作，也适合小块的山地。到了唐代，随着江南农业的发展，出现了适用于南方水田的江东犁，又叫曲辕犁。曲辕犁最突出的技术特点是，把旧式犁的直辕改为曲辕，增装了犁评。通过犁评调节犁铧入土的角度，调节翻耕的深浅。还在犁辕的前端装上了可以转动的犁盘，这样，当牲畜牵引耕作时，犁身可以自由摆动和转向。曲辕犁特别适宜于田块狭小、土质黏重的南方水田使用。唐代还出现了其他的水田耕作农具，如铁搭、木砺夯、耖等，都是水田作业农具。由于水田农具的改进，水田耕作技术迅速发展，推动了江南农业的发展。唐朝中期以后，全国的经济中心向长江流域转移了。

宋代出现了秧马，这种插秧工具，腹面像船，首尾昂起，背面就如覆盖着瓦一般。使用者坐骑在秧马背上，双脚在水田中撑行划动。马头放秧苗，骑马者随手取秧苗插入水田中。使用秧马插秧比弯腰弓背站着插秧，既可减轻劳动强度，又可加快插秧速度。

宋代是我国农业生产工具迅速发展的时期，农具数目达到105种，根据用途的不同大致分为耕地工具、整地工具、施肥工具、中耕工具、灌排工具、脱粒工具、储藏工具等。

古代有关农业科技的著作非常多，也涌现出一批杰出的农学家。《吕氏春秋》中有 4 篇专门论述农业的论文《上农》《任地》《辨土》《审时》，是现存最古老的农学文献。《氾胜之书》成书于公元前 1 世纪前后，是我国最早的一部农学专著，书中记载的耕作原则、作物栽培技术和种子选育方法，具有很高的科学价值。《四民月令》则记述了耕垦、播种、耘锄、收获等农业生产技术。两本书虽已亡佚，但很多内容保存在另一部重要的农学著作《齐民要术》里了。

科学史家李约瑟对《齐民要术》评价很高。《齐民要术》不仅是我国现存最古老、最完整的一部大型农书，也是世界上现存最早的一部综合性的农业科学著作，是世界农业史上宝贵的财富。另外，如宋代的《陈旉农书》、元初的《农桑辑要》、元代的《王祯农书》《农桑衣食撮要》、明代的《农政全书》等，我国古代这些近 400 多种农书，卷帙浩繁，内容丰富。我国的农学家世代辈出，灿若星辰。这些农学著作总结了中国传统农业科技的伟大成就，成为中国传统文化的重要构成部分。

二、矿冶开采和冶炼技术

传说早在公元前 21 世纪的夏朝，就有了较高技术的青铜器冶铸技术。从公元前 7 世纪到公元前 4 世纪的春秋时代，发明了生铁的铸造技术。大量锡铜铁矿石的开采，促使我国采矿工业的技术有很大的进步。湖北大冶铜绿山古铜矿遗址的发现与挖掘，让我们了解了中国古代采矿冶炼的光辉成就。

1. 采矿方法

最原始的采矿方法是用原始的挖掘方法开采铜矿体的露头部分，到了西周与春秋时代，采矿是与井巷掘进一致的。到春秋战国时期，采矿方法逐渐演变成为方框支柱采矿法，水平分层支柱填充采矿法，横撑支柱采矿法等。

（1）井巷掘进

一开始竖井是用于采矿的，到战国及西汉时期，出现了用作开拓工程的竖井。另外还有盲竖井。早在春秋战国时期，竖井的井框就采用了榫卯套接方式，井框与围岩间背一层木板。到战国与西汉时期，竖井断面加大，井框采用加工的圆木或方木，用密集跺框式支护。铜绿山古矿井发掘时，经过 2 000 年的竖井井框仍然十分稳固。竖井的开凿深度，西周时一般只有 20~30 米，到春秋战国时加深到 40~50 米，最深可达 80 多米。

(2) 提升运输

竖井提升最古老的方法是用竹筐装矿石，利用草绳用人力直接提出地面。后来发明了木辘轳，一端用竹筐装矿石，一端则用石块作为平衡锤，以节省摇辘轳的力量。已发掘出来的西汉时期所用的木制辘轳，轴长 2 500 毫米，直径 260 毫米，用木支架把辘轳轴横在井口上。平巷运输则用人力背、提、扛等原始的搬运方法。

(3) 通风

采矿时通风是非常重要的。在发掘的铜绿山古矿井中，我们已经发现利用竖井井口标高的差别所形成的井内空气压差，形成矿井内的自然通风系统。另外还选择性地密闭已废弃的巷道，导使自然风流向正在开采的工作面。

(4) 排水

在春秋时期已有比较完整的排水系统。井巷内的地下水，先采用排水木槽将水引至排水竖井井底处，再用木瓢把水装入由整木雕凿而成的水桶内，然后用竖井口的辘轳提升到井口，最后把水排出井外。为了减少坑内涌水，当时曾采用废石或贫矿充填废弃的巷道堵水的方法，也有把坑内涌水引到废弃巷道中去，以减少需要提升到地表的水量。

另外，溶浸采矿法在我国也有很悠久的历史，古代四川的井盐生产就有 2 000 多年的历史。北宋时，浸铜工业遍布江南各省，产铜百余万斤，从业人数十余万人。

2. 冶炼技术

(1) 生铁冶铸

出土文物表明，我国至迟在春秋末期已经掌握了生铁冶炼和铸造技术。到西汉中期，即公元前 1 世纪东汉初期或稍早发明了生铁炒炼熟铁的技术后，铁铸件继续广泛使用，铸铁技术不断得到改进，得到提高。生铁冶铸技术在欧洲到 14 世纪才出现。

鼓风技术的发展，促进了我国古代冶炼铸造技术的进步。这种鼓风器，我们从汉代画像石锻铁鼓风图上可以看出其概貌。到了东汉，南阳地区已经使用水力推动的鼓风器——水排。用人力或畜力作为动力的大型鼓风器——步冶和马排,很可能在西汉时期就已出现了。

(2) 铸铁柔化

早期的铸铁是质脆而坚硬的白口铁,如果想更好地使用铸铁工具,铸铁柔化就成为一项重要的技术。我国古代劳动人民在实践中形成了两种主要的柔化方法,一是对铸铁进行脱碳处理;二是对铸铁件进行可锻化的热处理。欧洲在18世纪才有白心可锻铸铁,19世纪美国开始熔制黑心可锻铸铁,均较我国晚近2 000年。

(3) 渗碳制钢

由于纯铁太软,柔化铸铁也难以胜任高强度耐冲击的工具,于是古人创造出渗碳制钢技术。具体做法是,把炼铁放在炽热的木炭中长时间加热,表面渗碳,再经锻打成为渗碳钢;也可以用淬火和正火等热处理方法,改进渗碳钢件性能。河北易县燕下都遗址出土的钢剑、满城西汉刘胜墓出土的佩剑、钢剑和书刀,都是渗碳钢反复迭打而成。钢的质量比战国时期显著提高。以后又发展出固体渗碳技术,使渗件的质量更加稳定。明代宋应星《天工开物·锤锻篇》中载有渗碳制针法,说明渗碳制钢法在古代的使用还是非常广泛持久的。

(4) 脱碳制钢

脱碳制钢是继铸铁柔化术之后,我国古代钢铁冶炼技术的又一次大发明。东汉《太平经》有"使工师击治石,求其中铁,烧治之,使成水,乃后使良工万锻之,乃成莫邪"[①],就是把生铁变成熟铁的例子。

由于脱碳法制钢能够更大量而且迅速地获得廉价的熟铁和钢,农具也就逐步改用了熟铁锻打制造。唐初铁农具还有用铸铁的,但到了宋代,铲、镢、镰、耙等农具就大都是熟铁锻制的了。

(5) 百炼钢技术

钢锻件增加锻打次数,每一次锻打就要经一次火,就会使组织变得更加均匀,夹杂物细化,钢的性能显著提高。最迟到东汉初,中国出现了"三十炼钢"技术。北宋沈括在《梦溪笔谈》中最早记载了百炼钢的工艺过程:"但取精铁,锻之百余火,每锻称之,一锻一轻,至累锻而斤两不减,则纯钢也,虽百炼不耗矣。"[②]《天工开物·锤锻篇》:"刀剑绝美者,百炼钢包外。"[③] 这说明

---

① 王明编:《太平经合校》,173页,济南,山东画报出版社,2004。
② (宋) 沈括:《梦溪笔谈》,19页,上海,上海书店出版社,2003。
③ (明) 宋应星:《天工开物》,247页,长沙,岳麓书社,2002。

至明代百炼钢技术依然在使用，而且使用范围广，获得了人们的美赞。

（6）匀碳制钢

灌钢是我国特有的制钢技术。它是在高温下将熔融生铁渗淋、灌注和擦入熟铁块或片的表层，利用碳扩散，使生铁含碳量降低，熟铁含碳量增高，再经锻打而成钢，灌钢冶炼过程是碳的扩散和均匀化。因此，我们称之为匀碳制钢术。[1]

最早描述灌钢术的是《北史》："怀文造宿铁刀，其法烧生铁精，以重柔铤，数宿则成刚。"[2] 晋张协《七命》："销踰羊头，镤以锻成，乃炼乃烁，万辟千灌。"[3] 销是生铁，镤是熟铁，辟、灌就是折叠和淋注。万辟千灌意即辟比灌的次数要多。

三、器物制造技术

器物是古代科技文化所凝成的结晶。考古发掘资料证明，人类的文明创造是从造物制器开始的。从最早打制石器到磨制石器，从编制容器到烧制陶器，以至制造铜器，制作金银器、漆器等，聪明智慧的劳动人民根据生活的各种需求，选择各种物质材料，采用不同的工艺技术，设计和制作而成了各种具有实用功能和审美功能的器物。器物是科学技术与艺术结合的产物，它的艺术审美价值不能脱离科学生产技术。这里以陶瓷器作一介绍。

仰韶文化时期陶器的杰出代表为在西安半坡遗址出土的人面鱼形彩陶盆，其制作方法是采用泥条叠筑法和旋叠法，在制作过程中加彩装饰。而龙山文化的制陶技术则达到中国原始社会制陶工艺的一个顶峰。其中重要原因就是陶器轮制法的发明和使用，既减轻了劳动量，提高了劳动效率，又促进了社会分工。另外还掌握了高温下严密封窑的技术，窑温在1 000℃左右，为金属冶炼打下了基础。

商周时期刻纹陶器出现，尤其是最富创造性的刻纹白陶，是中国瓷器的起源，同时也是中国陶瓷史上的光辉杰作，在世界文化史上也是少有的工艺美术品。周代的陶器釉色丰富，有姜黄、绿色、灰青色等，甚至当时皇室宫殿的屋

---

[1] 李约瑟：《中国钢铁技术的发展》中称灌钢为"共熔钢"。
[2] 耿相新、康华编：《标点本二十五史》，521页，郑州，中州古籍出版社，1996。
[3] （南朝）萧统编：《昭明文选》（下），403页，北京，人民文学出版社，2000。

顶也使用了这种技术生产的瓦当。

秦汉时期陶瓷工业成就斐然。秦始皇兵马俑均为陶制,成千上万的车、马、俑人排列整齐,形态各异,细致入微,展示了秦国统一全国的雄霸之气势。

汉代陶瓷工业更为发达,河南辉县出土的陶狗非常逼真可爱。东汉时瓷器已经烧制成功,为魏晋时期中国瓷器制作走向成熟奠定了基础。唐朝的陶瓷业最有名的是"唐三彩"。它是以黄、绿、青三种基本颜色为主的施釉陶器。唐三彩有人物俑、动物俑,最常见的要数三彩马俑和骆驼俑。唐三彩虽然在安史之乱之后逐渐衰落下去,但作为古代艺术中的珍品,至今仍闪烁着光辉。

唐代最有代表性的瓷器是邢州窑的白瓷和越州窑的青瓷。前者像银、像雪,质量很高,后者胎质薄,雅质瑰丽,光泽晶莹,有"假玉器"之称。

宋元的陶瓷技术达到了古代社会的顶峰,各种瓷器在日常生活中广泛使用。北宋五大名窑——官窑、钧窑、汝窑、定窑、哥窑,其产品各具特色。景德镇独创烧制的青白瓷,瓷质极薄,釉色似白而青,暗雕花纹,内外都能映见。北宋制瓷工艺无论从造型、装饰还是釉色各个方面力求符合审美要求,呈现出精致典雅而又行云流水、轻盈俏丽的风格。瓷器上雕画花纹的技巧也有创新,形成了不同于往代陶瓷美学的新范式。

元代瓷器对宋代有所继承,釉厚而垂是元代瓷器的独特之处。青花瓷的烧制到元代已经趋于成熟,特别是景德镇的青花瓷器,更是异彩焕发,畅销当时的国内外。

明代景德镇就成为全国制瓷工业中心,制瓷工艺也有新的突破,如永乐时的锥拱、脱胎、宣德时的镂空等。以脱胎为例,因制瓷工艺水平极高,胎质极薄,近似无胎只见釉彩。据说当时的青花瓷的釉彩原来用的是苏门答腊的苏泥和槟榔屿的勃青。还有一种利用南洋的宝石掺进釉料中制成的瓷器,称为"祭红",具有宝石的光泽。明代制陶工业作最有名的是宜兴的紫砂陶器,名噪一时,至今不衰。

清代制瓷业以康熙、雍正、乾隆三朝为最鼎盛,当时的官窑瓷器一面保留古代精华,一面吸收东西洋的艺术,又有创新,可谓中国瓷器精品的集大成。表现为瓷品之精、造型之奇、彩釉之丰,登峰造极。折扇瓷、珐琅瓷为瓷品之最。

四、天文观测

天文科学,一般而言包含两个方面的内容,一是直接对天体天象的观察、推测与研究(包括天文仪器的制备);二是将这二者中观察、探测与研究的成果应用于实际,为人类的生产生活服务,主要是编制历法、预测天气及空间服务等。

古代中国的天文学,无论在观测还是制历方面,都是极其出色的,曾在世界范围内长期领先。正如科学史巨匠李约瑟在《中国科学技术史·天文分册》中的评述:"中国人在阿拉伯人以前,是全世界最坚毅、最精确的天文观测者","有很长一段时间(约自公元前5世纪至公元10世纪)几乎只有中国的记事可供利用。现代天文学家在许多场合(例如,对彗星,特别是哈雷彗星重复出现的记载),都曾求助于中国的天象记事,并得到良好的结果。"[①]

正如李约瑟指出的,在中国人的心里,天文学是第一重要的科学。因为他们有一种信仰天地的心理,并且由此引导出宋儒关于"有机"的思想。中国以农立国,由君主制定历书,农民一律遵从。因此,天文和历象的科学是正统的、儒学的科学。不像古希腊,天文学家只是一种真理的爱好者。相反在中国,天文学家却是政府机关成员的一部分,被正式供养在宫城之内。

中国古代的天文记录非常丰富,具有连续性与准确性。就日食的观测与记载来看,中国最早的日食记录竟然是夏代周康时的某年"季秋月朔"(即九月初一)。这一史实在《尚书·胤征》和《左传》中都有记载。中国传统社会一直到清朝,天文学家对日食的记载总共有985次,只有8次不是很准确,可见误差率是非常低的。对于月食的记载最早可以上溯至公元前1311年11月3日,这应当也是世界上最早的月食记录。

值得一提的是,世界上最早的太阳黑子的记录是中国公元前140年前后成书的《淮南子》中记载的:"日中有踆乌。"[②]《汉书·五行志》中对公元前28年出现的黑子记载则更为详细:"河平元年,三月乙未,日出黄,有黑气大如钱,居日中央。"[③] 这一记录将黑子出现的时间与位置都叙述得详细清楚。欧

---

① 李约瑟:《中国科学技术史》,卷四第一分册,3页,北京,科学出版社,1975。
② (汉)刘安:《淮南子》,45页,北京,民族出版社,2003。
③ (汉)班固:《汉书》,赵一生点校,538页,杭州,浙江古籍出版社,2000。

洲关于太阳黑子纪事的最早时间是公元 807 年 8 月，当时还被误认为是水星凌日的现象，直到意大利天文学家伽利略 1660 年发明天文望远镜后，才确认黑子是确实存在的。而在此之前，我国历史上已有关于黑子的 101 次记录，这些记录不但有时间，还有形状、大小、位置以及变化情况，等等。难怪美国天文学家海尔会赞叹道："中国古代观测天象，如此精勤，实属惊人。他们观测日斑，比西方早约 2 000 年，历史上记载不绝，并且都很正确可信。"①

我国有确切年代的彗星记录是《春秋》鲁文公十四年（前 613），这也是世界上最早的哈雷彗星记录，比西方要早 670 多年。唐初著名天文学家李淳风指出，彗星总是尾朝太阳的；彗星本身不发光，是反射的太阳的光才那么美丽。这也是世界上最早的彗星发光理论，比欧洲最早的皮特尔·阿毕的有关论述早 900 多年。

古人早在春秋时期（前 644）就认识到陨石就是陨星，而欧洲亚里士多德认为陨石是土地中自生之物，一直到 1803 年才有了正确认识，落后于我国近 2 500 年。

1. 天文仪器

中国古代对天象的观察离不开一系列天文仪器的发明创造。浑仪是中国古代的一种天文观测仪器，是以浑天说为理论基础制造的、由相应天球坐标系各基本圈的环规及瞄准器构成的古代天文测量天体的仪器。浑仪的制造始于西汉落下闳，到了唐代，由天文学家李淳风设计了一架比较精密完善的浑天黄道仪。元代的天文学家郭守敬将其简化，创制了简仪。中国现存最早的浑天仪制造于明朝，陈列在南京紫金山天文台。

水运仪象台是中国古代天文学家发明的一种大型天文仪器，由北宋天文学家苏颂（1020—1101）等人创建。它是集观测天象的浑仪、演示天象的浑象、计量时间的漏刻和报告时刻的机械装置于一体的综合性观测仪器，实际上是一座小型的天文台。这台仪器的制造水平堪称一绝，英国科学家李约瑟等人认为水运仪象台可能是欧洲中世纪天文钟的直接祖先。

圭表中的"表"是一根垂直立在地面的标杆或石柱；"圭"是从表的跟脚上以水平位置伸向北方的一条石板。每当太阳转到正南方向的时候，表影就落在圭面上。量出表影的长度，就可以推算出冬至、夏至等各节气的时刻。表影

---

① 转引自桂长林编著：《中国科技成就概览》，2 页，合肥，合肥工业大学出版社，2011。

最长的时候,冬至到了;表影最短的时候,夏至来临了。公元前1300—前1027年,中国殷商时期的甲骨文,已有使用圭表的记载。确切记载使用圭表的时间为公元前659年。它是我国创制最古老、使用最熟悉的一种天文仪器。

2. 历法

中国古代的天文机构除了观测天象之外,还有修订历法,编制历书、历谱并印制发行的职责。早在4 300年前,中国古人就已经开始"观象授时"(即观测天象确定时间)。传说公元前24世纪的尧帝时期,设立了专职的天文官,专门从事观象授时的工作。战国时期成书的《尚书·尧典》是中国现存典籍中最早的比较完整地记录观象授时的书籍。当时的天文官确定一年为366日,又以闰月的办法来调配时间,以便使春分、夏至、秋分、冬至四个节气不出差错,从而帮助农民安排农事。

古代第一部历法据传是夏代(约前2070—前1600)禹帝时期的《夏小正》。此历法依据北斗星斗柄所指的方位来确定月份,将一年分为10个月,分别记述了每个月的星象、气象、物象,以及所应从事的农事和政事(现今所见《夏小正》将一年分为12个月,学者认为大约是战国中期时人在原先夏历基础之上改进的结果)。

西汉初年采用的历法是秦代颁行的《颛顼历》,但这个历法有一定的误差,不能满足当时农业生产发展的需要。汉武帝下令改定历法,天文学家落下闳等人联合制定新历法,中国第一部较完整的历书《太初历》产生了。《太初历》规定一年等于365.250 2日,一月等于29.530 86日。这一规定,从西汉太初元年(前104)一直用到明末,应用了近2 000年。《太初历》开始采用有利于农时的二十四节气,通过设置闰月调整太阳周天与阴历纪月不相合的矛盾。东汉刘洪撰成的《乾象历》一书,是人类传世的第一部引进月球运动不均匀性理论的历法。把日月食回归年的长度定为365.246 2日,并首次给出白道和黄道约成古度6°1′的交角。测出的近点月的长度为27.554 76日,和现在的测值27.554 55日相差甚微。

南北朝时期,著名科学家祖冲之观测冬至前后二十三四天日影长度,再取平均值,求出冬至发生的日期和时刻。因为离冬至日越远,日影的变化就越快,这一方法提高了测定冬至时刻的精度。他用圭表测定回归年的长度,用浑仪等测角器测定太阳在恒星间的位置,研究出太阳在一年中运动的快慢变化,测定出冬至点逐年变化的数值。大明历确定一年为365.242 814 81天,与现代天文所测结果仅有 1/600 000 的误差。公元 510 年，当时最科学的历法《大明历》颁行。

五、数学

数学是中国古代最为发达的基础科学学科之一。数学在古代中国被称为"算术"，许多数学著作都冠以"算术"之名，如《九章算术》《孙子算术》等。到清中叶之后才出现现代意义上的数学概念。中国古代数学著作大约有2 000 种，其中秦汉至元仅存 20 余部。但就是这 20 余部著作使数学成为中国古代最为发达的基础学科之一，并且自公元前 3 世纪到 14 世纪初一直处于世界先进水平，属于此时世界数学发展主流。

老子说"善数不用筹策"①（《道德经·二十七章》第二十七章），说明至迟在春秋时期人们就已经普遍使用算筹了。算筹是当时世界上最为方便的计算工具，并且采用的是十进位值制记数。十进位值制记数法是当时世界上最方便的记数制度。中国古代的数学长于计算，不能不说与这两项世界意义的成就有直接的关系。

《九章算术》其作者已不可考。最后成书最迟在东汉前期，现今流传的大多是在三国时期魏元帝景元四年（263），刘徽为《九章》所作的注本。

它是中国古代第一部数学专著，成于公元 1 世纪左右。该书集三代以来数学知识之大成，是春秋战国数学高潮的总结，在分数四则运算、比例和比例分配算法、盈不足算法、开平方法与开立方法、线性方程组解法则、解勾股形和勾股数组等方面走在了世界的前面，有的超前其他文化传统数百年，甚至上千年。《九章算术》奠定了中国传统数学的基本框架，具有理论密切联系实际的风格，长于计算，并且算法具有构造性、机械化的特点，不仅影响了此后约2 000 年间的中国和东方的数学发展，而且标志着中国（还有后来的印度和阿拉伯地区）取代地中海沿岸的古希腊成为世界数学研究的重心，标志着以研究数量关系为主，以归纳逻辑与演绎逻辑相结合的算法倾向取代以研究空间形式为主，以演绎逻辑的公理化倾向成为世界数学发展的主流。

《周髀算经》原名《周髀》，是算经的十书之一，也是中国最古老的天文

---

① （汉）河上公、王弼注：《老子》，57 页，上海，上海古籍出版社，2013。

学和数学著作,约成书于公元前1世纪,主要阐明当时的盖天说和四分历法。唐初规定它为国子监明算科的教材之一,故改名《周髀算经》。《周髀算经》在数学上的主要成就是介绍了勾股定理(据说原书没有对勾股定理进行证明,其证明是三国时东吴人赵爽在《周髀注》一书的《勾股圆方图注》中给出的)及其在测量上的应用以及怎样引用到天文计算上。《周髀算经》采用最简便可行的方法确定天文历法,揭示日月星辰的运行规律,囊括四季更替、气候变化,包含南北有极、昼夜相推的道理。给后来者生活作息提供有力的保障,自此以后历代数学家无不以《周髀算经》为参考,在此基础上不断创新和发展。

刘徽(约225—295),汉族,山东邹平人,魏晋期间伟大的数学家,中国古典数学理论的奠基者之一,也是中国数学史上一个非常伟大的数学家,他的杰作《九章算术注》和《海岛算经》是中国最宝贵的数学遗产。刘徽思维敏捷,方法灵活,既提倡推理又主张直观。他是中国最早明确主张用逻辑推理的方式来论证数学命题的人。

刘徽发展了《九章算术》的率概念和齐同原理,指出率和齐同原理是"算之纲纪",并发展传统的出入相补原理。他最杰出的贡献是用极限思想和无穷小分割方法严格证明了《九章算术》提出的圆面积公式和他自己提出的刘徽原理,将多面体的体积理论建立在无穷小分割基础之上。其割圆术和"求微数"的思想奠定了中国的圆周率计算领先世界数坛千余年的基础。他设计了牟合方盖,为后来的祖暅之开辟了解决球体体积问题的正确途径。

《九章算术注》中所蕴含的科学思想可谓极其深邃。逻辑思想、重验思想、极限思想、求理思想、创新思想、对立统一思想和言意思想等均是其科学思想的真实体现。刘徽集各家优秀思想方法,并加以创新而用于数学研究,使以《九章算术》为代表的中国传统数学发生了根本性的变化,并上升到了一个新的阶段,他是遥遥领先于中国传统数学领域的杰出代表,也堪称是世界数学泰斗。

南北朝时期的数学家祖冲之(429—500)用更高的精确度求得了圆周率。据《隋书·律历志》所载,他得出圆周率在 3.141 592 6 至 3.141 592 7 之间。在世界上,祖冲之第一次把圆周率算准到小数点后七位。这个记录到1427年才被阿拉伯人打破。祖冲之还解决了球体积计算"开差幂"和"开差立"等问题。

13世纪,著名的数学家秦九韶的《数书九章》是数学史上划时代的巨著。

1247年，秦九韶把开方法全面而系统地应用到任意次方程的有理或无理根的求解上去。西方学者提出类似的方法至少要比秦九韶晚了557年。秦九韶1247年提出的"大衍求一术"在世界数学史上也占有崇高的地位。

元代学者郭守敬在数学上也有重要贡献，主要是三次内插法和球面三角法。元代数学家朱世杰1299年著《算学启蒙》，1303年刊行《四元宝鉴》。他在"四元高次方程理论"中提出的"消去法"早于西方学者400年。

综上，中国古代在对自然的认知和利用方面，积累了丰富的知识和技术，这些知识和技术使中国古代的科技文化的许多方面在世界同时代处于领先位置。

第四节　中国古代养治与科技文化中的自然认知和思维特征

中国古代人体养治与自然利用两方面积累的丰富成果，潜含着具有中华民族独特的自然认知和思维特征，了解它们具有重要意义。下面我们分两方面概要介绍它们。

一、古代养生文化与生产技术潜含的生命与自然认知[①]

在养生文化和生产技术的深层，潜含的是中国古人对生命与自然的基本认知。那么这种认知中有哪些是最基本的呢？

1. 阴阳五行自然观

阴阳五行观念是我国古人自然宇宙观和生命观的重要基础。其原理广泛应用于社会生产生活的每个领域，深刻地影响了古人的哲学、养生学、医学与科学。前述已经论及阴阳五行观念对传统养治文化的影响，阴阳五行说对中国古代科学技术的广泛而深刻的影响已是一个没有争议的公论。古代生产生活科技

---

① 此处框架与部分内容参考乐爱国：《儒家自然观对中国古代科技的影响》，载《洛阳师范学院学报》，2015（12）。

文化在阴阳五行的学说框架下取得了别具特色的突出成就。正如日本学者山田庆儿所说:"阴阳五行的思考在秦汉以后一直是中国人在自然哲学上的思考的基础形态……如果去掉阴阳五行说的思考,是不会有中国传统科学的"①。李约瑟博士也指出:"五行说影响之大,传播范围之广,使它遍见中国古代及中古一切科学和原始科学领域。"②

阴阳与时令的结合,在《管子·四时》那里就有较系统的阐述。他认为应依据自春季产生的阴阳消息,实施恩赏与诛罚,以此配合春秋之行事。阴阳五行说与时令的结合至《吕氏春秋·十二纪》得以完备,在十二纪中以阴阳五行理论为骨架,构造了一个"天人合一"的宇宙体系,以之说明和解释自然现象,以之指导安排农业生产和日常生活。

《考工记》是对春秋末年齐国人手工技术的总汇性巨著,其中的许多手工技术都充分体现了辩证对立统一的思想,反映出《考工记》的作者对阴阳五行说基本原理的理解和运用。传统五行思维反映到古代生产工艺理论上,对其产生了正反两方面的深远影响。一方面,利用五行理论的朴素辩证法架构,人们对生产工艺发展过程中积累的经验知识进行了系统化的归纳整理,并使之成为具有统一精神外貌的理论体系;另一方面,五行思维的含糊性、不精确性和神秘性又对传统工艺美术理论的进一步明晰化、系统化和精确化产生了不利的影响。如在《考工记》中对车轮制作中改变木材质地方法的描述是"以火养其阴,而齐诸其阳"③。在这里,"阴"和"阳"的概念表征了木材质地疏密程度,这很可能与树木向阳面与背阳面的质地差异有关。这种描述在对制作工艺理论的简单概括中是可以胜任的,但其不能得到关于木材质地的种种更精确表示形式,如具体密度大小、硬度大小等。明代的我国另一部工艺专著《天工开物》中,依然采用不精确的五行理论对工艺方法进行描述,如:"水火既济而土合"④;"夫亦依坎(水)附离(火),而共呈五行变态,非至神孰能于斯哉?"⑤ 在这里,复杂的化学变化变成了简单的五行元素的相互转化,而不能发展出类似于近代西方精密的化学科学理论。

---

① [日]山田庆儿:《空间·分类·范畴——科学思考的原初的基本形态》,见《日本学者论中国哲学史》,40~41页,北京,中华书局,1986。
② 潘吉星主编:《李约瑟文集》,23~24页,沈阳,辽宁科学技术出版社,1986。
③ 陈戍国点校:《周礼·仪礼·礼记》,99页,长沙,岳麓书社,2006。
④ (明)宋应星:《天工开物》,102页,北京,中国画报出版社,2013。
⑤ 同上书,第233页。

《吕氏春秋》以五行为基准，把自然变化（气候、天象、物候）和社会活动（政令、农事、祭礼等）统统容纳在一起，构成一个整体系统。《吕氏春秋》中的《上农》《任地》《辨土》《审时》4 篇有关古代农学的文献，不论是讲农业理论和政策，农业行政管理和生产管理，土壤结构和墒情掌握，土地利用和技术安排，还是论述动植物生长规律、季节变化、天象运行、环境保护等，都纳入了五行生克的模式并以其为理论基础。尽管这种以一种模式来建构的农学体系有不少局限性，但也不能忽视古人把五行说作为建构中国最早农学体系的哲学原理，确有其合理的部分。

中国古代数学也同样受到阴阳五行说的直接或间接的影响。《孙子算经》认为数学是要解决天地间包括阴阳五行在内的各种问题，这实际上就是把阴阳五行说看作数学产生的基础。当然，农学、地学、医学等受阴阳五行的影响多是积极的，而数学等学科所受到的影响却是消极因素大于积极因素，就是说，阴阳说在某种程度上削弱了中国古代数学的进一步发展。

2. 易学自然观

易学自然观，即《易传》中所包括阴阳、三才以及易数概念在内的系统的自然观。由于汉代之后，《易经》为"五经"之首，易学自然观对古代科技的影响也十分显著。

古代天文学家必定要讲易数。刘歆的《三统历》实际上就是用易数来解释历数，且对后世历法产生重要影响。刘洪的《乾象历》"推而上则合于古，引而下则应于今。其为之也，依《易》立数，遁行相号，潜处相求"①，这里所谓的"依《易》立数"，实际上就是根据易数来确定历数。僧一行《大衍历》中的《历本议》说："《易》：'天数五，地数五，五位相得而各有合，所以成变化而行鬼神也。'天数始于一，地数始于二，合二始以位刚柔。天数终于九，地数终于十，合二终以纪闰余。天数中于五，地数中于六，合二中以通律历。……是以大衍为天地之枢，如环之无端，盖律历之大纪也。"② 在僧一行看来，《周易》的"大衍之数"是历法的基础和出发点。

宋代之后的数学家非常重视《周易》中的"河图洛书"以及易数。明代数学家程大位的《算法统宗》"首篇"有总说、河图、洛书、伏羲则图作易

---

① （唐）房玄龄：《晋书》，卷十七，498 页，北京，中华书局，1974。
② （宋）欧阳修：《新唐书》，卷二十七上，588 页，北京，中华书局，1975。

图、洛书释数、九宫八卦图、洛书易换数、黄钟万事根本图,并指出:"数何肇?其肇自图、书乎!伏羲得之以画卦,大禹得之以序畴,列圣得之以开物成务。凡天官、地员、律历、兵赋以及纤悉秒忽,莫不有数,则莫不本于《易》《范》。故今推明直指算法,辄揭河图、洛书于首,见数有原本云。"① 这是认为数学本原于《周易》的"河图洛书"。

《齐民要术·种谷第三》引《淮南子》曰:"人君上因天时,下尽地利,中用人力,是以群生遂长,五谷蕃殖。教民养育六畜,以时种树,务修田畴,滋植桑麻。肥硗高下,各因其宜。"② 陈旉《农书》的《天时之宜篇》指出:"万物之生各得其宜者,谓天地之间物物皆顺其理也。……顺天地时利之宜,识阴阳消长之理,则百谷之成,斯可必矣。"③ 显然是运用了《周易》中的"三才之道"。

元代数学家朱世杰的《四元玉鉴》讲"一气混元",把《周易》的"太极"诠释为"元气",以作为宇宙之始。朱世杰的四元术"以元气居中",明显是受到周易气学自然观的影响。

3. 理学自然观

二程说:"天下物皆可以理照,有物必有则,一物须有一理。"④ "凡眼前无非是物,物物皆有理,如火之所以热,水之所以寒;至于君臣父子间皆是理。"⑤ 所以,二程的"理"也包括自然之理。这就形成了理学自然观。后来的朱熹继承二程的思想,集理学之大成,使理学自然观发扬光大。尤其是,朱熹理学在宋末成为官学之后,理学自然观对科学发展产生很大的影响。

宋代秦九韶在《数书九章·序》中提出"数与道非二本",并且认为,数学"大则可以通神明、顺性命,小则可以经世务、类万物"⑥,而他撰《数书九章》的最终目的在于通过数学而"进之于道"。金元之际数学家李冶在《测圆海镜·序》中说:"夫昭昭者,其自然之数也;非自然之数,其自然之理也。数一出于自然,吾欲以力强穷之,使隶首复生,亦未知之何也已。苟能推自然

---

① 郭世荣:《算法统宗导读》,53 页,武汉,湖北教育出版社,2000。
② (东魏)贾思勰:《齐民要术》,17 页,北京,团结出版社,1996。
③ 陈旉:《农书》,3 页,北京,中华书局,1985。
④ (宋)程颢、程颐:《河南程氏遗书》,卷十五,193 页,北京,中华书局,1981。
⑤ 同上书,247 页。
⑥ 王守义:《数书九章新释》,1 页,合肥,安徽科学技术出版社,1992。

之理,以明自然之数,则虽远而乾端坤倪,幽而神情鬼状,未有不合者矣。"①显然,他们都受到理学自然观的影响,这就是理学家所谓的"穷理尽性"。

元代天文学家郭守敬与王恂等人共同编制《授时历》。当时王恂以为,"历家知历数而不知历理",于是推荐理学家许衡参与主持编制历法,是因为在王恂看来,历家不仅要知历数,而且更要知"历理"。明代科学家朱载堉说:"夫术士知数而未达其理,故失之浅;先儒明理而复善其数,故得之深。……天运无端,惟数可以测其机;天道至玄,因数可以见其妙。理由数显,数自理出,理数可相倚而不可相违,古之道也。"②他认为研究数学关键是要把握"理",数与理是相辅相成的。王锡阐说:"天学一家,有理而后有数,有数而后有法。然唯创法之人,必通于数之变,而穷于理之奥,至于法成数具,而理蕴于中。"③"欲求精密,则必以数推之,数非理也,而因理生数,即因数可以悟理。"④清初数学家梅文鼎说:"历也者,数也。数外无理,理外无数。数也者,理之分限节次也。"⑤"历生于数,数生于理,理与气偕其中。"⑥"夫治理者,以理为归;治数者,以数为断,数与理协,中西非殊。"⑦显然,这里有关"历理""数理"的讨论受到了理学自然观的影响。明代科学家徐光启还提出了"格物穷理之学"的概念,指出,泰西"有一种格物穷理之学,凡世间世外、万事万物之理,叩之无不河悬响答,丝分理解;退而思之,穷年累月,愈见其说之必然而不可易也。格物穷理之中,又复旁出一种象数之学。象数之学,大者为历法,为律吕;至其它有形有质之物,有度有数之事,无不赖以为用,用之无不尽巧极妙者"⑧。他把西方科技纳入理学的"格物致知"的框架之中。

二、中国古代科技文化体现的思维特征

中国古代养治与科技文化中,体现着中华民族一些具有特征性的思维方式,值得总结。

---

① 白尚恕:《测圆海镜今译》,1页,济南,山东教育出版社,1985。
② (明)朱载堉:《圣寿万年版历》,卷首,文渊阁四库全书本。
③ (清)阮元:《畴人传》,441页,北京,商务印书馆,1935。
④ 同上书,429页。
⑤⑥⑦ (清)梅文鼎:《历算全书》,卷六,文渊阁四库全书本。
⑧ (明)徐光启:《徐光启集》(上),66页,北京,中华书局,1963。

1. 观象思维

《周易·系辞》说："圣人设卦观象，系辞焉而明吉凶。"① 所谓仰观天文，俯察地理，圣人根据对天地万物的观察创作了卦象。进而认为，圣人制造各种器物是基于对卦象及其所取之物象的观察，提出观象制器说。如观察涣卦象，上巽下坎，巽为木，坎为水，此象表示木在水中漂，于是发明了舟楫。卦象和物象都是具有形象的东西，是感觉的对象。观象思维要求从感性出发，研究事物的性质及其变化的规律，并符合事物的本来面貌，所谓"拟诸其形容，象其物宜"，"拟议以成其变化"。

观象原则对中国的科技方法论影响深远。其一，科技家依观象思维，对自然现象的研究，倡导观察和试验。如宋代的沈括于《梦溪笔谈·象数》中提出"测验"说，以其为观察天文和地理的重要方法。又如，明代李时珍提出"采视"和"试验"说，依观察和亲自尝试的方法辨别药物的性质，纠正传统药书中记录的错误。张介宾则发展了医学中的脏象学说，依据观察人体外表器官如耳、目、口、鼻、手足、脉息等呈现的状态，诊断病情。宋代邵雍提出"观物"说，所谓"不以我观物，以物观物"。明代的科学家从中得到了启发，将程朱派的"格物穷理"说引向面向外界探讨事物规律之路，以观察物象为穷理之前提。方以智依此提出："格物而随物佑神，知至而以知还物。"②（《物理小识·总论》）在科学研究中倡导"因象明理""理以心知"和"即费求隐"，即通过观察物象，认识其本质和规律。有一种意见认为中国的科技思维属于直观的或经验的类型，不探讨自然界的规律，这是一种片面的误解。

其二，古代的科技家依观象制器说从事发明和创造的活动。如汉代的天文学家张衡，通过对天象及天象运行轨道的观测发明了浑天仪。蔡伦从观察树皮的性能革新了造纸术。毕昇从印章和胶泥雕塑的观察中得到启发，发明了活版印刷术。中国古代重大的发明，就其创造意识的源泉来说，大都受到观象制器思维的启发。

总之，观象思维的特征是面向客观世界，要求主观符合客观，不仅模写外物的状态，而且模写其规律，具有感性、理性和实践相结合的倾向，从而使中国传统科技在历史上取得许多惊人的成就。

---

① 朱清国：《周易本义》，256 页，长沙，湖南大学出版社，2015。
② （清）方以智：《物理小识》（上），10 页，北京，商务印书馆，1937。

2. 功能思维

观象思维主张从物象出发，研究物理。但如何看待物理？这就涉及了功能原则。功能指物体外部表现出来的性能或作用，以此为出发点观察和研究外物，即功能原则。

作为中国古代科技文化基础的阴阳五行系统，其实就是七种不同元素功能的不同作用。天地万物因秉受其性能的程度不同，从而呈现出千差万别，又形成各自的特性。此种阴阳五行的自然观，渗透到天文气象学、化学、物理学、地质学和医学的各领域。如古代的炼丹术，就是依据铅汞和水火的性能，考查和说明人工化合物即丹药的形成。汞性为阳，铅性为阴，汞遇火而升华，铅遇火流为液体，二物融合为一体，为"覆冒阴阳之道"，称其化合为"性情自然"。在这种功能原则的启发下，后来终于制造出火药，成为中国四大发明之一。养治文化当中通过阴阳五行相生相克针对人体脏腑经脉之间的相互制衡的关系，从而诊断治疗恢复健康。中医依据阴阳五行的功能关系建立起了其人体功能学。

这种以元素功能论为核心的自然观，在中国科技史上形成了以物质功能为研究对象的科学体系。此体系不同于西方传统中的原子论、粒子论以及结构主义的系统，成为中国传统科技思维的一个特色。

3. 对待思维

这一原则又可称为阴阳对待思维，也就是说阴阳两种不同的性能本来是相反的，但又不是对抗的，而是相反相成，相互补充；不是相互毁灭，一方吃掉一方，也可称为两元互补原则。这种思维方式，同样成为中国古代科技思维的重要内容。

此种两元对待的思维方式，在数学上，形成了以奇偶二数和方圆二形的相反相成为演算规律的数学观。中国第一部算经《周髀算经》提出勾股弦定律，其解释说："数之法，出于圆方。"① 认为方圆之形，可用数来计算，将方圆二形同奇偶二数联系起来解释演算的规律。体现了奇偶之数相反相成的法则，称其为"一阴一阳之谓道"。刘徽依此原则提出著名的割圆术，即圆内接正多边形边数的无限增加，其周长无限接近圆周的长度，就是说，方圆既相互依存又

---

① 陈国勇编著：《周髀算经》(1)，2页，南宁，广西民族出版社，2003。

相互转化。所以他说:"观阴阳之割裂,总算术之根源。"① 至方以智提出"相倚"说,认为奇偶、方圆、开方立方等都是相互依存和转化,揭示出中国数学的一大特色,从而使其中的一些成就领先于当时的世界水平。中医与天文学所运用的科技思维模式,无不受对待论思维影响甚巨。

总之,两元对待的思维模式,追求物体之间的和谐与均衡,以维系一体的正常发展,不同于西方传统中以两元对立和排斥为基本规律的思维方式,同样成为中国古代科技思维的一大特色。

4. 流转思维

此原则又可称为过程论,其对自然现象或物质现象的考查,着眼于运动变化的过程,或从器物运动变化过程中认识其本质或规律。关于事物的变化,《易传》提出"刚柔相推而生变化",认为卦爻象和事物的变化都是出于其阴阳性能的相互转移,而且推移没有穷尽,所谓"生生之谓易",并且表现为大循环的过程。如暑去寒来,昼夜相继。此种变化过程,朱熹称之为"阴阳流转"。"转"谓阴阳互为消长,相互转化。流转原则是阴阳对待思维的进一步引申,深刻地体现在中国古代科技思维的发展中。

中国古代的天文气象学,是以流转论为指导展开的。汉代的易学提出卦气说,以六十四卦阴阳爻象相互推移的过程,解释大陆一年节气变化的过程。宋代邵雍依据阴阳互为消长的法则和天体运行的周期观念,断定人类所处的天地也有生灭或成毁,其生灭亦有周期,从而导出了宇宙乃众多的天地生灭连续的大循环的过程,否定了天体永恒不变论。流转论实际上成为古代天体论的支柱之一。

在地质学方面,早在春秋时期易学家史墨就认为,大地是处于阴阳互为消长的过程。宋代沈括考查太行山时,发现有贝壳化石,断定此处当年为海滨,他所依据的理论就是阴阳流转或相互推移的规律。

物理化学方面,《周易参同契》谈炼丹术,认为气体、液体和固体可以相互转化。方以智于《物理小识》中认为不同形态之间的转化,既无开始,亦无终结。因为天地万物乃一气之所化,其运动形式为轮转,进而认为气自身是"不坏"的。他从流转原则又导出气不灭即物质不灭的结论。

总之,流转思维视物质是动态的,从变化过程和转化的角度理解物体的特

---

① 刘徽注,李淳风注释:《九章算术》,前言1页,北京,中华书局,1985。

性，认为大到日月星辰，小到一草一木，皆处于盈虚消长的过程。而且视其转化为其所固有的两种性能的相互作用，循环不已。此种思维方式，既不同于西方传统思维中的机械论，亦不同于直线上升的进化论发展观，同样是中国古代科技思维的一大特色。

5. 整体思维

整体思维视天地万物为一整体，各部分存在着差别，但又相互联系，相互影响，不容分割，个体并非孤立地存在，总是在同其他个体的相互关系中存在和发展。

在此种整体思维的启发下，天地人联为一个整体，宋代周敦颐河洛图式将天时、地理、动植物、人体器官以及道德规范，都纳入其所制定的宇宙模式中，以此说明物类之间存在着普遍联系，又相互影响。整体思维又生发出"同声相应，同气相求"的感应论，认为同类中的不同物体可以相互反应和吸引，如水流湿，火就燥，云从龙，风从虎。古代的科学家根据感应论，或用来说明潮汐现象，或用来解释磁石引针，到宋代终于发明了指南针，成为中国四大发明之一，远播欧洲。汉代张衡，也是在感应论的启发下发明了地动仪。

整体思维对中华养治文化影响更大。如《黄帝内经》就认为气候的变化及人处的地理环境，对人体的健康和疾病有直接的影响。如夏天为火德当位，气候炎热，配五味为苦，配人体器官为脉息，心脏。如果过于炎热，则影响血脉和心脏的机能；吃含苦味的食品过多，则有损于心脏的健康。又如春季气候干燥，风木受损，肝脏容易生病；如果湿气过剩，则肾病生。中医治病，往往同患者所处的季节和生活环境联系起来，考查病因，对症下药，即整体意识的表现。到清代方以智，对易学中的整体思维作了深刻的阐述。他于《周易时论合编》中提出"细统"论。认为整个宇宙为一大系统，称为"统统"，其中最微细的层次，称为"细细"，认为在统一体或整体中，事物的层次，总是统中有细、细中有统，统与细相互蕴含。研究整体性，不应忽视其差别性，而整体性又附于差别性之中。他不赞成笼统地谈宇宙的一体性，可以说是对整体思维的内涵作了一次总结。

总之，整体思维所追求的是各实体之间的普遍联系，从普遍联系中认识各实体的特性。就自然观来说，它是从宏观的视野考查自然现象的统一性，不同于西方科技从微观的视野着重分析实体内部结构的传统，亦是中华科技思维的一大特性。

6. 辅相思维

此论是讨论人与自然的关系以及人在宇宙中的地位。因为天地人为一整体，人与自然相互影响，《易传》关于人在自然界中的作用提出三条规定：其一是，"天地设位，圣人成能"，即人居于天地之中，其任务是成就天地化育万物的功能。其二是，泰卦《象》辞所说："裁成天地之道，辅相天地之宜，以左右民。"裁成谓裁断成就，即控制自然界的规律，辅助天地化育万物的功能，为人类造福。其三是，乾卦《文言》所说："大人与天地合其德，与日月合其明，与四时合其序"，"先天而天弗违，后天而奉天时。"认为人道要符合天道，但人并非消极无所作为，一方面能预测天时变化的动向；另一方面按天时的变化而行动。此种天人观对中国传统科技思维的发展亦影响深远。

就古代炼丹术来说，《参同契》认为，丹药的炼成一方面要依阴阳变易的法则；另一方面要靠人工的操作，要像驾马一样，掌握其规则，用火加温，不能轻举妄动。所谓"天符有进退，屈伸以应时"，后来的道士阐发为"每当天地交合处，夺取阴阳造化机"。就化学技术本身来说，此说认为，人认识和掌握了化合物形成的法则，就可以创造出奇迹。

明代的科技大家宋应星写了《天工开物》。"天工"出于《尚书·皋陶谟》："天工人其代之。""开物"本于《易传·系辞》"开物成务"，谓启发心智，开导物宜。他强调，人工作为可以补天功之不足。其巧夺天工的创造意识，正是"圣人成能"说的阐发。

总之，科技家倡导的裁成辅相和参天化育的原则，既反对了顺应自然的任天说，又反对了将自然人化的目的论，而是因自然法则，补自然之不足，而不是破坏自然界的秩序和生态的平衡。他们认为科技家的任务是为人类造福，又将价值观念引入科技思维领域，不同于西方的以工具理性为指导的科学主义，亦是中华科技思维的一大特色。

以上所谈六条原则，从观象论到辅相论，相互关联，自成一体系，在世界科技史上独树一帜。

一个民族的思维传统，同其所处的生活环境，包括生产方式、地理条件以及文化素质有密切的联系。总之，其形成和发展有其社会的历史背景。中国科技思维的社会历史背景，就是3 000多年来中国的农业社会及其生活方式。其所倡导的阴阳五行的自然观，实乃中华农业社会的产物。因为视阴阳五行为物质元素，基于农业生活的需要，阴阳本指气候的寒暖，五行为五种不可缺少的生活资料，将其上升为文化和哲学范畴，则形成一种自然观。前面谈到的六种思维方式，都是从农业生产角度考查自然现象所导出的结果。所以不同于古希腊形成的并由近代工业文明所阐发的西方的传统思维方式。因此，我们探讨中国传统科技思维的价值，不能脱离这一大前提，要看到其历史的、时代的性格。中国传统科技思维方式，同西方的传统相比，其区别可概括为：西方传统科技思维对自然现象的研究，可以说是重分析、重实体、重结构，即偏重于深入分析实体内部的物质结构，从而形成粒子论、基因论系统，而中国的科技思维则重功能、重过程、重整体；西方的传统偏重于追求两元的对抗，而中国的传统则偏重于追求两元的互补、和谐与均衡。此种差别只是各有偏胜而已，而不是截然对立，同样对人类文明的发展作出了自己的贡献。

农业社会形成的科技思维方式，处于当今工业社会，特别是科技高速发达的时代，是否仍有其价值？此是值得讨论的课题。目前，有两种流行的见解；一种是已无当代的价值，另一种是将来西方的文明包括科技思维都要走东方的道路，西方有些自然科学家亦持此见解。看来，两种见解各有偏颇。从人类科技发展的历史看，东西方两种思维传统各有短长，应扬长补短，为人类未来科技思维的走向提供新的途径。中国传统科技思维，在过去，为人类文明作出了贡献。但是停留在过去的水平，故步自封，自我欣赏，就不会再有生命力，必须走与当代科技思维相结合的道路，在传统的基础上加以创新，方有前途。如讲整体性，必须在分析的基础上探讨其普遍联系；谈功能，不能脱离实体内部的结构；谈过程，又不能脱离实体自身的存在。那种将古代阴阳五行观的旧框架，如太极图式、河洛图式等，重新搬出来套入现代的科技成果，更是没有前途的。

本讲小结

本讲内容丰富，分别介绍了中国古代养治文化和科技文化。养治文化中，分别介绍了中国古代的养生文化、医治文化，有关知识渗透了中国古人对于天地人一体、依循自然天道养身育体、治病去疾的基本精神。中国古代物质生产技术和知识是人对自然的认知与利用的结晶，本部分主要介绍了中国古代的农业生产技术、冶炼技术和有关对天地自然认识的基本知识。最后总结了渗透在中国古代养治文化和科学技术知识体系之内的中国古人的基本思维特征。中国古代养治文化在今天仍然具有重要的价值，对我们养身育体具有重要价值。中国古代科技知识尽管已经被今人超越，但它所体现的中国古人在认识自然、利用自然方面所达到的当时时代高度仍然值得我们骄傲。

【复习与练习】

复习

1. 中国的养治文化是以养为体，以治为用。体用一源，养与治都是一个道理。也就是说治最终是为了养，养有时候也需要治来实现。
2. 养生的基本方式分为情志调节、运动养生、按摩推拿、饮食调养、起居调适等。
3. 在病因的分析上，中医通过"审症求因"的方法创立了"六淫""七情"以及饮食、劳倦、外伤、虫兽所伤等病因学理论。在疾病的诊断上，望闻问切毫无疑问是最富有特色的诊断方法。
4. 疾病治疗的原则有：辨明标本，相应而治；辨明逆从，相机用药；因时、因地、因人；未病要先防，已病则早治。
5. 中国养治文化对生命的认知体现为：气化论；阴阳五行观；天人合一。
6. 中国古代生产技术在世界古代科学技术史上有较为光辉的篇章，主要表现在农业生产技术、矿冶开采和冶炼技术、器皿制造技术、工程与建筑技术、自然观测与计算技术等，许多生产技术在古代世界处于领先地位。
7. 阴阳五行观念是我国古人自然宇宙观和生命观的重要基础。其原理广泛应用于社会生产生活的每个领域，深刻地影响了古人的哲学、养生学、医学与科学。
8. 易学自然观，即《易传》中所包括的阴阳、三才以及易数概念在内的系统的自然观。由于汉代之后，《易经》为"五经"之首，易学自然观对古代科技的影响也十分显著。儒家的理学自然观也对中国古代的科学发展产生了很大的影响。

9. 中国古代养治与科技文化中，潜含着中华民族一些具有特征性的思维方式，如观象思维、功能思维、对待思维、流转思维、整体思维、辅相思维。

| 练习

1. 中国古人关于生命养治的理论与方法中，渗透了顺适自然的价值观，这种价值观在现代生命养治活动中还有价值吗？它们是否可以在现代生物学、养生学、医学角度得到新的解释和发展？
2. 中国武术内含着天人合一的理念，你能否选择一种武术进行分析，揭示其招式、动作、技击等是如何体现这种天人合一的理念的？
3. 当代社会中，关于中医是否具有科学性成为争论的焦点之一。有人认为中医无论是其理论基础还是其诊断方式或是其治疗方式，都是经验性的，不具有科学性，比现代西医所具备的理论基础、诊断和治疗方式落后很多，因此总体上没有价值，应该否定和废弃；而有人则认为传统中医的理论基础、生命认知、诊断和治疗方式尽管存在局部的弊端和问题，但总体上仍然有效，应该延续。你如何看待这种争论？
4. 中国古代在物质生产的某些方面曾经形成了发达的技术，为何没有在此基础上形成系统性的自然科学理论？这与中国文化和思维的内在局限是否有关？

| 课外阅读文献

1. ［英］李约瑟：《四海之内 东方和西方的对话》，劳陇译，北京，生活·读书·新知三联书店，1987。
2. ［英］李约瑟：《中国科学技术史》，第一卷《导论》，袁翰青等译，北京，科学出版社，2018。
3. ［英］李约瑟：《中国科学技术史》，第二卷《科学思想史》，何兆武等译，北京，科学出版社，2019。
4. ［英］李约瑟：《中国科学技术史》，第三卷《数学、天学和地学》，梅荣照等译，北京，科学出版社，2018。
5. ［英］C. 丹皮尔：《科学史及其与哲学和宗教的关系》，李珩译，桂林，广西师范大学出版社，2009。

6. 李志超:《天人古义 中国科学史论纲》,郑州,大象出版社,2014。
7. 王朝阳:《中医气化结构理论·道、天地、阴阳》,北京,中国中医药出版社,2018。
8. 赖平:《道教养生文化的生命伦理学审视》,湘潭,湘潭大学出版社,2011。
9. 孔宏安:《中国古代数学思想》,大连,大连理工出版社,2016。

结语：中国传统文化近现代的处境与价值

中华民族有着悠久的历史传统，其灿烂的文化是世界文明的一颗璀璨明珠。在几千年的古代社会，中国文化在东亚地域一直占据着中心地位，对周边国家和民族产生了持久而深远的影响。它长期赢得周边国家的倾慕、赞赏和学习，也获得远道而来的西方许多旅行家、传教士、商人和学者的高度好评。但中国文化的这一中心地位和辉煌形象从1840年的鸦片战争开始，在中国与东、西方列强屡战屡败的过程中不断改变和黯淡，最后到了20世纪初，随着中国由一个强大的东方大国沦落为半殖民地国家，中国文化也由光芒四射的形象转化成褒贬不一的形象。在有些人那里，中国传统文化产生于漫长的自然经济社会，在现代商业社会中已是落后的文化，中国要进入现代国家的行列，必须基本抛弃中国传统文化而全盘西化，或者以西方文化为主体有限地吸纳中国传统文化的某些元素；而在另一些人那里，中国文化仍然是人类最优秀的文化，它仍然能在中国进入现代社会的过程中起到决定性的引领作用，西方文化只能作为辅助性力量帮助中国社会实现现代化。该如何理解和评价中国文化在近现代社会的处境以及它的未来呢？

一、中国近现代三种主导性文化力量对历史的形塑

从鸦片战争开始的中国近现代历史，本质上是中国在西方坚船利炮的逼迫下，无奈地走出几千年超稳态的循环模式，而缓慢地进入现代化轨道的历史。而所谓的现代化进程，从经济生产方式和聚落方式讲，也就是从农耕社会进入商贸社会的进程，在这个进程中，以农耕为主的中国传统文化能否适应商贸经济的城市社会需要？它是否需要革新甚至革命？这是一个严峻的问题。

这个问题的答案与对中国传统社会和文化的认知与评价相关。中国传统社会和文化是否是一种好的文化？鸦片战争至20世纪初10年，中国社会不同力量对此的答案差异巨大：以皇族为代表的统治者集团是保守派，他们认为传统社会文化是好的，应该维持和延续。而鸦片战争后兴起的以李鸿章、张之洞等人为代表的洋务派则是改良派，他们认为尽管传统社会和文化、祖宗法规是好的，但面对西洋诸国亦有不足，需要因应时势进行改良变革。改良派最初的文化革新基本局限于器技层面，但发展到19世纪末期，随着中国与外国列强屡

战屡败的现实发生,一部分先进人士意识到,中国的落后,不只是器技的落后,而且还是制度的落后。于是,改革就从器技层面发展到制度层面,形成了康梁与光绪联合的改革集团以及戊戌变法活动。但戊戌变法的失败,证明了在古老中国这个超稳态社会系统中变革改良实不可能,于是革命派就正式登场。统治集团之外的社会力量中,主张通过暴力革命的方式彻底推翻旧社会、建立新社会的主张获得了越来越多国人的共识,以孙中山、陈独秀、李大钊、毛泽东等为代表的革命派主导了20世纪绝大部分时间。20世纪,中国重要的社会现象和文化现象,都与革命派的举措有密切关系,中国社会近百年来的形象主要是被革命派力量所塑造的。

与中国近现代社会发展史中三种主导性社会力量相关,也相应地有三种文化力量先后主导着1840年以后中国文化的发展历史。以对待中国传统文化的立场为标志,也基本可以将100多年间中国文化人的立场划分为保守派、改良派和革命派三大类。

文化保守派认定中国传统文化尽善尽美,无须革新更无论革命。这一类文化人中,辜鸿铭是典型的代表。这位学贯中西,精通英、法、德、拉丁、希腊、马来亚等9种语言,在西方各大学获得13个博士学位的"狂士怪杰",最后却成为西方文化的批判者和中国传统文化的坚定守护者。在他的眼中,以儒教为主体的中国文化所表达的价值观念、中国文化所孕育的民族性格、中国文化所濡养的中国人,无一不是尽善尽美。他说,"中国人的性格和中国文明的三大特征,正是深沉、博大和纯朴(deep, broad and simple),此外还有灵敏(delicacy)。"辜鸿铭说,中国人给人留下的总体印象是"温良"(gentle,温文尔雅),"那种难以言表的温良"[①]。他确实对中国文化精神和中国人的民族性格有深刻而独到的察识,对中国文化的热爱也使人由衷敬佩和感动。20世纪早期,西方世界了解和理解中国文化和中国人的性格,他的名著《中国人的精神》(本名《春秋大义》)等著作起了重要作用,所以,对于传播中国文化,辜鸿铭有大功。但他又是保守的,他认定中国古代文化尽善尽美,甚至是女人的小脚、男人的辫子、男人娶三妻四妾这样的陋习,在他那里都当成中华文化的精华去赞赏。他自己在清朝灭亡之后的10多年间(一直到1928年去世),仍一直留一条短辫,依然见清帝皇牌就拜,以示自己的政治与文化立场。

---

① 辜鸿铭:《中国人的精神》(英汉双语),秦海霞译,59页,北京,中国城市出版社,2008。

在 19 世纪下叶和 20 世纪初期，像辜鸿铭这样醉心于中国传统文化、认为其尽善尽美、其价值远高过西方文化的人士不在少数。尽管他们大多数没有辜鸿铭那样绝对，很少有人再将中国传统文化中那些明显与时代相背离的成分，如女人的小脚、男人的辫子、二十四孝中背离人道的愚孝等，作为中国文化的精华予以提倡和歌颂，但总体上，执守保守派立场的学者对中国传统文化基本是肯定的。若说辜鸿铭是在学贯中西、经比较后的自觉选择，那么大多数保守派文化人则多没有这样的自觉，他们几乎是出于文化惯性而选择对传统文化认同的。文化保守派代不乏人，一直到当代，都有不少文化人自觉或不自觉地坚守文化保守的立场，对中国传统文化给予最高的礼赞和毫无批判性的认同。

文化改良派（也可以称为文化革新派）可以说是百多年间很多文化人的选择。文化改良派对待中国传统文化的基本立场是张之洞当年所提出的"中体西用"，即以中国传统文化为本体，为框架，为基本立场，在这个前提下，选择性吸纳、转化西方文化中部分元素，以补充、修正和发展中国文化。这些人之间的具体思想也并不完全一致，但总体上看，都持有上述基本立场。其中早期最著名的应该是戊戌变法中的康梁等人了。康有为当年力主变法，成立强学会，创办学园，设席讲学，创办报刊，编撰著作，为变法在人事、舆论和思想上作准备。他在万木草堂讲学的内容主要是讲授中国数千年来学术源流、历史政治沿革得失，并以他国公法进行比较推断，探求救中国之方法路径。他主张以孔学、佛学、宋明学（陆王心学）为体，以史学、西学为用。康有为的思想主张十分明确，一方面以中国古代文化经典，尤其是儒家经典为依据，从中阐发可以引领当代社会前行的思想；另一方面，又借用了西方近现代某些哲学、政治学、社会学、历史学的思想和观念，整合进儒家经典的框架，或者说从后者的角度阐释、选择前者。他其实是在借孔子的名义，基于儒家文化吸纳西方新见，为维新变法制造舆论。康有为尽管到后期思想偏向保守，但总体上看，他对中国传统文化的改良派立场基本没有改变。

梁启超一生在政治上因时应变，多有摇摆，但追求通过自己的思想和政治活动改良救国、振兴中华的初衷始终未变。如果说他的老师康有为因一直坚持保皇立场而最后成为时代落伍者，梁启超则因保持与时俱进的心态而始终站在历史潮头。与其政治立场相关，他在思想文化方面总体上也一直坚持从中国社会发展变革需要出发，将儒家传统思想与当代西方先进思想结合，努力从中创生出适合当下社会变革需要的思想资源。他与康有为一样尊孔，将孔子的地位抬到古今第一的高度:"二十四朝其足当孔子至号者无人焉!"① 但比起康有为,梁启超的思想显然要更加开放,更加开明,以致后期他几乎与康有为分道扬镳了。这最典型地体现在对待张勋复辟的态度上。张勋复辟,保皇党的康有为是积极支持者,但梁启超则公开发表讨张檄文。显然,梁启超的思想立场已经大大超越了康有为的限度。

整个20世纪,在中国现代化历程中,取文化改良立场的文化人为数众多。其中最有影响的群体应该算是现代新儒家。20世纪20年代以来,作为对中国文化界全盘西化思潮的对抗力量,一批钟情于中国传统文化的学者执着于以本土文化尤其是儒家文化为基础,融合西方近现代哲学、文化学和心理学的理论知识和视野,对儒家文化进行新的改造、选择和阐释,从而产生了现代新儒家学派。熊十力、梁漱溟、马一浮、张君劢、冯友兰、钱穆、唐君毅、牟宗三、方东美、杜维明、刘述先、成中英等为首的新儒家三代群体,尽管每个人的具体观点和思想各有差异,但新儒家群体总体上都具有立足于中国儒家文化,援老、援佛、援西以阐释、革新、提升儒家文化的特征。新儒家群体是现代文化改良派的代表,他们的努力也使得中国文化资源中某些本有的价值获得了重新阐扬,产生了国际性影响。

最深刻地形塑了中国近百年尤其是20世纪文化历史的是革命派。这一派学人大体登台于五四前后,一直延续到20世纪中后期。他们中又可以分为两个分支,一是如胡适、陈序经以及当代一些主张"全盘西化"的学者;二是如以鲁迅、陈独秀、李大钊、毛泽东等为代表的文化人。我们按照时下的立场分类,将前者称之为文化革命右派,将后者称之为文化革命左派。不管是左派还是右派,他们对待传统文化的立场都有共同之处,那就是批判否定为主。

文化革命右派的社会与文化理想模式,是欧美的自由主义、民主主义、人本主义文化与政治体制,他们的核心主张是"全盘西化"。"全盘西化"这个主张是胡适最早于1929年提出的。在《中国今日的文化冲突》一文中,他正式提出"全盘西化"一词。1934年,陈序经在《中国文化的出路》一书,接过这个命题并作为核心主张,他断言:"我们的惟一办法,是全盘接受西化。"② 胡适在1935年发表的《充分世界化和全盘西化》一文中,又以"充分

---

① 翦伯赞、刘启戈等编:《戊戌变法》,第二册,549页,上海,神州国光社,1953。
② 陈序经:《中国文化的出路》,96~97页,长沙,岳麓书社,2010。

世界化"的提法，表示"完全赞同陈序经先生的全盘西化论"。近百年间，主张全盘西化的文化人不在少数。持这种立场的学者对中国传统文化总体上持批判否定立场是必定的，他们必然认为中国传统文化是羁绊中国进入现代社会的障碍，因此应该予以抛弃清除。

文化革命左派的理想社会模式，是苏联式的社会主义（鲁迅早年接受的是尼采基于社会达尔文主义的超人哲学，但晚年基本接受了苏式社会主义，认同"惟新兴的无产者方有未来"）。基于此，他们对中国传统文化的基本立场也是以批判否定为主的。五四时期的鲁迅是一个典型的代表。他的小说创作，对中国传统文化对人民的毒害有最深刻的描绘，他甚至借狂人之口将中国的历史斥为吃人的历史，将中国文化斥为吃人的文化。他建议学生"少看""或者竟不看中国书，多看外国书"。五四运动的旗手陈独秀等对中国文化激烈的否定立场更是众所周知。自 1915 年开始，他创办《新青年》，以"科学""民主"为旗帜，宣传西方近现代思想，激烈否定中国传统文化，其"打倒孔家店！"的口号响彻五四运动的中国思想界，成为一代新青年共同的精神主张。在《文学革命论》一文中，他认为中国社会黑暗的根源是"盘踞吾人精神界根深底固之伦理道德、文学艺术诸端"①，单独的政治革命不能生效，而需要彻底批判旧文化、旧文学，就要先进行伦理道德革命、文学革命。陈独秀尽管后来因政治错误被中国共产党否定出局，但他彻底批判传统文化的立场深刻地影响了包括毛泽东在内的五四前后成长起来的革命者。毛泽东一生在文化上都秉持彻底反旧文化的立场，并将这一立场体现在共和国的政治实践历史中。

文化革命派自身阵营内不同人物思想立场尽管有很大的差别，但都认为要走向现代化，就需要彻底批判否定传统文化，因为传统文化的羁绊是导致中国落后贫弱、远离世界先进文明的重要原因。那些急切地想改变中国社会、推动中国社会进步发展的人们中的一部分人先是运用批判的武器，后来运用武器的批判来完成这一否定。

应该认识到 20 世纪文化革命派出现的历史必然性和重大意义，而不能以今天的立场非历史地予以简单否定。这是中国和世界历史的必然产物。首先，20 世纪上中叶，整个西方世界飞速发展，西方资本主义已经完成国内垄断并

---

① 陈独秀：《文学革命论》，《新青年》，第 2 卷第 6 号，1917 年 2 月 1 日，185 页。

进入国际性扩张的阶段，而中国则仍然在相差万里的落后状态下沉沦挣扎。近代以来，社会和文化改良派改造中国、推动中国进步的所有努力，要么遭受挫折失败，要么困难重重、步履蹒跚。那些希望中国快速发展、快速进入世界先进行列的爱国者们认识到，想通过温和的改良方式促进中国社会和文化进步实无可能，或者觉得太过缓慢，所以他们选择了激烈否定的革命立场。其次，文化革命派，无论是胡适、陈独秀、鲁迅还是毛泽东，都是对中国传统文化有深厚积累并深谙其精神的学人，他们对传统文化的负面构成和作用有深刻的察识和清醒的认知。在他们看来，要让中国人彻底摆脱这种文化的控制和影响，建立一个全新的现代社会，最彻底的办法就是坚决批判和否定，而不是在其中挑挑拣拣。再次，与此相关，那就是20世纪上中叶，整个西方世界都处在剧烈动荡之中，马克思主义激进革命的思潮一直有很大影响，中国文化革命派中的左派是深受这种思潮影响的一批人。最后一个原因是策略性的。革命派都意识到，传统中国社会和文化这个超稳态循环系统，采用温和的、修修补补式的改良很难见成效，所以矫枉必须过正，渐进性改良不如彻底的否定性革命。大约主要是这些原因导致了中国20世纪文化革命派居于主导地位，形塑了这个世纪中国的文化史与社会史。

其实，无论是文化革命右派还是左派，无论他们如何激烈地否定传统文化，实际上，传统文化仍然在他们的生活和观念中有重要的影响。这个原因既在于中国传统文化有许多优秀的构成具有巨大魅力和价值，使人无法彻底抛弃；还在于中国传统文化丰富复杂，全面、全部否定既不可能也不合适，人们更多地只能在其中部分选择、部分否定；更在于这些文化革命派人物本身就是在中国传统文化世界的熏陶中成长起来的，中国传统的生活方式、感受方式、思维方式、表达方式，以及价值观念、心理构成、生活趣味和审美趣味，都会无意识地在他们身上留下深深烙印，拂之不去。

因此，尽管文化革命派在20世纪大部分时间对中国文化史有最大的影响，但这并不意味着他们主导的文化历史彻底完成了对中国传统文化的否定和放弃，也不意味着他们主导的文化历史能彻底消除传统文化深远而巨大的影响。

二、中国现代化进程中传统文化的价值问题

20世纪70年代末期以来，中国社会进入改革开放时期，在某种意义上，

这也是由革命为主的时期进入建设为主的时期。从20世纪初期到20世纪80年代，中国社会可以说经历了三个基本时期，即1911—1949年的革命时期，1949—1979年的革命与建设交替时期，1980年以后的建设时期。在这个建设时期，曾经在文化革命派主导时期已经解决（或者说被压制）的中国传统文化价值问题重新浮现出来，已经消失了的文化保守派和批判派之间的论争又重新激烈起来。

该如何评价延续了100多年的中国文化守护派和文化批判派之间的对峙？

首先，任何健全社会尤其是大转型社会都应该有一种强大的文化批判力量的存在，一个社会正是通过文化批判、文化否定才揭发了民族文化中落后过时的构成，促使其自我革命、自我更新。因此，一个健全社会在任何时候都需要当年鲁迅那样的文化人，对传统文化的负面因素进行尖锐的、毫不留情的甚至是片面偏激的批判，这种批判有利于我们强烈地意识到自己民族文化中过时、落后的东西，从而不故步自封、自高自大、盲目崇拜，而谦虚地接纳其他民族文化中一切有价值的东西，创造走向未来的新文化。

同时，一个健全社会也应该有一种强大的文化守护的力量存在，这种文化守护的力量对传统文化优秀的、指向未来的构成有深刻的认知，并以超人的执着进行坚持和阐扬。这种力量不断在提示我们，任何一个民族文化中，都有超越历史局限而指向未来社会的因素；提示我们注意在社会不断自我否定、快速发展的历史过程中，可能丢掉了什么美好的东西；提示我们注意历史的发展是双面而不是单面的，进步的另一面是退步，为了获得现在和走向未来，我们可能同时丢掉了传统文化中很多令人留恋、富有诗意和价值的美好东西；提示我们如何在走向未来的过程中保留这些文化中有价值的部分。思想文化界中的辜鸿铭、梁漱溟、钱穆以及整个新儒家学人，文学界中的沈从文、刘绍棠、汪曾祺等正是这一类的文化人。任何一个时代，永远需要这样执守文化守护立场的文化人。这种守护性力量更重要的任务是，不断从传统文化中发掘和阐扬引导民族走向未来的积极性构成因素，使人们认识到，传统文化并不都是死去的东西，它有指向未来的、宝贵的积极性构成。

传统不是死的，而是活的，在古典中有现代。当有人将中国传统文化当成一堆没有价值的文化垃圾时，也许不是这种文化本身真的没有价值，而是他们没有从中发掘现代价值的信心、耐心和创造性转化能力。很多时候，我们缺乏的不是丰富宝贵的文化资源，我们的文化也不缺乏引导社会走向未来的精神因子，我们缺乏的是沉潜其中去倾听其内指向未来的历史召唤的耐心和能力，这才是问题的实质。

这不是说我们现在已经不需要文化批判了。一个健全的社会，应该是文化守护的力量和批判的力量都同样强大的社会。如果只有文化守护的力量，被这种力量主宰的社会与文化往往缺乏活力、死气沉沉；如果只有文化批判的力量，则人们必定产生无根感、自卑感、漂浮感，一个社会势必浮躁动荡。两者相辅相成，构成张力，才是文化发展理想和良性的格局。只有两种力量同时强大，互相对峙、制约和互相对话，一种合理的具有张力的文化格局才会形成。

就中国当下社会而言，文化守护显然更为重要。尽管大多数人现在已经对中国传统文化的价值有了比较正面、积极的认识和评价，但从这些文化中创造性地发现和开掘其指向未来的新文化因子的能力还十分孱弱，中国从事传统文化研究的学者大部分还缺乏这种创造性发现能力和转化能力。因此，他们的守护往往是消极被动的守护，尽管有价值，但有明显不足。辛亥革命以来那批文化保守主义的学人如康有为、辜鸿铭、王国维、熊十力、陈寅恪、钱穆、冯友兰等，以及台湾的"新儒家"如牟宗三、徐复观、方东美等，对传统文化都是有着深厚积累并有着深刻理解和领悟的人，他们对传统文化价值的认知最为深切，所以他们甘愿冒着巨大社会压力守护自己钟爱的文化，并能从中发掘出引导中国走向未来的积极因子。最有力的文化守护，不是要守住一堆过时的古董典籍、一些过时的价值观念、一些过时的政治体制，而是要能从传统中倾听出指向现代和未来的声音，并将其阐扬发掘，吸纳转化，发扬光大。让传统活在当下和未来，成为引导社会走向未来的宝贵资源，这才是最好的、最有力的文化守护。

正是在健全的社会中，有创造性的文化守护和有深度的文化批判力量，相互对立又相辅相成，深化着、扩大着、矫正着、制约着对方，使其不走向片面。因此，在健全的社会，我们仍然既需要鲁迅，也需要沈从文。在此前提下，我们尤其应该看到，文化只能缓慢蜕变，不可能瞬间突变。因此，简单否定，期望一夜之间文化发生突变是不可能的。

随着中国社会的日益发展进步，随着中国大众对国家强大和自信的感觉日渐强烈，文化上的强大和自信是必然的要求。而一个民族的文化自信，其最大的资源之一当然是丰富的传统文化。因此，近40年来，中国社会越来越多的文化人正从对传统文化激烈的否定立场转向温和的守护立场，文化守护立场也越来越得到国家和民众层面的认可。甚至有学者从全球文化角度提出21世纪是中国文化的世纪,是否真是中国文化主导的世纪,那有待于历史证实。我们现在应该做的,是静下心去倾听中国传统文化的召唤,并对它作出积极应答。

在此,我们进一步提出一个问题,从社会需要角度讲,文化批判和文化守护是否应该有一个共同的目标?这个答案应该是肯定的,这个目标就是建设中国特色社会主义。一切围绕这一目标的需要来选择,凡有用的就是好的。这种实用主义立场,也许比简单固定的肯定或否定立场更合适。因为全球化时代社会在快速发展,今天是有用的,明天未必有用,今天看上去是无用的,明天也许会有用,好坏不是永远的,不必追求对传统文化进行一劳永逸的评价和选择。从这种实用主义立场出发,我们会发现,传统文化构成中,无论器技文化、制度文化还是观念文化,以及与此相关的人的基本生活方式,在今天的时代,都在不断被现代化的历史和现实选择、改造和转化,它们都既不是一无所是,也不是一切都好。我们既要十分重视文化对一个民族生活的框约作用,又要看到基于人类的追求和探索,会不断冲破这种框约而创造异质性的文化因子,这种异质性的文化因子最终又会进入传统,成为传统的一部分,并且改造着传统,影响着传统的重新整合和发展。文化和社会就是在这种互相影响、互相纠缠、互相引导中发展和变化的。

从人类总体进程看,现代化是建立在世俗化的人文理性和科学理性基础之上的,而中国文化的突出特质之一就是它的世俗化和实用理性。如果说西方社会长期靠建构一个文化的彼岸世界来引导和约束此岸世界人的行为世界和精神世界的话,那么,中国社会则强调世俗化的人类通过自身内在德行的修养和外在礼法规范来约束和引导人类的行为世界和精神世界,用实用理性来评价社会实践得失。相比西方中世纪神本主义文化而言,中国传统文化即使不是更接近现代社会的精神特征,也至少不是与现代社会精神特征格格不入的。所以,它的宝库中可以被现代化进程中借鉴、吸纳和转化的资源应该十分丰富。我们应该建立起对中国传统文化的信心和耐心,以及培养出创造性转化的能力。党的十八大以来,习近平同志在各种场合和讲话中,都反复强调继承民族优秀文化对于增强文化自信的重要意义。在党的二十大报告中,他总结道:"中华优秀传统文化源远流长、博大精深,是中华文明的智慧结晶,其中蕴含的天下为公、民为邦本、为政以德、革故鼎新、任人唯贤、天人合一、自强不息、厚德载物、讲信修睦、亲仁善邻等,是中国人民在长期生产生活中积累的宇宙观、天下观、社会观、道德观的重要体现，同科学社会主义价值观主张具有高度契合性。"①

三、中国传统文化在人类全球化进程中的价值

我们当下正处在全球化加速的时代。尽管全球化时代也许确实像亨廷顿所预言的那样，文明冲突越来越成为新世纪的重要冲突之一，但我们更相信全球化时代是一个文化多元并存、互相对话和融合的时代。这个时代，在各种文化之间作简单的优劣、主从判断的极化思维已经和正在过时，我们应该有一种开阔的胸怀和眼光面对这个时代各民族的文化，以及它们之间的互渗互动关系。当下世界需要的不是简单的优劣、主从判断和单面选择，而是基于对话的文化整合和文化创新。在全球化的时代，随着中华民族的伟大复兴一步步走向实现，中国文化与西方文化的对话将越来越深入和全面，这种对话的目标和结果不应该是简单的谁优谁劣、谁主谁次、谁生谁死，而应该是在对话中求同存异，在对话中互相倾听、吸纳、转化、融合，最后创造一种超越中西简单对立的亦中亦西、中西合璧的新型复合型文化。人类现代进程正快速脱离长期的地域性隔离状态，而走向一体化状态，这种状态需要一种能在各地域、各民族文化基础之上融合而生的新的具有全球性的文化，这种文化正在生成之中。中国传统文化必将成为这种正在生成的全球性文化的重要资源。

中国传统文化在历史上不仅对东亚各国曾经产生过巨大而持续的影响，对西方社会与文化的发展，尤其是对西方现代启蒙思想和政治制度的建立也曾经产生过重要影响。不要说器技文化层面古代中国的四大发明曾经极大地推动了西方社会的进步，就是制度层面，西方社会也从中国借鉴了许多。例如，英国17世纪王权改革的分权构架就多受我国唐朝官制影响。中国实行了1 000多年的科举制，被西方人承认是远远超越西方这一阶段的先进官吏制度，英国人在这种制度的参照下，废除了贵族世袭制而建立了文官制度，并因而影响了以英国文官制度为模板的美国的公务员制度。至于观念文化领域，中国文化对西方近现代的影响也所在多多。当年启蒙运动的领袖伏尔泰在读到西方传教士们介

---

① 习近平：《高举中国特色社会主义伟大旗帜 为全面建设社会主义现代化国家而团结奋斗——在中国共产党第二十次全国代表大会上的报告》，载《求是》，2022年第21期。

绍孔子思想的著作时赞赏不已，他对孔子为代表的中国文化给予了极高评价，并由此提出"全盘华化"的主张。儒家思想不止受到伏尔泰的激赏，它一样为启蒙运动前后无数欧洲思想家所倾倒。美国汉学家顾立雅在《孔子与中国文化》一书中指出，孔子在启蒙时代已经是欧洲思想界的名人，他不仅影响了伏尔泰，还深刻地影响了莱布尼茨、伍尔夫等思想家，并通过他们影响了整个欧洲思想界。欧洲思想界以孔子的思想为武器攻击当时的世袭制，由此对英国民主制的建立起到了重要作用。至于文学艺术方面，中国古代文学艺术对西方也产生了良好影响。当年歌德对在中国还远远算不上一流的中国戏剧和小说作品《赵氏孤儿》《好逑传》等曾经赞赏，并由此提出"世界文学"的概念。20世纪，中国古代诗歌对英美意象派和后期象征主义的影响，中国古代绘画对西方抽象派绘画的影响，中国老子思想对海德格尔存在主义哲学的影响，都是中国文化对西方现代进程中文化产生影响的典型案例。

中国传统文化存在与现代文化观念相通相融的许多元素。例如，在政治伦理方面，儒家"仁爱""仁政""民本"的价值主张，墨家"尚贤""兼爱""非攻"的观念，与现代西方的人道、博爱、和平主义理念有着明显相通性。在个人、社会与自然的关系方面，道家的个性解放、回归自然的追求与现代、后现代社会的价值观有更多相通互融之处。在人际伦理方面，儒家的"忠恕""诚信""和而不同""己所不欲，勿施于人"等原则，在现代社会依然是最基本的人际伦理准则。在国际关系中，孔子的"和"与"信"的主张，老子的"人无信不立，国无信则衰"的思想，古代中国在对外交往中所奉行的"协和万邦，和衷共济，四海一家"的原则，与今日国际政治、外交和经贸往来的"睦邻友好""和平共处""遵守契约"的基本原则更是一脉相通。

所有的文化都既有自己的优势也有自己的局限，农耕文明的中国文化与海洋文明的西方文化，各有优势也各有局限，在某些方面，一方的优势正是另一方的局限，两者之间存在很强的互补性。西方当代不少从事文学、艺术、历史、哲学、政治学研究的文化人早就有这个认知，他们先后从不同的角度吸纳中国文化的元素，或从中国文化中获得启示来弥补自己基于西方文化的知识或思想的局限。相同地，中国现当代无数文化人，也从西方近现代文化中吸纳了丰富的元素，获得过丰富的启示用之于自己民族的文化建设中。这种互渗互补的局面还会持续下去，并且越来越深入和全面。我们有充分的理由相信，在全球化进程中，随着中西文化这种对话的深化，中国文化正在走向世界，成为人类大家庭的共同财富，为人类文化建设做出自己的贡献。

【复习与练习】

思考与练习（选择下面一个问题组织一次课外讨论会或辩论会）

1. 如何评价五四新文化运动的历史贡献与局限？
2. 如何评价鲁迅在五四时期激烈的反传统立场？如何评价文化革命派的历史价值与局限？
3. 农耕文化与海洋文化是否完全不能兼容？为什么？请举例论证。
4. 有学者提出，西方文化主导世界几个世纪，也是世界动荡和战争灾难不断的世纪，而中国文化追求和平、和合的国际关系，是一种优于西方竞争文化的文化，因此将会成为21世纪的主导性文化。你赞同这个观点吗？为什么？
5. 结合党的十八大以来中国传统文化的实践和发展，谈谈你对中国文化发展的未来贡献和发展图景的思考。

课外阅读文献

1. 塞缪尔·亨廷顿：《文明的冲突与世界秩序的重建》，北京，新华出版社，1999。
2. 冯友兰：《中国哲学简史》，北京，北京大学出版社，1985。
3. 金元浦：《中国文化概论》，北京，中国人民大学出版社，2014。
4. 刘小枫：《个体信仰与文化理论》，成都，四川人民出版社，1997。
5. 深圳大学国学院编：《中国文化与中国哲学》，北京，东方出版社，1986。
6. 徐复观：《中国艺术精神》，第二章，上海，华东师范大学出版社，2002。
7. 李泽厚：《中国近代思想史论》，北京，生活·读书·新知三联书店，2008。

后 记

随着中国社会快速发展，中国传统文化的重要性和价值逐渐凸显。大学各专业都开始将中国传统文化课程纳入必修系列。本教材编写人员都是在不同高校长期执教中国传统文化的教师，在比较了现有多种相关教材之后，决定编写一本更实在、更扎实、更有针对性、学生更有兴趣也更容易学习、以中国传统文化知识为主要内容的教材。本教材从大纲编拟审定到各讲撰写，再到反复修改审定，前后经历近3年，现在呈现在读者面前的，是这一过程的结果。希望这本教材在众多同类教材中能有自己的特色，并能得到学生欢迎。

本教材大纲的编拟、修改由主编张开焱教授承担，副主编李建明教授和王世海副教授参与了讨论和修改工作，大纲最后由厦门大学中文系苏新春教授审定。本书初稿审稿工作由张开焱、李建明、王世海分别承担，终审工作由张开焱承担，最后由苏新春审定后提交出版社。各讲撰稿人分别如下。

第一讲：厦门大学嘉庚学院王乃考副教授

第二、第三讲：厦门大学嘉庚学院张开焱教授，湖北师范大学舒大清教授

第四讲：湖北师范大学石麟教授

第五讲：厦门大学嘉庚学院李建明教授

第六讲：厦门大学嘉庚学院马培红博士

第七、第八讲：湖北大学张鹏飞教授

第九讲：厦门大学嘉庚学院钟永兴博士

第十、第十一讲：厦门大学嘉庚学院王世海副教授

第十二讲：厦门大学嘉庚学院钟永兴博士

第十三讲：厦门大学嘉庚学院亢巧霞副教授

第十四讲：厦门大学嘉庚学院李建明教授

第十五讲：湖北理工学院陆庆祥副教授

结语：厦门大学嘉庚学院张开焱教授，枣庄学院任辉教授

本教材编写期间，湖北师范大学舒大清教授因健康原因辞世，特致哀悼！

教材编写组
2019 年 5 月 12 日

修 订 说 明

本书重印根据党的二十大有关精神，对部分内容做了一些增补。一是增加了序言，着重介绍本书编撰的原因和我们的期望。二是多讲内容最后的思考和练习题以及阅读文献中，增加了和党的二十大精神相结合的部分。

本次修订工作由张开焱、李建明、王世海、孙园园四位老师完成。

因为本书出版于2019年，当初编撰的指导思想和党的十八大至党的二十大报告和决议的基本精神高度吻合，且已将这些基本精神体现在全书编撰的指导思想和各讲内容中了，所以这次修订基本内容没有变动。

特此说明。

《中国传统文化十五讲》编写组
2023年7月